中国人民大学2020年度"中央高校建设世界一流大学（学科）和特色发展引导专项资金"支持

汉字汉文在日本

明治时期日本文字语言文体改良研究

曹 雯◎著

人民出版社

目　　录

绪　　论

一、研究目的

至 19 世纪中叶,最初由欧洲萌发并逐步向欧洲以外地域扩展的现代化运动在其强势于其他地域军事实力的护航下波及东亚。在这场声势浩大的社会变革运动中,有的国家因其坚守自我发展轨道而不可避免地陷入被重重压迫的困境,有的国家因其弱小不及回应而被殖民,有的国家则从最初的抵抗情绪中挣脱出来转而积极投身于这场改造运动以期获取绝处逢生的机会。随着这场运动加广加深的发展,它所指向的革新目标不再仅局限于包含商贸规则在内的经济活动方式,而是进一步期待在最大范围内推动包含可确保欧洲式商贸规则顺利运转的欧洲近代政治体制以及支撑这套政治体制的学术思想等在内的所谓西方近代文明的传播,即热望甚至压迫商业交易对手国接受并推广西学以促使其改行西制。因此,这场以不惜借助武力去改变商贸发生地的商业模式为肇端的运动,其变革目标逐渐扩大至商业交往地的社会风俗、政治体制进而学术思想,具体到亚洲,遂演变成西学与东学①相持进而西学欲凌驾甚至取代东学的危重局面。换言之,这场运动所提出的改造目标是全方位的:上至政治管理方式以及学术思想观念,下至社会

---

① 本书将"东学"界定为中国学抑或汉学。"汉学"一词在日本即中国学。

生产生活方式,即现有社会样式无一例外均遭到挑战甚至破坏。因此可以想见,如此大范围且欲彻底改头换面的西方化变革,在不同区域引发了不同程度的震荡,其影响大小与该地域对西方现代化所持态度有紧密联系。显而易见,自我历史文化意识越是厚重的地域,面对这股强势的改造力量,越会表现出一种奋力抵御的姿态;相反,没有背负多少本民族文化自守重责的地域,会为现代化运动所造就出的国富民强景象所折服,在克服最初的不适应后,转而将接受这股变革势力的改造。我们回顾晚清 70 年的历史,由欧洲开启的现代化运动,对于中国文化,乃至中国人,所带来的深刻影响是一种不可言喻的疾痛。清末中国人对于欧洲现代化运动的防御,导致中国此后的命运多舛,然而我们对待那个时期的中国人,却不得不表示出敬意。正是出于对自身悠久历史文化的真挚热爱,才使得那个时代的中国人不愿接受欧洲现代化发展模式的肆意"改造"。

那么,何为欧洲现代化发展模式?以一言概之,就是高举科学、民主旗帜以急速造就国富民强局面的发展模式。对于 19 世纪的亚洲尤其中国来说,欧洲的强大,最初体现在军事力量方面,即通过强有力的军事打击来迫使商业交易对手开放围绕商业活动的现地原则,这包括:开放或增开贸易口岸,比如第一次鸦片战争后中国除广州外又增开 4 口岸;放弃现地的贸易规则,比如通行于中国涉外贸易口岸的行商制度被取消;涉案外国人(旅居该贸易口岸的外国人)可不依据中国例律进行裁判,即中国认可具有侵蚀中国法权性质的领事裁判权;单方面开放最惠国待遇条款等,即将本应基于强调平等的具有近代西方性质的条约关系缔结成了含有不平等元素的政治交往关系。中国败于第一次鸦片战争,其精神层面所遭受的创伤远胜于战争所带给中国的实际伤害,道光皇帝因此役所造成的实质性割地、赔款而无颜在其陵寝地修筑功德碑。虽然作为战后的问题解决途径,"师夷长技以制夷"被有识者建言,但可叹的是,这一提议直到第二次鸦片战争后才被经手洋务的官员们真正付诸实践,由此即可例证第一次鸦片战争带给中国的伤痛尚不足以引起哪怕办理条约国①事务的官员们的重视。在清末名臣曾国藩的与家人书里,身为京官的他于中英《南京条约》缔约后如此谈论着这场战争:"自英夷滋扰,已历二年,将不知兵,兵不用命,于国威不无少损。然此次议抚,实出于不得已,但使夷人从此永不犯边,四海宴然安堵,则以大事小,乐天之道,孰不以为上策哉?"②过两月又有"海疆平定以来,政简人和,雍熙如旧"③之评。由此可知,关于第一次鸦片战争,国人多以边患视之,即第一次鸦片战争带给中国的震动尚不足以引发中国人对于西制乃至西学的兴趣,更遑论传西学、从西制? 但不可否认的是,被开放的口岸在逐渐发生变化,与"洋人"接触的中国人在增多,他们不可避免地受到了西方人的生活习俗、交往规则乃至思想意识的影响。这种潜移默化的影响由小至大,由海疆至内地,最后促使改制浪潮勃发。

　　转换一下目光,以"师夷长技以制夷"为宗旨的洋务运动并不仅仅发生在中国,同样也成为遭受西方武力压迫的邻国——日本的不二选择。早在鸦片战争爆发的1840年,风闻此事的长崎町年寄(等同于今长崎市市长)高岛秋帆就曾经上书幕府,建议采用西洋炮术。高岛的建议不仅被德川幕府采纳,他本人亦被幕府征用,令其在军中传授西洋炮术④。故改进或提升海防军事力,在1853年美国"黑船"舰长佩里强行率舰进入浦贺且在久里滨登陆事件发生前,一直受到幕府的切实关注并颁有具体措施,虽然此类防御布局的功效极其有限,却确切表明:中国遭到外来军事攻击后所造成的不安定已使得其周边地域大为惊惧且惶然。这种忧惧在日本所带来的直接影响就是,除了上述旨在

---

①　本书将与中国签有条约的国家称为"条约国"。

②　(清)曾国藩著,(清)李瀚章编撰,(清)李鸿章校刊:《曾文正公家书》,中国书店2018年版,道光二十二年九月十七日与父母亲书。

③　(清)曾国藩著,(清)李瀚章编撰,(清)李鸿章校刊:《曾文正公家书》,道光二十二年十一月十七日与父母亲书。

④　[日]近代日中关系史年表编辑委员会编纂:《近代日中関係史年表》,岩波书店2006年版,第36、39页。

提升军事防御力的措施切实得到落实外,日本幕府尚在 1842 年 7 月即中英鸦片战争后相应解除了《异国船只驱逐令》,这道在 1825 年(文政八年)颁布的驱逐令是一项针对外来西洋船只的应对措施,即不论来船为着何种目的,一律加以驱逐。德川幕府在颁发上述解除令时列出的理由是:日本以仁政治世,外国船只或因海难漂流至日本海岸,当给予关照并提供所需用品,不应不加区别地一律给予驱逐。① 不过这一举措并不意味着德川幕府打算放松对于日本海疆的管理,最好的例证就是 1844 年来到长崎的一艘荷兰籍军舰带来了一封荷兰国王致日本幕府将军的书函。在这封国书里,荷兰国王谈道:自有蒸汽船以来,各国间距离在迅速缩短,万国之间互通友好的世界局面已然形成。在此背景下,贵国却依然固封自守,不与他国交往,绝非明智之举,故为贵国未来幸福着想,切望贵国弃锁国之策,开启与他国交往之门。② 德川幕府在接到上述书函后虽没有当即否决荷兰人提出的建议,但在拖至翌年给出的答复里还是给予了回绝。若此,冰冻三尺非一日之寒,日本江户以来推行的锁国政策并不能被轻易撼动。

众所周知,日本历史上著名的"黑船来航"事件终结了日本的锁国政策,将日本强行拉入近代的发展历程。发生在 1853 年的"黑船来航"事件之所以受到日本人的极大关注,并非因此"黑船"是第一艘进入日本口岸的西方铁制船舰,正如笔者上述谈及的荷兰国书,它就是由一艘铁制船舰带入的,而美国此次的这艘"黑船"亦带来了一封美国总统致日本幕府将军的书函,在这封书函里,美国总统同样表达了日本应对外,尤其是美国开放的急切愿望,不过这个愿望却是建立在赤裸裸的军事威胁之上,即如果日本拒绝了美国的请求,美国将不惜以武力方式加以实现,但美国并没有逼迫日本当即做出回复,而是给

---

① 资料来源:日本幕府于文政八年二月十八日所颁《异国船驱逐令》以及于天宝十三年七月二十三日所颁《异国船驱逐停止令》。[日]大久保利谦等编:《史料による日本の歩み,4:近代编》,吉川弘文馆 1951 年版,第 8—9 页。

② 资料来源:1844 年 2 月 15 日签收的《荷兰国王亲笔书函》。[日]大久保利谦等编:《史料による日本の歩み,4:近代编》,第 9 页。

出了一年的缓冲时间。更意味深长的是,美国总统在上述书函里甚至强调,蒸汽船从美国西海岸至日本东海岸,只需航行 18 天。①之后如人们所周知一般,一年后的日本向再次来航的"黑船"舰长佩里(Matthew Calbraith Perry)表示日本愿意与美国结成友好关系,《日美和亲条约》在 1854 年(安政元年)3 月 3 日签订。在该部条约的第一款里,双方宣称将结成万世友好的关系,然而条约内的大多条项几乎都是针对美国人的要求所设定,比如对美国开放下田、箱馆两港,日本应善待美方漂流到日本沿岸的海难船只,美国商民可以在开放口岸以金银购买所需货物,尤其是蒸汽船所需之煤炭等,而被后来的日本人视之为不平等条项的是第九条,即片面最惠国待遇条款。日美双方间进一步的不平等体现在四年后即 1858 年(安政五年)签订的《日美修好通商条约》里,在这个条约的第六条里,日本赋予了美国领事裁判权,而且因为是通商条约,还规定了符合美国人意愿的输出入日本口岸的商品关税,这意味着日本丧失了调整海关关税的自主权。此后日本与欧洲其他国家相继缔结的条约文本均参照日美条约草拟,而片面最惠国待遇条款的普遍给予使得日本一再陷入被动境地。比如在《日美修好通商条约》里,日本与美国就棉花、羊毛商定的关税原本为20%,但在以后与英国签订的条约里,就棉、羊毛商定的关税税率却只有 5%,日英条约生效后,美国凭借片面最惠国待遇条款将与日本达成的 20% 关税降低至 5%。②由此种种,受困于不平等条款的日本开始走上条约改正之路,即力图消除各缔结条约里所存在的那些不平等条款。

同亚洲其他国家一样,日本的国门无疑是在西方军事威逼下被打开的。当时在德川幕府任职的佐久间长敬在其日记里这么描述幕府内的复杂情状:1. 不想打破现有规则;2. 竭尽阻止幕府的威望受损;3. 老中(幕府里的最高官员,有四至五名)里没有能够应对西洋人的人;4. 军备严重不足;5. 并没有与

---

① [日]大久保利谦等编:《史料による日本の歩み》,4:近代编,第 9—10 页。
② [日]大久保利谦等编:《史料による日本の歩み》,4:近代编,第 13 页。

外国作战的勇气;6.不想失掉体面;7.老中们并没有下定某种决心;等等。①据此,我们看到由犹豫、惶恐、不甘等混合而成的悲凉情绪弥漫在幕府内部,而化解危机的主张分裂成两派:攘夷或开国。这样的局面我们并不陌生:开国肇端于一片攘外声中,即便开国,也是为了攘外。日本明治维新最初的口号就是打着攘外的旗帜来鼓动社会去赞同变革现存体制的主张。

就如何解决"夷患"问题,尽快提升军力可说是一种首要的选择。军事实力是国家现有科学技术的体现,这时候一部分有涉外经历的日本人已明确意识到长期的锁国状态阻碍了日本的科技进步。比如持开国论的佐久间象山于1862年(文久二年)在其上达藩主的意见书里如是说道:以目前日本之城防、军备远不足以抵御外寇,此皆缘于世界之学术、智巧已渐开,凡兵力强大者莫不是乘此大势所得,奈何独日本视而不见,以锁国为防御外患之手段。而学术、智巧之进步在于相互之交流切磋,若仍抱此锁国之态度,日本国力劣于外国将日盛。惟今之计,当以礼仪与外国交通,汲取外国之长,励精图治,力拓日本领土至域外以昭日本国力之强大,以至枪炮、军舰、人才、兵力等无不在万国之上。②佐久间象山的意见很明确,只有开国,日本才会产生与世界学术进而智巧即技术逐渐同步的新气象,而这是日本目前解决外患,进而日后能在海外拓土开疆的唯一途径。上述言论可视为日本版的"师夷长技以制夷"。

需要注意的是,以条约缔结方式打开他国大门进而抢占该当事国的贸易市场是近代欧洲诸强国惯用的伎俩。首任驻日英国公使阿尔科克(Rutherford Alcock)就英国远东政策如此赤裸裸地说道:吾人所到之处无不伴随着危险和金钱,皆因为吾人无时无刻不在寻找贸易机会,吾人只有不断追求更为广阔的市场,才能应对吾人不断攀升的欲望以及不断增大的生产力。而远东是为极具诱惑的市场乃显而易见之事,由此吾人无法停下追求远东市场的步伐。吾

---

① 〔日〕大久保利谦等编:《史料による日本の歩み,4:近代編》,第14页。
② 〔日〕大久保利谦等编:《史料による日本の歩み,4:近代編》,第17页。

人之第一步即在于通过缔结条约要求对方提供市场。所在地政权在初始阶段当然无意向吾人开放市场,吾人之唯一手段就是以压迫要求他们就贸易在权益方面以文书的方式(条约文本的签订)向吾人做出让步。但还有一步必须紧跟而上,那就是条约上的条款必须得到履行。[1] 针对日本市场的特殊性,他接着说:虽然日本向英国提供的生丝以及茶叶的数量并不多,但胜在质好。就前景来说,日本将来或可成为一个新的消费地,当然前提是它的政府不再排外。而对于远东地区的社会革新,吾人并不打算采取强制的手段,更乐见其逐渐踏上革新的步伐。不过,将新观念、新原则渗透进其社会绝非易事,就日本的社会变革来说,与其由下而上,不如自上而下去进行更为适宜。[2] 阿尔科克的意见有其洞穿性。幕末时期的日本尚处于封建状态,武士阶层把持着国家的政治管理和学术思想,农工商阶层没有参与国家管理的资格,因而若要使得社会管理方式乃至学术思想发生变革,只能寄希望于把持国家政治管理以及学术思想的武士阶层,后来的事实证明:日本之维新确实是以自上而下的方式促成。

1867 年(庆应三年)11 月 9 日,幕府将军正式提出将"大政"奉还给天皇,12 月 9 日,新政府发布了王政复古大号令,向民众宣称:自癸丑(1853 年)以来,遭遇未曾有之国难,为挽回国威,当复古王政。自今起废除摄关、幕府,重设总裁、议定、参与等三职以理国政,诸事皆恢复神武初创之状,不分缙绅、武弁、堂上、地下之别,以公议定国是,天下休戚与共,各怀谨勉,以诚奉公,尽忠保国。在所列改革措施中,有以下两条:一是,当革洗旧弊,开建言之道,凡有远识卓见者,不拘贵贱,皆可献言,且人才登用乃当今第一要务;一是,近年因物价格外腾贵,富者越富,贫者越贫,此毕竟由于政令不当。民乃国家大宝,百事有待革新,智谋远识者若有救弊之策,不论其为何人,皆可上呈。[3] 由此可

---

① 〔日〕大久保利谦等编:《史料による日本の歩み,4:近代編》,第 24 页。
② 〔日〕大久保利谦等编:《史料による日本の歩み,4:近代編》,第 25 页。
③ 〔日〕大久保利谦等编:《史料による日本の歩み,4:近代編》,第 29—30 页。

知，已进入统治角色的新政府渴望有识者于国家危难之际献计献策，期待利用社会的潜在能量促成万事万物的更新，因此新上位的日本统治者将这场社会革新运动称作"维新"。

有意思的是，被推上政治舞台的年轻天皇的年号被确定为"明治"，这个年号显然取自《易经》里的"圣人南面而听天下，向明而治"，用以表达新政府"向明而治"的执政理念。而在作为明治维新肇端的《五条御誓文》里，这样揭示着日本的改革方向：兴议会以公论决国事；上下一心讲究经世；庶民亦可入文武一途，以便天下人尽遂其志；破除陋习以归天地大道；向世界广求知识以振国基等①，其中"庶民可入文武一途"一条昭示着日本要打破身份制度，普通庶民即处于农工商阶层的民众有望能参与到一直以来由武士阶层所把持的国家政治管理中来。需要注意的是，《五条御誓文》虽然被视为日本维新的宣言，但其中却充盈着浓厚的中国式政治理念。由此可见，即便日本欲"兴议会以公论决国事"，但当时其政治之本仍然依据汉学②。

毫无疑问，萨摩、长州二藩的起义武士在结盟德川幕府内的激进派夺得政权后几乎垄断了新政府内所有的重要职位，岩仓具视、大久保利通、木户孝允、伊藤博文、山县有朋等就是其中的代表人物，在 19 世纪 60 年代末和整个 70 年代，他们主持了日本太政官制下的执政活动，即把持着中央行政机构的少数掌权者就一切重要的国家政策（法令）集体做出裁定，经天皇批准后方向民众颁布，随后由忠诚于他们的部属所执掌的政府部门给予贯彻执行③。明治维新的首要贡献在于废封建以推郡县，诸藩被废，藩主名号顿失，为安置或安抚这些失掉藩地的藩主，新政府于 1869 年（明治二年）6 月 17 日设立"华族"称号。即思文武一途，上下协同，自今废公卿诸侯之称号，改称"华族"。也就是

---

① ［日］大久保利谦等编：《史料による日本の步み，4：近代編》，第 30 页。
② 本书所示之"汉学"概念，针对"西学"而提出，或等同于"东学"。
③ ［美］詹姆斯·L.麦克莱恩著，王翔、朱慧颖译：《日本史》，海南出版社 2009 年版，第145 页。

针对国内失掉领地的高级武士以及原幕府里的上层公卿,新政府给予他们"华族"身份。又有,废藩置县后,隶属于公卿诸侯的中下大夫(即文官)、士的称号也相应被废,为安置这些中下级武士以及文官,新政府又于当年 12 月 2 日给予他们"士族"或"卒"的身份。两年后的 1871 年(明治四年)8 月 28 日,新政府再次颁布废除"秽多非人"身份令,解除这些生活在日本底层的民众的贱民身份,将他们统一编入一般民籍,即给予他们平民身份。同年 12 月 18 日,又颁布华、士族可自由选择职业令,据此华、士族亦可进入从前拘于身份不能进入的行业,日本社会上下阶层至此完全从政治管理层面得以相互贯通。1872 年 10 月 2 日,新政府更进一步颁布人身买卖禁止令,没有人身自由的娼妓、艺伎由此获得解放①。废藩置县后,中央集权制下的日本建立了户籍制度,根据 1873 年的人口统计,我们可以看到日本民众在明治维新后的构成状况:华族 2829 人,士族 1548568 人,卒 343881 人,三项计占总人口的 5.7%;僧尼 66995 人,旧神官 79499 人,两项计占总人口的 0.87%;平民 31106514 人,占总人口的 93.41%;余者 0.02% 的人口身份不明。② 基于这一人口结构,我们可以判断:华、士族以及宗教人士是这个国家的特殊群体,在国民学校教育尚未实施或者实施的初期阶段,受教育者基本为占据总人口 6% 有余的这部分人,并且显然,正是这一群体的人员,尤其华、士族,推动了日本明治维新乃至以后种种社会变革的发生。日本的社会变革自上而下,掌握学术思想、政治管理的华、士族阶层观念的急速改变是促使日本社会在较短时期内发生重大变革的重要因素。于此,需要给予讨论的是,为什么处在相同的近代国际背景下,相较中国,日本可谓顺利地进入了现代化发展的历程? 即在社会变革方面,日本受到来自社会的阻碍明显较中国要少得多。比如,针对既有的封建权力被剥夺,诸藩主以及忠诚于藩主的武士虽有抵抗却并不十分激烈以及持久,起码其反抗程度被控制在新政权所能应付的范围内。究其原因,刚刚破除封

① 　[日]大久保利谦等编:《史料による日本の歩み,4:近代編》,第 39—41 页。
② 　[日]大久保利谦等编:《史料による日本の歩み,4:近代編》,第 41 页。

建的日本社会,缺乏一种介于政府与民间之间的中间力量,这股中间力量在中国被称为乡绅阶层,民间的诉求,通过他们传达给政府;政府对地方的管理,通过他们得以有效实现。这股力量可说是一股稳定而成熟的民间参政力量,有他们的支持和配合,现政府执政的合法性可大大得到保障;反之,没有他们的支持和配合,现政府执政的有效性将大大受到制约。处在这一层面的人员无疑起着承上启下的中介作用,他们既有稳定的一面,又富有流动的性质,稳定的是他们对国家政治的固执参与,这种参政活动包括上达民情、监督政府执政等;流动的是属于这一层面的人员可通上流下,通上即进入政府成为执政阶层的一员,流下即流入民间成为平民。回顾晚清史,由于这一中间力量的存在,且这一团体迟迟无法在思想意识上向西学妥协,致使中国在经历第一次鸦片战争、第二次鸦片战争以及中法战争等历次对外战争后,其社会向着现代方向的变革仍踌躇不前,直至甲午战败,西学终于在中国抬头,戊戌变法便是这一新变化的直接产物,而三年后的光绪新政显示中国政府真正迈出政治体制现代化改革的步伐。

日本在观察、研究本国历史之际,自觉地以中国为参照对象,即衡量其文明状态是先进抑或落后,均为比照中国后得出的结论。在近代到来之前,日本持续接受中国的文化营养而不断得到自我提升;在近代到来之后,随着欧洲现代社会发展方式的输入,日本得以迅速崛起,中日之间的情势发生逆转,即中国在经过长期审时度势后终于踏上欧洲现代化的发展历程后,开始借鉴日本于此途已然累积起的诸多经验。这对日本来说是有史以来从未有过的体验,其欣喜之状不言而喻:大者如中国也有向日本学习的一天。那么成就近代国富民强的利器到底为何物? 简言之,一则兴科学,二则推民主。前者在于大兴科技以推动手工转机械的制造业根本性变革;后者在于唤起一国民众关心政治、参与政治进而拥护国家名义下的政治主张的热情。换言之,现代化发展模式是否见成效,将取决于以下两项事业的发展状态:一是国家须养成国民的爱国之心,一是国家当极力激发出国民学习西方实学即近代科技的兴趣。而能够实现上述两项事业的途径似在于建立并稳步发展由近代欧洲发起的一种教育体系——国民教育体系。何为国民教育？一言以概之，就是在一国范围内，不分贵贱，对全体民众实施一定程度的教育。民众无教育，近代民主则无从谈起，故于近代社会而言，竭尽所能、在最大范围内对国民实施教育，乃国富民强之局面能否达成的关键所在。

善于变通的中国人却没有创造出"爱国"这个语言。中国传统教育之宗旨在于立德以明道，所谓建功、立言乃有余力者为之；若"德"未立，反致力于"建功"抑或"立言"，其"建功"抑或"立言"越卓著，其对社会之危害也将越显著。在上述教育理念的熏陶下，中国大多数的受教育者并不以外在虚名之高下为其自身立命之本。况且，在中国的传统社会里，可治国进而平天下者并非是安居乐业的普通民众，而应是那些德高望重的少数贤人，故对于普通民众来说，他们对于社会的贡献在于修身齐家，在于和睦乡里，在于礼让无讼，却并不需要他们去关心治国即"爱国"问题。"爱国"，即发动普通民众议政、进而给予他们一定方式的参政权的政治体制是近代欧洲现代化发展模式的产物，其萌发于欧洲，成长于欧洲，且随着欧洲人的对外殖民扩张，始传播于世界各地。欧洲人称之为"民主"。

比起中国，日本率先创造并启用了"爱国"这一语言，由此可知，日本受迫于欧洲列国虽晚于中国，但其开启现代化历程却先于中国。日本最早于何时启用"爱国"一语不得知，可以确定的是，1866 年（庆应二年）12 月，在前岛密上呈给当时幕府将军德川庆喜的建议书——《汉字废除之议》里，已经出现"爱国心"一语的使用。在这份建议书里，前岛密将"爱国心"解释为"大和魂"的另一种说法，其核心含义为：开民智以培养日本人自尊独立的意识，即每个国人当以本国为至善至美之国家，均应满怀自尊向上之志，且保持不屈不挠之气节①。在明治维新前，日本尚处于封建统治状态，"士农工商"中之

---

① ［日］前岛密：《汉字御废止之议》，《国字国文改良建议书》，非卖品，日本国立国会图书馆馆藏，1899 年，第 18 页。

"农工商"并无参政权，甚至于教育方面也受到种种限制，让彼等农工商阶层均胸怀大志以兴国，闻者与其说是心动，不如说是心惊，心惊的是未知的新时代终究要铺天盖地而来了吗？明治维新以后，随着日本现代化发展步伐的加快，类似于"爱国"或"爱国心"的现代语言层出不穷，实藤惠秀称此现象为"时代造语"①。

由此，"爱国心"的养成在于开民智，在于对普通民众实施一定程度的教育。因教育对象转化为包括"士"在内的所有民众，一些迫在眉睫的问题随之产生。比如针对普通民众，应施展何种程度的教育？并且以怎样的语言开展教育？就前者而言，普通民众受过何种程度的教育即能拥有参政的基本素质抑或会以"爱国"为荣进而愿为国家奉献自己？因此，凡举国民教育者，皆会定其纲领，以养成国民的"爱国"意识为其教育目标。但由于教育范围迅速扩大，以何种语言施教实在关乎国民教育的成败。至少在东亚②，近代社会到来之前，语言中的文章语即文言（或称书写语）与口语（或称白话）一直分开使用，这使得无论口语怎样发生变化，文章语并不会随着年月流逝而失去其原貌的基本特征。这样做的好处是明显的。比如，一个生活在清代的人，他虽然不能明白汉代人以口语所表达的意思，但他绝不会读不懂汉代人所撰写的文章。如果我们的先人以每个朝代流行的口语进行书写，相信处在历史长河后段的人很难理解处于历史长河前段的人所留下的书写记录。因此我们看到，至少在开展国民教育之前的中国，虽然读书人的队伍不断在壮大，但由于文言与口语分开使用的惯例从未被打破过，这使得只有聪慧者或有余力者才能持续保持自己的受教育状态，其结果就是，即便在教育基本已对全民开放的宋代以后，读书人在全体民众里所占比率仍维持着有限的低水平程度。然而，开启于近代欧洲的全民教育理念开始冲击并欲打破上述状态。其冲击要点在于，欲要使得全民接受教育，就必须对语言中文章语与口语截然分离的现象进行改

---

① ［日］实藤惠秀：《近代日中交涉史话》，春秋社 1973 年版，第 101 页。
② 本文中所言之"东亚"，地理范围指中国以及环中国之地域。

造,力争使文章语接近口语而达到简化书写的目的。这是一场对于语言进行现代化的运动,若无语言的现代化,则全民教育无法有效展开;若无全民教育的展开,则所谓民智将不得开;若民智不开,则实施现代化也将成为一纸空文。据此,语言的现代化成功与否,关系着该国整体现代化的进程。

与中国不同,在经历了最初的徘徊之后,日本转而坚定走上欧洲现代化历程。1869 年 5 月,当时日本的最高学府——昌平学校的“教授试补”长野卓之允提议:无用的闲文字,琐碎的章句训注,即与经济无用的书籍当全部焚去①。更有崇拜近代西方强大的生命力以及创造力的“洋学者”如此宣称:“中国人之开化,自唐虞以来,数千年始终如一,宛如死体一般。与此相反,白人之开化,日夜前行,须臾不休,日新月异,实飞猛进。因此,时至今日,白人意气昂扬,充塞天地,压倒其他各色人种。”②以上激烈主张的问世代表尊重西方实学即西学的思潮在日本民间的兴起,除长野卓之允以外,还有我们熟悉的福泽谕吉、中村正直等,都是新思想的拥护并倡导者。在同年 5 月日本政府发布的一则针对官员的通告中,也有如下表述:“内地人民载千百年来沐浴中国、印度之教化,讥讽西洋人为禽兽夷狄,而称赞中国、印度为圣贤之域。然而中国、印度之人民为人,西洋之人民亦为人……况且当今西洋各国比之中国、印度,其人事风俗超然卓越。故攘夷之论说变得阴险偏固,已成遍世所知也。”③由此可知日本政府对于东、西方态度的变化。而通过对当时西方社会的观察,日本已认识到:西方富强之本,在于教育普及。著名启蒙者福泽谕吉在其《世界国尽》中曾指出:“富国强兵天下第一,可谓文明开化之中心目的。然此种目的不仅止于名而须务实也。其实者,人教至,德谊修,智开明,文学艺术各尽其美,城乡无别,诸方建学问之所几千万而不知其数。安彼产业,兴彼商卖,军备

① ［日］朝仓治彦、稻村彻元编:《明治世相编年辞典》,东京堂 1997 年版,第 28 页。
② ［日］家永三郎著,靳丛林、陈泓、张福贵、刘珊译:《外来文化摄取史论》,大象出版社2017 年版,第 211 页。转引自律田真道《我如是观》,1876 年,其他出版信息不详。
③ ［日］家永三郎著,靳丛林、陈泓、张福贵、刘珊译:《外来文化摄取史论》,第 128 页。转引自大冢武松编:《岩仓具视关系文书》卷八,日本史籍协会 1935 年版。

整、武器足是也。寻其夸耀于世界太平之源,乃务本学问枝头所开之花。观其花,勿要羡之。无本之枝,花将何附?"①这一言论至迟发表于 1869 年(明治二年)。1872 年,日本颁布学制,揭示近代国民教育正式在日本开启。同年 4 月,日本教部省即后来的文部省发布三条教宪:1. 敬神爱国;2. 明天地人道;3. 奉戴天皇,遵守朝廷旨令。② 上述宗旨清晰传达出国民教育的目标:一个合格的"国民"应具有爱国、明道、服从天皇和国家的意志等良好素质。这一发展方向使得日本很快面临如前所述的问题:用怎样的语言开展国民教育。中国邻国之日本,本无文字,只有土语。在与中国交通后吸收中国文字,并以其为日本文字。不过完全以外国文字表达土语,实在是一件非常困难之事,在日本,遂有借用汉字偏旁表达土语发音之文字的发明,这便是假名。假名起初并不被正式书写所采用,它的使用价值更体现在日本人的日常起居,尤其是贵族女性书写的层面上,但纯正的汉字汉文修养到底不能为大多受教者所具备,因此假名或多或少也慢慢渗透进男性书写,甚至正式书写中。这样一来,日本的书写状态呈现出五花八门、眼花缭乱的特征,即根据书写者的汉字汉文修养,其撰写的文章或接近汉文,或偏离汉文,而若要草拟一篇纯正的汉文,非"鸿儒"不能为。更多的情况是,要么接近汉文,要么偏离汉文。所谓接近抑或偏离汉文,不过是看撰文者将多少程度的日本口语带进了书写,文章里的口语成分多了自然就会偏离汉文;反之,就是接近。需要注意的是,口语即便被带进书写,也不是以假名出现,而是借用了汉字,也就是在日本人撰写的文章里,有些看着是汉字的字并不是作为汉字在使用,它们仅是标注日本口语的汉字,即这些标注口语的汉字失去了其本义,只是一种起着假名作用的符号而已。结果,一篇文章,这样的符号越多,越偏离汉文,若要摆放在中国人面前,真正要丈二和尚摸不着头脑。我们仅从这一现象即可知:曾经汉学在日本的地位不

---

① 〔日〕家永三郎著,靳丛林、陈泓、张福贵、刘珊译:《外来文化摄取史论》,第 231—232 页。转引自福泽谕吉:《世界国尽》,庆应义塾 1869 年版。

② 〔日〕朝仓治彦、稻村彻元编著:《明治世相编年辞典》,第 70 页。

可谓不高。不过在受过教育的男性群体中,也有不愿被汉字束缚者,他们将口语带进书写时,像女性一样直接用假名而非汉字。这些打破规矩的人,到了明治维新以后便被称为具有独立精神的人,他们使用的书写方式被称为汉和体抑或两文体,而随着日本江户时期以来平民社会的发展,这种夹杂着假名的汉和体被越来越多的日本人所接受。即便如此,明治维新以前的日本,封建制度尚存,汉学地位牢不可破,阅读汉文并以汉文进行书写是士阶层表明自己尊贵社会地位的重要方式,而普通民众(农工商)中的大多数甚至没有接受汉字、汉文教育的机会抑或资格。虽然书写文体不尽是使用汉文,也有汉和混合的文体存在,然混入书写中的和文字即假名,其多数并非世间所流行的日本口语,而是对汉字进行训读(即以假名对汉字进行释读)的产物。也就是说,与所有尚未开启欧洲现代化的地域一样,日本语言中的文章语与口语亦是分开使用的。比起中国,日本的情况更加复杂一些,即中国仅使用自己的本土语言,只不过其语言分成了文章语和口语两个部分;而日本除了自己本土的语言分为文章语与口语外,身为外国语的汉字词即汉字汉语,又是其文章语的重要组成部分。因此日本的文章语其实由两个部分组成:汉字词和日本语言中的文章语,本书将后者称作"和字词"。其中,汉字词的地位又要高于"和字词"。换言之,进入受教育阶段的日本人,对于外国语言学习的重视更甚于本土语言,这使得掌握教育的士阶层所使用的语言,与初识甚至不识文字的农工商阶层所使用的语言,存在阶级上的差异。明治维新以后,身份制度虽然被遽然打破,但于语言使用上所存在的阶级差异并非能在短时间内消融,日本在开展国民学校教育初期所遭遇的种种问题就多源自于上述差异,故以怎样的语言对民众开展国民学校教育,在很长一段时期里,都是日本当政者抑或在野有识者所关注的话题,即对现行语言实施改良以促进国民学校教育是日本发展现代化的重要一环。

　　近代日本的文字语言文体改良首先面对的便是如何对待自己书写中的汉字汉语以及汉文体等问题。读书语言要简化,首要考虑的必然是如何处理书写中难学难记的汉字。于此,民间舆论有分化:是全部废除汉字,还是限制对汉字的使用。前者的主张因无视汉字与日本传统文化的内在联系性,既得不到政府的回应,也鲜少能获得社会舆论的同情;而后者的主张因符合发展现代社会的需求,逐渐成为日本朝野上下认真参酌的改革目标。回顾近代日本文字语言文体的改良,其过程漫长而复杂,始于幕末,直至20世纪初才确立最终的改良方案。文字语言的背后是文化,针对文字语言改革方向所做出的选择其实是对文化的选择。人们普遍认为明治以后的日本由于大力吸收西学,其文化趋西方化。实际情况却要复杂许多,即与日本传统文化密不可分的汉学仍然左右着人们的精神取向,而受到近代国家主义观念的影响、以争取文化上的独立性为要旨的国学运动从未停顿过,以致明治时期的日本文化呈现出比以往更为丰富的多元化色彩。本书的写作目的即在于揭示上述复杂的文字语言改良过程、文字语言背后体现出的多元化文化特征。于此,笔者尤为关注的是在日本文字语言文体改良的过程中,汉字汉语汉文在其间受到了怎样的待遇,或者说日本最终没有废除汉字的理由是什么? 这在汉字文化圈是一个特殊现象,即与中国相邻的朝鲜,以至越南,在殖民主义的吞噬下均废弃了汉字,而不乏废弃汉字呼声的日本却在自己的现代日语中最终保留了相当数量的汉字。更为引人注意的是,这些被保留下来的汉字在日本明治时期传播西学过程中大放异彩,由其构造出的种种现代新汉语不仅为日本社会所接受,甚至回流到中国,影响并促进了中国现代语的发展。需要强调的是,本书在观察汉字汉语乃至汉学在近代日本之地位变化时,并不会将目光只停留在社会舆论上,舆论有无付诸实践即社会舆论与政府之间的互动也是本书的重点考察对象。具体而言,社会舆论发展到何种程度方获得了政府的回应,而政府的对策又招致了怎样的社会舆论,继而新一轮的社会舆论又促使政府采取了怎样的改革措施,并且这一切发生在怎样的历史文化大背景之下。笔者相信,只有透过上述方式的观察,才能多少窥破汉字汉语汉文乃至汉学在明治时期日本的真实处境,以防止将任何一种社会舆论(比如全盘西化者的言论)直视为当该时期日本真实社会状态这一思考模式对读者的影响。

　　毋庸置疑,欧洲现代化对世界各地域的影响是巨大的。大隈重信在回顾明治时期的社会变动时如是说道:"余等愈解英学,愈感其有益。其所记广而深,多为实际,几乎网罗人类须为之事,即包容历史、社会、法律、经济之事。至于兵制、军术、通商、贸易、航海、筑造其他诸般工艺,亦悉以学理体系制以整然之规。于是余等得知迄今付诸行动一事,却于人事有至大关系。窃以为此乃真正活学。余等知此理,同时,日益对日本方今之教育,愈生遗憾之念,想来汉学以空理、空论为旨,固不足养成社会活动之人才,且使有为之才亦成无用之徒。可见,今儒者于人类社会之中居如何地位? 彼等不过一种活字典而已,唯贮不消化之文字于胸中,常做迷妄之梦。政治上、社会上、实业上,不可发挥寸毫利益……故目下之急务,乃劝将来有为青年,止汉学、攻英学,令其打破偏僻顽迷思想,知天高地广之实相。若彼等沿此途渐进,日本将来无论兵事政事教育,无论商业工业,必可获改革之成果。"①上述言论清晰地揭示出汉学与西学的地位在日本已发生互换的事实。这一事实表明:在亚洲,至少自 19 世纪下半叶以来,欧洲现代化所提示的价值观成为判断文明与野蛮、进步与落后的准绳。因此,如果我们将 19 世纪以来的任何一种社会现象抑或事件作为自己的研究对象,我们都不能仅将其放入本土的框架内去进行观察,也就是说我们不能忽略自 19 世纪以来世界正在欧洲现代化这一重大历史背景,即无论承认与否,我们的研究对象如果在发生变化,其变化均与欧洲现代化进程保持着某种程度的联系性。联系到本书,就是要将这种联系性作为历史表述的大背景抑或大舞台,然后将笔者所要观察的对象——汉字汉语汉文乃至汉学在近代日本的生存状况——置于上述背景中,去分析并解读它内在、外在的演化过程。因此,本书试图通过上述研究,从日本文字语言文体改良的角度,来再次解读日本于明治时期发展欧洲现代化的轨迹。

----

　　① 　[日]家永三郎著,靳丛林、陈泓、张福贵、刘珊译:《外来文化摄取史论》,第 249 页。转引自大隈重信述,元城寺清编:《大隈伯昔日谭》,新潮社 1914 年版。

明治时期发生在日本社会的文字语言文体改良确实有效简化了读写，这使得近代学校的办学效率得到提升，即学龄儿童的就学率稳步上升，这符合日本力争全民接受基础教育的国家发展目标。毫无疑问，近代学校是培养现代化建设人才的摇篮，近代学校办学的好坏决定着现代人才的数量与质量，而人才储量的多寡又决定着现代科技的掌握与提升，这关系着国家实力可否持续上升。

我们看到，明治时期的日本在推动包括文字语言文体改良在内的一系列改革后，自19世纪90年代起，其国力以惊人速度得到提升，即日本获得了保证其国体不再继续遭受外部势力压迫的力量。但遗憾的是，在该时期殖民主义蔓延全球的世界局势下，日本在获得现代力量后也随同其他殖民主义国家走上了侵略他国的道路。即近代日本通过明治维新摆脱了被西方列强殖民的危机，保持了国家独立。但在国家发展战略选择上，却逐渐奉行军国主义，最终走上侵略扩张道路，尤其在第二次世界大战中，给亚洲国家和人民造成极大的伤害。改良文字语言文体是为了社会的现代化发展，但在现代化发展稍许显露成就后，这股新获得的力量却转而开始破坏其他社会的既有状态。因此我们在观察力量作用一面的同时，亦不能忽视其反作用的一面。

二、研究状况与文献利用

关于汉字汉语汉文在近代日本的发展演变方面的研究并不稀缺。然而该领域的研究者多将其放入语言史的框架内进行考察，比如去探寻新词汇的发源以及日本新语对中国新语的影响或中日间新语词的交流状况等。在日本方面，旅日华裔学者沈国威的研究尤为引人注目。其专著《近代中日词汇交流研究：汉字新词的创制、容受与共享》和《新语往来：中日近代语言交涉史》①很好讨论了进入近代社会以来发生在汉字文化圈内的新语大量创制以及相互

---

① 沈国威：《近代中日词汇交流研究：汉字新词的创制、容受与共享》，中华书局2010年版；沈国威：《新语往来：中日近代语言交涉史》，社会科学文献出版社2020年版。

间流通、借用甚至吸收的现象。沈国威的落脚点是立足日本新语尤其日造汉语的状况以及揭示日本新语反哺中国新语的历史事实,表明区域间的文化交流是互动的,如果说在近代社会到来之前,中国流向汉字文化圈内其他地域的文化营养有着一边倒的特征,那么在近代社会到来以后,周边尤其加快自我现代化发展进程的日本反哺中国的现象却出现了,而沈国威通过自己的研究证明了这一现象的存在。于此,同样旅居日本的华裔学者陈立卫的研究也不容忽视,其日语专著《和制汉语の形成とその展開》①就"和制汉语"展开了细密调查,并揭示出"和制汉语"在日本现代语中的运用状况;其另一本专著《东往东来:近代中日之间的语词概念》则探讨了在现代化的世界浪潮下,中日间新语词新概念的彼此间交流、相互间影响的状况。上述两位学者的研究呈现出彼此呼应、相互补足之态。此外,日本本土学者铃木修次著《日本漢語と中国—漢字文化圏の近代化》②、杉本つとむ著《近代日本语》和《近代日本語の成立と発展》③、荒川清秀著《日中漢語の生成と交流・受容 漢語語基の意味と造語力》④等几部专著亦应受到关注,上述专著同样是旨在揭示在全球现代化的世界环境下近代日本语言尤其新汉语的成长过程以及新汉语在汉字文化圈内的流动状况的研究成果。在中国方面,可列举的相关研究有王力著《汉语史稿》⑤以及冯天瑜著《新语探源——中西日文化互动与近代汉字术语生成》⑥。前者列有"词汇的发展"一章,专门对汉语中外来词语进行了考察,其中有来自日本的部分,称为"日语借词",肯定近代以来形成的日语新词对中国近代新语的形成产生了影响;后者同样利用各种材料试图说明近代以来在

---

①　陈立卫:《和製漢語の形成とその展開》,汲古书院 2001 年版。
②　[日]铃木修次:《日本漢語と中国——漢字文化圏の近代化》,中央公论社 1981 年版。
③　[日]杉本つとむ:《近代日本语》,纪伊国物书店 1966 年;杉本つとむ:《近代日本語の成立と発展》,八坂书房 1998 年版。
④　[日]荒川清秀:《日中漢語の生成と交流・受容 漢語語基の意味と造語力》,白帝社 2018 年版。
⑤　王力:《汉语史稿》,中华书局 1980 年版。
⑥　冯天瑜:《新语探源——中西日文化互动与近代汉字术语生成》,中华书局 2004 年版。

中西日文化交流的背景下近代西学术语的汉译词或日译汉语词在中日间彼此流流转的状况。而另一本应给予关注的专著是意大利汉学者马西尼写作的《现代汉语词汇的形成:十九世纪汉语外来词研究》①,该书同样就近代以来汉语外来词的形成与传播做了一系列考证。

但本书研究宗旨不在于此。本书旨在将这一课题放入现代化进程这一历史背景中加以观察和分析,以期指明这一课题的发生发展与现代化进程所保持的不可剥离的紧密性。因此,本书将从历史学的角度去揭示汉字汉语汉文在近代日本发展的轨迹,并通过其发展轨迹来展示日本现代化进程中的某一具体事物的演变状态。即当我们将研究时代界定为"近代"这一时期时,我们所研究的具体对象无论如何不能摆脱近代化或现代化这一历史大背景,反映到笔者所研究的这一汉字汉语汉文在日之演变状态具体课题时,就是要考察其在现代化进程之中受到了怎样的影响,随即发生了怎样的变化,最后又在现代化进程中充当了怎样的角色。这些均是笔者欲通过本书所要解决的问题。

需要作出重要说明的是,本书所有引用文献均来自明治时期的出版物。日本国会图书馆从 2005 年 4 月起,在馆设网页的电子图书栏目上陆续录入馆藏日本明治时期刊行的所有图书。截至目前,该栏目已收录明治期刊行图书127000 册。在这批电子图书中,语言类图书有一万种以上,其中日本语言类图书有 6000 部以上。这批日本语言类图书,又详细分成总论、音声音韵、语源与意思、辞典、语汇、文法与语法、文章文体与作文、读本与会话、方言等九大类,全方位展现日本明治时期乃至大正、昭和时期的日本语言状况,通过这些已经成为文献类的书籍,我们可以充分了解日本语言由古语逐渐转变成现行的日本现代语的演进状况。根据笔者的统计,这批图书中,出版或成集(有些是非出版物或报告)于 1800—1869 年的书籍有 20 种;出版或成集于 1870—1879 年的书籍有 1227 种;出版或成集于 1880—1889 年的书籍有 1610 种;出

---

① [意]马西尼著,黄河清译:《现代汉语词汇的形成:十九世纪汉语外来词研究》,汉语大词典出版社 1997 年版。

版或成集于 1890—1899 年的书籍有 1199 种；出版或成集于 1900—1909 年的书籍有 1137 种；出版或成集于 1910—1919 年的书籍有 615 种；出版或成集于 1920—1929 年的书籍有 293 种。观察上述数据，我们发现日本语言在 19 世纪 70 年代以后处于非常活跃的状态，这种活跃可以说贯穿了整个明治时期，而在大正时期以后，上述活跃开始呈现急剧降温态势。这表明，在经过明治时期语言现代化的震荡后，至大正时期，日本语言的现代化已基本完成。据此，考察分析明治时期日本语言变化发展的状态实是解明日本语言现代化进程的最佳途径。

对于近代日本的解读，一些人往往被一个固定思维方式所绑架，以为明治日本毫无疑义地选择了欧洲现代化道路，以为日本现代化进程的参与者起端便是个勇往直前的社会变革者。这一思维方式忽略了任何一种新事物的诞生、发展以及壮大都要经历一个博弈过程，社会现象如此，参与社会现象发生的人亦如此。比如我们说到具体的人，他自身思想的发生变化需要有机缘，机缘到来之后，其自身内部首先会发生博弈，在解除迷茫后会冲向外面，参与社会变革即与他人产生博弈，所以我们会看到同是一个人，他在各个阶段所表现出来的态度以及立场是不同的，更有意思的是，他的态度与立场也并不是总是保持一致，他会向左偏，他又会向右偏，可能他又会回到中间道路上来，参与社会变革的人是这样变化着，被人所主宰着的社会变革的发展状态也是这样变化着，即它的发展方向并不是始终清晰而没有犹豫。日本的现代化是一个有伸展又有折回的历程，作为现代化进程中一分子的日本语言现代化也经历过弯弯曲曲的道路，在多重徘徊、多重选择之后有了我们现在所看到的日本语言的面貌，而将上述现代化历程揭示出来，实有助于我们了解欧洲现代化是如何融入亚洲地域，尤其是已经接受了中国文化的日本地域的。

要之，日本国会图书馆所贡献给广大阅读者的这批图书对全面解读日本明治期社会状态具有重大意义。本书只是借助该馆藏有关日本语言方面的材料解明日本文字语言文体现代化的发生发展状况，上述变化不仅对日本社会变革产生重大影响,其影响亦波及了中国,即中国语言的现代化毫无疑问受到了日本现代语的影响,而语言的变化实促动了社会的变化。也就是语言的变化带来了学校教育的变化,而近代学校教育的有效实施是促成社会变革的最有力动因。据此,探明日本文字语言文体现代化的发生发展状况极富意义。

第一章　明治维新前后的
日本与汉字、汉文

第一节　汉字、汉文在日本

　　黄遵宪在其所著《日本国志》里如是说道："日本之习汉学萌于魏,盛于唐中,衰于宋元,复起于明季,迨乎近日几废而又将兴。盖自王段博士接踵而来,于是有论语五经而入始识字,隋唐遣使冠盖相望,于是习文章辞赋而君臣上下始重文,惟中间佛教盛行,武门迭起,士夫从事金革,不知有儒,汉学一线之延,仅赖浮屠氏得以不堕,而迨德川氏兴投戈讲艺,藤林诸人卓然崛起,于是有为朱程学者,有为陆王学者,有为韩柳之文、王李之诗者,益彬彬称极盛焉。"①这段文字简略介绍了汉学在日本发展的历程。由此可知,汉学在日本的兴盛时期多为中日间有政治交往的时代,尤其在日本仰慕中土而通使纳贡的时期。不过无论兴盛抑或衰微,自汉学输入日本起,汉学等同于学问这一观念便逐渐根植于日本人心中,即便在明治时期以后亦受到日本人广泛认同,也就是说在西方实学即西学尚未被作为另一种学问进入日本人的视野之前,放弃汉学即

---

　　①　(清)黄遵宪:《日本国志》卷九《学术志二》,上海古籍出版社 2001 年版,第 338 页。

如同放弃学问，而废弃汉字即等同于废弃汉学。如是，无论汉字如何难以掌握，学习汉字以便通晓汉文乃至汉籍都是日本"士族"自觉的行为。

"日本古无文字，而有歌谣，上古以来，口耳相传，汉籍东来后，乃假汉字之音而填以国语，如古万叶集所载和歌，悉以汉字填之，既开后来用音不用义之法，然汉字多有一字而兼数音者，则审音也难，有一音而具数字者，则择字也难，有一字而具数十撇画者，则识字也又难。自草书平假名行世，音不过四十七字，点画又简，极易习识，而其用遂广，其用之书札者，则自闾里小民贾商小工，逮于妇姑慰问男女赠答，人人优为之；其被之歌曲者，则自朝廷典礼、士官宴会，逮于优人上场、妓女卖艺，一一皆可播之声诗，传之管弦。"① 由上述表述可知，日本本无文字，只有土语或口语。汉字传入日本后，日本人开始以汉字来标注自己的口语以记录自己的口传历史，而学问部分则完全承袭汉学。即借助汉字，日本人可以将日语（口语）记录下来，但是诸如政治、学术方面的文章或书籍，仍以汉文进行表述。庶民虽然不学习汉字或汉文，但如"本""饭""茶""碗""肉"等之类的日常汉字用语因进入了口语，也普遍被人们接受。②

然而，随着假名（即和字）的问世，以假名混合汉字进行书写的方式在日本上下层社会，尤其在上层女性以及庶民阶层（农工商阶层）里得到推广。据明治时期的语言学家佐藤宽的整理研究，假名的制作本为释读汉文而起，最初的假名只有日本奈良时期的政治家兼学者吉备真备创造的片假名，它流行于男子间，用于其汉籍的训读或汉文的直译；后来由日本佛教真言宗的开山祖师空海创造的平假名则是因日常生活所需而诞生，它流行于女子间，用于记录日常见闻以及故事。③ 对于日本，12 世纪是个重要时代，在这一时期里，由于武士的抬头，贵族文化开始向武士文化转变，即掌握文化者不再仅局限于狭窄的贵族阶层，为贵族服务的武士也成为受教育者，也就是说武士加入了贵族阶

---

① （清）黄遵宪：《日本国志》卷三三《学术志二》，上海古籍出版社 2001 年版，第 345 页。
② ［日］实藤惠秀：《近代日中交涉史話》，第 4 页。
③ ［日］佐藤宽：《日本语学新论》，文明馆 1891 年版，第 67—68 页。

级,新贵者武士不仅拓宽了贵族阶级即"士族"的范围,并且要在这一族群里发挥越来越重要的作用。但随着文化的下移,其社会开始呈现世俗化的一面,即由于假名的存在,精致者不如贵族的武士们轻易地将自己日常生活里的本土口语带进了书写,这部分进入书写的本土口语被明治后的日本人称作"日本国的语言"或"日本国民的语言",甚至追认其为"真的国语"。不过,今天的日本语言学家也承认形成于这一时期的"日本国的语言",其母体并非是那些通行于京都贵族生活圈里的得体而优雅的语言,它们多来自民间俗语,尤其在江户时代,与京都语言相持的关东地区(以今天的东京为中心)的方言大量进入"日本国的语言",此现象可视为现代日本语产生的肇端。① 需要说明的是,上述现象实际是日本文化走向世俗化抑或平民化的第一步。自假名文字被发明以来,它一直作为贵族、公卿抑或僧侣、学者的闲暇游戏文字(非正式用)抑或学术上的辅佐文字(阅读汉籍以及佛经时的记号)被使用,即假名与汉字一同为贵族所独占,直到被新兴的武士阶级所打破。比如无论是记载日本战争史、成书于镰仓时代的《将门记》《陆奥话记》,还是同时期著名的贵族诗人藤原定家的日记《明月记》等,都是以汉文体抑或准汉文体(夹杂进假名的汉文)写成,对新实力者武士而言,囿于他们自身的才疏学浅,要读懂上述书籍并非易事。以镰仓幕府的编年史——《吾妻镜》为例,其书写即便不是纯正的汉文,而是被称作伪汉文的准汉文抑或拟汉文,但据当时的人统计,能阅读《吾妻镜》者,五千武士中仍仅有一人。② 这一事实表明,至少在 13 世纪初,武士具备的汉字进而汉文修养仍非常有限,其结果就是司职于各级行政管理机构的武士,为方便各自政务的展开,其书写必将于汉文间夹杂进假名文字。而两类假名文字中,作为学术工具的片假名,其地位显然高于平假名,而百姓也欣然接受了这种笔画相较平假名更为简单且经贵族之手在某些场合已然与汉字结合使用的假名,故此后带有公属性质的文书抑或书籍,其书写若非纯正汉

① 杉本つとむ:《近代日本语》,第18页。
② 杉本つとむ:《近代日本语》,第18—19页。

25

文,基本是杂糅了片假名的准汉文,而能以纯正汉文撰文者鲜有之。新时代的到来每每伴随新气象的产生,记录时代的语言自会适应新气象而生出种种变化,由武士催生并推动的汉文"庶民化"即是上述变化的具体形态。而为了保障他们新获得的权势,武士将原本被贵族视为游戏文字的假名大量带进正式书写,给那些本来只停留于日常生活里的日本土语提供了成长的土壤,即注入了新的存在价值,此可谓是日本言与文或可统一的第一个契机。不过随着武士在身份上与农工商的不断分离,武士由新贵融入并变成真正的贵族。比如在南北朝时期的 1350 年,幕府高级官僚北条重时曾告诫他的后代:"如果你自己不诵读,但你得有一个受过教育的人来为你朗读和解说佛经以及教喻作品。我们自身的理解有限,如果不倾听这些著作的话,我们就会气度狭小,没有智慧。"①据说足利幕府将军足利义满,就在宫廷学者和僧侣的指导下研读过《论语》《孟子》等儒家经典以及禅宗方面的佛经。武士靠着这种方式推进汉学教育,使得他们于汉学修养方面不再与旧贵族们间有天壤之别,学汉字、习汉文以通汉籍也变成他们成长过程中的重要一环,包括在日常用语的运用上,他们亦逐渐与庶民拉开距离,且越来越大。如此,第一时期的言文一致运动曾发生在贵族与武士间,不再追求纯正的汉文书写是其结果,然而随着武士汉学修养的提升,汉文体抑或拟汉文体成为书写尤其公文书书写的主要文体,这样的文体与生活中的口语有巨大差异,故要实现真正意义上的言文一致尚需近代社会的到来。

　　假名后来被日本人称作自己的国字,日本明治时期的文字改良者佐藤宽曾经幻想:若假名发明当初,日本人能抓住契机提倡并大力使用国字即"和字",那么汉字应会逐渐被废弃,假名的拼写法以及变化规则亦会随之自然形成,也就不会出现到了明治时期汉字反而与日本本土语言的内在联系更为紧密且被更为广泛地使用这一令人尴尬的局面。② 佐藤宽的设想是一厢情愿

---

① 　[美]康拉德·托特曼著,王毅译:《日本史》,上海人民出版社 2008 年版,第 172 页。
② 　[日]佐藤宽:《日本语学新论》,第 68 页。

的,如若日本从假名诞生起便抛弃了汉字,这就等同于废弃了吸储中国文化的工具,那么日本又如何能积累出为明治维新的成功提供了温床的江户文化?

有一点是显而易见的,对日本人来说,汉学的起点即掌握汉字绝不是一件简单易行之事。佐藤宽在谈及日本语的特性时说,日本语言分为多音语和单音语两类。顾名思义,多音语由数音组成,比如"川"字读为"かわ",由两个音组合而成;单音语则是一音一语,比如"身"读为"み"。另外,和欧洲语言一样,日本语的语词也有语尾变化。而这些特点显然与中国语所呈现的面貌不同。在中国语里,一语一音,没有多音语,均是单音语,并且语尾不会发生变化,因为虚词可以帮助语词完成变化。① 热衷研究日本社会的黄遵宪曾述及自己对日本语的感受。他总结了以下三点:"1. 其音少,其土音只有四十七音,四十七音又不出支微哥麻四韵,一切语言从此而生。2. 其辞繁,音皆无义,必联属三四音或五六音而后成义,既不同泰西字母有由音得义之法,又不如中国文字有同音异义之法,仅此四十七音以统摄一切,语言不得不屡换其辞以避重复,故语多繁长,如称一我字,亦有四音;称一尔字亦用三音,他可知矣。3. 其语长而助辞多,日本语言全国皆同,而有上下等二种之别。市井商贾之言乐于简易,厌其语之长,每节损其辞以为便,而其语绝无伦理,多有不可晓者,故士大夫斥为鄙俗,凡士大夫文言皆语长而助辞多,一言一句必有转声,必有余辞,一语之助辞有多至十数字者。其为语皆先物而后事,先实而后虚。如读书则曰书读,作字则曰字作之类。"②而欲攻读汉籍的日本人必须要克制上述自己生活中的语言习惯,去适应汉字以及汉文的特性。

然而,"强袭汉文而用之名物、象数,用其义而不用其音犹可以通,若语气文字收发转变之间循用汉文,反有以钩章棘句诘曲聱牙为病者,故其用假名也。"③也就是说,当日本人深受因中日语言差异所带来的困苦后,便创造了假

---

① ［日］佐藤宽:《日本语学新论》,第 25 页。
② (清)黄遵宪:《日本国志》卷三三《学术志二》,上海古籍出版社 2001 年版,第 345 页。
③ (清)黄遵宪:《日本国志》卷三三《学术志二》,上海古籍出版社 2001 年版,第 344—345 页。

名来帮助他们习汉字、汉文。日本官修史书《古事记》的作者安万侣在其序里亦谈到假名与汉文间的关系。其言道："然上古之时，言意并朴，敷文构句，于字即难，以音训述者，词不逮心；全以音达者，事趣更长。是以今或一句之中，交用音训，或一事之内，全以训录，即辞理叵见，以注明意。"①具体说，以多音语的日本语去对应一字一意的汉字，会使句子变得冗长复杂；然若均以汉字进行传达，则文章理解会变得非常困难。结果，在既不能放弃汉字或汉文，又要方便读者理解文章意思的前提下，日本人找到了一个解决问题的途径：将假名适当混入汉文，采用和汉混用文体进行书写。以黄遵宪之言："或如译人之变易其辞，或如绍介之通达其意，或如瞽者之相之指示，其所行有假名，而汉文乃适于用势，不得不然也。"②然上述和汉混用体具有宽泛性，即假名文字的夹入程度依据写作者汉文修养的高低来决定，其间依然存在坚持不用假名的纯正汉文书写，这导致日本文章的书写体例不一而繁多。

　　日本书写文体复杂与日本古代贵族对于汉学所持的态度密不可分。比如奈良时期的贵族，凡学术、艺术、技术以及服装、器具、生活样式等，越是中国风格越是喜爱，在他们的心中瞬时也没有离开过"大唐"，只要是"唐物"，不论什么都要尽快输入，好以此来显示日本的文明程度。但他们理解汉学并撰写汉文的能力毕竟有限，即便如汇集了当时最高水平的汉文诗集《怀风藻》（公元751年），其作品的水平也只是达到熟知汉字并擅长仿作汉诗的程度而已。③尽管如此，贵族间依然盛行赋汉诗、写汉文，汉学水平成为衡量他们教养的尺度。虽然一部分贵族根据汉字的音和义发展出一种可以表述日本土语的前假名文字，这种文字可谓日后成熟的假名文字的母体，又因日本著名的诗歌集——《万叶集》以此文字书写，故被称作"万叶假名"④，但对于大部分有教

---

① ［日］佐藤宽：《日本语学新论》，第59页。
② （清）黄遵宪：《日本国志》卷三三《学术志二》，上海古籍出版社2001年版，第345页。
③ ［日］井上清著，闫伯纬译：《日本历史》，陕西人民出版社2011年版，第45—47页。
④ ［日］井上清著，闫伯纬译：《日本历史》，陕西人民出版社2011年版，第44页。

养的贵族来说，"万叶假名"，甚至于平安时期据由汉字偏旁或汉字草书最终固定下来的假名文字并不为他们所必用，他们不仅在公文中，哪怕在私人日记中，也往往用汉字，或以汉文，或以汉文体进行书写。

然而对于贵族以外的日本人来说，能有一种将日本土语如实表达出来的文字，无疑很重要，比如在写作日本诗歌方面，他们觉得再没有能胜过假名文字的文字了。如此，假名"和歌"（日本式诗歌）在非男性贵族外的群体里开始普及，结果最初的日文体因"和歌"的渐渐发达得到承认，甚至影响了男性贵族的态度，从9世纪后半期起，"和歌"也被这部分特殊人群所接受①。更有甚者，日文体越出诗歌范畴，自空海创造平假名后，以平假名进行写作的文章也开始出现，日本人称之为"和文"。比较著名的作品就有《竹取物语》和《伊势物语》。这些作品虽然基本以平假名写成，但其字法以及句法却遵循汉文的行文规则，而且用词高雅，被日后的咏歌大量引用，近代日本人称之为"雅文"体的文章便是多依循上述规则撰写而成。有例如下：

> 年立ちかへるあしたの空の氣色、なごりなく雲らぬうららげさには、数ならぬ垣ねの内だに、雪前の草若やかに色づきろめ、いつしかと氣色だつ霞に木の芽も打けぶり、おのづから人の心ものびらかに見ゆろかし（源氏初音之卷）②

> 译文：悠然明净的空中，飘着朵朵白云。延绵不断的城垣内，雪中之草青色怡人。树芽翘立于明媚的霞光里，怎不叫人怅然。

在古代日本，以雅文体进行创作的多为女性，虽然以平假名为主，但关键词语依然使用了汉字，因此可以说雅文体是一种偏重"和字"的和汉混用体。假名的混入带来了书写的繁盛以及细微化，即书写者利用混有假名的文字可以生动、细致地刻画变化中的社会，以富有足够弹性的语言来完成比较复杂的描述，比如撰写于1307年左右的《小学馆》就是一部由宫廷女性写成的散记，

---

① ［日］井上清著，闫伯纬译：《日本历史》，陕西人民出版社2011年版，第67页。
② ［日］佐藤宽：《日本语学新论》，第81页。

因为使用了杂有假名的和汉混用体，作者可以随心、精微描绘自己想要表现的对象，使得作品富有活力而耐人寻味。①与女子行文不同，日本贵族时代的男子为体现自己的修养，多以汉文体或汉文直译体进行写作。我们来看看汉文直译体下《庄子》中的某一节。

  昔シ莊周夢ニ胡蝶トナリ、栩々然トシテ胡蝶ナリ、自ヅカラ志ニ適スルニ喻フルカ、周ヲ知ラザルナリ、俄ニシテ覚ムレバ、則遽々然トシテ周ナリ、知ラズ周ノ夢ニ胡蝶トナリシカ、胡蝶ノ夢ニ周トナリシカ、周卜胡蝶卜自ヅカラ分アラン②

  原文：昔者庄周梦为蝴蝶，栩栩然蝴蝶也，自喻适志与！ 不知周也。俄然觉，则蘧蘧然周也。不知周之梦为蝴蝶与，蝴蝶之梦为周与？ 周与蝴蝶，则必有分矣。

由上例不难看出，这种文体确实是对原文的一种直译，而且假名部分使用的是片假名，片假名之地位高于平假名由此可见。男子行文使用汉文体或汉文直译体所导致的结果，一是汉字是男子日常习学的文字，二是由汉字构成的语词逐渐进入交流语言。由此和汉语言混用的现象不仅出现于口语交流场合，并且走进书写，像民间流行的《保元平治物语》《源平盛衰记》《太平记》等军记作品所采用的书写体例就是一种有别于雅文、在汉文直译体的基础上演变而来的文体，它的难度介于雅文体与汉文直译体之间。不过，我们从此种文体中可以看到句子结构中的主干词语依然是汉字或汉语。例如，以下段落是对白居易《上阳白发人》部分诗句的和译以及所感，即：

  深宮ノ中ニ向テ、春ノ日ノ暮レ難キコトヲ歓ゲキ、秋ノ夜ノ長キ恨ニ沈マセ給フ、金屋ニ人ナクシテ、耿々タル、残ノ燈ニ背ケル影、薫籠ニ香消エテ、蕭々タル、暗雨ノ窓ヲ打ツ聲、物毎ニ皆御涙ヲ添フル媒トナレリ、人生莫作婦人身、百年苦楽由他人卜、白楽天ガ書キタリシモ、理リ

---

① ［美］康拉德·托特曼著，王毅译：《日本史》，上海人民出版社 2008 年版，第 172 页。
② ［日］佐藤宽：《日本语学新论》，第 82 页。

ナリト覚エタリ(太平记)①

　　翻译:深宫里,叹春日之难暮,恨秋夜之漫漫长,金屋中人耿耿兮,背影残灯,薰笼香消,暗雨打窗萧萧兮,泪洒遍物,良媒何在,人生莫作妇人身,百年苦乐由他人。读白居易诗有感。

　　(原句为:宿空房,秋夜长,夜长无寐天不明。耿耿残灯背壁影,萧萧暗雨打窗声。春日迟,日迟独坐天难暮。)

也就是说,如果把上述这段文字中的所有假名剔除后,我们依然可以理解其大概文意;但如果把以雅文体写就的文章中的假名剥离后,我们发现已无法理解其文意。这确实是一个有效的辨别方法,因为在今天的日本现代语阅读中,将文中假名剥离后是无法理解文意的。由上述两例可知,假名的性质在逐渐发生变化,即由最初辅助阅读汉文或记录讲话的工具转为书写用语言之一,而日本现代文体应是沿着雅文体发展而来。

如前述,将假名带进具有公性质书写的是武士。至镰仓幕府时期,日本世风尤重武道,武士身份水涨船高,因彼等汉学素养不高,故汉文逐渐衰微,甚至具有高雅品性的雅文亦随之衰退。汉文之衰微可从《贞永式目》《东鉴》等作品中得到明证,而雅文之衰退则依据《十六夜日记》《徒然草》等作品可以知晓。即这类作品之行文比汉文直译的变体要更为简明易懂。甚至更有推假名文者,如丰臣秀吉(1537—1598)。在丰臣秀吉留下的文墨里,不乏有以平假名撰写的公文书,要知道,相较片假名,平假名更接近庶民阶级,丰臣秀吉的举止表明了他不再高仰中国的态度,反映出乱世枭雄的桀骜不驯。然至德川幕府时期,经累世承平,形势又一变,文运昌盛,学士辈出,汉文遂复兴。这当然与德川幕府将儒学举为官学有关。不过在德川幕府即江户时代初期,作为一种历史现象的延续,不乏有继续将日本土语带进书写、以宣称"新文章的独立"的学者,其中最著名者当为"俳文"的倡导者——松尾芭蕉(1644—1694)。

---

① ［日］佐藤宽:《日本语学新论》,第83页。

"俳文"就是一种讲究汉字与假名相搭配的文体，在日本的语言史上，它以一种认真的态度表明：以假名记录的日本土语在与汉字、汉语相搭配后也可拥有丰富的表现能力。以松尾芭蕉的《银河序》为例：

> 北陸道に行脚して。越後ノ国出雲崎といふ町に泊る。彼佐渡がしまは。海の面十八里。滄波を隔て。東西三十五里によこおりふしたり。みねの嶮難谷の隅隅まで。さすがに手にとるばかり。あざやかに見わたさる。むべ此島は。こがねおほく出て。あめねく世の宝となれば。限りなき目出度島にて侍るを。大罪朝敵のたぐひ。遠流せらるゝによりて。ただおそろしき名の聞えあるも。本意なき事におもひて。窓押開きて。暫時の旅愁をいたはらむとするほど。日既に海に沈で。月ほのくらく。銀河半天にかかりて。星きらきらと冴たるに。沖のかたより。波の音しぼしぼはこびて。たましひけづるがごとく。腸ちぎれて。そぞろにかなしひきたれば。①

> 译文：前往北陆道，泊在越后国一个叫出云崎的小镇，其海上十八里处，隔着沧波，有岛名佐渡，东西长约三十五里，放眼望去，处处山谷险峻，有如近在手边。此岛因盛产黄金，遂成为世间之宝，然能在这风光无限的岛上居住者，多为获大罪被流放此地的政敌，此岛缘此渐起恶名，实在世人意料之外吧。开窗眺望，旅愁浮上心头，太阳已沉入海中，月亮爬上天空，银河横跨半天，星星闪闪眨着眼睛，海浪翻涌，涛声拍岸，魂牵梦绕处，怎不叫人愁断了肠。

在这段文字里，我们看到大量日本土语进入，甚至有些句子，如"たましひけづるがごとく"，完全由日语构成，汉语词不再是其句子的主干语。但是要想充分表达出自己的意念，芭蕉也知道不能缺少诸如"行脚""滄波""嶮難""大罪朝敵""暫時""旅愁"等这样的汉语词，而他自觉使用"たましひけ

① ［日］杉本つとむ：《近代日本语》，第106页。

づるがごとく""腸ちぎれて"等这样的句式来尝试表达"魂牵""肠断"的情绪,则透露出其日本土语亦能表达文学的主张。有了"俳文",便有了"俳句",又生出"假名诗",不过是要提高日本土语的地位。现举与芭蕉同时代的"假名诗"诗人,又称"俳人"的各务支考(别名:东华坊,1665—1731)的诗作以观其大概。即:

桃花老仙花鸟诗有感

むかし。此詩あり。その人むなしく。

今は。花鳥の。名のみのこりぬ。

はなは。散るとても。またさくべきに。

我も。鳥に似て。花に啼かん。

译文:昔日,有此诗,那个虚无缥缈的人,

如今,只留下花鸟的名。

花啊,虽然散去了,但依然会再开,

我呢,像只鸟儿,对着花儿啼。①

读此诗,就其形式大有现代诗之感,然其间所蕴含的情怀却一如中国古诗,可谓将中国律诗口语化了,这又是日本文人于江户时期对汉诗所生出的一种新接受方式。这样的"假名诗"显然与雅文体有着不可忽略的关联性,即它似乎是雅文体文章诗歌化后的结果,由于历史事物发展所具有的连续性,我们看到,顺着"假名诗"的发展,此后又继续延伸出"俳句"。

需要注意的是,并非有了"俳文",与"俳文"有着共同性的雅文体就被弃之不用了。相反,这种相对"俳文"更具优雅的汉和混合型文体,随着日本德川幕府政权的稳定又开始复苏,其背景是一批具有"日本意识"的学者在日本民间发起的复古运动,代表人物有贺茂真渊(1659—1769)和本居宣长(1730—1801),被时人尊称为国学者。其中,本居宣长在比对汉诗与和歌后,

---

① ［日］杉本つとむ:《近代日本语》,第109页。

认为日本文化比中国文化似更合乎自然,他如此说道:"汉诗中并无发自内心之恋诗。其国人惯于饰外表显男气,避而不言心中懦弱,凡事掩藏心中。日本之歌则多写恋情,诚为抒发性情之道。"①因此,就书写语言即文章语,他提倡用假名,即:"今有假名可自由书写,若弃而不用反用烦琐汉文,诚为不智之举。"②如此一来,江户时期的复古运动,其实质是复兴日本中古时期的雅文,结果在贺茂真渊和本居宣长的带动下,村田春海、清水滨臣、藤井高尚等一批长于雅文体的学者辈出,并受到社会关注且被模仿,这意味着男子抛开以往成见,也可用雅文体——一种日本古代女子的行文体进行书写。③

在江户时期,无论是芭蕉、支考的"俳文""假名诗",还是日本国学倡导者嘉茂真渊等人大力推广的以雅文即"和文"为核心的复古运动,均是对当时作为官学的儒学所进行的种种挑战。但这一时期的挑战对于儒学即汉学之地位尚未构成威胁。比如江户中期古文辞学派的创立者——荻生徂徕对于汉学的尊崇与国学者相较形成鲜明对比。荻生徂徕为追求纯正的汉学,要求从学者应花大力气学习汉字汉语。他认为,和汉混用体的最大问题在于:"心移中华文字以就方言者,一读便解,不解不可读。信乎,和训(此方学者以方言读书,号曰和训。)之名为当,而学者宜或易为力也。但此方自有此方言语,中华自有中华言语,体质本殊,由何弥合。是以和训回环之读,虽若可通,实为牵强。而世人不省,读书作文一唯和训是靠。"以致"倘访其所以,解古人之语者,皆似隔靴搔痒",遂提议"学者先务,唯要其就华人言语,识其本来面目"④。

如何追求纯正的汉学,荻生徂徕有自己独特的教授方法。即:

　　先为崎阳之学,教以俗语,颂以华音。译以此方俚语,绝不作和训回

---

① ［日］家永三郎著,靳丛林、陈泓、张福贵、刘珊译:《外来文化摄取史论》,第45页。转引自本居宣长:《玉胜间》卷一〇,岩波书店1934年版。
② ［日］家永三郎著,靳丛林、陈泓、张福贵、刘珊译:《外来文化摄取史论》,第45页。转引自本居宣长:《玉胜间》卷一〇,岩波书店1934年版。
③ ［日］佐藤宽:《日本语学新论》,第76—79页。
④ ［日］荻生徂徕:《译文荃蹄》,须原屋书店1908年版,第2页。

环之读。始以零细者,二字三字为句,后使读成书者。崎阳之学既成,乃始得为中华人。而后稍稍读经子史集四部书,势如破竹。①

关于崎阳之学,荻生徂徕如此解释:

> 先随例授以四书小学孝经五经文选类,教以此读法。时时间择其中极易解者一二语,随分俚言解说,使其自得。一日间不过一二次,切勿说旨章及道德性命之理。大抵人心喜开通,恶闭塞,虽蒙生,日但诵全无分晓语,必生厌想,惰气乘之,仅得可解者,则生踊跃,由是精进,且其一二零细,后来合凑,比为自用力地。比五经皆毕,既自得力,乃授以史汉有和训者,使其自读,副以字书,备其考索。②

也就是说,一遍不通,更读二三遍,"不许其辄忘所疑,常要蓄在胸中",然后"日日如此读书,积以卷数,自然涣然冰解"。③ 观荻生徂徕所撰上列汉文,虽个别用语与中土不同,但以日本人写得如此文章,故以汉儒自称于日本,并非浪得虚名,且荻生徂徕的读书方法颇有中土之风,即朱子所言"虚心平气,反复讽诵,久当有味"。④ 然心不敬则无法持恒,而能居敬从学者又绝不在多数,故由荻生徂徕之言行,又可观汉学在日本地位之崇。

如上所述,士阶层中,或有因复古致力旨在发扬日本独立精神的雅文体、俳文以及假名诗的推动者,或有顺从历史惯性依然对汉学力持恭敬者,我们从17 世纪的图书出版状况,可一窥两者的面貌。根据1671 年的资料,日本当时出版的书籍达到3874 部计22164 册,21 年后,这个数据更新为7204 部计35574 册,分析上述出版物可得知:最初以佛经为最多,大约占到四成,其次是杂有"假名"的文艺等消遣类书籍,而儒学、医术以及其他学术书籍约占到两成多;但21 年后的出版物情况表明,杂有假名的书籍跃居首位,而与之相较,

---

① 〔日〕荻生徂徕:《译文荃蹄》,第9 页。
② 〔日〕荻生徂徕:《译文荃蹄》,第9 页。
③ 〔日〕荻生徂徕:《译文荃蹄》,第10 页。
④ (南宋)朱熹著,(南宋)张洪、齐熙编,李孝国、董立平译注:《朱子读书法》,天津社会科学院出版社2016 年版,第275 页。

佛经书籍在减少。其实可以说佛经、学术类书籍的消费是稳定的，上升的部分是杂有假名的书籍，这揭示出大众世俗文化日渐繁荣的现象。① 由于上述出版物基本出自民营书店，并不包括贵族间汉籍的传播情况，故只能说明假名文字以及杂有假名的汉和混用体在民间是极受欢迎的。而推动上述社会现象出现的契机是日本印刷技术的质变性进步，丰臣秀吉两次侵略朝鲜所带回的活字印刷技术，给日本此后的出版业带来繁荣局面。以京都为例，1702 年，有 72 家左右的出版商，主要出版汉籍、日本古典著作、佛经、诗歌集以及种类繁多的通俗读物，而通俗读物的流行，使得汉和混用体的运用得到推广。②

更好的例证就是，随着江户时期庶民生活的日益丰富多彩，以普通民众为服务对象、报道社会诸种新闻的读物应运而生，其中比较著名的就有《读卖》和《瓦版》。这些读物类似于今日的周刊杂志，多报道普通民众即庶民所关心的各类社会新闻和地方灾害，并且随着庶民社会的发展，也会刊载一些对社会现状不满的批判性言论，尤其在 1853 年日本被美国强迫开放港口后，原本就扎根于社会报道以及社会问题批判的读物，如《瓦版》，更是在报道内容方面，刊载一些贴近于时代变迁的敏感话题。③ 另有一个不得不提及的现象就是由"飞脚屋"带来的社会情报广泛流布的状况。"飞脚屋"原本仅是组织各类信函驿传的机构，但一直担负信函传递的"飞脚"，因其所传递的信函往往包含重大信息，故逐渐成为能够提供各种有价情报的通讯员，这使得信函转递站即"飞脚屋"相应演变成情报储蓄站，近水楼台先得月的"飞脚屋"遂将手中现成的各地情报汇编后给予印刷成刊，或置于"飞脚屋"内，或摆放在车站的小卖铺以及街市的书肆内进行售卖，而"飞脚屋"所提供的读物，其所载内容以及所涉地域，较带有地方性特色的《读卖》《瓦版》，显然更为广阔。④ 由此，除本

① ［日］井上清著，闫伯纬译：《日本历史》，第 217 页。
② ［美］康拉德·托特曼著，王毅译：《日本史》，上海人民出版社 2008 年版，第 237 页。
③ ［日］杉本つとむ：《近代日本语》，第 93 页。
④ ［日］杉本つとむ：《近代日本语》，第 94 页。

地域外,庶民阶层也有了关注其他地域社会乃至中央幕府情状的机会,即原本与政治无涉的庶民也有了观察进而批判既有政治状态抑或幕府所举政策的些许契机,这使得并不关注庶民所思所想的幕府也开始重视起庶民教育。比如在江户时期蓬勃兴起的针对庶民的寺子屋教育中,被幕府有政策性地糅合进了人格教育,而这类人格教育的核心要旨就是须养成受教者的对于幕府的忠诚。① 因此,无论是《读卖》《瓦版》,还是"飞脚屋"的刊发物,它们在促进日本前近代社会的发展方面可谓功不可没,也就是说,人们的关注点开始逐步由个人转向大众或社会,一种被称作"社会舆论"的事物正在形成。而上述读物,因主要服务对象是仅仅接受过寺子屋教育的普通大众,为了阅读方便,其书写夹带进大量日本土语遂不可免。这又是明治维新前日本语言所呈现出的一种新面貌。《读卖》也好,《瓦版》也好,这种不是近代报纸的报纸,不是近代周刊的周刊,它们的出现,为日后明治维新时代的到来做了铺垫。当然需要注意的是,上述读物虽然会刊载一些批判性言论,但尚不具有反封建的性质,且其发行量非常有限。究其原因,能够购买阅读的庶民并不多见,依照德川幕府晚期的记载,一份《瓦版》抑或《读卖》,其售价在 20 文至 25 文铜钱不等,②而对一般的庶民家庭来说,这样的阅读消费无疑是奢侈的。

不过如前所述,无论采用何种文体,撰写者在写作时多少要遵循汉文规范。这必然带来一些问题。具体而言,各国自有各国的语言,其文章表述自有其书写规范,然而,日本人因为书写之际时时要考虑汉文规范,这就使得他们不得不打破日本口语的顺序去适应中国汉文的书写惯例,当然,以日语句子结构的顺序对汉文句式进行重新整合的写作法随着庶民社会的发展逐渐被普及开来,这就是此前提及的"汉文直译体"。除此之外,与中国汉字一字一音的特征相较而言,日本语多是一字多音,结果由上述因素造成的言文不一致现象

① ［日］杉本つとむ:《近代日本语》,第 96 页。
② ［日］杉本つとむ:《近代日本语》,第 94 页。

给日本人带来极大不便。① 所以不难想见，在明治时期到来之前，日本习学汉学者仅为社会中有余力的少数人，他们是组成"士族"这一阶层的社会权贵以及为"士族"服务的一部分身份特殊的庶民。他们从小在为"士族"服务的贵族学校即藩校里接受汉字、汉文教育，研习汉学，追求学问，继而执掌日本的各层政治机构。即便如此，因德川幕府在整个江户时期并未与当时的中国朝廷缔结政治关系，日本在政治独自发展的状况下，其本土语言对于汉文的持续渗透便在所难免。这其实是自假名被创造以来一直存在的现象，只不过因时期不同其渗透程度不同而已。以德川幕府晚期为例，受教育者虽多习汉学，但无论是诏敕谕达等政府文书，还是学者所撰著述，其书写文体大多采汉文直译体。② 也就是说，在近代社会到来之前，日本土语对于汉文的渗透甚至已被高高在上的"士族"公开接受。我们不妨观察一下被视为明治维新之发端的政府公告文书——《五箇条の御誓文》的书写体例。

　　一　廣ク會議ヲ興シ萬機公論ニ決スヘシ

　　一　上下心ヲ一ニシテ盛ニ經綸ヲ行フヘシ

　　一　官武一途庶民ニ至ル迄各其志ヲ遂ケ人心ヲシテ倦マラサシメン事ヲ要ス

　　一　舊來ノ陋習ヲ破リ天地ノ公道ニ基クヘシ

　　一　智識ヲ世界ニ求メ大ニ皇基ヲ振起スヘシ

　　我國未曾有ノ變革ヲ爲ントシ朕躬ヲ以テ衆ニ先ンシ天地神明ニ誓ヒ大ニ斯國是ヲ定メ萬民保全ノ道ヲ立ントス衆亦此旨趣ニ基キ協心努力セヨ③

　　译文：一、广兴会议以公论决万机；

　　　　　二、上下一心以盛行经纶；

① ［日］佐藤宽：《日本语学新论》，第40页。
② ［日］佐藤宽：《日本语学新论》，第79页。
③ ［日］前岛义教：《十大诏敕谨解》，科外教育丛书刊行会1918年版，第35页。

三、官武一途至庶民，令各遂其志，以顺人心为要；

四、破旧来陋习以顺天地公道；

五、求知识于世界以大振皇基。

为促成我国未曾有之变革，朕当率先躬行，向天地神明起誓，定此国是，以立保全全万民之道，万众亦当遵此旨趣齐心努力。

很显然，它使用了汉文直译体。即去除假名，只留下汉字，我们依然能大致理解文意；不过其句子结构却依从了日语。汉文直译体的广泛使用体现了当时的日本人对于汉文的一种心态：汉字依然是表意的最好文字，但为了易解易撰起见，可采用日语句式。需要说明的是，汉文直译体直接导致汉语被固化使用现象的发生，其与日语的现代化甚至与中国语的现代化都有着密切关系。

第二节　汉字废除的倡议者——前岛密与他的《国字国文改良建议书》

如前所说，随着庶民社会的发展，日本本土语言对于汉文的渗透逐步加深。然而对于没有机会接受汉字、汉文教育的普通民众来说，无论是经过日语渗透的汉文，还是能体现日本民族精神的雅文体、俳文抑或假名诗，其书写因包含数量不等的汉字，故在文意理解方面并非一件易事。由此，更加简易的书写开始成为一种需求。至日本德川幕府晚期，这种需求不仅出现在农工商的庶民阶层，甚至在武士阶层也涌现出了汉字废除论者，其代表人物就有前岛密。出身于富农家庭的前岛密在 1847 年（弘化四年）12 岁时就前往江户即东京学习医学并兰学，其实西方医学是日本兰学的重要构成部分。至 1865 年（庆应元年），学成后的前岛密进入当时萨摩藩的西式学校——开成所开始教授兰学，翌年（1866 年）被幕臣前岛家收为养子，改名前岛来辅。同年 12 月，他以前岛来辅之名，并以开成所兰学讲师以及西语翻译的身份，向当时的将军德川庆喜呈上了一份建议书——《汉字废除之议》。比照前述国学者的倡议，前岛密又向前迈进了一步，即欲将雅文体、俳文以及假名诗所体现出的假名文字表意化进行得更加彻底：去除一切汉字，完全以假名表意。

从前岛密的人生经历看，他并非出自武士家庭，只因家境比较好，可以被送往东京去学习一项技艺以便有更好的出路，他选读的是很具实用性的西方医学，所以有机会接触被幕末日本称为兰学的早期西学，而兰学对日本社会造成的主要影响就是西方医学，又延伸至西学在日本的发展，前岛密沿着医学—兰学—西学这一求学途径对西方近代文化逐渐产生兴趣并最终投身于日本现代化建设的进程。而前岛密的个人经历代表着当时一批日本人的发展轨迹，于此不能不谈及对这批人的精神世界有着巨大影响的两位幕末时期的人物：兰学学者佐久间象山(1811—1864)和他的门生吉田松阴(1830—1859)。佐久间象山在江户开设的象山书院可谓培养了一批对日本明治维新的发生有着重大影响的学生，吉田松阴、胜海舟、坂本龙马等著名人物都是他的门生，其所提倡的"和魂洋才"与中国晚清主张的"中体西用"颇为类似。其中，回到家乡长州藩的吉田松阴又开办了松下村塾，该村塾培养了很多年轻人，比如伊藤博文、山县有朋等，明治维新后新政府的要人中有许多是长州籍，他们几乎都有在松下村塾学习过的经历，松阴鼓动有志的下级武士去推翻腐败的幕府以及上层诸侯的变革思想，确实激励出了他们去创立新日本的斗志。而维新思想的祖师爷佐久间象山在1849年(嘉永二年)2月的一份上书真实反映出他的主张，即："西洋诸国精研学术，强盛国力，频频得势，周公、孔子之国亦为此所打掠。何故哉？毕竟，彼之所学得其要，此之所学不得其要。溺于高远空疏之谈，流于训诂考证之末，其致力于有用之学者虽亦有一二，然于穷万物之理中失其实，所论之事与所行之事皆相背而驰。……至时变而不知改其兵制，火技也只拘泥昔日陋习而不讲究新得之妙术，船舰之不便，有知者自不待言，然不知改正之术。惟顾自国良处而心安理得。言及外国，皆视其为愚钝之物，贱之为夷狄蛮貊。然不知彼等熟练事实，兴国利、盛兵力，知火技之妙用，晓航海之巧事,皆遥遥出于自国之上。是故一旦与英人交战,乃遭大败,耻辱宣之于全世界矣。"①透过经历了鸦片战争的中国这面"镜子",佐久间象山认识到东西方学问的差异,意识到日本所存在的巨大危机,他感叹道:"如今外蕃与古昔之蛮狄有天壤之别……即或用人,亦不论门第而唯才是举。因此,执事者皆杰出之人。"②他的弟子吉田松阴也说:"据吾所见,美夷之所为极有次序也。且立国之法亦宜,其国又不甚古老。吾以为应以此为最强敌。"③这些都佐久间象山主张"和魂洋才"的社会环境基础。

　　而西方实学发达、人才辈出且体制行之有效在于国民教育的实施以及推广。幕末时期的1853年(嘉永六年),对欧洲推行的国民教育有所观察的菴原函斋在其上书中如是说:"俄国本不可与大国相比。百年来,设大学校,讲书撰文,收罗熟练技艺者,裁断小学所奏之事,评议外国新著诸书,将之译成国语印行,详论天文地理人事物品之条理旨趣,写传绘画,印行后发向四方。博闻广识之先生,皆集于此馆……设小学,教授初学,农工商僧侣医师之徒,大都初入此类小学,习书画,之后再入馆习诸艺。夫欲富国强士,兵壮钱足,必先兴学养士,渐合强盛之州成其国,扩大版图,延袤一万二千零五十四里。"④即便如佐久间象山也留下了"读欧美诸国之记载,知年内死囚犯甚少,此悉教导之效。其民性不比皇国好,又皇国之民性本无彼不善。学校之创设、教法,东西诸蕃甚宜,皆效其法,晓谕孔孟之正道,毋为恶事。于农工商贾,则先教其基础,因材治学。是故,囚徒刑人减也,有用之工艺日兴,于天下多益也"⑤这样

---

①　[日]家永三郎著,靳丛林、陈泓、张福贵、刘珊译:《外来文化摄取史论》,第247页。转引自佐久间象山:《嘉永二年二月上书》,《象山全集》下卷,尚文馆1913年版。

②　[日]家永三郎著,靳丛林、陈泓、张福贵、刘珊译:《外来文化摄取史论》,第182页。转引自佐久间象山:《象山全集》卷下,尚文馆1913年版,第844—855页。

③　[日]家永三郎著,靳丛林、陈泓、张福贵、刘珊译:《外来文化摄取史论》,第182页。转引自吉田松阴:《吉田松阴全集》卷六,岩波书店1936年版,第288页。

④　[日]家永三郎著,靳丛林、陈泓、张福贵、刘珊译:《外来文化摄取史论》,第150页。转引自东京大学史料籍纂所:《嘉水六年八月上书》,《大日本古文书:幕末外国关系文书》卷二,东京大学出版会1910年版,第280页。

⑤　[日]家永三郎著,靳丛林、陈泓、张福贵、刘珊译:《外来文化摄取史论》,第150页。

的记述，在在强调兴学校以广教育的益处，这些都是前岛密行上书之举的背景，而引入西式教育理念以改良日本社会现状恰恰是前岛密上呈《汉字废除之议》的动机。他在开篇即说，国家之大本在于教育，其教育对象应不论士、民，而须囊括所有国民。为了教育普及，应尽可能使用简单文字来撰写文章，但目前采用的先掌握其深邃高尚的百科学问中的文字，再理解其中道理的教授法却非常不合时宜，实不可为。他提出的办法就是：日本应效仿西洋诸国，使用音符字（即假名文字）而非汉字，于民众间普及教育，竭力促成在公、私文章中逐步并最终废除汉字的目的。①

对于这样的提议，前岛密不是没有自己的顾虑。他十分清楚，废除汉字即意味着要求日本民众改变长久以来形成的思维习惯——凡学问，只能以汉字进行表记，只能以汉文进行传达。他深刻明白遽然废除汉字实非易事，但鉴于正逢国家多事之秋，人人讲求救急方策之际，为使日本早日脱困，并能与列国并举于世，他抛弃个人顾虑，毅然敬呈意见，热望幕府为了国家大计，应认真商议此事之可行性，并征询诸藩之意见，以期能逐步推行之。② 其实，生活在18世纪初的西川如见就已经注意到外国文字简单易学，他说："红毛人文字有二十四字，二字合乃成一字，共四十八字。其一字之笔画，至多四五画。然唐土文字，其数甚多，笔画亦多，世界第一难事也。然外国文字亦通达，可用于万事，无不足之处。唐土文字繁多，于使用流行上，毫无殊益。若非文字多，则其用难以通达。文字多之故，笔画亦多，难分等类。何况末代文华极盛，风流巧妙之字样蜂拥而出，一字造十体百体之姿，玩弄奇异之字形以成事。一生务此，争好恶已成傲事。羲之之字如花，而色香无；子昂之字似水，而于灌溉无用，似火而不暖，其尊用何处焉？"③清晰表达出西字易学实用、汉字华而不实

---

① 〔日〕前岛密：《汉字御废止之议》，《国字国文改良建议书》，第6页。

② 〔日〕前岛密：《汉字御废止之议》，《国字国文改良建议书》，第6—7页。

③ 〔日〕家永三郎著，靳丛林、陈泓、张福贵、刘珊译：《外来文化摄取史论》，第259页。转引自西川如见：《町人囊底拂》卷二，平安城书林柳枝轩1719年版。

的态度,这种言谈出现在汉学在日本如日中天的 18 世纪,实属罕见。而生活于 18 世纪下半叶的兰学者森岛中良(1756—1810)在其《红毛杂话》中也谈到东西文字之差异:"红毛人于记万国风土之书中,笑中国文字曰:'唐山依物附事而制字……其数须以万计。故国人夜以继日,废寝忘食,一生亦不可记尽本国之字,通晓其义。如是,对记国事之书,容易读得者甚少,可笑者甚。'……中良窃思之,皇朝之古代不用简易字,世降以来,则以五十言为目标,假用唐土文字。至末世,遂用唐土字音字义。自此,即舍少事安乐之国风而用多事烦杂之唐土风格。何哉? 贱称为红夷之蛮夷中有心者却知,唐山之字不宜学。"①森岛的言谈代表一定的人群:即便知道汉字较西字难学许多也不能放弃,只因西字所承载的兰学无法与汉学比肩。不过与其同时代的国学者本居宣长(1730—1801)却直言:"近世,年年有荷兰国人渡来,此乃精晓天文地理之国。其国之历法等,与唐国之历法大相径庭,一月之日数亦相去甚远。虽言无闰月,然按其行之,年年无差谬也。今若使持此论者见荷兰之历,必大惊而瞠目。"②不再视中土万物皆为上。而稍晚的兰学者本多利明(1743—1820)因主张开国,就文字问题更是断然指出:"欧洲国字数二十五,异体共有八品,足可记天下之事,最为简省。唐土之国字数十万,若欲数之,虽竭尽毕生之精力,亦不可得也。"③更有如追求日本社会维新之胜海舟如是言:"我邦自与汉通,摹仿其文物制度,颇为焕然。然弊害亦不少。彼华夷如内外之辩,学者拘泥,遂成自尊之风,不知域外更有别一天地,而置之度外。汉学者流,智见之陋隘,素不足怪。"④上述言谈虽并非主流意识,但却揭示出 18 世纪至 19 世纪上半叶

---

① 　[日]家永三郎著,靳丛林、陈泓、张福贵、刘珊译:《外来文化摄取史论》,第 259—260 页。转引自森岛中良:《红毛杂话》卷三,《文明源流丛书》第 1 册,图书刊行会 1914 年版。

② 　[日]家永三郎著,靳丛林、陈泓、张福贵、刘珊译:《外来文化摄取史论》,第 250 页。转引自居宣长:《真历不审考辨》,《本居宣长全集》卷四,吉川弘文馆 1926 年版,第 514—345 页。

③ 　[日]家永三郎著,靳丛林、陈泓、张福贵、刘珊译:《外来文化摄取史论》,第 260 页。转引自本多利明:《经世秘策》,《日本经济大典》卷二〇,启明社 1930 年版。

④ 　[日]家永三郎著,靳丛林、陈泓、张福贵、刘珊译:《外来文化摄取史论》,第 249 页。转引自胜海舟:《开国起源》下,《海舟全集》卷二,改造社 1929 年版。

日本社会风气的微妙变化。由此可知,前岛密的文字论有其思想温床。

前岛密眼中之国家大计即在于建造国富民强之日本,而实现国富民强的关键在于普及教育。他指出,日本只有开展降低学习难度的普通教育,才能全面提升民众的知识水平以及精神修养,以使得他们初步具备明晓事理的能力。他解释,所谓普及教育是以最简单、最广泛、最迅速的方式来对民众实施教育,而如果在教育普及阶段仍使用汉字,这样的目标恐怕很难实现。因为学习汉字字形以及音训费时耗力,所以教育周期过长的弊端根本无法避免。他指出,其实正是因为汉字、汉文的学习过程冗长且不易,才造成日本目前的就学者少之又少;即便是勤勉向学的少年,为追求古学而徒然将最珍贵的年华消耗在无益的象形文字的记忆中,以致错失了在他们最为美好的少年时期去了解诸般事物的良机。① 于此我们知道,前岛密所谓明晓事理或通晓诸般事物,已不仅指称"古学"抑或汉学,它更大程度上意指西方实学即各项科技之学。而少年向学者仅学习汉学,不重视西方实学的现象,是诸如前岛密一般的社会维新者最感痛心疾首之处。比如其兰学前辈森岛中良早在他发行于 1789 年的《万国新话》中就提到:"荷兰之事,皆开人民智慧,促进文明之处,西洋诸国略同。夫秦始皇以愚弄黔首为是(指称焚书坑儒),由此心观之,将欲何言也?"②对东方不注重国民教育表现出了不满。而稍晚于前岛密、于 1868 年(明治元年)亦做出上书行为的高岛嘉右卫门,在其《建白愿书》中就学校教育问题如是说:"西洋各国,人才辈出之状,较之近时更盛者未之有也。究其原因,乃知(西洋诸国)都府无庸置言,边郡之村落亦设大小学校,男女六七岁以上者皆入学。政府建者有之,平民结社而建者有之,又其清贫学者有之。此乃为无知贫民之子所建之校。皆以之生养人才,以此奠立国家富强之基。故学校多、人才盛,为国则必富、为兵则必强。亚细亚之风,不只限于中国、印度,多不使妇

---

① 〔日〕前岛密:《汉字御废止之议》,《国字国文改良建议书》,第 8—9 页。

② 〔日〕家永三郎著,靳丛林、陈泓、张福贵、刘珊译:《外来文化摄取史论》,第 261 页。转引自森岛中良:《万国新话》,须原屋市兵卫 1789 年版。

人自幼为学，所以终身不许知条理。曰'唯女子与小人难养也'。故婴儿为其
无学之母所育，自不可辨东西，目不识丁却不以为怪，此乃失人才生养之道
矣。"①发出了应推行国民教育的强烈诉求。而复杂的文字实非为普通民众所
准备，欲要推进国民教育，简化文字以匹配一般脑力成为必要条件之一。

　　在探讨假名文字是否可以充当国字的问题上，前岛密充满信心。他相信，
在言辞表述上，日本并不落后于西洋诸国，即日本的五十音符字（即假名字）
能够表述一切事物，不存在缺失了汉字，于某事某物的释意抑或表述将无法完
成的现象。他甚至认为汉字的输入，只是日本中古时期的人毫无见识的一种
行为，而这种不便无益的象形文字的输入并引为国字的行为是导致日本人长
期知识水平普遍低下的直接原因。他痛惜日本国力之所以如此不振，究其原
因，实为汉字所误。② 前岛密的这番言论在当时实属大胆而偏激。从他并未
接受过系统儒学教育的经历来看，他没有意识到自己忽略了一个事实：当时的
日本社会文化基本依据汉学而建构。

　　为了增强自己说话的分量，他引用一位美国传教士的言论来说明汉字废
除的必要性。这位传教士早年在中国传教，一直生活至咸丰年间，在中国期
间，勤于中国语的学习。后来他来到长崎，去了前岛密所执教的开成所学习日
语，与前岛密闲话之余谈及他在中国的经历。他说曾经有一次路过一所宅院，
只听门内有少年喧嚣之声，敲门入内询问情况，知其为一所学校，喧嚣声乃读
书之声，是中国人的一种学习方式，先生并不讲解文意，只要求学生强诵强记
文字。他叹道如此苦读苦记经书古籍的学习方式不知荼毒了多少中国人，中
国之所以萎靡不振，人民之所以野蛮未开化而每每受辱于西洋诸国，皆因此种
教育方式。他又说，日本则不同，日本有句法、语法均很成熟的土语，有可以表
达如此土语的易记易学的假名文字，但可惜日本却不能重用这样的简易文字，

　　① ［日］家永三郎著，靳丛林、陈泓、张福贵、刘珊译：《外来文化摄取史论》，第261页。转
引自《建白愿书》，《日本教育史资料》(3)，高岛嘉右卫门。其他出版信息不详。
　　② ［日］前岛密：《汉字御废止之议》，《国字国文改良建议书》，第9—10页。

反而一味使用句法、语法均不能自由变化的复杂汉字,并以其实施普通教育,此举必定使得原本活泼而有生命力的日本人民逐渐变为愚钝且衰弱的人种。针对此番言论,前岛密附和地认为:汉字确为一种荼毒人们精神的麻痹剂。不过他承认这样的说法可能会招致将汉学奉为最上等学问的日本国人的批判,但他坚信他有揭开真相的责任,并期待世人幡然醒悟。①

在谈及如何废除汉字时,前岛密特别强调,废除汉字,并非指废除因汉字输入而被日本吸收的所有汉语辞,而只是认为在书写时应以假名替换掉所有的汉字。例如,"今日"可写成"コンニチ","忠孝"可记为"チウカウ"等,也就是逢汉字处,均换成表音文字的假名;不过遇到诸如"橋""箸""端"等字的日语发声均为"ハシ"的情况时,为避免混淆现象的发生,可制作专门的文典给予规范,并编纂辞书以统一句法、语法的变化规则。② 他解释说上述文字改良方案可以获得以下好处。一是可防止因汉字一字多义而引发的混用现象发生。例如,"骚乱"中的"乱"字和"乱臣"中"乱"字可以自然区别开来;遇到"大将軍"一词时,不再会将其误读为"大将"的"軍"或"大"的"将軍"等。一是因汉文没有句法、语法之格(时态)的变化,必须根据上下文以及虚词来判断格(时态)的变化,这很容易造成误读,而使用假名文字则可避免此类情况的发生。③ 于此,他提出将谈话笔录下来即为文章应是日本未来国文的发展方向,以为像今日将谈话与文章截然分为两端的做法实有碍于日本学术之进步,因此必须打破这种现状,实现谈话与文章的相融合。④ 前岛密所谈及的言文一致改良案在三十年后成为日本政府所努力实现的文字语言文体改良目标,仅凭借这一点,完全可将前岛密归入日本现代化运动先驱人物的行列中去。

废除汉字是为了推行国民教育,那么国民教育的目的又是什么? 前岛密于

---

① [日]前岛密:《汉字御废止之议》,《国字国文改良建议书》,第11—13页。
② [日]前岛密:《汉字御废止之议》,《国字国文改良建议书》,第13—14页。
③ [日]前岛密:《汉字御废止之议》,《国字国文改良建议书》,第14—15页。
④ [日]前岛密:《汉字御废止之议》,《国字国文改良建议书》,第16页。

建议书内明确指出普及教育的目的在于培育民众的爱国心,在于培育自尊独立的国民性,并强调此乃国家富强的关键所在。这是笔者在日文资料内所看到的"爱国心"这一观念被提出的最早记录。根据前岛密的解释,"爱国心"是指每个国人均以母国为无上至善之国家,均满怀自尊自爱之志气,并保持其不屈不挠之节操。他进一步说,时至今日,若欲养成大和魂,除发扬此真诚的爱国心外,别无他法。大和魂之说并非首创于前岛密,兰学者佐久间象山早就提出"和魂洋才",而保持"和魂"更是像本居宣长这样18、19世纪的国学者所竭力倡导的主张,继而拥有自己的独立精神更是明治中期以后国粹主义者的核心理念。至于前岛密,在宣扬他的大和魂养成说之际强调,大和魂即爱国心的培育在于增广普通受教育者的现代知识。然目前以汉字、汉学为主要学习内容的既有教育形式实有碍于此项事业的发展,故改良甚至建立新的教育体制势在必行。其要旨在于废除汉字,以节省学习文字的时间,也就是节省为暗记文字的笔画和发音所耗费的大量时间。汉字之难,在于它是两套系统,既要记字形,又要记发音;不似表音文字只是一套系统,记住发音即可写下文字。日本文字中的假名是表音文字,如果只用假名,就像西字一般是一套系统,但因为日本历史上输入了大量汉字,并长久用之,成为日本文字中不可或缺的一个组成部分,故日本文字也像汉字一般是两套系统,这给日本自有文字记述以来的就学者带来了极大的麻烦。不过在贵族或武士统治日本的时期,文字的学习非普通庶民所能为,故其对整体社会的影响非常有限。但如果要推行国民教育,即将普通庶民也纳入施教对象的话,高难度的文字必然影响教育效果。依照前岛密的分析,对于一般的少年学子而言,若不习汉字、汉文,可节省他们五到六年,甚至七到八年的学习时间,这些被节省出来的时间可用于学习实业即兴业置产方面的现代知识,故前岛密认为此实为当下日本的治国大事。①

　　前岛密归纳说,就日本目前的教育状态,可分为上下两等。一方面,下等教

---

① 　[日]前岛密:《汉字御废止之议》,《国字国文改良建议书》,第17—18页。

育的受教者，仅局限于掌握姓名、消息的书写方法抑或只须记住其职业方面的少量相关字词，对于自然界万般事物的诸多道理毫不知晓，且对于外国的发展状况亦知之甚少，处于上述状态下的广大民众如何能生发出爱国心？另一方面，上等教育的受教者，其教育过程大致为先由习学四书五经而渐至涉猎中国历史，再由习学文物制度而渐至考证治乱兴败的事迹。他以为这样只注重古典历史尤其中国经史的学习极易造成受教者尊彼轻己的心态，而抱有这样心态的受教者往往对汉学以外的知识抑或学问不感兴趣，也就是说，这样的学习方式只令受教者囿于了解中国诸项事物的范围内，对于中国以外的兴趣，至多不过是再阅读一些西洋书籍，处于如此状态下的受教者又怎能生发出爱国心？① 也就是说，依据前岛密的分析，接受日本上、下等教育的上、下阶层人群均难以养成一颗爱国心，没有人人的爱国心也就凝聚不出大和魂，如此一来，兴业强国皆为空话。那么，受教者应接受怎样的教育才能获得爱国心呢？前岛密给出的答案是大力拓展受教者的知识面，尤要培养日本人于学问上的独立意识。

他说，普通教育首先当在于通晓本国事物而非他国事物，并且应以本国语言教授本国事物（此乃学问独立之要旨），如此方能对少年之辈灌输敬爱母国、尊崇母国的观念，而现今厚彼薄我的教育方式实属本末倒置之举，不利于日本自尊独立风气的形成。他举例说，学者论道，均以做尧舜之民为荣；谈及英雄，必以诸葛孔明为榜样，日本现今屈从外邦风俗的状态岂非主客颠倒？他叹息道，与西人谈论日本，每说及大和魂，对方皆云日本所谓大和魂，不过是以汉学为中心的产物，其实是另一种形式的中国魂；近来，西学又渐入日本，若不在此时将本末颠倒的现状调整过来，未来又一抹西洋魂必定会渗透进日本社会，再与既有的中国魂或冲撞或磨合，如此一来，还有日本魂的生存空间吗？日本魂即大和魂或就此彻底消亡了吧。他提醒说上述言论或为夸大之词，但实应引起日本人的关注，正所谓人无远虑必有近忧。② 我们通过前岛密多次

---

① ［日］前岛密：《汉字御废止之议》，《国字国文改良建议书》，第 19 页。
② ［日］前岛密：《汉字御废止之议》，《国字国文改良建议书》，第 20—21 页。

引证西方人的言谈这一举止可知，幕末时期的洋学者，他们转向洋学的契机多是因为他们有接触西方人的机会，并由此或多或少了解到西方社会面貌以及西方人对于东方事物的种种看法，且于无形间慢慢改变了自己的观念。比如，江户时期后期的儒学者羽仓简堂（1790—1862）这样表达着他对西学态度的转变："我一向恶洋学甚于蛇蝎。近读德国学者玛高文所译之《航海金针》，其文章简洁而悉其意。又读《博物通书》，倍知西人学植深厚非华人所及。盖西人所尚在知之一字，故研究一理、造出一物，必先请订正于四方硕学，待无些遗憾，然后镌之金石，颁之舟车所及，以冀他之启蒙愚顿者。推其意，则公且忠也。"①作为幕末至明治由儒学转向洋学的日本知识分子中的代表人物，福泽谕吉如是回顾："开国之初，我等洋学者们之愿望是千方百计将多数国民引入到真正开国之途，欲将西洋文明变作东道之主。一面排斥汉学之固陋，一面亦谋求申明洋学之实在利益，输入其无限之方便。其中，对一般人所言之物理原则的领悟更为有力。少年子弟或志成之辈即便读过一回物理之书，或听过有关论说，即从心底信之。其时，我等似乎已成为西洋化者，全然无复归汉学之意。"②这些言论透露出当时日本人中的一部分依附于西方人发掘的近代科学，而这种对于近代科学的信赖之后成为对西方文化产生信赖的一种契机。不过，这种对于西方文化的信赖又引发像前岛密一样担心西洋魂会乘机进入日本的忧患意识，如此前18世纪的国学者为对抗汉学而鼓动国学运动一般，19世纪80年代以后在日本兴起的国粹主义思潮也意在保卫"大和魂"。

如此，前岛密提出废除汉字的理由并不仅仅在于降低国民教育实施的难度，更关注如何实现日本学问上的独立，这种独立不只独立于汉学，也要独立于将要流入日本的西学。他强调说，学问独立是日本当务之急，也就是当以国

---

① ［日］家永三郎著，靳丛林、陈泓、张福贵、刘珊译：《外来文化摄取史论》，第143—144页。转引自大棚如电：《新撰洋学年表》，六合馆1927年版。

② ［日］家永三郎著，靳丛林、陈泓、张福贵、刘珊译：《外来文化摄取史论》，第144页。转引自福泽谕吉：《绪言》，《福泽全集》卷一，时事新报社1898年版，第2页。

字即假名文字编纂德育（孝悌忠信等品行的培育）以及智育（历史地理物理算数等新旧知识的教授）方面的书籍，分成上下两个教育等级，按照先我后他的顺序对各层阶的受教者进行传授。① 他解释说，培育爱国心固然重要，但也应平衡受教者在德、智两个方面的共同发展。他指出，日本既有教育只在向少年传授何为"仁义""明德""治国平天下"等老夫子或城府颇深的执政者都难以深刻理解的诸般大道理，以致白白消耗了他们宝贵的学习时间，而教育不应该仅仅局限于上述道德层面上的学习，诸如物理、技术等实学也理应成为教育的施教内容。他痛惜道，长久以来，吾辈均以技术为贱业，技术之学习向被学校教育（按：江户时期的学校教育在藩校进行，施教对象以武士子弟为主）所轻视，此实为造成日本工艺陋劣、积弱不振的真正原因，故吾辈当从今日起一改此等风气，力促自尊独立重实学新气象的形成，此乃养育并巩固国人爱国至诚之心的关键所在。他总结道，日本贫弱的根本原因即在于日本追求学问的方式方法已不合适宜，若要有所起色或改变，当从推行国民教育方面着手。他也预测到改良教育体制所将遇到的巨大阻力，并承认目前学者中的大多数仍主张维持现状，但他坚称此等俗儒庸士不识世界大势，终将误国误民，遂寄希望于幕府能力排众议，作出英明抉择，以造就日本将来空前绝后之大事业。②

前岛密的废除汉字论实则是一种对待汉学的态度，是在向当时日本的位高权重者谏言汉学并不完全等同于学问，除了汉学，人们更应将注意力投向能造就国富民强局势的西学，其间亦切望养成且保持日本自己的独立精神。前岛密以一名在南方萨摩藩洋学堂——开成所的兰学教员，向当时最高的统治者——幕府将军提出了上述建言，其勇气不可谓不足。明治维新之前，与兰学或洋学密切接触者皆劝谏政府应向西看。比如松江藩名儒桃好裕在其《开洋学所之事》中写道："熟思日本古来之姿态，礼乐、刑政、文学、制度并民间之缝机等，多用外国传来之物。以遣唐使留学僧学彼法，遂有我日本之今日。如是'青出于

---

① ［日］前岛密：《汉字御废止之议》，《国字国文改良建议书》，第21页。
② ［日］前岛密：《汉字御废止之议》，《国字国文改良建议书》，第22—23页。

蓝而胜于蓝',日本之长也。……若谦信、信玄等尚健在于今世,亦必难舍西洋之兵法也。"①直言日本素来取外长以补己短,既然西洋强,用其强无可厚非。萨摩藩武士、明治时期的外交家中井弘在其于 1866 年(庆应二年)的上书中明言:"今西洋诸国跋扈于四海,已沿革数百年,国人一和,富强充实。政体甚优于我封建之体。日本中上有天子,下有将军,三百诸侯列于其外。政刑规律,略存异同,各相分离,固执于自身旧典,尊崇门第,轻蔑士民,加之神佛之教失其当,一国一州,割据独立,日本全国之力散乱各地。然于国人协和之道,皆蔑然视之,无一人正视。若我日本富强充实,安得今日受外侮?"②从这一叙说中可窥破日本维新人士破封建、集地方政权于中央的政治改革志向。而且,像前岛密一样的维新人士已经意识到,政治体制改革固然重要,但能够推动社会改革的基础在于国民教育的推行。一如幕末时期的武士兼画家渡边华山所言:"(西洋)荐才育士之风,学校之盛,为日本、中国所不及。教学、政学、医学、物学称四学,其余为艺术。学校授技能,女学院、贫子院、医院,皆育士之道,恐胜于中国。荷兰虽为小国,然一校有 3800 人,由此类推,数学、政学尤甚。诸国中,德、法二国最盛,英国次之。……地球上现今唯有欧洲诸国,以学术实践培育洞悉天地四方之人。五大洲中,除亚洲,大抵属西洋人之领地。"③这种对西方兴教育、养人才以提振国力的体制称羡不已的例子在维新人士间屡见不鲜。而前岛密表现得更为激进些,他不仅建言兴国民教育,更为了减轻国民教育的实施难度,提议废除汉字。然而没有任何文书显示当局者对于前岛密的建言有过回应。不过,前岛密的行为代表着日本明治维新到来之前的一股社会力量,当他们发现一直高高在上的中国竟然被西方国家武力攻破了

---

① 〔日〕家永三郎著,靳丛林、陈泓、张福贵、刘珊译:《外来文化摄取史论》,第 307 页。转引自桃好裕:《开洋学所之事》。其他出版信息不详。

② 〔日〕家永三郎著,靳丛林、陈泓、张福贵、刘珊译:《外来文化摄取史论》,第 275 页。转引中井弘:《庆应二年十二月七日条》,《西洋纪行航海新说》,堺屋仁兵卫 1870 年版。

③ 〔日〕家永三郎著,靳丛林、陈泓、张福贵、刘珊译:《外来文化摄取史论》,第 149 页。转引自渡边华山:《西洋事情御答书》,《华山全集》卷一,华山会出版 1915 年版。

的时候,这股力量对于幕府执政者的守旧态度开始不满,他们要求变革,以期摆脱西方国家已然带给日本的生存压迫,而在探寻改革目标之际,他们将目光转向了闪着近代光彩的西方体制,了解、效仿西方体制乃至文化的呼声日胜一日,无法有效回应新的时代社会需求的德川幕府政权逐步走向崩溃。

第三节　明治初期的汉字废除论
与明治政府的对应

　　明治维新后,以天皇为中心的中央集权政府成立。在推翻幕府过程中起到关键性作用的萨摩藩藩内武士成为新兴中央政府中枢的掌权者,曾为开成所教员的前岛密也乘势进入中央政府,成为民部省的一名小官员。

　　入职中央政府的前岛密更加坚定了自己的改革志向,进一步向当局提议应及早改良国字、国文。根据《国字国语改良论说年表》的记载,前岛密于1869 年 5 月向集议院提交《关于国文教育之仪的建议》,并添附《国文教育施行之方法》《废除汉字之私见》。① 需要说明的是,国字、国语②、国文是对照汉

---

　　① 　[日]国语调查委员会编纂:《国字国语改良论说年表》,日本书籍株式会社 1904 年版,第 2 页。

　　② 　"国语"一词在日本的使用有个变化过程。今天日语里的"国语"所包含的意思应是明治 30 年代《国语读本》开始刊行并在学校广泛使用后所指称的含义,即日本现代语体系,包括文字语言文体。但在德川时期就有残梦撰写的《国语本义》以及无名氏撰写的《国语言灵辨明》,在前岛密于庆应二年上呈的意见书内,以及在南部义筹于明治二年呈送的建白书内和西周氏于明治六年的论说里,都曾用到过"国语"一词,而以上场合中"国语"所包含的意义是不具有近代性的,因为在上述时期,日本虽然意识到要有自己独立体系的语言,但这种独立体系下的语言到底是一种什么形式,即由怎样的语言构成,并不十分明确。但无论如何,在明治五年颁布的学制令中,明确在中学校的教学科目中设置了"国语学",在十九年后的明治十九年颁布的师范学校令里也设置了"国语",但这时期的"国语"观念仍然是模糊的,直到在明治三十三年颁布的改正小学校令里,才将从前的"读书""作文""习字"等科目合并后成立了"国语"科,《国语读本》也随之诞生。可见,"国语"这一概念,在日本有其由模糊至清晰的复杂发展过程。参见日下部重太郎:《国语百谈》,丁未出版社 1915 年版,第 138 页。

字、汉语、汉文提出的。对文字语言文体改良者而言,若无国字、国语、国文,则无日本学问的独立。前岛密继前《汉字废除之议》,再上呈《关于国文教育之仪的建议》,顺应逻辑,无可厚非。

在《关于国文教育之仪的建议》里,前岛密畅言明治维新乃日本千古未有之伟业,文武各般制度急待仁人志士给予革新,而值此百事待举之际,开民智为首当要务,若要民智开,又当及早实施教育普及,但教育普及有赖于教育体制的彻底改革。于此,前岛密坚称,就教育体制改革的基本目标,一要废除汉字,以假名文字中的平假名为国字;二是学习科目当由伦理(道德教育)增广至物理、政理、法理等诸般自然以及应用学科。他进一步提出,经教育改革后,官方、民间之通用文书抑或立言文章当全废汉字,只用简易的表音文字——假名进行书写。他重申日本自有文字记载以来只学习汉字、汉文的教育方式不仅阻碍了在学儿童的智力拓展,而且难度过大的学习还损害了他们的健康,若日本人民将来想要与智、体均很发达的欧洲人民并列于世,除改革现行教育体制外,别无他法。他沉痛指出,千年以来,日本无论历史书写,还是官私记载,均嗜用汉字,而近来有部分汉学生甚至在积极改造现行的文章文体,期待以汉文体统驭所有官、私文书的书写,这实在是一种违逆时代潮流的行为,对今后关乎国家兴隆的国民教育的推行极其有害。[①] 鉴于日本社会所出现的保守、倒退之局势,前岛密在上呈《关于国文教育之仪的建议》的同时,另提交了国文教育施行的方法。需要说明的是,至此时,日本已开始萌发近代国家主义的观念。比如在前岛密的言论里,他运用了"国字""国文"等概念,这些概念在当时并没有被世人所广泛接受,前岛密使用这些概念的初衷多出于强调日本应尽快确立自己的文字和书写文体的心态,因为在维新人士眼中,使用外国字、外国书写文体即汉字、汉文体到底无法鼓动起日本人对自己本民族的强烈自豪感。

---

① ［日］前岛密:《国文教育之仪二付建议》,《国字国文改良建议书》,第26—27页。

　　在上列计划书内,前岛密将国文教育法的施行划分成 6 期来完成。第 1
期以二年为期,目标为在各府藩县招募和学、汉学、西学学者各 3 至 5 名,令彼
等以国字制定国文体例并编纂国语、国文之范例。与此同时,应另选取 10 至
15 名助手以及若干随员编纂国语字引（字典）。尤须注意的是,新编国语应不
论汉语、西洋语而广为收纳；文章范例不应以古雅文体为参照,当更贴近近体
之俗文。第 2 期亦以二年为限,目标是以新定国字、国文即以假名、易解俗文
体编纂系列教科书。诸如《古事记》《日本书纪》《大日本史》《外史》等历史书
籍以及反映日本其他社会文化的非假名文本均应翻译成假名文；应当被尽早
翻译成假名文的书籍尚包含已翻译过来的、正在翻译的西洋书籍以及介绍世
界各地状况的非假名文书籍；如果有必要,部分汉籍亦应被翻译成假名文。由
此我们知道,即便如前岛密这样的文字语言文体激进改良者,他在树立国语即
日本性语言的地位时,依然不能抛弃已被人们广泛使用的汉语。在前岛密的
计划里,继续通行汉语的方式是利用其表音文字即假名对汉语进行转写,甚至
他还建议将部分常用汉籍翻译成易解的日本土语以供人们继续使用,可见若
完全剥离了汉学,改革亦寸步难行。于此,前岛密特别强调上述计划实施者应
列出所要编纂的教科书以及各种需要翻译书籍的完成时间表,以保证上述各
类书籍尽早出版问世。第 3 期以一年为期,目标是中央政府应命令所有府藩
县于各自管辖区内选拔 2 名以上的传习生报送中央,这些人员可与之前参加
新国文国字制定以及字典编纂的学者一同成为实施新国民教育事业的第一批
教师人选。第 4 期以一年为期,目标是中央政府再次要求各府藩县根据各自
实际情况选拔一定数量的传习生报送中央,与由国外留学归来的传习生汇同
一处,可视作第二批实施新教育的教师人选。第 5 期以二年为期,目标是开辟
实施新教育的场所,或采用原有各府藩县的藩校,或利用各村镇的寺院等作为
施教场所,然后让那些人数有限的教师于上述教育场所巡回执教,无论是原主
要施教对象的士族,还是仅接受过一定教育程度的寺僧、社人抑或医师等庶
民,也均应成为新教育的实施对象。他强调,若要达成上述 5 期的教育目标,

中央政府必须采取强制手段,即严格规定自某年某月起一切公文书均须以国字书写,汉字一律不得再使用,并且为确保各府藩县认真执行各项新规定,中央政府当以诏书的形式颁布各项命令。前岛密计划的第 6 期不设年限,自第 5 期结束起至国民教育体系基本形成为止可视作其期限。这一阶段所要达成的目标是,必须使得所有受教者接受的是不再依赖汉字的国文教育,并由此确立适合于全体国民身心发展的教育制度即国民教育普及法。①

　　在前岛密描绘的蓝图内,我们看到,其第 1 期是要初步建立国字、国文标准;其第 2 期是要出版一批以平假名、国文体书写的包括教科书在内的书籍,而前岛密眼中的国文体应该是将在通俗读物中大放光彩的和汉体中的所有汉字替换为从前只作为注音使用的假名(按:前岛密对于国文或国文体的描述非常含混,其实用言文一致体更易理解);其第 3 期、第 4 期是要选拔并培养一批从事新教育的教师,而这些新人才仍只能从旧人才中选拔,当然这些被选拔出的旧人才无疑应是新教育的拥趸;其第 5 期是要利用现有教育设施、针对包含接受过一定教育的国民实施新教育。前 5 期是实施、开展第 6 期教育的基础,前 5 期所培育出的新教育种子人才将在第 6 期的国民教育推行中发挥巨大作用。前岛密在谈论新教育制度时称,它应该是一项极为讲究或极为完善的制度,即针对国民的阶级差异,需要设计出适合各个阶级、水平高低不一的教育科目;针对国民的职业差异,需要设计出适合各种职业的教育科目,所以因材施教应成为新教育制度的一个重要特点。他辨析说,与新教育制度相比,既有教育,只注重传授忠孝仁义之道,且不分程度高低,不分职业差异,以致教育成效甚微,有碍社会发展,因此重建教育制度势在必行。通过前岛密的言论可知,当时的维新者已充分意识到新人才的培养是鼓动社会维新是否能够成功以及是否能够卓有成效的基础抑或关键。如此,为获取新人才,自然要从改正教育制度着手。

---

① ［日］前岛密:《国文教育之仪二付建议》,《国字国文改良建议书》,第 30—33 页。

就如何建立近代国民教育系统,前岛密参照英国教育普及法的经验也给出了具体意见。他指出,首先,每百户人家地区即设置一所普通学校,凡男女幼童均可入学,尽量做到寻常子弟未有不登学者。其次,可在府藩县各级行政区的首府城市设置高级学校,凡入学之士、民,应给予同等待遇,并筹措公平奖学制度,以奖励勤学者。于此,他补充说,高级学校的毕业生应获得政府任用,即依据各人的学业水平,给予他们在各级官府以及下级村镇某个行政职务的机会。最后,仿照英国的办法,在两京(东京、京都)设立专业大学,内设各类教育科目,入学者可根据个人志愿选科学习。他建议,在建构以上三级学校时,所需之办学经费应由中央政府、府藩县以及村镇来承担;普通学校(即小学校)、高级学校的教员可从前记第3、4期所言及的传习生中选拔,而大学校的教员则应以国学、汉学、伦理学、算数学以及从事十年以上西学的学者充之。① 向欧美学习建立新的教育体制并非前岛密的个人所见,这其实是诸多维新人士或洋学者在对欧美进行观察后所得出的共同意见。细川习在其《和兰学制》中说道:"援考欧美诸国崇文者,皆有小学,有中学,而又有大学。三者之中又各有公学,有私学。盖无地无学,无人不学。每学规制皆具,教育之方实有宜取者。"②幕末志士源春阴亦说:"(西国)处处兴办学校,十室之邑有好学之人……为保存与发扬我固有文明,必重教育。如西洋诸国,致力于教学,创设学校,藏书丰富,超过万国,故多出有才之士,游历四海,兴国利,弘国教,唯教学发达之故。"③推崇西方的福泽谕吉更是说:"向北至普鲁士,人口1800万,民受教不分贵贱男女,无一不晓文字者。"④明治初期游览欧美全权

① [日]前岛密:《国文教育之仪二付建议》,《国字国文改良建议书》,第34—36页。
② [日]家永三郎著,靳丛林、陈泓、张福贵、刘珊译:《外来文化摄取史论》,第150—151页。转引自细川习:《和兰学制》序,《和兰学制》,内田正雄译,开成学校1875年版,第2页。
③ [日]家永三郎著,靳丛林、陈泓、张福贵、刘珊译:《外来文化摄取史论》,第151页。转引自源春阴:《幕末明治新闻全集》卷三,明治文化研究会编,大诚堂1934年版。
④ [日]家永三郎著,靳丛林、陈泓、张福贵、刘珊译:《外来文化摄取史论》,第152页。转引自福泽谕吉:《欧罗巴洲》,《世界国尽》卷三,庆应义塾1869年版。

大使之一的木户孝允在回顾其访问美国的经历时说:"(在圣弗朗西斯科)吾访三所小学。其大者,有少年一千三四百人,其规模可见。亦有女子学校,男女混合学校。此实可促使日本常人开化,启发常人之智慧,若如此,国可独立自主。出稀世之才尤难,当务之急唯兴学尔。……美国妇女大都有薪金,其工作比男人更周密,其他诸制造所,十之七八录用妇女。……或半天上班,半天上学。学校多少,各国稍异。耳闻目睹,皆令吾惊叹,其中美、瑞二国之教育尤为周密。"①曾经留学英国的村田文夫在其《西洋见闻录》中这样谈论英国的教育体制:"在英国,凡学业顺序,先教孩童本国之语法、文法、书法,令其学算术等。……次令其研究本国之地志并历史,熟谙本国之地理,通晓历代沿革兴亡等后,讲究外国之地志历史,涉猎古今治乱兴废之事迹。……故虽儿童,亦多习熟地志历史,本国王朝次序或府县百姓多寡自不待言,亦谙外国。皇国缺此学典,学者多从事文辞,于本国国体,天下形势,外国实情,则茫茫乎不屑一顾,令人悲叹之至。我在英国时,十二岁少女尚对我讲述本邦之事,且作质询,其博识令吾愕然。"②在欧洲留学的井上省三在1871年(明治四年)从柏林寄回国内的信中如是说:"日本之政体及人民生活等与欧洲诸国相比,吾辈之处境真可称之为居于河滩乞食者也。国人日夜苦虑、探求、不行开化,对外国无一言可论,实愧入其世界之秩序。再者,文学兴盛之事,西洋女子十二三岁时不通英、法两国语言者甚少。而男子二十五六岁修行者不可胜数。"③由上述言论可知,维新人士们无不期盼着日本能尽早建立起类似欧美的教育制度,而前岛密们所谈论的国民教育体制后被日本明治政府称为"学制"。

---

① [日]家永三郎著,靳丛林、陈泓、张福贵、刘珊译:《外来文化摄取史论》,第152页。转引自木户公传记编纂所:《水户孝允文书》卷四,日本史籍协会1931年版。
② [日]家永三郎著,靳丛林、陈泓、张福贵、刘珊译:《外来文化摄取史论》,第153页。转引自村田文夫:《西洋见闻录》,井筒屋胜次郎1869年版。
③ [日]家永三郎著,靳丛林、陈泓、张福贵、刘珊译:《外来文化摄取史论》,第129页。转引自井上省三纪念事业委员会:《井上省三传》,井上省三纪念事业委员会1938年版。

据《关于国文教育之仪的建议》，我们看到前岛密将文字文体改良作为推行新教育的第一步，即在他的认知里，废除汉字而完全改用假名文字是创建新教育体制的关键所在。他在其建议书内反复强调：或许有人说以 5 期 7 年时间基本建成国字国文教育体系过于仓促，尤其以国字取代汉字更是一条不可预知的险途，但其实这只是基于习惯所造成的问题，一旦人们习惯了使用假名文字，7 年以后反过来回顾可能会觉得当时预定 7 年是过长了。他再次重申，关于废除汉字，只是要废除公文书内的汉字，至于私人文章，并不强要禁用汉字，甚至仍旧以汉文体书写亦无可厚非，而且，日本可仿照英、法等国，在专业大学校内设置汉学科这样的专业学科，仅针对少数人群实施汉学教育即足矣。他指出，目前，国民中 90% 以上的人目不识丁，少数的受教育者又只好浮华的文辞以及抽象的道德学，对于能够造就富国强民的实学即科学毫无兴趣，若以既有教育体制对全体国民开展教育普及，岂不误人误国？ 他不无遗憾地说，欲要测试新教育体制的成效，相较已经接受过或正在接受教育的人，从未接受过教育的人着手进行试验，反而能观察到新教育体制带来的社会效应。他希望那些不愿革新的守旧者充分认识到当今西洋与中国之间存在的巨大差异，在孰高孰低已分外明朗的事实面前，去汉学就西学乃大势所趋，所以他热切期待执政者于此国家亟待振兴之际应尽早做出决断。① 前岛密想做社会改革蓝图的筹谋规划者，但他有意忽略了改革过程中将要遇到的种种问题，他期待日本能简化书写，并认为简化书写的捷径就是抛弃难学难记的汉字，以简单的假名代之，然而假名说到底是一种注音或表音文字，当时的日本尚未确立全国通用的共通语，即我们中国所说的"官话"，那么在没有共通语的背景下，很难想象关西人（以京都、大阪为中心）能很好地理解关东人（以东京为中心）以假名写下的文章，也能想见关东人拿着关西人以假名撰写的文章要百思不得其解，这也是改革者一旦提

———————————

① ［日］前岛密：《国文教育之仪二付建议》，《国字国文改良建议书》，第 37—39 页。

议以假名替代汉字就会被当时的大多数人认为是一条险途的重要原因,这还不包括假名本身的使用即拼写,也就是"假名遣"也存在不规范的问题,因此谁也没有把握能有效处理全面使用假名后所将带来的各种混乱现象。而反对意见并不仅仅是基于使用假名所将带来的阅读混乱,更深刻的原因在于当时的人们对待汉学的态度,废汉字、弃汉文抑或汉文体,无疑是要将汉学重重踩在脚下,这种极端甚至可以说大逆不道的前驱意识显然不能为大多数人所接受。

1903 年(明治三十六年),前岛密曾这样回忆往事:"我于 1835 年(天保六年)1 月出生在越后中颈城郡池部村,本姓为上野,幼名为房五郎,之后取程子'卷之则退藏于密'之语改名为退藏,后收养于幕臣前岛氏膝下,又改名为来辅,1869 年(明治二年)为避讳百官名内的辅,再改名为密。13 岁时,我前往江户学医。此后有次回乡时,我将当时市面上的以假名书写的图书以及汉文《三字经》等作为江户礼物送给我哥哥的孩子(5 岁),侄子高高兴兴拿去阅读,用假名书写的桃太郎故事等因简明易懂,所以故事内容很容易就被记住了,但《三字经》里的像'性相近''习相远'这样的句子却怎么也记不住。看着这一切的我悟道:我国应该以简易的假名文实施初级普通教育,对于一般人民来说,使用假名文实在是一件很方便的事。19 岁时,黑船来到浦贺,打破了我们太平安宁的梦。而让我进一步感到有必要改良国字的契机是,在长崎偶识美国传教士ウイリヤムホ后与其之间所发生的数次谈话。此人为新教监督教会的传教士,为了传教,曾去过中国,并一直待到咸丰末年,而在中国期间,一直未间断过中国语的学习。他的感受是中国人使用古文体和时文体两种文体,学起来非常不易。后来他又来到日本,为研究日本神道,开始尝试阅读《古事记》等日本古籍,发现日本文章里汉字有音读、训读之别,学起来感觉比中国文章更加困难。我是通过教此人日本语的朋友认识他的,在后来上呈庆喜公(当时的幕府将军)的建议书里,作为参考,我引用了这位传教士的谈话。那时还是文久时期,此人看着约在 60 岁左右,谈话中曾有'很想向大君(幕府将军）建言，若要使日本人变得文明，首先就必须要改革国字'之句。"①由上述回忆文字可知，两件事促使前岛密坚定了为改革文字文体上书幕府将军的决心，一是其侄子对于假名文图书和汉文图书的学习感受；一是在日西洋人对于既有日本语的学习感受，两者相呼应得出的结论就是，繁复杂糅的既有文字是日本国力裹足不前的障碍。

事实上，去汉学就西学乃至创立国学的确是幕末乃至明治初期新起的一股风气，这股风气虽不能大张旗鼓、形成一种潮流，但却是日本维新运动——西方现代化历程中的第一道微澜。即如在文字语言文体改良运动方面，前岛密绝不是孤军奋战者，其同辈中不乏与其相呼应者，其中就有南部义筹。1869年5月，南部义筹向当时日本最高学府大学寮的学头山内容堂递交建议书——《修国语论》，在没有得到回应后，又于1871年8月，直接向当时文部省的文部卿上呈该建议书，然仍未得到任何回应，这与前岛密的遭遇是相同的。在一般世人眼中，语言变化是一种自然发生的现象，不应被人力强制干扰。

与前岛密以汉和混合体撰写的上书不同，南部义筹的意见书是用汉文体写成的，虽然文句有不通之处，但意思大体明了，况以如此程度的汉文修养，称其为半个儒士亦不为过。在《修国语论》里，他这样谈到须改良国语的理由："学问之道，西洋诸邦为易，皇国、支那②为难，而皇国为甚。夫西洋之为学也，唯知二十六字，解文典之义，则无不可读之书，是其所以为易也。如支那不然，非读数百之书、通于数千之字则不可，是其所以为难也。虽然支那尚专矣，至皇国则加之，以和学与俗用之文，非并通之则不可，是故为学之难，莫甚于皇国也。文物之盛否，职此之由，欲育人才，不亦难哉。方今学者，或汉或洋，舍其

① ［日］日下部重太郎：《国语百谈》，第144—146页。
② "支那"一词为近代日本侵略者对中国的蔑称。"支那"一词从其诞生的最初来看，并没有歧视、侮辱中国的意思，明治维新之后，日本走向近代化道路，为培养民族优越感，改称中国用"支那"一词。第二次世界大战日本战败以后，1946年日本外务省宣布取消对中国的这一称呼。

本而唯末之务,是以解国语通于国典者甚鲜矣。其至如此也,非学者之罪也,政使之然也,何则人情避无用而赴有用,犹水之就下也,孰能御之? 自中古模仿汉制以来,诏敕制诰之文,必假力于汉籍而修之,日用之文亦如此者居多,故不学汉籍则不能成用也,且洋学者亦当今之急务也,至和学则不关今日之人事而殆属无用,唯为歌词之具而已,是则政之过也,学者之不修不亦宜哉,是以国语日失,而海内异词、言语殆不相通,是语学不明之由,岂可谓文明国哉。如此而不止,则堂堂皇国之语,或变为汉,或为英、为法、为兰,混杂磨灭,将至不可分辨,可堪慨哉。然则深察此理,而不可不起易学之学,而立令先务修国学之策也。"据此,他提出以下改良国语的办法,即:"苟欲成之,莫如假洋字而修国语也。虽然世人泥因习,则必将谓不可用也,若平心察之,则有至理而存焉,然则断然用之可也。精精讲究,修皇国之史典,就汉洋之书籍,择其有补于治道者,与天文地理之书,译之以投书生而使学之,则不假力于他国之学而自得究天下之理通于万国情也,是非变难为易哉,而后诏敕制诰与日用之文皆用之,则阖国之人不得不修国学也。夫如此则海内同辞而无不相通之患,然而阖国之人,必先修国学,而后或汉或洋,从其所好修其业,则本立而成焉。"因此他坚信,改良国语是"今日之急务,育才之本也,其可忽哉"。而且,只有改良国语,"人才之成立,文物之勃兴必将至,不可与今日同日而论也"。或者有人会对他发出诸如"虽然假洋字,则无伤国体乎"等一般的批判,他的回答则是:"是何伤,自皇国见之,汉与洋同是他邦也,何其择焉? 今欲假洋字而修国语,较之并字语而假之,失皇国固有之语,则何营啻霄壤,然则断然改之而可也,奚疑哉?"①他的观点很清晰,与其并和、汉字而为国语,不如只取洋字,似更简明易为。这样的主张不仅是要废除汉字,而且连被视作日本本土文字的假名也要废去,用洋字即罗马字来标注或记录语言。

1907 年,南部义筹在谈及 1869 年的这段经历时曾如是回忆道:"我于

---

① 　[日]南部义筹:《修国语论》,http://www.geocities.jp/masa_mip/Bunko/syuukok.html。

1840 年(天保十一年)11 月 9 日出生在土佐香我美郡立田村,是冈田重义的次子,我的兄长叫重规。11 岁时,我被过继给高知中新町的南部七岁(已故)。我最初的名字叫孙四郎,被过继给南部后改名为幸马,15 岁左右再次改名为彦藏,学名为义筹。当时细川元春先生(润次郎氏之父)如此写道:'义筹字叔添,取海屋添筹之字,城东立田人,仍号东田。'我 7 岁起曾师从同郡田村的西村氏,西村氏殁后又转至同村柳藏氏门下学习。来到高知后则师从岛田定吉氏,同时前往细川元春氏和德永达助氏两家跟读四书五经。我少年时并不喜读书,曾一时中断文学而专习武艺。1855 年(安政二年)我 15 岁时,高知发生大地震,家屋倒塌并被烧毁,所以有将近两年我又回到田村的生父家生活。养父家是高知藩二千石家老山内殿的家来。家老的家来分成骑马、骑马格、近习、步行、若党、足轻、小者等几个等级,养祖父忠藏是由手柄晋升成骑马的,到其养子七藏时,仅仅进阶为骑马格,七藏死后,其养子某承袭了骑马格,其后也仅仅只是进阶到近习,该养子因不满这样缓慢的进阶,索性将世袭家禄奉还给了主家。无奈之下,七藏之妻'ひさ'回了故乡。而此时,我的生母在生育三男一女后已经过世,当七藏之妻'ひさ'回到家乡时,我的家里已是继母当家,各种机缘下,我被过继给了南部家。当时的主家(山内佐织殿)因不希望七藏家断了香火,所以恩赐下步行的世袭身份。大地震后我经三里往来于生父家与高知间,17 岁时因高知的家屋重建工程完毕,我重新回到了养家。19 岁时,作为陪臣,深感人微言轻,面对亲友时常常觉得惭愧,读到孟子'有天爵者,有人爵者'处尤为感怀,誓以天爵顶天立世,故开始发奋读书。自那以后,我的学业便每每有所进,主人遂命我修习兰学,我因此开始跟随本町四丁目的西医谷纯正氏学习兰学。当时从我家至先生处有 20 余町的距离,如果只是每天旁听一会儿,定不会有所得,所以希望能一心一意学兰学,但这样专修兰学的请求却没有获得主家许可,为此我干脆放弃了兰学的学习。22 岁时,我被任命为藏役,需要每日出勤,学习至此遂中断。当时,壹岐殿是荣堂侯之妹的儿子,计划以深尾胜之助之名偷偷前往江户,我们私下里是主仆,对外则是他的 9 名随同人员,我恰恰是 9 名随同人员中的一人。主人壹岐殿是前往松代藩士蚁川功氏处(幸田家的宅子,现在是内阁总理大臣的官邸)学习炮术,我也随同参加了学习。如此,我便有机会经常前往开成所学习兰学。当时蚁川氏的塾头(书院山长)叫石井邦猷,此人是丰后木下家的藩士,脱藩后来到江户,改名为山川一,其不再习兰学时,已颇能感受到学习兰学所带来的好处,他曾赠给我大庭雪斋的著书和一本《和兰文语》。这两册书籍的书写都是横写并杂有片假名,我读后深有感触,遂开始附和并主张日本应采用罗马字的提议。当时世态不稳,幕府有征伐长州之举,且将军亲征出大阪。恰好此时,主人在江户学习已有一年之久,遂返回藩国,我等亦随返。其后便是维新,我胸怀大志,于 1869 年初在我 29 岁时进入大学学习。当时的大学,不仅担负着如今文部省一般的政务,还要传授皇学以及汉学。大学又另立有南校,专门传授洋学,而其所立东校则是传授医学。其时,大学别当(校长)是山内容堂侯,大学大监是秋月种树氏,大学小监是仙石重固氏,判学事是松冈时敏氏,尚有大博士和中博士等几位先生,舍长(舍监)是远藤温氏。我在大学所修的科目为汉学,基于从前所感所悟,遂以汉文写成《修国语论》,并于 1869 年 5 月,附在建白书后呈递给了当时的判学事松冈氏,判学事虽不认可我这样的行为,但还是收下我的呈书。翌年我返回土佐,1871 年 8 月,抱着同样的宗旨,再次向文部省上呈题为《改换文字议》的建议书。"①南部此次上呈的建议书被刊载在《洋洋社谈》杂志上,传播开来以后,其以罗马字为国字的提议受到高崎正风氏的赞赏,而刚好由美国归来的森有礼氏,看后也极力附和,甚至强烈主张要将国语直接改为英语等②。南部义筹在建议以罗马字标注语言时,并没有明确指出他所谈及的语言即国语是否包含汉语,也就是说他似乎并不排斥已经被日本人惯用的汉语,只要是以罗马字标注,惯用汉语作为国语中的一部分未必需要根除。但在崇尚西方实用主义的森有礼眼里,这样的改革是温水煮青蛙,为了

---

① ［日］日下部重太郎:《国语百谈》,第 147—152 页。
② ［日］日下部重太郎:《国语百谈》,第 153 页。

快速跟上西方步伐,日本不如将英语变为自己的国语,这不仅是要弃汉语,甚至连日本语也可以废去不用,完全忽略语言是承载文化的工具这一事实,也就是说,为了国力的提升,断舍日本历史文化亦在所不惜。

其实,南部义筹的建议远不及前岛密严密。而纵观比较上述资料,他们各自在改良文字的观念上也是有出入的,即前岛建议以假名文字为国字,而南部提议以洋字(罗马字)为国字。不过他们在某些方面的主张又是相同的,就是要创立日本独立的学问,南部义筹称之为“国学”。“国学”概念也并非南部的发明,一如前文所述,18 世纪的本居宣长就是国学运动的倡导者,针对社会上下对汉学高度崇拜的状态,国学运动者发出了不能失去自我的呼声;同样的精神脉络体现在了幕末至明治这一社会变革期倡导西学的部分西洋学者身上,他们是提倡输入西学,但要像警惕汉学一样警惕西学,即在学习西方的时候不能丧失自我。可见,近代日本在追随西方期间表现出的要多少坚守住自我个性的事实有其历史经验在发挥作用,前岛密和南部义筹的对外态度就是两个鲜活的案例。在不失日本本土精神的前提下,两人在国字改良的目标上也保持着共通性:亟待确立国字,以国字开展新式教育,并促使国字成为公文书的标准通用文字。但是在“去汉学就西学”的态度上,前岛密显然要比南部义筹更加决绝。在南部义筹的观念里,他并不反对有国学基础的人去选学汉学,他也没有公然提出要废除汉字。由此,我们看到,这一时期提出文字文体改良的维新者,其动机首先在于确立日本之独立学问——国学,也就是既不应再将自中古时期传入日本的汉学等同于学问,亦不能将近来传入之西学简单视作日本新学问的全部构成内容。那么诸如前岛密、南部义筹等维新者眼中的“国学”,其内涵又是什么? 依据上述两人的言论,我们可以分析说,他们口中的“国学”应该包含了汉学、西学、和学(日本学)等三方面的内容,不过就上述三项学问应各自在“国学”中占据多少比重,两人态度并不统一,鉴于和学的存在感并不高的社会实际状况,两人的分歧点显然在于,汉学、西学孰重孰轻。明治初期,汉学在日本的社会地位虽未被动摇,但随着西学的迅猛输入,其颓势已然显现,而汉学的载体——汉字的命运次第步入堪忧境地。

值得注意的是,前岛密与南部义筹分别开启了此后日本文字改良的两个方向:或以假名文字为国字,或以洋字为国字。上述两个方向均不主张在撰写通用文以及公文书时使用汉字,即他们都建议应把汉字的使用范围控制在专修汉学的群体内。但这样的主张在幕末乃至明治初期并不能获得在政抑或在野的士族们的积极回应。即便对于开启明治维新的新政府而言,抛弃长期以来被视作官学的汉学,需要度过心理上的徘徊期,以至适应期。前岛密、南部义筹等洋学者的屡屡上书虽未获得直接回应,但新政府对于文字改良的态度并非铁板一块,在南部义筹向文部省提交《修国语论》后的当年7月,文部卿大木乔任因有意采纳削减汉字之议,遂令田中义廉、大槻修二、久保吉人、小泽圭次郎等人去编纂新字书,1873年,由文部省出版的《新撰字书》问世。该字书可谓是文部省首次回应社会上应减少汉字使用量主张的一次尝试,经编纂者反复斟酌后选取实用汉字3167字。① 也就是说,文部省有意试行,将通用书写中的基本汉字定为3167字。而此时正是学制颁布的第二年。

在明治初期的日本,全面废除汉字乃至抛弃汉学,不仅不为旧教育制度下培养出来的大部分士族精英所接纳,相反由于教育对庶民的开放,学习汉字乃至汉学的热潮逆势在民间掀起。毫无疑问,对于当时的庶民来说,汉字以及汉字背后的汉学是身份的象征,掌握汉字、汉学是他们改变身份、获得社会地位的有效途径。文部省出版新字书——《新撰字书》的行为不过出于规范在今后新教育推行过程中汉字教育目标的目的,但随着国民教育体制即学制的出台,中央政府有必要正视以何种文字、何种文章体例编纂教科书这一棘手问题。在学制推行初期,教科书的编纂体例并未形成,各个学校所采用的各科教科书也不统一,教科书的使用非常混乱。如此,文字改良者力主改革的机遇到来了。

---

① [日]国语调查委员会编纂:《国字国语改良论说年表》,第3页。

在日本政府公布学制即全面推行近代国民教育体制之前，近代教育学校的试办已经展开。旧京——京都于 1871 年（明治四年）3 月分别在上京区、下京区各设置公立学校 33 所，招收男女学生计 25747 人，其中中学生 637 人，小学生 20582 人。小学校的教授科目有句读、笔道、算术。① 而新京——东京于翌年即 1872 年 5 月在东京府厅内开设小学师范学校并附属小学校，招收师范生 24 人，小学生 90 人。其科目依照国外小学的形式设置，配有一名教学翻译。这所学校为官办，政府为在校学生提供经费：师范生每人每月 10 日元，小学生每人每月 8 日元。② 由上述资料可知，京都所设立的学校从形式上虽然趋近于近代教育体制，但其教育内容却基本是从前寺子屋（以庶民子弟为教育对象的教育机构）教育的翻版，所谓换汤不换药；而东京所设立的学校却堪称日本首座近代学校，其教育形式以及课程内容均参照了西方模式。该校 5 月招生，7 月开学，因是官费，故不乏申请入学者。

在如此背景下，明治政府在挂出维新旗帜的第五年即 1872 年的 8 月 2 日，颁布学制，由此开始在日本推行近代教育体制。依照这一新的全民教育体制，日本全国被分为 8 个大学区、256 个中学区、53760 个小学区，各类学区内相应设置大、中、小学校各一个。也就是说，若该项体制能得到全面贯彻，日本全国将会出现 8 所大学、256 所中学、53760 所小学（指普通小学校），可实现 40% 的国民接受初级教育的教育目标。学制所要建构的教育体系与前述前岛密所递交的提案有许多吻合之处，这也说明该体制的设计基本模仿了欧洲国家的近代教育模式。在学制颁布一月有余后，日本文部省又公布了《小学教则》，明确小学校的教科课程以及教授方法。按照学制规定的初等教育大纲，普通小学校被分为上、下等，各八级，每级教育时间为 6 个月，即下等（又称寻常小学校）4 年，上等（又称高等小学校）4 年，完成小学教育共计需要 8 年。其教育课程参考欧美学校的教育内容，打破以往寺子屋只教授句读、笔道、算

---

① ［日］朝仓治彦、稻村彻元编：《明治世相编年辞典》，第 49 页。
② ［日］朝仓治彦、稻村彻元编：《明治世相编年辞典》，第 72 页。

术等三科目的粗简教育状态,选择以介绍欧美近代文化为编撰目的的启蒙图书以及体现科技实学的西学译书为各科教科书。因当时尚未形成全国统一的教学体例或教学目标,各学校暂可采用东京师范学校附属小学校的办法实施教学。可见,学制的推出较为仓促。比如在游欧归国的大臣久米邦武看来,新出台的学制在其教育目标的定位上存在问题。即学制虽然标榜"小学校不问男女贵贱,贫富职业",但却"教授国人为人切实紧要之艺",也就是依然以道德教育为重,而"全国民于文盲城中,虽皆为士君子,其志高尚,然其疏于切实之财产生理,则因贫穷而失其本领者比比皆是"。故国民教育之要诀在于"小学应教平易切实之事,聊涉高尚深奥之事,戕贼童生易生厌弃之心"。即瑞士人所谓"择其平易切实之事教之,唯恐人不学"。而西方人这么做的好处就是"其所谓学者,皆不难于人之财产生理,不乏所尽国民之义务"。故"存形之理学,讲营生计理之实事"应为学之本。①

即便如此,新学制出台所具有的历史意义不容否定。根据东京师范学校制定的上、下等小学教则,其下等小学校的教学科目有读物、算术、习字、书取、作文、问答、复读、体操等 8 科,其中读物、算术、习字、问答为主科。这一课程设计其实与文部省颁布的《小学教则》内所提到的方针有出入,即主科中的读物、算术、习字三科不过延续了从前寺子屋句读、笔道、算术三科的教育目的,而问答一科也只是部分教育内容涉及近代西学,这远远达不到《小学教则》所提出的教育目标。虽如此,东京师范学校的小学教则依然成为各地首批小学校的办学指南,在成熟的教科书未被系统编纂、出版之前,东京师范学校所指定的小学校用教科书也顺其自然成为其他学校的首选抑或重要参考。这说明近代教育体制的建构一定程度依托或借用了从前的教育设施以及教育结构,当然国外的教育形式或教育内容也是主要参考物,两者交融,在相互排斥的同

---

① [日]家永三郎著,靳丛林、陈泓、张福贵、刘珊译:《外来文化摄取史论》,第 261—262 页。转引自久米邦武:《明治六年六月二十七日伯尔尼府小学校视察》,《特命全权大使美欧回览实记》,博闻社 1878 年版。

时也在各自调整以求相互适应，因取舍造成的混乱表明新体制的推行会存在这样那样的问题。不过这符合历史发展的规律：新事物总是依托旧事物产生的，新旧事物间的联系性不可分割，它们有共同的母株。

笔者选取了一本 1873 年 5 月出版的小学用《初级读本》即"读物"科的教科书为例，来尝试考证汉字、汉文体在当时小学教育中的使用状况。该读本由 31 篇小文章构成，内容大致分为品行、自然知识、理科知识、西方事物介绍等几类，其中品行类文章居多，计有 21 篇，如《童子与狼》《不可说谎》《伪是什么》《童子应该被赞扬的事》《母子之爱》《不守信的事》《不要害怕被人嘲弄》等；余者 10 篇分别为自然知识类如《地球太阳以及月亮》、理科知识类如《球与瓶》、西方文物介绍类如《合众国第一大统领华盛顿年少时期的故事》等文章。从上述编排可以看出，"读物"教科的主要教育目标应是品行教育①。也就是说汉字文化圈共有的立德树人之基本教育目标在此时的日本依然被政府高度重视。从下列某篇文章段落我们尚可一窥这些小文章是用什么文章体例来书写的。

地球ハ静ニ止マツテ動カザルモノニアラス譬ヘハ獨樂ノ廻ハルカ如ク絶ヘズ其軸ニテ廻轉シテ晝夜ノ區別ヲ為シヌ一年ノ間ニ太陽ノ周圍ヲ廻轉シテ春夏秋冬ノ區別ヲ為スモノナリ②

译文：地球并非静止不动，它不停地独自快乐地旋转，绕轴旋转以分昼夜。一年间，地球绕着太阳旋转以分春夏秋冬。

这显然是汉文直译体即汉文体。据此可知，尽管民间有主张使用平假名或洋字的呼声，但经政府认可发行的教科书沿用了汉文直译体，即以片假名配合汉字使用的汉文直译体依然是正规书写的文体。如前述，对于文字语言文体改良的态度，政府的回应仅仅停留在减少汉字使用数量的阶段，即 1873 年由文部省出版发行的《新撰字书》仅收纳常用汉字 3167 字。中国的历代字典在日本均通行使用，著名者如《说文解字》，收字 9353 个，另有"重文"（即异体

---

① ［日］福泽英之助编：《初级读本》目录，出版单位不明，1873 年版。
② ［日］福泽英之助编：《初级读本》卷一，第 2 页。

字）1163 个，共收字 10516 个；最近如《康熙字典》，共收字 47035 个，由此可见中国汉字的简略发展状况。而上列《新撰字书》所纳 3167 字不到汉字总量的 7%，应是最常用的汉字。需要注意的是，《新撰字书》的使用对象并不仅仅是小学生，应该包括完成小学、中学两阶段教育的学生在内的群体。那么，在明治初期，按照教育体制即学制规划，小学生应该掌握多少数量的汉字呢？笔者通过对一部《小学读本字引》的考察，试图来解决上述问题。

笔者选定的是一部出版于 1874 年的官印《小学读本字引》。这部字引共计三卷。第一卷收纳语词（分纯汉语词与假借汉字而成的日语词）663 条计 801 个汉字；第二卷收纳语词 292 条计 380 个汉字；第三卷收纳语词 298 条计 341 个汉字。如此，全书共收纳语词 1243 条计 1522 个汉字①。也就是说，小学毕业生应掌握语词 1200 余条计 1500 个以上汉字。这个数据约占《新撰字书》所纳 3167 字的一半，由此推测：另 1500 余汉字的掌握需要依靠中学或中学以上的教育来实现。

由学制推出的新教育计划显然与文字改良者所期待的目标有很大差距。学制颁布前的 1872 年 7 月，持续发出改革呼声的前岛密抓住时机向当时的文部卿大木递交《在学制实施前应先改良国字之私见》，再次呼吁当局在即将开展的新教育中废除汉字，以假名文字为国字；在没有得到任何回应后，于 1873 年，他继续向右大臣上呈《国字改良相成度卑见内申书》，这次的上书依然没有得到答复②。与前岛密的激进不同，同时期积极参与文字改良运动的洋学者福泽渝吉却提出了逐步改良的主张，并力行实践，编纂《文字之教》一书，迈出自己废除汉字、使用假名的关键一步。

福泽渝吉于《文字之教》的序言中如此写道："自古以来，日本一直以汉字进行书写，今日遽然要废弃汉字，实非易事，亦不合时宜。不过废除汉字的时机虽尚未到来，但吾辈应为将来的废除汉字工作做出适当的准备。"也就是

---

① ［日］山本尹中：《小学读本字引》，书肆六书房 1874 年版。
② ［日］国语调查委员会编纂：《国字国语改良论说年表》，第 2 页。

说,福泽相信日本迟早一天要走上废除汉字的道路,为此他要早做准备。他提出的方案也是从减少汉字使用数量上着手,尝试将常用汉字削减至 3000 字以内。他所编纂的这本字书所纳汉语词就不足 2000 条。他解释,虽然掌握了这些词语后尚不足以很好地去释读汉籍,但于日常生活使用则完全足矣。他谈到不能全废汉字的理由,比如医者、石屋等名词词语,使用汉字比较方便;但诸如"上ル、登ル、昇ル、攀(のぼ)"等表示往上攀升的众多词语,若一一用汉字加以区分来书写,实在是烦不胜烦,若使用假名文字,显然更方便①。福泽的意见很明确:名词类词语用汉字不易混淆,但动词类词语显然用假名即日语简单易把握。《文字之教》是针对小学阶段的学生所编纂的一本字书,虽然收纳了近 2000 条词语,但列出汉字仅 928 个,这显然与他所提到的常用汉字使用数量——两千至三千字有很大差距。看来福泽的这个汉字教育目标也需要通过中学及中学以上教育才能达成,并发现:福泽的目标与《新撰字书》的主张相去不远;但《文字之教》所提出的小学汉字教育目标不到《小学读本字引》所揭示的 1522 个。显然,福泽渝吉认为小学生用汉字可以再精减,但对于中学以上的受教者,承认他们必须掌握一定数量的汉字。福泽的文字改良诉求,走的是一条温和之路,在改良的第一阶段,他更期待政府在小学校的汉字使用数量问题上能做出更大妥协。

除了上述声音,于 1874 年创刊的《明六杂志》再次将这一时期关于国字国语的论争推出一个小浪潮。关于《明六杂志》的创刊经过,不得不提及西村茂树这位跨越日本幕末、明治时期的著名人物。西村茂树于 1828 年(文政十一年)出生在下总国佐仓藩的武士之家,10 岁时进入藩校成德书院,练武的同时学习儒学;23 岁时入佐久间象山门下,学习炮术,并跟随木村军太郎学习兰学;26 岁时接受藩主安排,去其支藩佐野藩处参政长达 15 年,后晋升为年寄役。明治维新时,西村茂树已届中年,其于 1869 年被藩主任命为大参事,至

---

① [日]福泽渝吉:《第一文字之教》序言,福泽氏 1873 年版,第 1—2 页。

1871 年废藩置县时,被新政府任命为印磻县权参事,但秉持君臣义气的西村茂树并未就任,而是于 1872 年移住东京,开办家塾以谋生。翌年夏,由美国归来的前驻美大使森有礼经朋友介绍前去拜访已富有社会名望的西村茂树,二人相谈甚欢,遂有共同创办《明六杂志》之举。在其《往事录》里,西村茂树对明六社以及《明六杂志》的经纬有如下记述:"1873 年(明治六年)之夏,萨摩藩人森有礼(驻美公使)由美国归来,经横山孙一氏介绍,欲与我一见,当时森氏住在木挽町六丁目高岛德右衙门处的家里。在见面后森如是说:'在美国,学者们根据自己学术兴趣,兴办学社以方便学术研究,他们通过组办讲座,令世人受益。本邦(日本)学者,都是独自一人研究,很少相互往来,故于社会发展多无益。我非常希望本邦的学者,能像美国学者一样,联合起来,组办学社,共同切磋。近年来,本邦国民道德素质下降,且不知将堕落至何等程度,能拯救世风者,除学士外别无他人,故急盼学人能创立学社,共同谋划学术进步的同时,也能为社会树立起道德模范。'我听闻后非常赞同这个提议,两人遂商定去说服东京都内的名家共同创办学社,即有福泽谕吉、中村正直、加藤弘之、津田真道、西周、箕作秋坪等学人表示赞同。最初,大家只是聚在一起谈话讨论,慢慢大家觉得应该让更多的人听到这些关于政事、学术等方面的谈话,遂在静养轩(西餐馆)楼上组办一月一次的演讲会,这是本邦研究会之发端。此会取名为明六社,是为创立于明治六年的意思。当时,本邦的学者,其知识结构多限于和、汉两学,对西学几不知。明六社之创办宗旨,即在宣扬西洋新说。来听讲的人中,多是官员和学者。不久之后,又开始组织发行杂志,是为《明六杂志》,这又是本邦杂志(按:具有近代意义的杂志)之肇端。《明六杂志》发行至第 42 号时,政府颁布了《新闻条例谗谤律》,其目的在于压制杂志等论说。因管制甚为严厉,明六社的会员们在商议后决定停止发行杂志。其后,明六社虽也接受过新会员,至明治七、八年间,随着学士会院的成立,自然解散。"[1]

---

① ［日］西村先生传记编纂会编著:《泊翁西村茂树传》卷上,日本弘道会 1933 年版,第370—371 页。

由上述文字可以了解到明六社创立以及《明六杂志》发行前后的事迹。当时，日本社会风气未开，民众甚至普通士族关于西洋事情知之甚少，由美国归来的森有礼风闻西村茂树颇有见地后，便登门与之商讨如何输入西学以开民智、民风。移住东京的西村茂树当时刚好处于脱藩后的闲散状态，空有一腔抱负却无用武之地，森有礼的来访恰好给了他实现自我理想的机会，很快便与森有礼达成一致，这才有了明六社的创立。借此平台，包括西村茂树在内的明六社成员们首次以讲座形式、面向那些志在改革的维新者畅意传达自己关于国家未来在政治、经济、教育以及其他方面的改革或建设目标的意见和感想。而活动发起者之一的森有礼在日本史上却是一位非常有争议的人物。其实，西村茂树在意识形态上与森有礼并不同步，与主张全盘西化的森有礼不同，饱读汉籍的西村茂树在日本改革的道路上不是要完全否定汉学，他此后的经历也在在表明他是以道德家自居的，只不过在明治初期，抱着改变社会风气的同样目的，他与森有礼暂时走在了一起。按照后人的解释，森有礼性格豪放，因言辞激烈而遭到同时代人的误解和不满，而他在回国后关于教育目标的言论无疑是一种很坚定的实用主义加国家主义，森氏此后又长期在文部省任职，对日本学制的创立以及推进起到过重要作用。木场贞长氏为还原当时的历史场景，曾将森有礼的遗书公之于众，内中有："我国乃万世一系，与天地同辉。上古以来，威武不屈，未尝遭受过来自外国的屈辱，皆因人民极具护国之精神，社会极富忠武恭顺之风气，此乃历代祖宗长期陶冶蓄养所致，至今仍不坠。这无疑是一国富强的根本，无二的资本，以至国家最大的宝藏。而若要进一步提高人民的品性（素质），除教育外，别无他法。"①等等之词。由此可以看出，极力主张西化的森有礼并不否认民众的道德养成对国家建设的重要性，只不过因他在公开场合处处摆出的一种力讲西学、力从西制的态度，引起了反对激进改革社会现状的官僚抑或士族对他的反感。作为文部省的官员，森有礼对着当

---

① ［日］西村先生传记编纂会编著：《泊翁西村茂树传》卷上，第372页。

时师范学校的学生发表如下宣言："如果日本加入到世界各国的行列里去,我们只能站在末班吧。而我们如果甘心屈就于这样的一种状态,我们虽有'日本帝国'之名,那也是名不符其实吧。这难道是我们日本男子的志向吗? 我们日本男子的志向不应该是将我们日本国由现在的三等国提升为二等国,然后再提升至一等国,直至成为世界之最吗!"①对于新教育的期待则如是说:"日本中古以来,以文武为业,躬任国事,乃士族之专利。然及至今日,主持开进运动者仅止于国民之一部分,其他多数人民则茫然不解何为立国。环顾异邦,欧美人民,无上下男女之别,举国之民咸存爱国之精神,戮力团结,同心同德,孰可解之? 故屡冒大险,屡忍大难。可与争夺之间,维持国立。其众者,乃毕其功于国民之教化。教化所至,金石为开,国民之品性可得陶冶,国家遂可立也。"②若此,培养爱国且对国家建设有用的人成为其赋予新教育的目标。难怪人们在评价森有礼时称其为国家主义的践行者。在此理念下,森有礼首先力主改良师范教育,鼓励师范生应每天进行军事操练,更自称是个经世型教育家。③

与忽略东方文明长处的森有礼不同,西村茂树在其于 1868 年(明治元年)上书岩仓具视的《长短说》中如此辨析东西方之差异:"我日本等国,其长处在于勇敢节义,其短处在于浮躁。试观今日上下之世态人情,急功不顾国力,仕宦之浮躁;弃长远之利而顾眼前,农夫之浮躁;不自量力,欲一举而赢万金,商贾之轻躁……不务实学而好高骛远,书生之轻躁;不知改内心,徒虚饰外表,一般人民之浮躁。如是,生于此国者皆患浮躁之病。此事不可不省察,此病不可不疗治。"又指出:"一国之长短之外,又有一大洲之长短。亚洲较之非洲,其长处颇多。然比之欧洲,则短处居多,且原来之长处也不及欧洲。然若

---

① 〔日〕西村先生传记编纂会编著:《泊翁西村茂树传》卷上,第 372 页。
② 〔日〕家永三郎著,靳丛林、陈泓、张福贵、刘珊译:《外来文化摄取史论》,第 232 页。转引自森有礼:《森先生传》,金港堂书籍 1899 年版。
③ 〔日〕西村先生传记编纂会编著:《泊翁西村茂树传》卷上,第 372 页。

聚精会神疗治最短处,则最终或许能与欧洲并驾齐驱。其短处何在? 缺乏进取之心与忍耐之力。此二者乃全亚洲之短处。欧洲人威制亚洲人,毕竟也因为这短处。于哥伦布之航海,牛顿之物理学,彼得之政事等,亚洲则无一奇伟卓越者可论。欧洲寻常之人,其进取与忍耐之力大大胜于亚洲人。此乃众目所视之事也。"①很显然,对于东方的道德教育,西村是首肯并看在眼里的;但对于东方在科技、科学理论以及政治改革方面的不思进取且大大落后于西方的现实却极为不满,认为存己长补己短是日本当务之急。不过,西村茂树的主张虽与森有礼不尽相同,但在经世致用方面却是同调的,而聚在明六社旗下的洋学者们也多身怀经世致用的抱负,虽然他们各自有各自的想法。比如就明六社的社规设计,因会员们的意见不统一,直到创会半年后的 1874 年 2 月才最终确立下来。该社规共计 19 条,其第一条即为:"为推进我国教育事业,吾辈有志者当共商大计。又同志间会合一处时时切磋意见,以广明知识。"②因学社发起于 1873 年(明治六年),遂取名明六社;会员分为定员、通讯员、名誉员和格外员四类;又明定了入会、会费以及会期等规章;另设三名管理人员,即会长一人、书记以及会计各一人,统理会务,并规定相关管理人员应于每年 2 月 1 日召开的总会上依据会员投票来选出。另外,决定每月分别在 1 日、15 日召开两次会员的定期会议,如有需要可增加临时会议。不过,身为发起者的森有礼推荐福泽谕吉担任第一届会长,福泽谕吉曾再三推辞,后在森有礼与西村茂树的共同说服下接受了该提议,而第一届的书记和会计则分别是世良太一氏和清水卯三郎氏,最初的会员有 10 人,分别是:西村茂树、津田真道、西周、中村正直、加藤弘之、箕作秋坪、福泽谕吉、杉亨二、箕作麟祥以及森有礼。不久,箕作秋坪因生病退会,但又新加入 5 位会员,并选出五位通讯员,又有 10 名格外会员,如此明六社各类正式人员共计有 30 人,此后数月又有客员

---

① [日]家永三郎著,靳丛林、陈泓、张福贵、刘珊译:《外来文化摄取史论》,第 292 页。转引自西村茂树:《长短说》,《泊翁丛书》辑 2,日本弘道会 1912 年版。
② [日]西村先生传记编纂会编著:《泊翁西村茂树传》卷上,第 373—374 页。

（非正会员）数十名。作为活动,除在每月举行的两次定期会议上安排 12 名
会员发表演讲外,还发行杂志,即自 1874 年 2 月起,每月发行两次,至当年 11
月,改两次为三次,1874 年度共计发行 25 号,发行部数达到 105984 本,以售
出 80127 本为计,平均每期售出 3205 本,由此可见其盛况空前。后森有礼提
议建设会馆,并设计了种种方案,翌年被选为会长的他,重新推荐箕作秋坪为
会员。① 由此可见,若无足够的社会名望,很难被选为会员,这显然是一个精
英士族团体,且多有游历或游学欧美经历,希望通过自己的大声疾呼来唤醒日
本社会。比如在闻名于明治初期的著名启蒙家西周的眼里西方是这样的:
"我曾游于欧洲,颇悉其事情。所观凡百事物,可概括为二字:浩大。如市镇
乡村、道路桥梁、宫殿楼阁、官府学校、祠宇教堂、幼孤哑盲癫狂疾病诸院、分析
铸造金银硝瓷诸工厂、考古博物禽兽草木诸馆园、枪炮船舰海陆诸军兵具战
器、火车电线邮政银行商店诸设施等,凡触目入耳者莫不使人愕然惊叹也。及
退而阅考其历史学术之书则惘然若失,深不可解也。盖因其理论之艰深,其论
说之详确,不啻兔丝牛尾,日本人不能甚解。因此,对此又可概以二字:精
微。……精微者为本为因,浩大者为末为梁。能尽其精微,故能致其浩大也。
难怪当今自学开化、口倡文明之徒,能仿其浩大而不能学其精微。由此可见,
不问培根养本而焉能求结果硕大?"②对于富有生命力以及创造力的西方崇拜
如此。

　　明六社的发展是非常规范的。于每年春季公选会长,设立会计以管理收
支,随着正式会员与非正式会员的逐年增加,杂志发行的收益也大幅增加,这
才有了进一步落实建设会馆提议的契机。不过遗憾的是,在 1880 年(明治十
三年),因东京学士会院的成立,明六社的发展被突然中断,以解散的方式退

---

　　① ［日］西村先生传记编纂会编著:《泊翁西村茂树传》卷上,第 373—374 页。
　　② ［日］家永三郎著,靳丛林、陈泓、张福贵、刘珊译:《外来文化摄取史论》,第 211 页。转
引自西周:《致知启蒙》自序,《致知启蒙》卷一,瑞穗屋卯三郎 1874 年版,第 1—4 页。

出社会历史舞台。① 当然如前述,明六社解散的另一个重要原因是政府发布
了《新闻条例谗谤律》,身为社会精英的明六社会员们大概不愿冒着丧失个人
政治前途的危险去宣扬那些不为大多数人接受的言论。加入被政府承认的东
京学士会院,解散明六社,成了他们最好的选择。以《明六杂志》来说,这是一
本可谓一群思想启蒙家们所创办的杂志,在人们对西学普遍茫然不知的社会
背景下,针对东西方文明的各自主张,向社会民众发出摆脱东洋、师从西洋的
激越呼声。在1874年2月的创刊号上,刊载着办刊宗旨,即:"吾人盍簪一处,
或推论事理,或探讨异闻,研磨学业之余,精神愉悦。又将所议所论,记载成
册,给予发行,以供同好赏味。虽仅为简陋小册,若于邦人广增知识稍有助,则
幸甚。"②由此可知,研学和教化是其办刊宗旨。

在研学方面,西周氏在《明六杂志》创刊号上发表题为《论以洋字书写国
语》的文章,主张不仅要废除汉字,还要废除假名,直接以洋字即罗马字来标
记或记录日本土语。他说这样做的原因在于西方语言容易掌握,尤其在翻译
西学著作时,可直接利用西方语词,无须去寻找或制造与之对应的日本语
词。③ 由于其主张过于偏激,甚至较前岛密所论更为过激,以致来自各界的批
评声不断。在该文中,为增加说服力,西周列举了以洋字书写国语的十大好
处,不过也指出三点不利之处,承认"说起来容易,做起来难",所以强调若要
改良文字,必先破除民众的愚见,民众的愚见不破,文字改革很难进行。

在该杂志的创刊号上,还刊载了西村茂树撰写的题为《基于开化所引发
的关于文字改良之论争》一文。同样主张文字改良的西村茂树,与西周氏的
激进言论不同,秉持着渐进主义论调。他说道:"使用洋字的好处,在西周先
生的文章中已经论述得很清楚,此处不再赘言。但于其有害处,却言犹未尽,
这是我需要补充说明的地方。大凡喜欢简易明白,不喜繁冗混杂,乃人之常

---

① 〔日〕西村先生传记编纂会编著:《泊翁西村茂树传》卷上,第374页。
② 〔日〕《明六杂志》第1号,1874年4月。
③ 〔日〕西周:《洋字を以て國語を書するの論》,《明六杂志》第1号,1874年4月。

情。比如今天，我们书写山、川两字时，其字画简单，其字义一目了然；但如果我们用洋字 Yama、Kafa（今日的日语读音应是 Kawa）记录山、川两字时，其笔画显然有些繁冗，且其字义不能望而明之。又比如我们书写川、革、侧这几字时，一看字面便知各字字义；而如果我们换用洋字去表达，三字皆为 Kafa、Kafa、Kafa，仅从字面上去区分三字显然是困难的。这是使用洋字不利的第一点。从前，我国废弃自己的国字，改用中国文字，之所以能够成功，缘于当时我国的文字尚处于懵懂不成熟的状态。我国最初的国字是何种状态，今天已不得知。盖因其为迂疏随意之物，非文华粲然之中国文字可比，其各自便与不便之处有天壤之别。故当时有识者有弃本国国字而代之以彼中国文字之举，且全国民众也轻易地放弃了自己的旧习以改从新字。但今天的局面却与当日不同。即我国在如何能更好利用中国的语言以及文字方面已竭尽所能地建立了方式方法，并付诸实践，如果现在贸然将汉字、假名一并废弃，以洋字代之，其难度非从前废弃最初之国字所能比。这是使用洋字不利的第二点。方今，上至朝廷号令，下至民间书信，莫有不用和汉字者。即或阐释道理，或教导民众，或记录事迹，或解说艺术，等等，凡有关文墨事，无不在使用和汉文字。在此背景下，若断然放弃和汉文字，以洋字代之，那么今日以前之书籍将全不能阅读（指学识不深者）。若此，我两千年来以和汉文字记录的事迹将日益变得暧昧模糊而逐渐不为人知。当然其间可能会有英杰辈出，以洋字转述以和汉文字撰写的史传等，但如此繁冗的二重劳动又是使用洋字不利的第三点。有此三点，如无破解之法，即便是三尺童子，也知以洋字取代和汉字乃为万难之举。"由此可知，在面对文字改良的进程上，能分辨东西各自长短的西村茂树尚保持着清醒的头脑。他指出："如此说来，文字改良竟是行不通的一条道路吗？回答是否定的。我所说之三不利是针对我国目前的民众状况而言。如果将来我国民众转变成文化开明之民，那么上述不利之处将会一一被化解。而以今日之形势，我国若要改良文字，应要依照合理的步骤。即我们目前的当务之急是不要再努力区分什么国学、汉学、洋学，而是要切望国民中的每个人皆能更多地志向于学问,然后在志向于学问期间,能深刻领会到我国文字语言之窒碍不宜处,由此可自然生出改正那些窒碍不宜处的欲望,至那时,世间若再次涌现废和汉字以洋字代之的议论,相信其被付诸实践当如顺水推舟般容易。这正是我所言'民之愚见不破,文字改良不能'之真正含义处。"①当时,正值日本颁发学制令不久,西村茂树在推广国民教育以改造现有国民状况方面,与日本政府的主张以及政策可谓不谋而合:如要改造社会,先要建立改造社会的基础,而建立社会基础的途径,非实施国民教育莫属。这也是明治政府在成立五年后即仓促推行国民教育体制的根本原因。

由此上述材料可知,西村茂树与西周在文字改良的终极目标上虽并无差异,但在具体的实施步骤或方法上却有鲜明的区别。西周不顾现实社会条件,主张断然以洋字替代既有和汉文字。在他的眼里,为了早日融入先进的西洋近代文明圈,日本必须尽快摆脱已经落后的东洋文明即来自中国的影响,而要脱离中国即汉学影响的最佳途径便是抛弃汉字,并且为了更快吸收西洋文明,不惜放弃既有和字即假名,全方位改从洋字。西周的言论并非孤例,前述南部义筹其实已经提出应以洋字为国语的建议,且《明六杂志》的发起人之一、从欧洲归来的森有礼也在1872年明确提出过以英语取代国语的主张。与此类主张相对应,也是《明六杂志》发起人之一的西村茂树却呼吁改革者们应当注意当下的社会基础,并强调在社会条件不成熟的状况下,一切脱离实际的改革主张都不具备可行性。也就是西村茂树认为,在广大民众尚未"文明开化"即接触、接受西学之前,过早提出废国字以就洋字的文字改良主张是一种徒然浪费精力的行为,与其在现阶段做此想入非非且愚不可及的事情,不如积极推进近代国民教育的实施,在建立推崇西学的社会基础后,再谈文字改良也不迟。这里包含着国民精神有待改造的问题,因为只要民众尤其士族追从历史传统依然推崇汉学,那么废弃承载汉学的工具——汉字乃至汉文无疑会有骨肉分

① [日]西村先生传记编纂会编著:《泊翁西村茂树传》卷上,第375—377页。

78

离之痛,所以除非将汉学推下神坛,否则汉字乃至汉文在日本社会中的影响极不易淡去。于此,国民教育可发挥不容置疑的作用。

继西周与西村茂树之间的文笔讨论后,《明六杂志》于 1874 年 5 月第 7号、1874 年 6 月第 11 号又分别刊载了曾在幕末时期担任过英文翻译的西学家清之卯三郎撰写的题为《平假名之说》的文章以及阪古素撰写的题为《质疑一则》的文章,前者主张平假名作为国字乃为最适宜之事,后者则期待世界各国应使用统一的语言文字。这两种意见同样反映出改革者们热切期盼未来的日本能与欧美国家融为一体的心情。对于民间的上述动态,明治政府并非丝毫不为所动。1874 年 8 月,熊泽有义、山田元正、中村六三郎三位文部省官员,就关于制定统一的书写文体而汇总在文部省的五个方案,联名建议择其一而行之。此后,日本文部省着手召集地方官员进行详情咨询,并要求各地方积极开展调查以确立各自可行的方案。同年 8 月,文部省刊印小学校教学用罗马数字图以及算用数字图,这无疑是针对小学的西式教育所推出的具体措施。9 月,广岛师范学校校长久保田让向文部省建议,应在低等小学的第六级阶段(即小学三年级),向学生教授罗马字的拼读法、连缀法以及书写法。1875 年9 月,居住在东京的小田县士族渡边修次郎向文部省提交了应简化日本文的建议书。其中,在小学阶段加入洋字教育的提议获得了回应,即在 1876 年 6月,文部省陆续刊印西字成音图、西字浊音并清音图、罗马头字图、罗马小字图、书写头字图、书写小字图等①图书以备小学校教学使用。这些教科书上所呈现的细微变化都预示着日本文字语言文体改良的时代即将到来。

---

① 　[日]国语调查委员会编纂:《国字国语改良论说年表》,第 4 页。

第二章　19世纪80年代日本的文字语言文体状况与汉字、汉文

　　近代教育体制的推进被看作是改造社会的有效途径或手段。然而重新快捷调动或整合社会力量的工具却非近代性定期发行刊物莫属。也就是说,在近代社会的开启以及发展中,定期发行的杂志、报纸等近代性刊物发挥了重大作用。定期刊物的理想服务对象是全社会大众,而社会大众阅读刊物的能力或习惯养成基于近代国民教育的推广程度,社会大众通过阅读定期刊物获得对社会面貌乃至国家政治的认知以及对所谓先进性社会面貌乃至合理性国家政治的理解,如此交互影响下,民众的国家意识被有效唤醒,遂一同投入到社会改造或促进社会进步的运动中去。于此,通过对定期刊物发行情况的观察,我们可以获知社会大众的受教育情况的变化以及他们对于包括政令、书籍、刊物等在内的官方抑或公共书写的诉求,而社会大众的此类诉求无疑影响了文字语言文体改良的进程。我们甚至可以说,推广近代国民教育所获得的社会效益之一就是培育了一批近代纸媒的阅读者;同时,随着纸媒阅读者的不断增加,这意味着社会大众力量开始有意识要参与到国家对于包括国民教育体制在内的既有政治体制进行改正的政治活动中。若此,位于教育体制之下的书写规范当然也处于被改正、改良的框架内,那么当日本朝野上下意识到有必要对既有文字语言文体即书写规范进行改良时,汉字、汉文将何去何从。

第一节 日本近代纸媒——报纸的迅猛发展

一、近代纸媒阅读群体的养成

一如前述,推广近代国民教育是有效改变社会风气的根本途径。不过,明治政府在制定以及实施针对庶民即普通民众的教育体制之前,首先对现有高等教育机构进行了改革。1869 年(明治二年)8 月,当时日本的国家最高学府——昌平校,更名为大学校。12 月,大学校又更名为大学,同时原开成学校(洋学堂)更名为大学南校,原医学校(西洋医学堂)更名为大学东校①。由此,日本首次建成一个由东西式教育学科相结合的高等教育机构,是为东京大学的前身。其中,教授西学的大学南校在 1870 年以后得到大步发展。其教师队伍基本由外国教师构成,即美国人 4 人,英国人 5 人,法国人 3 人,普鲁士人 1 人,西班牙人 1 人,共计 14 人。在校寄宿学生 489 人,其中,贡进生 312 人,员外生 177 人,在校走读生 706 人,共计 1195 人。学员的学习分布是,就读英国学科者 710 人,就读法国学科者 322 人,就读德国学科者 163 人②。所谓贡进生,是依据 1870 年 7 月颁布的太政官政令、从地方诸藩选拔上来的贤才。根据这一政令,日本当时 60 余州之 300 余诸藩中,十万石以上大藩可选出 2—3 人,十万石以下五万石以上中藩可选出 2 人,五万石以下小藩可选出 1 人送往首都东京、进入大学南校接受洋学教育,年龄在 16—20 岁之间③。虽然选拔的标准是要品学兼优,但因为名额有限,故其中不乏地方权势武士家族的子弟。另外,我们看到入学者中尚有 177 名员外生即定额外学生,可以推测

---

① [日]《太政类典》第 1 编卷一九,《官制·文官 5》,日本国立公文书馆,档案号:2A-009-00·太 00019100。

② [日]朝仓治彦、稻村彻元编:《明治世相编年辞典》,第 51 页。

③ [日]桥南渔郎:《大学学生溯源》卷上,东京日报社 1910 年版。

这些生员中出身豪族者亦不在少数；而与地方相较，首都东京地区选拔出来的学生有 706 人之多。上述学子有幸成为明治政府有计划进行集中培养的第一批近代型新人才。针对大学南校的营运，明治政府出台了一系列管理措施，以期能获得养成新人才的预期效益。材料显示：他们中的优秀杰出者，陆续于1875 年（明治八年）、1876 年被文部省派往欧美留学，且学成归国后活跃于日本的各项现代化事业，比如有不少人就成为帝国大学的教授，努力培养现代型高端人才；他们中的大部分学员则进入成立于 1877 年的东京大学，继续深造；而少部分缺乏学力的学员被要求退学。不过需要说明的是，本校即大学依然以传授汉学、和学为其主要教育目标，到明治二年，其在职教师有 12 人。如此，日本政府并举汉学、西学的态度昭然天下。不过，就入学人员的数量而言，南校、东校的在籍生明显超过了本校，由此可一窥明治政府渴求高端西式或实学人才的迫切愿望。一如井上馨所言："古来，吾国重文学，轻技艺。见识浅陋，百课不举。又造不出一奇机，尚未筑成一工厂，终致今日之贫迫。今以开明见称之欧美诸国，学问渊博，知识高尚，律法经理可见。百工奇丽，制作繁昌，赖此，国家殷富。至此，何为而不成哉？然则工艺技术之于吾国，实乃急务也。故自此培育人才，必专以技艺为先。"①

　　高端西式人才是创建未来现代社会的顶层设计者或建构者。他们是精英，是社会人群中的少部分力量，如果缺失社会民众的广泛拥护以及参与，那么再合理的计划或蓝图都无法转变为现实。如此，能够迅速改变社会风气的力量是什么？能够召唤、鼓动广大民众投身进国力提升事业的力量是什么？近代之前，书籍是传播理念的主要工具；近代以后，定期发行的报纸、杂志因可以迅速传播各种信息，成为启蒙者最激赏的用以开启民智的工具。早在幕末时期，人们就已经关注到西式报纸在信息传播上的便捷性。比如 1862 年（文久二年），作为遣欧使节之一的福地源一郎，在巴黎期间曾有机会接触到英文

---

① ［日］家永三郎著，靳丛林、陈泓、张福贵、刘珊译：《外来文化摄取史论》，第 256 页。

报纸,他如此谈到自己的阅读感受:"阅之,见记有我使节一行之活动……新闻记者详知我等之事,且昨日之事今朝已尽载于报,速度之快,惊叹之至。……其后载有前年英国军舰赔款之新闻,报道英国议院争论炮击鹿儿岛事件。新闻记者攻击当时内阁,以为此乃非举也。于报上读此纪实,惊于记者意见之正大,感于其直言无忌,倍加欣羡。其后随幕使再访英法二国……期间拜会巴黎、伦敦诸名家,问其报纸之事,答曰:左右有关内外政治之舆论,即新闻之力。余倘有才学文章,愿乘此时机当新闻记者,痛快地评论时事。"①报纸在鼓动社会舆论方面的巨大效能给福地源一郎留下深刻印象。同是遣欧使节的池田筑后守也赞道:"西洋各国之新闻报纸,自各国联合征讨至闾港琐末之事,悉载于上,随处可见……虽有讹传,然其记载采集四方之事,乃在上者通下情必要之径,可辟耳目,长知识。"②泽太郎左卫门更是生动描绘:"(报纸上)曰:有关日本人之行为,前年渡来之使节随员,多下流之人,其行为极卑劣,颇搅市民,犹如蛇蝎。此次渡来之日本人,与彼有天地之别,真绅士也。于各商店之招待,颇表敬意,自是凡去购物,各店为之一变,热情接待。……由此可知报纸之巨大功能。"③这些游历欧美者切实体验到报纸在欧美社会下情上达或上令下传方面所起到的不容忽略的作用。明治维新前后,日本已出现近代性报纸,不过发行量很小,且读者多为洋学者或维新人士。喜读报纸的福泽谕吉如是说:"闭居一室不见户外,相隔万里之域不见家信,然一读报纸,世间实情,即一目了然,恰如见其物。"④创立了日本首家银行的实业家涩泽荣一这样评价报纸:"此等报纸(报道德国皇帝被狙击事件)迅速舶来我邦,诸人疾见。

---

① 〔日〕家永三郎著,靳丛林、陈泓、张福贵、刘珊译:《外来文化摄取史论》,第 155—156 页。转引自福地源一郎:《怀往事谈》,民友社 1897 年版。

② 〔日〕家永三郎著,靳丛林、陈泓、张福贵、刘珊译:《外来文化摄取史论》,第 156 页。转引中根循江:《续再梦纪事》,日本史籍协会 1922 年版。

③ 〔日〕家永三郎著,靳丛林、陈泓、张福贵、刘珊译:《外来文化摄取史论》,第 156 页。

④ 〔日〕家永三郎著,靳丛林、陈泓、张福贵、刘珊译:《外来文化摄取史论》,第 156 页。转引自福泽谕吉:《西洋事情》初编卷 1,庆应义塾出版局 1872 年版。

其时之新闻,虽冗长累赘,却颇迅速翔实,又可知国风。东洋之新闻,通过美国圣弗朗西斯科、印度、新加坡间的电线,不日可达。本邦、中国、印度之琐碎奇事,亦可迅速详知,读者之心情将何等舒畅。"①对报纸能迅速报道每天发生在世界各地的时事这一强大信息传播功能感到惊叹。明治维新以后,作为民间喉舌的现代性报纸、杂志在日本得到发展,但其过程充满曲折,除了有来自政府以言论控制为目的的政治干扰外,缺乏稳定的读者群体也是一个重要原因。也就是说,近代纸媒能否发挥其社会功用有赖于读者的数量,即读者群体越庞大,以刊发迅捷为特点的纸媒所发挥出的功能越巨大。换言之,纸媒能否得到迅速发展,在于社会是否拥有数量足够庞大的阅读群体。而阅读群体的培养非国民教育莫属。在谈到西方现代化发展时,很多细节性问题的解决最后均归结到国民教育的实施程度。由是,我们不得不就日本国民教育实施的初期情况再做一番回顾。

1872 年,明治政府发布"学制",这是日本第一个关于推行近代国民教育体制的法令。根据该项法令,全国各市街村均须设立小学,具体做法是将全国分为 8 个大学区,每个学区应分别建成大学 1 所、中学校 32 所,每一中学校校区内当配以 210 所小学校;小学教育被定义为 8 年制义务教育,即送男女儿童上小学被视为家长的义务,对此怠慢者要受到惩处;基于政府财政紧缺,学校的建设、维持以及教师的薪俸等费用均需由各市街村的住民负担,此外需要向每个儿童每月收取 5 角钱的学费(按:此时期的义务教育不是国家义务教育,而是责成家长有义务让学龄儿童就学。日本小学的学费一直到 1900 年才被全免,是为进入国家义务教育阶段),也就是说学校教育所需经费完全由各地方政府以及个人自行解决。然而根据相关资料,哪怕到了 1878 年,日本就业人口的年均所得也只有 21 日元,而一个学童每年的学费却高达 6 日元,显然这样沉重的教育负担非普通家庭所能承受,其结果就是日本各地相继爆发了

① [日]家永三郎著,靳丛林、陈泓、张福贵、刘珊译:《外来文化摄取史论》,第 156—157 页。转引自涩泽荣一、杉浦霭人:《航西日记》卷二,耐寒同社 1871 年版。

反对学校教育的农民运动①。

那么急于推进近代国民教育的明治政府为何拿不出相应的教育经费呢？答案是废藩置县虽在明治四年得以实施，但作为安抚，由旧藩士变身为华族、士族的这部分特殊群体依然享受俸禄，这成为新政府的沉重财政负担。依据相关材料，在 1880 年前后，明治政府为支付各种俸禄而发行的公债总额达到17579 万日元，每年利息为 1161 万日元，而当时政府的常年财政收入仅为6000 万至 7000 万日元不等，也就说仅支付上述俸禄一项就已经超出政府的全年财政收入。而华族或高俸禄的士族以其手中公债（当政府无法向他们支付现金时，就付以等价的公债），或购买土地成为地主，或投资近代工业成为资本家，但大多数中低阶士族手中的小额公债却很快卖给了当时的资本家，以获取现金。如此一来，日本虽然经历了维新，但旧藩士凭借着新身份依然可以衣食无忧；而从前的庶民，今天的新国民，其生活状态不仅没有得到改善，反倒受国家"强制性教育"的影响，面临着家庭财务随时破产的危险。另一方面，为说服各地自办学校，中央政府曾许诺地方市町村在教育内容上可拥有自主性，但官员们很快便意识到教育自主将导致民众思想的混乱，这直接会威胁到新政府的统治。1873 年，游历欧美归国的木户孝允便如是说："建国大法令除专制外就别无其他。特别是教育与军制方面，决不能对专制稍有怠慢。"②由此可见明治政府在其执政的初期阶段尚未脱离封建性。于是，一方面被义务教育"绑架"的民众因自付费用过高而对政府大为不满，另一方面政府也因地方对教育享有一定的自主性而日益感到不安，作为新教育制度的"学制"，在其实践过程中暴露出诸多问题，最终在实施 5 年后的 1879 年，被新的"教育令"所取代。

要考证明治维新初期乃至学制颁布以来的学校教育情况（按：在学制颁

---

① ［日］井上清著，闫伯纬译：《日本历史》，第 293 页。
② ［日］井上清著，闫伯纬译：《日本历史》，第 304 页。

布前,试验性的学校教育已经有所开展),观察上述时期教科书的编写、出版状况是个有效途径。日本小学校用教科书制度的变革史可分为三个时期。第一时期从明治初年到1887年(明治二十年)左右。这是民间和文部省自由出版教科书,即官版民版混合的时期。第二时期从1887年左右到1902年(明治三十五年)。这是贯彻实施教科书检定制度的时期。随着检定制度的启动,教科书的种类数量明显下降。第三时期从1903年到1945年(昭和二十年)。这一时期所使用的教科书均为国定教科书,是为实施国定教科书制度的时代,由国家统一编纂教科书供给全国小学校使用。而日本的国家义务教育在1907年推行,被设定为6年。

明治初期的小学校,可说是模仿欧洲的近代学校、为实施近代教育而设立的机构。故在其初始阶段,小学校所使用的教科书以介绍欧美近代文化以及他们的生活风俗为主要内容,担负着文明开化的使命。但小学校并非没有其历史渊源,作为初级教育机构,江户时期流行的寺子屋可谓其母体,从平安末期到明治初期被广大庶民使用的初级教科书即"往来物"被小学校顺其自然继续利用,而近世藩校里的教育系统也被小学校有所继承,其结果就是传统的思想理念依然被传授,在小学校高年级尊崇汉籍的有意识培养尤其明显。也就是说,在欧美风的新教科书中,既有"往来物"以及传授其他历史传统思想的读物夹杂其间,形成一种新、旧教育内容并行存在的局面。这也是这一时期的文字语言文体改良者步履艰辛的社会原因。由于新旧教科书在性质方面存在本质差异,由此差异所引发的教科书问题遂不可避免。但因初期就读小学校的人数还没有那么多,教科书问题也就没有那么突出。直到明治十年以后,随着就读小学人数的增多,教科书问题日益凸显,相应的改正措施遂陆续出台。由此可见,越是在社会遭遇重大变革的时期,其历史发展的连续性越是明晰可辨。

明治初期是日本文明开化的时代,这一时期欧美风俗以及文化受到追捧,被大量输入。教科书自由出版的时代特点,导致编写教科书的出版单位多是采取翻译或摘译欧美教科书为我所用的办法,教科书内以欧美文化为内容的文章非常多,所以这一时期又被称为翻译教科书的时代。比如当时在输入西洋文化方面作出过巨大贡献的洋学者或启蒙家的著书抑或译著被作为教科书广为利用,其中福泽谕吉所撰写的启蒙书,因其简单易懂的行文风格,为教科书编写者所喜用。当然也不乏自主编写者,因为这是个各学校均可自由采用教科书的时代。

这些被用作教科书的图书,从内容上看,有物理、化学、博物等理科方面的书,也有世界地理、世界史或西方道德伦理方面的译书,都是近世"往来物"中未曾涉及的领域。明治初期的教科书与一般读物之间的严格界限尚不存在,比如在民间被推广的启蒙读物就会被某些学校直接采纳为教科书,而这些启蒙读物因被分布在全国各地的小学校使用,反过来又推动了启蒙运动的发展。但这并不是说传统的教科书就销声匿迹了。最突出的现象就是新编"往来物"应运而生。比如在地理教科书里,很长时间里,江户时期的"国尽"传统样式依然被保留,另外诸如町名、村名、名头、年号、干支等等旧物依然在延用,也就是说,"往来物"的编写传统,尤其在习字教科书里被继续延用。更要关注的是,新教科书在内容上,虽然介绍的是欧美文化以及欧美人的生活方式,但文章的编写形式完全是"往来物"的翻版,比如像《世界国尽》《世界商卖往来》这样的题名或书名比比皆是。并且,当时的学校依然保持着学习汉学的传统,在小学校高等年级阶段,四书以及其他汉籍依然受到尊崇,另外像明治维新前非常流行的《日本外史》这样的旧编史书作为读物也被学校大量采用。这是个新旧并存的时代,而逐渐相互融合是明治初期教科书的一大特点。对待教科书尚且如此,对待文字语言文体的改良,人们更是秉持着保守、谨慎的态度。

学制颁布以后,教科书的情况有所变化。根据所公布的"小学教则",各年级、各学科教科书所应包含的教学内容以及难易程度被清晰罗列。不过稍稍翻阅一下当时教科书的书名便知,其仍多为介绍欧美文化、以文明开化为宗旨的启蒙读物。由此可知在推行国民教育的初期阶段日本文部省对近代教育所期许的目标。不过随着学制的颁布,文部省开始积极参与教科书的编纂工作。为了提升教科书的编写质量,每编写完一部教科书,就会送到设立在东京的师范学校去验证其教学效果,然后在教学实践中不断进行修正。到明治六年,文部省将自己组织编纂的各种教科书给予出版,以供各地学校使用。与此同时,民间力量在组织编写教科书方面并没有停顿过自己的脚步,由此造成的景观就是:明治初期小学校用教科书,官版混合着民版。但随着官版教科书的问世,文部省在1873年4月发布了《小学用书目录》,列举了由文部省组织编写的各种教科书,既有理科,尤其物理方面的教科书,也有类似"往来物"的教科书,这样新旧并存的形式契合了当时的社会需求。需要注意的是,明治初期,一般日本民众仍然过着与图书无缘的生活。如前所述,随着小学校在全国范围的广泛设立,使得小学用书作为一种图书被带进社会的每个角落。结果,教科书这种图书,在学生们回到家以后就变成了家庭其他成员的启蒙读物,何况当时民间出版的一些启蒙读物就是被当作教科书在使用。故随着近代教育的开展,小学用书毫无疑问在开启民智方面曾起到过巨大作用。

之所以会在1879年(明治十二年)颁布新的教育令以取代学制,与日本在明治时期复古思潮重起有重大关联。也就是说,不同于全盘醉心欧美、努力文明开化的明治初期,国学、国风运动于这一时期再兴起,这是日本社会的一种历史自然反应。结果,这种社会思潮影响到了政府的教育政策。体现在教科书的编纂方针上就是,基于日本历史传统思想,对现行教科书的内容进行批判,而那些被裁定为不合格的教科书随即遭到禁用,教科书制度由此确立。在相继颁布的各种行政措施中,首先就是我们提到的1879年新教育令。根据新教育令里的教学大纲,小学教育目标被重新定位,教学内容被大幅调整,即在向学童灌输传统道德观念的基础上才是知识的传授。且新大纲认为现今小学教育的程度太过高深,必须给予适当调整,以符合农商子弟的心智水平。显然,明治初期一味奉行的文明开化教育方针受到保守主义势力的质疑,结果以儒家为理论支撑的皇国意识的教育再次被提起,遂导致教育政策的巨大变化。这样的思想反扑对汉字汉文的态度,以及对文字语言文体改良的态度带来深远影响。

在新的教育令里,另一重大变化是关于办学经费的新规定。第9条规定:"各地方应于每町村或数町村联合设立公立小学校,但作为町村人民的公益事业有设立私立小学校者,不再另立公立小学校亦无妨。"第13条规定:"凡儿童在6至14岁之8年为学龄。"紧接着第14条规定:"凡在学龄间之儿童至少应接受16个月的普通教育。"第18条规定:"缺乏设立学校资金的地区,可依照教员巡回法对儿童实施教育。"第19条规定:"公私立学校设立有别,公立学校以地方税或町村公费设立;私立学校则以个人或数人之私费设立。"第22条规定:"公立学校的教则须获得文部大臣的认可。"第23条规定:"私立学校的教则须向府知事县令申报。"第28条规定:"为补助公立小学校,文部大臣每年将向各府县发放补助金。"第29条规定:"府知事县令将由文部大臣处领取的补助金发放给各公立小学校。"第43条规定:"凡学校在收取学费时,可依照当地情况自行处理。"①由以上各条可以发现:1.新的"教育令"取消了町村对教育的自主性,宣布由国家统一管理教育(第22条和第23条)。2.小学校分为公私立两类,公立学校的办学经费由地方财政以及国家财政共同负担(第19条、第28条和第29条)。3.在贫困地区设置教员巡回施教制度,以减轻当该地方的财政压力(第18条)。4.6—14岁的儿童必须接受至少16个月的义务教育(第13条和第14条)。5.由学校来判定入学儿童是否需要交纳学费(第43条)。由此可知,新的教育令意在改善前学制在实施过程中所出现的问题,且这一修正行为一直在持续。翌年即明治十三年(1880年),日本政府继续颁布教育令,微调、补充去年颁布的教育令。其中之一就是将修身科列入教育科目,以贯彻新大纲的教育理念。这时期的修身科教科书,在内容

---

①　[日]《学制ヲ廃シ更ニ教育令ヲ定ム》,日本国立公文书馆,档案号:太00660100/009,明治12年9月29日。

上明显与学制颁布前后时期的修身读物不同,东洋的"格言"即语录以及"例话"被大量采用,犹如从前的"往来物"。历史科也出现同样的场景,与西洋史关系的教科书被大量出版的明治初期相较,这一时期,历史教科书中的日本史内容大幅增多。为了强调修身科的教育目的,文部省在第二年即1881年(明治十四年)追加《小学教员心得》,明确指出义务教育的目的在于激发在学儿童"尊天皇、爱国的意志"①。同年5月颁布的还有《小学校教则纲领》。根据新纲领,小学校的八年课程由从前的四·四制(上下等各四级)改为三·三·二制,即初等三年,中等三年,高等二年。其中对于初等三年的入学人数有严格要求,也就是凡届学龄者必须至少完成小学校的三年初等教育。鉴于国民乃至国家整体的财政状况,明治政府在推行国民教育近10年后不得已作出上述妥协选择:在缺乏强大财力的支撑下,至少让学龄儿童完成三年的初等教育,尽管理想状态是能够完成四年甚至八年的小学教育。国民教育的特征就在于广泛施教,如果受教者的社会占比达不到一定数据,要走西方现代化道路并追赶西方,等同于空谈。我们从明治政府持续不断调整自己的教育政策就能清晰观察到日本是多么重视自己国民教育的实施效果。比如,五年后的1886年(明治十九年),日本再颁"小学校令",又将三·三·二制调整回四·四制,但将上、下等名称改为寻常小学校和高等小学校。下等即寻常小学校的四年课程设定为修身、读书、作文、习字、算术、体操等六科目,有的学校还会加上绘画和唱歌;高等小学校的四年课程则在上述六科目的基础上,另设置地理、历史、理科、绘画、唱歌等科目,有的学校还会加上英语、农业、手工、商业等课程,而教科书的检定制度也在这年被确立。由上述课程设计可知,寻常小学校更类似于从前的寺子屋,当然教学内容会加入新知识,但基本教育目标还是在于满足日常生活所需;而高等小学校显然具有很强的近代特征,不仅可以接触到大量新知识,还能从不少实用科目的学习中掌握到在现代社会中应该具

---

① [日]井上清著,闫伯纬译:《日本历史》,第304页。

90

备的技能。这是国民教育的目标,只有当社会中有足够数量的高等小学校毕业生时,才可以说初步拥有了发展现代化道路的社会基础。但需要强调的是,日本在走西方现代化道路时,并没有打算要彻底放弃自我历史传统,上述教科书内容的被修正就是明证。我们不得不重视这一特征,因为教科书修正与文字语言文体改良所依附的社会环境是一致的。

整体而言,与翻译摘译教科书大肆流行的时代对比,明治初期,复古倾向的教科书抬头,反映出政治形势对于学校教育的影响。在日本近代教育史上,1886 年(明治十九年)是个特殊的年份。这一年,教科书检定制度被确立,教科书自由出版的时代正式结束。顾名思义,学校用教科书必须通过文部省检定后才能使用,也就是,只有在国家认定送审的教科书不存在设定问题的前提下,才能被学校采用。虽然检定制度出台的最初动机是要改善现行教育所存在的弊端,但它却逐渐发展成对教科书的内容进行意识形态统制的手段,尤其在 1890 年教育敕语颁布后,教科书所呈现出的国家意识形态越来越浓厚,这是日本文字语言文体改良获得重大契机的社会状况。还要提及的是,与检定制度相配合,1887 年 3 月,日本政府还发布了《公私立小学校教科用图书采用办法》,要求各地方长官任命图书审查委员,由他们来决定本地方采用哪些教科书。这些委员通常由学务委员、寻常师范学校教头以及附属小学校上席训导、小学校教员、熟悉地方经济状况者等人员构成。一方面是不断加强对学校教育的管制,另一方面又要竭尽所能制造机会让更多的儿童接受学校教育。比如,在 1886 年颁布的新小学校令里规定,寻常小学校除了继续保留四年制外,三年制的简易科也获得认可;另外,在保留现有高等小学校的四年制外,二年或三年制也获得认可,这是日后小学校六年制的发端。由此我们可以了解到日本在开展近代教育时所保持的灵活性,不断调整,以最大可能让每一位就学者获得最大的学习机会。

综上,不难看出明治政府推行国民教育的决心。因完整的小学校教育被设定为八年,无论民众反对与否,1880 年或 1881 年,在各地区,首批完整接受小学校教育的学生毕业了，除小部分人会继续升入中学校接受更高一级的教育外，他们中的大部分人进入了社会的各行各业。这个群体的诞生对于近代日本来说意义非凡，他们既是从事日本现代化事业的社会新生力量，也是近代纸媒重点发展的阅读群体。随着政府不断调整其国民教育体制，学龄儿童接受基础教育的比例在不断提高，这意味着有能力阅读纸媒的群体不断在壮大，日本的社会风气在进入 19 世纪 80 年代后明显在发生变化。

二、日本近代纸媒体——报纸的创立以及发展

在日本，最初以"新闻"也就是报纸命名的定期出版刊物，一是创刊于1862 年、由幕府洋学所发行的《官版巴塔维亚报》，一是由在海上漂流后被美国人搭救并在美国生活过的滨田彦藏于 1864 年创办的《海外新闻》。不过上述报纸依然采取木活字单行本方式进行发行，直到维新后的 1870 年，横滨商人利用长崎人本木昌造在 1869 年首创的铅字铸造技术，开始以铅印且日刊的形式发行单张报纸——《横滨每日新闻》。

早期的明治政府并非无所顾忌地开放言论自由。1868 年（明治元年）5月，政府即向全国发布命令，规定新刊本、翻译书、重刊本均须获得政府许可之后才能出版。按照从前幕府时期的规定，未版书稿应在获得设置在江户（东京）、京都、大阪的幕府直属机构——奉行所的核验后方可出版。自新规章颁布后，所有待出版的书稿必须送交昌平校的学校官进行审核，审查合格者才能出版发行，至 1871 年 7 月，又进一步改由新成立的文部省负责出版物的审查工作。这是明治以后日本地方权力向中央逐步集中的案例之一。除书籍出版权被重新规范外，报纸、杂志的发行也得到全面整顿，即依据 1868 年 6 月 8 日发布的命令，凡未获得官许的报纸、杂志一律停止发行。因此，随着当年 6 月8 日命令的颁布，立时被查禁的报纸就有当年 2 月创刊的《中外新闻 同外篇》、当年 4 月创刊的《内外新报 同别集》《新闻事略》和《公私杂报》、当年润4 月创刊的《日日新闻》《远近新闻》《江湖新闻》《横滨新报 もしほ草》和《万国新闻纸》、当年 5 月创刊的《新闻日志》《东西新闻》《そよふく風》和《海陆新闻》等,当年创刊而未被勒令停办的,除了类似于中国邸报的《太政官日志》外,仅剩《江城日志》、《官许 市政日志》、《开成新闻》、《都鄙新闻》(京都)、《内外新闻》(大阪)等 5 家报纸。不过,自 6 月 8 日命令后,相继又有《镇将府日志》、《明治月刊》、《俳家新闻》、《东京城日志》、《崎阳杂报》(长崎)等 5 家报纸、杂志创刊,至当年末,合法在营的报纸、杂志共有 11 家,其中,京都、大阪、长崎各有 1 家外,余者 8 家刊物的发行地均在新首都东京①。

1869 年(明治二年)3 月,政府继续颁布新闻纸印行条例,进一步规范报纸等刊物的出版。在这项条例里,规定东京府内发行的报纸、杂志必须接受政府直属学校——开成学校的监查,若有违背条例者,由开成学校联络东京府裁判所给予处分②。可见这一时期的东京近代纸媒——报纸处在一种悄然兴起的状态。1872 年,对日本的报业史来说是一个比较重要的年份。在这一年,有三家对日本近代社会发展起到重要影响的报纸创刊。首先是复刊的《东京日日新闻》,受到过查禁的《东京日日新闻》在复刊后同政府保持协调立场,以致得到政府的大力推广;其次是由英国人 J. Black 创办的和文日刊《日新真事志》,该报的意义在于让日本知识分子意识到报纸是宣传主张的有效武器;最后是《邮便报知新闻》,这家报纸后来变成日本民权派传播民权意识的重要阵地。

不过这一时期虽然时有新报诞生,但民众的新闻意识即读报意识还非常微弱或淡薄。比如 1872 年就发生了这样一件事。《日新真事志》的创办人 J. Black 某天带着他的翻译去拜访东京的某家大商店店主,欲劝导该店主长期购读自己的报纸,店主在接待 J. Black 时,拿出该报的某日报纸,对 J. Black 极力赞扬报纸办得如何好,但是当 J. Black 力劝店主成为他们报纸的常年读者时,该店主却回答道:"这里不是你们的报纸吗？ 有这个就够了。"J. Black 无

---

① ［日］朝仓治彦、稻村彻元编:《明治世相编年辞典》,第 17 页。
② ［日］朝仓治彦、稻村彻元编:《明治世相编年辞典》,第 26 页。

奈说道："不不，这只是某一天的报纸，报纸是每天都在出新的。"该店主疑惑道："是这样吗？我已经有了一份，为什么还要每天都再买一份呢？"在翻译的百般解释下，旁边的店员在终于弄明白后解释给自己的主人听："主人，您误会了。报纸是每天都要出新的，每天记载的内容都是不一样的，今天的报纸只记载发行前也就是昨天发生的新事情。"主人诧异道："什么？每天的报纸都记载着不同的新事情？怎么会有这样混蛋的事情呢？"①这个故事告诉人们，在当时，即使是一些拥有大量职员、有教养的大商人，对于报纸的认识也是很浅薄的，在他们的眼里报纸只是更加简洁的读物而已，他们甚至不知道报纸是一种可以日日刊行且内容不断更新的读物。上述的这家店主人虽然对于报纸上刊载的内容也很有兴趣，但却丝毫没有每天接受新消息即每天阅读报纸的意识，也不明白报纸其实可以为他提供丰富的商业信息。

但是社会改革需要人民大众去推动，在如何促进民众参政或关心政治即开民智的问题上，一批视察过欧美的明治政府官员明确意识或见识到报纸可以起到上意下达的功用，是开民智的有效办法之一，因此他们开始积极向民众推广报纸这一新的纸媒体，且努力让部分民众尽快养成读报习惯。然而鼓动民众对于阅读报纸产生兴趣并不是一件易行的事，有一个事例很好地说明了当时的现状。1870年，在位于日本西海岸的佐渡，有23000余户10万余人，报纸购读者仅在10人左右。从明治二年春天开始，由县厅在相川弥十郎町客栈比较多的地方设立了报纸阅览室，有喜欢读报的人可以不用花费一分钱前去阅览，刚开始每村的户长们都经常去阅览室看报，但慢慢地去的人越来越少，到最后竟然再无一人前去看报。针对这种情况，当地县厅官员在苦思冥想之后，从同年秋天开始，在中教院组办报纸讲读会，指定当地的教职员们必须轮流隔夜前去会上讲读报纸，且负责此事的相关官员也要参加活动，有意思的是上述组办讲读会的人员非但拿不到一分加班费，还要自掏腰包准备茶水和

① ［日］山本武利：《近代日本の新聞読者層》，法政大学出版局1981年版，第60—61页。

香烟。在如此苦心经营下,每逢开办讲读会的夜晚,都有30人左右前来听讲。后来因隔夜讲读对组织者来说过于辛苦,遂减成每月6次①。这也是明治初期政府为启蒙或开化民众所作的努力之一。利用官费在各地建设报纸阅览室以及报纸讲读会,为了吸引民众参加活动,甚至不惜准备茶水香烟,但无论是购买报纸的读报者,还是去讲读会听报的人,其人数还是相当有限。而这样的现象不仅出现在佐渡,其他各府县的情况也大概如此。这充分表明这一时期的民众尚未将报纸视作日常起居生活里的一部分,更有可能,报纸上所载的内容与他们的经济生活并没有多少关联,且社论方面的内容难以理解,也就是在西学尚未被日本社会广泛吸收的状况下,普通民众对这些新涌入的观念无法消化乃至接受,思想的转变需要时间和过程。

　　需要注意的是,尽管政府支持报纸向社会的广泛推广,但这并不代表政府不注重把控报纸的宣传方向。在感受到来自报纸的传播威力后,作为防患于未来的措施,明治政府在1873年10月19日发布《新闻纸条目》,规定一切报纸须经过政府批准后才能发行②,并禁止在报纸上发表批判现行法律与政治的言论,即禁止妨碍"国事""政事"。但由英国人经营的报纸——《日新真事志》却不受此《新闻纸条目》的约束,1874年1月,刊载了极具近代参政意识的《民选议院设立建白书》一文,并迅速引发各家报纸围绕此一话题的争论③。更有甚者,以此事为契机,各家报纸开始漠视《新闻纸条目》,不断在自家报纸上刊登攻击政府的言论。因有这样的开头,一些知识分子开始真正体会到报纸的重要意义。比如,在同年,旧幕府官员福地源一郎作为新政府的御用文人加入了《东京日日新闻》,而同样是从前旧幕府官员的栗本锄云、成岛柳北则分别加入了《邮便报知新闻》《朝野新闻》,站在反政府的立场上发表言论。如此一来,通过报纸,民众中的知识分子即士人对于政治的关心开始急速上升,

---

① ［日］山本武利:《近代日本の新聞読者層》,第61—62页。
② 此前是报纸发行后呈送政府相关机构审查。
③ ［日］山本武利:《近代日本の新聞読者層》,第62页。

除了上述《日新真事志》《邮便报知新闻》《朝野新闻》外，《东京曙新闻》《横滨每日新闻》等均是东京、横滨一带知名的民权派报纸，这些报纸纷纷站出来批判政府，而与之对阵的几乎只有《东京日日新闻》一家，这种局面的出现对当时的政府要人造成重大冲击。原本他们认为通过报纸可以达到上意下达的目的，即以官方的节奏来逐步展开今后的社会改革。不料，报纸却变成民权派攻击政府的武器，也就是说报纸所能制造的社会舆论力量居然被反政府的民权势力所利用了，这是他们之前没有预料到的状况。

夺回纸媒的话语权当然成为当务之急。为控制这一局面，1875 年 6 月 28 日，明治政府废除《新闻纸条目》，重新颁发最新改定的《新闻纸条例》，规定对违反条例者轻则课以罚款，重则处以刑法。同时，又公布"谗谤律"，规定：不论私事、公事，一律严禁批判官员。前文所提到的明六社就是在这样的背景下因无法再组织活动而自行宣布解散的。不过也有例子表明，各反政府的民权派力量却因为政府的上述举动反而加强了。但需要强调的是，即便政府加强了监管，报纸的创办数以及发行量仍保持继续增长的态势，这表明政府依然认为只要加强管控以及善于利用，报纸不失为开民智、创造建立现代化国家条件的良好手段。据统计，1869 年新增报纸、杂志 10 家，其中《中外新闻》和《远近新闻》是上年被禁办者，经重组获得许可后复刊；1870 年，新增报纸、杂志 4 家，其中，日本最初的日报《横滨每日新闻》于当年 7 月创刊；1871 年，新增报纸、杂志 6 家；1872 年，新增报纸、杂志 9 家，著名日报《东京日日新闻》于是年复刊，在《太政官日志》于 1877 年停刊后，该报成为政府的代言人；1873 年，新增报纸、杂志 12 家；1874 年，新增报纸、杂志 7 家，现今仍驰骋日本报业界的《读卖新闻》于是年正式发行，而明治初期重要的启蒙杂志——《明六杂志》亦于是年登上舞台；1875 年版，新增报纸、杂志 17 家①。至此，日本全国共计有 70 家在营运的报纸、杂志，它们大都分布在东京、横滨、京都、大阪、名古屋、长

---

① ［日］朝仓治彦、稻村彻元编：《明治世相编年辞典》，第 32、44、62、86、104、117、129 页。

崎、函馆等都会城市或贸易开放城市,而三分之二的刊物又集中在东京,新都东京成为情报或信息最为流通的城市。1871年1月,东京在籍人口为671748人,而到了1873年末,已猛增至813488人①。

　　明治初期,日本民众是如何被分类的? 各家报纸又拥有怎样的或是什么阶层的读者群? 1870年9月19日,政府颁令,允许一般庶民自此可以拥有自己的姓氏。对于这样的通告,并非所有的庶民都做出了积极反应;迫不得已,政府于1875年2月,再次发布相关命令,要求每个人民必须拥有自己的姓氏。而根据同年4月5日颁布的户籍法,民众身份却被划分成华族、士族、卒、祠官、僧侣、平民等几大类,依照江户"士农工商"的身份识别标志,新户籍法将"士"细分为"华族、士族、卒、祠官、僧侣","平民"则综合了"农工商"。该户籍法直至1901年(明治三十四年)6月21日民法施行法颁布方才失效②。1872年1月,政府甚至颁布"皇·华·士、平民"四称说③,决然将"平民"与前三者加以区分,庶士间之沟壑赫然横立。换言之,在明治时期大部分的岁月里,身份差别意识其实普遍存在于日本社会,即从前处于底层的"庶民"在获得"平民"的新称呼后,其身份迟迟不能与处于高位的"士"相持平。即便如此,明治维新以后,日本民众的生存状态得到根本性改变也是无须争论的事实。其中,最大的变化就是受教育权对普通民众的开放,而随着近代国民教育的逐步展开,民权意识开始在普通民众间萌芽乃至逐步成长。

　　虽然,明治政府压制不利于政府或国家的言论公之于世,但另一面却又鼓励全国上下积极推广通过政府审查的报纸、杂志,以便迅速开启民智,让越来越多的人积极投入到建设现代化国家的振兴事业中去。1870年12月,日本开始启用具有近代意义的邮政制度。1871年12月,邮政省即发布公告,称报刊杂志的发行人可委托邮政发送报纸、杂志。据统计,1872年2月至10月

①　[日]朝仓治彦、稻村彻元编:《明治世相编年辞典》,第47、86页。
②　[日]朝仓治彦、稻村彻元编:《明治世相编年辞典》,第49页。
③　[日]朝仓治彦、稻村彻元编:《明治世相编年辞典》,第63页。

间,申请上述服务的报纸、杂志共有 16 家①。1872 年 3 月,府、厅各政府机构召集辖区内所有的报纸、杂志发行人,鼓励他们想方设法去拓展其刊物的发行量。以往,报纸的发售多依赖预约购买方式,或读者亲自前往发行所购买。自此,发行渠道开始增多,除前述依赖邮政发行外,由发行人雇用的售报人背着报箱沿街零售的方式出现并被广泛利用②。另外,随着铁路的开通,在新出现的公共场所——车站内零售报纸、杂志的行为也逐渐获得许可。后来,在人群相对集中的航运候船室内也随处可见售报人的身影。

更有意思的是,为推广报纸、杂志,1872 年 3 月,大藏大辅井上馨以个人名义购买《新闻杂志》《东京日日新闻》《横滨每日新闻》等三种纸媒,送给地方各府县的官员阅读,这一举动有力推动了报纸、杂志在地方的发展③。

图书馆的开设也是一个亮点。1872 年 6 月,文部省在汤岛(原昌平坂学问所旧地)设立书籍馆,开馆时间为早上 8 点至下午 4 点,书籍带出抑或带入皆禁止。馆内书籍被分为甲、乙两类,甲类为稀有图书,利用者大多为高等学校程度以上者;乙类则为普通书籍。借阅费,甲类书籍一月 50 钱,乙类为一月 25 钱④。公共图书馆的出现为学者抑或普通就学者提供了便利的阅读环境。

报纸阅览所是另一种形式的公共阅读场所。1872 年 11 月,首家报纸阅览所在东京浅草诞生,这家阅览所还提供茶水服务,阅览费为一份刊物 2 厘至 2.5 厘不等。1873 年 6 月,在开放港口城市函馆,类似的报纸阅览所也出现了,开放时间为早上 8 点至下午 5 点,阅览则免费。同月,东京神田,一家名为文明堂的报纸阅览所开设,开放时间为早上 8 点至下午 5 点,阅览数量多少、时间长短不计,一律为 1 钱 5 厘;可包月,一份刊物 10 钱。7 月,同样在神田,

---

① [日]朝仓治彦、稻村彻元编:《明治世相编年辞典》,第 59 页。
② [日]朝仓治彦、稻村彻元编:《明治世相编年辞典》,第 67 页。
③ [日]朝仓治彦、稻村彻元编:《明治世相编年辞典》,第 68 页。
④ [日]朝仓治彦、稻村彻元编:《明治世相编年辞典》,第 74 页。

另一家名为博闻堂的报纸阅览所也适时成立,经营方式不出上述诸家①。由此,开办报纸阅览所成为一种新风气,这股风气由东京逐步向地方城市蔓延。通过这样的公共阅读场所,普通民众可以花费很少的钱或不花钱就能读到报纸、杂志。

　　根据对几家主要的日刊报纸发售状况的调查,我们可以粗略估算出报纸杂志的利用人数。《读卖新闻》1875年(明治八年)、1876年、1877年、1888年的发行量分别为3340736、5457000、6189674、6544679份;《东京日日新闻》1875—1888年的发行量分别为2826191、3285000、3422792、2125292份;《邮便报知新闻》1875—1888年的发行量分别为699720、2393000、2070509、2119061份②。以一年365天计算,《读卖新闻》1875—1888年的日发行量分别为9152、14950、16958、17930份;《东京日日新闻》1875—1888年的日发行量分别为7742、9000、9377、5822份;《邮便报知新闻》1875—1888年的日发行量分别为1917、6556、5672、5805份。以一份刊物有四个人在使用计算,《读卖新闻》1875—1888年的读者分别为36608、59800、67832、71720人;《东京日日新闻》1875—1888年的读者分别为30968、36000、37508、23288人;《邮便报知新闻》1875—1888年的读者分别为7668、26224、22688、23220人。三者汇总,1875—1888年的报刊读者分别有75244、122024、128028、118228人。这个数据虽然不精确,但可以初步推算出,1875年,日本全国各种纸媒的利用者应在10万人左右;1876年起,刊物发行量有了飞速发展,各种纸媒的使用者应在15万人左右,之后的发展又处于维持状态。据统计,1876年1月,日本全国人口34338404人,其中,男性17419785人,女性16918619人③。如此,1875年,利用者在全国总人口中所占比重应接近0.3%,如果以男性读者远多于女性读者为前提,男性纸媒使用者在全国男性总人口中所占比重或许接近0.5%;

---

① 〔日〕朝仓治彦、稻村彻元编:《明治世相编年辞典》,第84、95、96页。
② 〔日〕朝仓治彦、稻村彻元编:《明治世相编年辞典》,第645页。
③ 〔日〕朝仓治彦、稻村彻元编:《明治世相编年辞典》,第131页。

1876 年起，使用者在全国总人口中所占比重应接近 0.4%，男性纸媒使用者在全国男性总人口中所占比重或许接近 0.7%，而且，我们可以猜测，在大都会，尤其像东京这样的城市，男性读者的比重应该更高点。尽管真实情况或许低于上述推测，但有一个结论是可以得出的，即日本已初步拥有一批利用出版物，尤其是报纸、杂志来迅速获取各类信息的群体。这为社会改良者制造舆论提供了生存空间。

于此，需要进一步考察的是，上述报纸各自拥有怎样的读者群，或者说读报者各自拥有怎样的身份？之所以要考察这个问题，是因为通过报纸这种语言商品，可以发现明治初期的日本社会依然存在着明显的阶级性。也就是每一份在发行的报纸或期刊都透着阶级特征，即什么阶层或阶级的人就会去读什么样的报纸或杂志，一份刊物被哪个地区的哪个阶层所购读，由其读者的社会阶级性所决定。而报纸为了获取自己稳定的读者群，一定会迎合其想争取的读者群的阅读兴趣，在向他们宣传形而上的政治见解的同时，也要注意到他们还会对哪些形而下的生活话题感兴趣。换言之，读者对于报纸有怎样的需求是一个想要赢利的报纸发行人所必须考虑的问题。这就有了读者群的区分，对每一层次的读者群的观念或意识进行确认以及把握是报纸发行人必须要做的功课。

就大报各自的性质而言，属于官权派的《东京日日新闻》，其读者群自然以官员或华族居多，而阅读民权派报纸的群体多为希望社会发生重大变革的大商人或富农，他们是处于官僚与庶民之间的中间力量的代表。民权派报纸中以《邮便报知新闻》为代表，该报尤为关注对地方诸县情况的报道，并以庞大的信息量，获得全国中产阶级的拥护；相较之下，《朝野新闻》则受到喜爱诙谐读物的读者的欢迎。当时的人们这么评价几家大报：《东京日日新闻》的卖点是社论，《朝野新闻》的特长是杂录，《邮便报知新闻》则依赖其强大的全面报道能力，《横滨每日新闻》的特点是提供各种经济信息。无论上述评价是否准确，可以肯定的是，作为御用报纸代表的《东京日日新闻》确实以社论著称，是为政府的喉舌;而作为民权派报纸代表的《邮便报知新闻》则将中产阶级团结在自己旗下形成一股在野势力,不断制造强大的社会舆论,去批评政府,这是一种具有近代性的政治行为,意味着民间参政意识的抬头。也就是说,明治维新后诞生的诸多报纸,在此后的各个时期里,对于社会舆论的形成以及国民意识的渗透都发挥过巨大作用,即国民意识的形成少不了诸如报纸这类近代纸媒的推波助澜,报纸培养了读者的近代国民意识,促使他们的思想发生转变。

至 1882 年,由于上下等级社会之间的差距依然很显著,这从上层社会的群体从来不会去关注下层社会群体所阅读的小报这一事实上得到佐证。小报读者需要报上所载文章都要简明易懂,并在汉字处标注假名,故此类报纸的受众基本为包含妇女儿童在内的初步识字者,即阅读大报困难者。如此一来,那些由大学者们撰写的关于和、汉、洋学方面的高论名文是小报阅读者望尘莫及、无法理解和接受的。反过来,将带有插图、以大量口语撰写出来的文章放入大报的版面也是一件令人匪夷所思的事情。换言之,当报纸这种近代纸媒推广开来以后,报纸本身就被进行了阶级区分。这表明,明治维新即便进行了十余年,日本社会所呈现的封建性特征依然十分明显,哪怕是报纸这样一种极具近代性的新生事物,因受历史传统的影响,也变得具有上下阶级之别。如果不打破这种等级间的身份壁垒,建立人人有参政意识乃至人人可参政的近代国民社会将成为一句空话。而打破上下隔离层,反映在报纸的改革方向上,就是大报、小报需要各自自觉地向对方靠近,使得报纸的受众人群在不知不觉中破除了阶级隔层,即当原本在各自阶层的群体同时在阅读同一种报纸时,意味着上下层之间的壁垒在瓦解。

于是,有识之士开始关注小报读者群体,将他们视为未来社会改革力量的重要潜在成员。根据《文部省年报》,在 1882 年,滋贺县男女合计有 32.2% 的人不会书写自己的名字,而群马县约有半数的人(男子中的 20%)不能写出自己的名字。依据这个数据推测,当时能够阅读小报的群体多是由接受过寺子屋教育以及学制下接受过几年初级小学教育的人员构成。为了帮助这个群体提高阅读能力，有些出版社开始出版诸如《流行的汉语解说新闻字引》的小册子字典，这类字典多选录一些常用汉语，比如"激战""苦战"等经常用于描述当时西南战事的汉语，以帮助小报读者理解各类报道。一个有趣的现象是随着小报阅读人数的增多，汉语在这一时期反而得到推广，一些原本没有学习过汉字的庶民，比如店主的妻子、店里的雇员、家中的女佣，甚至与各种人群打交道的艺伎们，都因为接触到报纸而获得学习汉字的机会，作为一种时尚或抬高自己身份的途径，他们或多或少也记住了一些常用汉字或汉语，这又是汉学在日本的影响依然巨大的反映①。

而小报自身也在发生一些微妙的变化。我们来考察一下《读卖新闻》的发展。《读卖新闻》是当今日本发行量最大的一家报纸，它的社论甚至是今天日本社会的风向标，再无他者可与之比肩。但《读卖新闻》在创刊时的定位可是以争取文字初识者为读者群的小报。不过发展到西南战争爆发时期，它开始特别关注战事的发展状况，频繁往战地派遣自己的通讯员，以便及时刊登各种战报，由于其关于战事的报道既准确又及时，且语言表述简明易懂，正如它在创刊时的宣言——以谁都能够看懂的文笔进行撰写，受到一般民众，尤其小商人的追捧，这让它迎来重要发展契机。战后它采取以社会报道（三面记事）来抓住读者的经营方略，并坚持以质朴平易的口语体面向社会，进行最大范围的渗透，事实表明它的经营策略是正确的②。《假名读新闻》是另外一家典型的小报，因创刊人是在江户末期就已成名的剧作家假名垣鲁文③，故所载文章极具剧本风格，让读者爱不释手。该报喜欢借用艺伎抑或娼妓之口揭露官僚的丑陋嘴脸，读者群基本局限在风俗业的经营者抑或从事风俗业的群体范围

①　[日]山本武利：《近代日本の新聞読者層》，第70页。
②　[日]山本武利：《近代日本の新聞読者層》，第72页。
③　假名垣鲁文（1829—1894）：江户人，江户末期、明治初期的戏剧家、新闻记者。本名为野崎文藏，别号钝亭、猫猫道人。师从花笠文京，擅长讽刺剧的写作。《假名读新闻》《鲁文珍报》的创刊人。参考三省堂大辞林。

内,因其消费群体过于狭窄,到 1880 年(明治十三年)停刊了。该报引人关注
处在于它彻底使用了假名,而且是下层人民惯用的口语体,无疑是一份为底层
人量身打造的报纸①。它的存在也在表明日本书写在发生变化时可能出现的
一个方向。

　　大报也在变化。1883 年以后,御用报纸与民权派报纸之间的裂痕日渐严
重,民权派报纸甚至会联合持中立立场的报纸来共同打击御用报纸。1883 年
4 月,政府重新颁发《新闻纸条例》,根据这一条例,府县知事都拥有了废刊权
力,表明政府对于报纸的弹压已经到了相当激烈的程度。作为对策,民权派报
纸只有更加团结起来与政府进行抗争。为了增强力量,他们甚至愿意降低身
份,联合一些诸如《读卖新闻》《东京绘入新闻》等这样的知名小报,而这些小
报乘着这股东风顺利提高了自身的社会地位。更加醒目的变化是,大报发行
者开始将底层读者视作未来不可或缺的潜在社会改革力量,为了争取更多的
底层读者,他们在报纸中不惜留出迎合底层读者阅读习惯的庶民版面②。如
此,小报世界里的脍炙人口的丰富信息或鲜活故事开始进入大报境域里,这是
一种冲破阶级隔离的行为,是一种令上层群体可以观察到下层群体生活状态
的尝试。因为随着民权运动的衰退,民权家们开始意识到如果没有下层人民
的参与,他们的民权活动根本无法得到有效开展,所以唤醒庶民成为他们努力
的新目标。他们甚至直接利用庶民所喜爱的小报,来传播他们的民权思想,这
毫无疑问是此后小报开始迅速崛起的重要原因之一。一个很明显的现象就是
插画报纸开始如雨后春笋般涌现。比如,创刊于 1882 年的《绘入自由新闻》,
在其创刊号上便表明了自己的办报宗旨:向庶民阶层传播"平等主义""自主
自由权利"等近代民权思想;创刊于 1884 年的《自由灯新闻》,更是以将妇女
儿童纳入读报群体为办报宗旨,正如其创刊人、著名的民权活动家坂垣退助所

---

① ［日］山本武利:《近代日本の新聞読者層》,第 73 页。
② ［日］山本武利:《近代日本の新聞読者層》,第 79 页。

言："车夫马丁"等处于下层的多数人民都应成为报纸的阅读者①。当时的社会改革运动者们已经意识到争取大众的支持是建立建成现代化国家的前提和保证。田口卯吉在谈到日本文明开化的性质时如是说："国家开化形式有二：一为贵族引导之开化；二为平民引导之开化。……古来东洋各国并非没有一时之隆盛，其文化之灿烂，足以惊人耳目。然而此皆为贵族引导之果。……欧洲现时之开化，则与之相反，其开化乃发于商业……即民众所引发。其诸种文学、技术、衣服、饮食、家财、器具、船舶、铁道、电信之类达今日之状，实为平民需要使然。……西洋今日之学问，其初均发于劳动社会实验。试观之，机械学始于机械师之实验，建筑学、造船学始于木工、船匠之实践……化学则源于制药师……经济学则滥觞于众多银行家、商人之实践。故西洋诸学，皆发端于下层社会之实践。历来之学问均为贵族阶级所有。试想，今日吾人知仁义之说，终有何益？吾人玩味《左传》《史记》等词句，有何所需？吾人作诗赋以汉文纪行，终有何利？吾人以万叶假名作难读文章，终有何才？……一言以蔽之，若不使日本有形、无形之开化脱尽贵族臭气，以此增其所得，使知识发达，改良人种，则决不可与今日欧美今日之进步相匹敌。……吾国人民于荒芜之孤岛上，若只怡然自乐于贵族之开化，则以何保卫国家之安宁？"②于此，田口卯吉明确指出：近代西方国家之所以强盛如此，皆在于调动并整合了平民的力量，掌握技术的平民即社会大众是现代国家的创造者。他感慨的是：贵族因掌握学问，自视甚高，然汉学能让日本国强民富吗？所以脱尽贵族臭气、促成平民开化之实才是正道。田口卯吉所揭示的是当时日本社会的发展倾向：贵族与庶民间的隔层日益在崩塌，而这种崩塌始自明治维新。19世纪80年代所出现的大、小报在相互靠近的现象即是上述崩塌的明证。我们也清晰地看到，在民权家的干预下，上述小报在开拓读者方面获得巨大成功，一些原本是大报读者的富

---

① ［日］山本武利：《近代日本の新聞読者層》，第81页。
② ［日］家永三郎著，靳丛林、陈泓、张福贵、刘珊译：《外来文化摄取史论》，第296页。转引自田口卯吉：《日本开化之性质》，《乐天录》，经济杂志社1898年版，第38—97页。

农,甚至一部分知识分子也加入了阅读小报的行列,这种情况在大、小报森然有别的时期无法想象。

于是,大报为重新拉回自己的读者,更为在小报读者群中发展自己的新读者,更加注重经营自己的庶民版面。比如,在庶民版面刊载政治小说。小说的可读性强,在人物事件的描述中适时地插入民权思想,在满足庶民阅读趣味的同时,又可以培养他们的近代思想意识①。这样的一种互动,即上下层相互靠近的行为,成为这一时期的日本社会特色之一。

小报开始平等看待大报,从事"下层社会"报道而感到自卑的小报记者们因争取到了一部分"上层社会"的读者,也慢慢开始有了一些自信。1884 年开始,论说、小说、插画开始成为大、小报都会开设的栏目,这是大小报各自折衷后的结果。另外,小报价格便宜,在不景气时代可以提供给民众各种社会报道和有用的信息,这是小报得以扩张的重要原因;而大报为了生存,为了争取更多的底层读者,适量增加普通民众喜闻乐见的社会报道。再者,小报为了争取更多的上层社会的读者,也增设社论栏目,以加强自己的理论性或思想性,如《读卖新闻》就是在这一时期朝着这个方向在不断改善、提升自己的。大报中的《邮报》更是推出重大举措,不仅从版面内容设计上进行改造,甚至挑起价格竞争。西南战争前后,大报价格是小报价格的 2—3 倍,在小报不断改善自己版面内容后,小报发行量获得迅猛增长。1886 年(明治十九年),从欧美游历回国的《邮报》社长矢野文雄见此情景,果断将 1 个月的报价由 83 钱降到了 33 钱,这样大幅降价引起了行业竞争,各大报纷纷降价,《东京日日新闻》《朝野新闻》降到 50 钱,《横滨每日新闻》降到 25 钱,而当时的小报《读卖新闻》和《东京绘入新闻》的价格分别是 28 钱和 22 钱②。

大小报纸的互动、改革,模糊了报纸间的阶级差异,也模糊了读者群体之间的阶级差异,这是随着近代国民教育的实施以及就学率的提高,国民素质整

---

① ［日］山本武利:《近代日本の新聞読者層》,第 82 页。
② ［日］山本武利:《近代日本の新聞読者層》,第 86—88 页。

体逐步获得提升之后的结果。历史资料表明,大约自明治 20 年代起,大、小报在内容与编辑方法上的相互接近,使得报纸行业迈入所谓"中报化"发展进程,即所有报道中出现的汉字均标注假名、带有插图、刊登连载小说等等由小报开创的举措几乎被包括大报在内的所有报纸所引进,成为日本报纸版面结构中不可缺少的基本要素。也就是说,大报自降身份,小报提升自我的互动现象反映出大小报间严密隔层的崩塌。通过观察报业的发展状况,我们看到日本文字、文体即书写在局部领域所出现的变化。这种变化对日本整体文字语言文体的改良产生了怎样的影响? 换言之,这种变化是否提示了文字语言文体改良的方向?

第二节　文字语言文体改良的
几种倡议与汉字、汉文

在明治政府于 1875 年(明治八年)配合《新闻纸条例》出台而颁发的"谗谤律"中有这样的叙述:

> 凡ソ事実ノ有無ヲ論セス人ノ栄誉ヲ害スヘキノ行事ヲ摘発公布スル者之ヲ讒毀トス。人ノ行事ヲ挙グルニ非スシテ悪名ヲ以テ人ニ加ヘ公布スル者之ヲ誹謗トス。著作文章若クハ画図肖像ヲ持ヒ展観シ若クハ発売シ若クハ貼示シテ人ヲ讒毀若クハ誹謗スル者ハ下ノ条別ニ従テ罪ヲ科ス①

其大致意思为,在没有事实依据的前提下不得做出有损于他人名誉的事情,若向他人展示或随意张贴不经确认而带有诽谤他人意图的文章、图画等,即可被视作诽谤行为,将依照此"谗谤律"给予处罚。1875 年,正是日本民权

---

① 太政官布告第 110 号,1875 年 6 月 28 日。http://search.seesaa.jp/%E8%AE%92%E8%AC%97%E5%BE%8B/index.html。

运动的萌芽时期,如前述,报纸、杂志正在成为宣扬民权意识的最好阵地,新定《新闻纸条例》的出台正是为了有效控制民权运动的发展方向。为了方便民众能及时领会政府的意图,1875 年 2 月,太政官曾发布命令称,今后布告类文书应用简明易懂的文字进行书写①。自此,一些对外发布的公告开始随附假名文字的翻译本,比如当年 9 月所发布的新出版条令,就随附了译成假名文字的翻译文本,而该项出版令旨在通告全民,政府将全面掌控出版许可权。但是上述举措受到来自民间知识分子的反抗。1876 年 6 月,一批对上年颁布的"谗谤律"抱有反感情绪的记者发起聚会,抗议政府弹压言论,其导火线是政府刚刚取缔了一家名叫《采风新闻》的报刊。这次抗议并未能阻挡住政府的进一步行动,几日后,依照 1875 年发布的《新闻纸条例》,又有三家报纸、杂志被勒令停刊②。这些事件表明,持不同政治主张的人开始利用报纸、杂志作为自己有力的宣传武器。另外,鼓动民众、宣扬近代思想的另一种现代方式——演讲也开始进入日本社会,1875 年 2 月 16 日,在明六社的聚会上,西学家中村正直发表著名演讲《谈改造人民的性质》,开创日本演讲的先河③。他在演讲中疾呼:"与其改我政体,不若变我人民性质。去其旧习以趋善,日日渐新,又日日企望得以更新。今民选议院之仪已宣泄于世,此乃吉兆,当庆之。盖兴此议院后,日本国乃为人民总体所有,为之守护。人民皆须有此心机,一改依赖政府有司之心。若是,自不待言,民选议院即可助民心一新。然此中尚有一须瞩目之处:令人民尚为固有之人民,则虽创立民选议院,且分得几分政权,亦不可使原来之政事于形体上更新稍许,更不可达既定之效果也。"④其意不言

---

① 《太政类典》第 2 编卷四〇,《官规 14》,日本国立公文书馆,档案号:2A-009-00·太00262100。

② [日]朝仓治彦、稻村彻元编:《明治世相编年辞典》,第 135 页。

③ [日]朝仓治彦、稻村彻元编:《明治世相编年辞典》,第 120 页。

④ [日]家永三郎著,靳丛林、陈泓、张福贵、刘珊译:《外来文化摄取史论》,第 240 页。转引自中村敬宇:《论改造人民的性质》,《敬语中村先生演说集》,松井忠兵卫 1888 年版,第 22—23 页。

而喻:西方民选政治虽然令人羡慕,但日本当下要做的不是立即推行西政,而是要改造本国人民的素质,以期建立推行西政的社会基础。因此,启蒙、改造大众是西政推动者的自觉行为,而他们的武器是近代纸媒,是鼓噪人心的公开演讲。

19世纪80年代以后,日本进入一个舆论造势的时代。随着初期启蒙期的渡过,不同的政治主张纷涌而出,接受社会民众的洗礼,大浪淘沙,最后的胜出者会成为政府执政的新目标。大隈重信曾对明治维新以来日本人的思想变迁做过一番概述:"当值此时,日本人对外国人之情感依旧,无甚变化。以为外国人皆为夷狄,近乎兽类。声称我神州男儿当不齿于与之为伍,况且洋人比我所强者,仅在于兵制之整备与器械之巧妙而已。因而,以为若成攘夷大业,只需取彼所长,研修物理化学,铸造大炮,制造巨舰等为急务云云。……可是,等到亲身体验外国人之真挚情感,读过有关地理制度历史及其他种种洋书之后,始知外国亦有君臣、政府,其制度法律等秩序十分完备,开始觉悟到外国此类文化乃至其宗教文物等,亦应摄取以为我用。于是,以往之臆想完全破灭,知晓外国人之所长者不仅在于器械兵制也。"[1]而在加藤弘之的眼中,西方立宪政治与东方专制政治的区别在于:"曾闻西洋人曰:清朝之政事,朝廷欲专取大权之故,上下志情离异,朝廷反而无实权。西洋各国非朝廷一手独揽大权,而与下民共掌之。故上下志情和睦,大权实落于朝廷。是可谓之确论也。……立上下分权之政体,设公会以施公明正大之政治……武备之精神威具,故炮枪船舰始为真物,操练教阅也始为实用矣。故虽有外患内贼,决不足为患,亦无须疑惧国家永久太平,王室永久安全。"[2]对西方进化论赞叹不已的矢田部良吉如是说:"悟万物进化、生存竞争、劣者必灭之理者,不以悲愤慷慨之情挺身兴国,而应以百折不挠之意行之。须先研究欧人进步之原因,深思熟

---

[1]　[日]家永三郎著,靳丛林、陈泓、张福贵、刘珊译:《外来文化摄取史论》,第214页。转引大隈重信述,元城寺清编:《大隈伯昔日谭》,新潮社1914年版。

[2]　[日]家永三郎著,靳丛林、陈泓、张福贵、刘珊译:《外来文化摄取史论》,第233页。

虑后徐徐然定相当之计划,与欧人竞争,而不屈服于彼等。徒怀悲愤慷慨,何益之有?……欧洲人种,尤其日耳曼人,其文明开化欣欣然而不滞。铁道、电信、汽船无须赘言,又发明文明机械,达学术之蕴奥,渐成善良之政体,结成善良之社会。此决非由于悲愤慷慨之情,而因精神爽快、百折不挠之精力而成。"①痛陈日本人民当进行自我改造的必要性,与中村正直的意见可谓不谋而合。依照他们的观点,日本人若不进行自我改造,那么以进化论而论,迟早要被欧洲人种,尤其日尔曼人所灭绝。这样的一种全盘西化论自然会引发警惕,比如井上哲次郎就言道:"西洋各国共有自主独立之精神,各以自己国土为中心,主张其权力,断行所谓国家主义。故绝非仅模拟他国,亦绝非勉强与他国同化也。……若欲学习西洋之文明,须学西洋自主独立之精神。取西洋外部文明,乃华而不实也。"②提醒人们无论如何吸收外部文明,也不能不保持自己的独立精神。众说纷纭下,福泽谕吉给世人展现出如下理想国场景:"面对外国,欲守日本,须使自主独立风气充满全国,使国中人民无贵贱上下之别,皆以国事为己任,智者、愚者、盲者、目聪者各尽其能。"③意在告诉人们:学习西方的目的在于保全日本的独立。如此,这样多元的主张以何种载体才能迅速传达到社会上下的每个角落呢?于是,作为言论主要载体的文字语言文体不得不受到倡导学习西方的社会改革者们的高度关注,他们希望以最平铺直叙的文字语言文体将他们的心声传达给每一位普罗大众。因此,考察这一时期文字语言文体乃至文章改良的动态,对阐明汉字、汉文在日本这一时期的生存空间状况尤为必要。

如前述,在学制公布前后,文字改良者们确实有过一番大声疾呼,但因收效甚微,很快便进入蛰伏状态。然而,1979年(明治十二年)10月,当东京学

---

① [日]家永三郎著,靳丛林、陈泓、张福贵、刘珊译:《外来文化摄取史论》,第295页。转引自矢田部良吉:《悲愤慷慨之说》,《东洋学艺杂志》第54号,东京社1882年版。

② [日]家永三郎著,靳丛林、陈泓、张福贵、刘珊译:《外来文化摄取史论》,第241页。

③ [日]家永三郎著,靳丛林、陈泓、张福贵、刘珊译:《外来文化摄取史论》,第241页。转引自福泽谕吉:《劝学篇》,《福泽全集》卷二,时事新报社1898年版,第780—968页。

士会院会员福羽美静提出的一个建议——《学士会院应制定日本文法书之建议》在获得学士会院的认可后，文字改良者的呼吁又开始引发人们的关注。提出此建议的福羽美静是旧藩士，19 岁进入藩校养老馆习汉学，1863 年被召入御所侍从孝明天皇，明治维新后作为神祇官进入新政府，1869 年成为明治天皇的侍讲。最令人意味深长的是，福羽美静之后曾因反对"应吸收外国长处"这一建议而被罢免官职，后任日本宫内省一文学官闲职，这说明他曾经持保守立场。不过在 1876 年，福羽美静又成为国宪调查委员，并在 1879 年 1 月东京学士会院成立时成为首批会员，且于 1880 年至 1881 年间短暂代理过东京女子师范学校校长一职。由福羽美静的经历可知，在明治前后，人们的思想是左右摆动而极不稳定的，而这里提到的东京学士会院，其实是一个继承了明六社的组织。如前述，明六社原是在森有礼的努力下结成的一个名士集会组织，后又有官僚以及实业家的加入，其官方背景已不容否认，但因种种原因于 1875 年解散。我们从构成东京学士会院最初 21 名会员的名单上即可看出它与明六社之间的紧密关联性。他们分别是：福泽谕吉、西周、西村茂树、神田孝平、津田真道、市川兼恭、加藤弘之、中村正直、箕作秋坪、杉亨二、伊藤圭介、内田五观、阪谷素、重野安绎、杉田玄端、川田刚、福羽美静、细川润次郎、小幡笃次郎、栗本锄云等，其中西村茂树、津田真道、西周、中村正直、加藤弘之、箕作秋坪、福泽谕吉、杉亨二等人均是明六社创会时的最初会员。东京学士会院的官方背景更加明确，它的新会员由会员投票产生，但须获得文部大臣的认可后方能成为正式会员，所以上述名单内出现的名士，比如著名的西村茂树、西周、中村正直、加藤弘之、福泽谕吉等人，均可视为与政府基本保持一致立场的社会改革者。政府控制或高度参与社会名士活动与当时正在兴起的自由民权运动有密切关联，民权运动的改革力度与方向显然与政府的主张是不同的，故争取或调动社会民意成为执政者与在野参政者志在必得的共同目标。而于近代，诸如报纸一般的新生近代读物又成为调动民意的有力工具。

  1879 年 10 月，在东京学士会院刚刚通过福羽美静提案后，主张洋字国字论的西周随即建议该院成立日本文学社,以便调查国语学诸事项。1880 年 2 月,学士会院向文部省申请文法书的编纂权,并获得许可,这意味着政府层面的文字语言文体改良有了开端。同时,院士加藤弘之为推动博言学研究的人才培养,建议文部省应向欧洲派遣留学生,却招致同为院士的西周的反对,这表明即便在同一组织里,名士或社会改革者们的意见也并不统一。由此,关于国字国语国文如何给予改良的论争再起硝烟。而论者大体分为如下几派:

一、假名文字论者

1881 年 12 月,东京学士会院院士伊藤圭介以《这是必须被强调的,这也是必须被实行的》为题发文,建议日本应废除汉字,完全采用假名,并竭力宣扬这一做法的益处。伊藤圭介是一位植物学家,日本最早的理学博士,1881 年起进入东京大学(按:1877 年大学校更名为东京大学)执教,作为幕末时期的兰学者,在明治以后主张文字简明化是这一类学者的自然选择。假名文字书写虽然不能为政府的各类机构所采用,但早在明治八年所新增的报纸、杂志中,就已经出现了利用假名文字编发的报刊,如《平假名绘入新闻》《假名读新闻》等。报纸是民营企业,在不违反政府"谗谤律"的前提下,拥有足够或自由的办报空间。尤其像《平假名绘入新闻》《假名读新闻》这样的小报,因面向识字率很低的平民,他们采取的写作文体通常是"谈话体",即口语体,也就是所载文章多为"基于口语写就",具体而言,其文章文体是基于"只要通俗易懂即可"的低水准、"为方便启蒙大众而采取的谈话体"。小报可以说是后来轰轰烈烈言文一致运动的前奏或实践,但因为缺乏理论性主张而不具备"言文一致的文体性革命意图"①。小报对待文体的态度是这样,对待文字的态度也不会偏离其通俗易懂的办报要旨。故尽量多用或全部使用表音文字——假名的举措一度成为小报的特征。比如创办《每日平假名新闻》的前岛密如此描述

---

① [日]土屋礼子著,杨珍珍译:《大众报纸的起源——明治时期的小报研究》,第 54 页。

自己办报的宗旨："只要有五十个假名，便可毫无不变地描述所有事情。我向所有人宣告，本报纸是为兴本国语言之学问所创"①；而小报《横滨每日新闻》1873年2月14日刊载的一则读者投稿中写道："吾文盲之辈所恳愿者乃易读汉字三分加以假名七分混杂使用，言辞文章多用俗语，均衡其难易度，致力于通俗易懂性，如此则识字者与不识字者双方皆可阅读。"②《读卖新闻》在其1874年11月2日发行的报纸上明确宣称："本报以启蒙妇女儿童、所有人都能读能写为办报宗旨，故诚挚邀请您将身边发生的有益之事以谈话体记录后附上大名投稿本刊。"③此三个案例基本展现出当时小报的面貌。

而上述伊藤圭介撰文的直接契机是，1881年秋，吉原重俊、高崎正风、有岛武、西德次郎等人发起了假名使用运动，他们与小报经营者的区别在于这是一场具有理论性主张的运动。其中，吉原重俊是有留美背景的外务省官僚，而高崎正风作为旧藩士则是皇家的在职侍从。随后加入该运动的又有丸山作乐、近藤真琴、物集高见、大槻文彦等人。其中丸山作乐是在职的外交官；近藤真琴则因创立著名的西式学校——攻玉塾，而被称作明治六大教育家之一，其在世期间极力推进西学教育，并主张以假名为国字，为此编纂了日本最早的假名辞书《ことばのその》；物集高见则是日本幕末时期国学者物集高世的长子，他后来也被称作国学者。其在少年时期曾习学过兰学，不过继承其父衣钵主要从事国学研究，并在1870年获得神祇官中的宣教史生一职，但因有习学过兰学的经历，1871年起又开始兼修洋学，并于1872年出任教部省，开始参与辞书编纂工作，发表了《本邦语源考》《事物名义考》等研究性文章，表现出其在语言研究上的才能。在探索未来日语发展方向这一问题上，物集高见意识到英语文法对确立标准日语文法所具有的重要参考性，曾在1875年后跟随近藤真琴学习过英语，可见其对文字语言文体改良所抱有的热情。虽然他主

---

① ［日］土屋礼子著，杨珍珍译：《大众报纸的起源——明治时期的小报研究》，第57页。
② ［日］土屋礼子著，杨珍珍译：《大众报纸的起源——明治时期的小报研究》，第56页。
③ ［日］土屋礼子著，杨珍珍译：《大众报纸的起源——明治时期的小报研究》，第59页。

要的职务是担任神官,但却从没有放弃过研究或从事新教育,比如其一直兼任着学习院与女子师范学校的教职,并是国学院大学的创立委员之一。热心新教育即国民教育的他自然时刻关注着日语的发展状态,比如他曾资助过日本国语辞典《日本大辞林》的编纂活动,还执笔为下田歌子所创办的华族女学校写过授课用读本,将其语言改良主张贯彻于实践中;出生于 1847 年的大槻文彦,更是日后日本著名的国语学者。他从小随父兄习儒学,稍长入开成所仙台藩校养贤堂习英学、数学、兰学,之后进入东京大学校南校继续接受西式教育,1872 年入职文部省,1875 年,接受当时文部省报告课长西村茂树的嘱托,开始编纂国语辞书,这部被最后命名为《言海》的辞书,初步完成于 1882 年,经 4 年校对后,于 1886 年定稿,因文部省无力筹措经费,最终由大槻文彦在 1891 年自费出版。也就是说,大槻文彦参加假名文字运动的背景是他本人正在从事国语辞书编纂工作,他虽然不是最初的明六社会员,但在明六社成为名士俱乐部后也加入了明六社,与明六社的大部分会员一样,在明六社解散、东京学士会院成立后,他也跻身其列,虽然不是最早的学士院会员,但最终因完成编纂并出版了日本最早的近代国语辞典——《言海》而成为家喻户晓的语言学者,故在日本明治时期文字语言文体改良的运动中,大槻文彦是一位相当活跃的学者。

至 1882 年夏,池原香穉、西德次郎、片山淳吉、吉原重俊、高崎正风、高桥新吉、那珂通世、南部义筹、内田嘉一、大槻文彦、丸山作乐、福羽美静、近藤真琴、有岛武、宫崎苏庵、清水卯三郎、物集高见等 17 人组织成立"かなのとも(假名之友)"学会,并于翌年即 1883 年 3 月,将其办会宗旨公之于世。上列人物中,有前文曾提到的南部义筹和清水卯三郎,前者原是洋字国字论者,现在转入假名文字论者的阵营,后者则是坚定的假名文字论者;而片山淳吉亦是旧藩士,曾在幕府时期的开成所任助教,明治维新后的 1871 年,又进入大学校任助教,但翌年转入文部省编纂所参与教科书编纂工作,比如参加并完成了日本最初的物理教科书《物理阶梯》的编纂,可谓日本明治早期的洋学者;亦是出生于旧藩的那珂通世后来成为日本著名的历史学家，是"东洋史"概念的创造者，其在幕末时期，就因为成绩优秀成为著名汉学家江帾通高的养子，明治维新后又师从福泽谕吉，后在福泽谕吉的推荐下进入师范学校担任教职，并从事史学研究，其代表作《支那通史》的问世，令其成为日本东洋史研究的第一人；内田嘉一则毕业于著名的庆应义塾，精通于书道，明治四年翻译《浅解英和辞林》，这一背景令他活跃于文字语言文体改良运动，内田嘉一后来参与教科书的编纂，并与横山由清、中根淑、南部义舞、片山淳吉等人结成文法会，从事日语新语法的研究。综上可知，假名文字论者多为洋学者，他们或提倡西学教育或直接从事旨在输入、推广西学的近代国民教育。是年即明治十五年 5月，"假名之友"发行会刊《かなのみちびき（假名之路）》第一卷。据说，该会成立之初就拥有 200 名会员，而到了第二年，会员人数增至 2000 名①。同样在 1882 年夏，与该会相呼应，另外三个假名文字学会即"いろは会""いろは文会"和"いつらの友"等三会合一，组成"かなのくわい"学会，会员有肥田滨五郎、丹羽雄九郎、后藤木太、三宅米吉、小西信八、辻敬之、中上川彦次郎等师范学校出身的教育关系者。9 月，"かなのくわい"发行会刊《かなのまなび（假名的学习）》第 1 号。三宅米吉发文称现行假名文字在发音上存在许多问题，并提出改革建议②。这是日本应该有标准语或标准音（按：在中国称之为官话，即后来的普通话。）的明确呼吁。我们从"かなのとも"学会的会规中可一窥其办会宗旨。即其第一条为：

> 我ガ國ノ學問ノ道ヲ容易クセンガ爲メニ言葉ハ和漢古今諸外國ノ別無ク成ルベク世ノ人ノ耳ニ入リ易キモノヲ擇ビ取リ專ラ假名ノミヲ用ヒテ文章ヲ記スノ方法ヲ研究シコレヲ世ニ擴メントスルニアリ③

大致意思为，为减少追求日本学问的阻碍，不宜再使用古今、和汉有别的

---

① ［日］国语调查委员会编纂：《国字国语改良论说年表》，第 5—6 页。
② ［日］国语调查委员会编纂：《国字国语改良论说年表》，第 6 页。
③ http://kokugomondaikyo.sakura.ne.jp/ronsou/ronsou3-01.htm.

语言,而应采用简明易懂的假名作为表记文章的文字,故当务之急是尽早确立一套可行的假名表记方法。虽然,假名文字论者纷纷主张除假名外不应再使用其他形式的文字,但上举材料却依然采用的是夹有汉字的汉文直译体。不过,假名文字学会的活动还是在社会上引起反响。10 月,外籍人士 P.Mnett 在德国协会上发言称,汉字的困难学习过程给日本教育造成了巨大损失。在日西方人在谈到日语现状时总是表现出无奈,神学博士 Aerbote 苦口婆心道:"无论是口语也好,文章语也好,它们各自要达到的目的不过是想传达或发表思想,以口说或书写与他人进行交流沟通,也因此说,地球上的任何一个国家的语言,都应与其社会生活切实相匹配。但在使用着数千汉字的日本,其情形却截然不同。汉字虽有其不可否认的好处,但其不利的地方远远超过了它带给日本的好处,语言文字是交流想法或思想的工具,但我以为再也没有比汉字更复杂难懂的文字,它的存在给人们之间的交流着实增加了阻力或困难。尤其对于正在学习的幼童来说,汉字学习对他们造成的不利影响是巨大的,为了学习这种用于交流的工具,往往要耗费数年的时光,且这种机械的汉字学习,大大影响了孩童思想创造力的养成。而对一般人来说,似乎已经习惯书信、书籍用文章语与日常会话用口语就是应该分离的现实,但这种令人感到无力的现实直接导致学者与非学者之间隔离层的发生,以致知识很难向下层人民普及,这是影响社会进步的原因。"①简言之,打破阶级隔层是近代西方社会改造的首要目标,即平等、自由、民主是西方现代社会的概念性标志,无助于破除阶级隔层甚至有碍于阶级隔层崩塌的事物,比如文字语言文体,必须给予改正。当时已在为民权派大报《邮便报知新闻》撰稿的朝比奈知泉这样谈到现行文字的不便:"坐轿子再怎么快也快不过坐汽车,腰上挂着鞋子的飞脚(信使)跑得再快也快不过电报。坐车、邮递是这样,文明的进步,乃至新旧思想的更替更是如此。今天,我们日本已经站在文明竞争的世界舞台上,但我们日日用来

---

①　[日]自治馆编辑局编纂:《国语改良异见》,自治馆出版 1900 年版,第 108 页。

解读、传播思想的文字，与其他文明国家所使用的文字相比，却显得非常不便，两者之间的差距就犹如汽车与轿子、飞脚与电报之间所存在的那种差距。"①他具体分析道：在现行常用的文字中，先谈谈假名。假名分有平假名和片假名，除了它们各自有 47 个字以外，还有一些平、片假名符号，另外平假名尚存在变体，每一字至少有两三种。再谈谈常用汉字。依照矢野文雄的统计，约计3000 字。众所周知，汉字使用起来，麻烦无穷，因为汉字也存在多种书体，其中古体有篆、隶等体，现行通用书体有楷体和不止一种写法的草体，如此每一字至少有 4 种书体，全部核算下来，常用汉字在 10000 个左右。由此可知，日本现行文字所造成的最大弊端就是用在文字学习上的时间过长。但是在德国，进入学校就读的小学生，只要花费 8 个月的学习时间，就可以掌握基本的读写能力，比如孩子们可以用初步学到的文字将他们的想法记录下来，展示给他人观看；在俄国，情况虽然复杂点，但孩子们在一年以内也多能掌握基本的读写能力。再来看看日本的情况，因为书写中夹杂了大量汉字，我们的日用文读起来就不是那么顺畅，即便完成小学三年初级教育的学习，在读写方面还是会存在这样那样的问题，哪怕我们认定日本的孩子通过三年的学校教育可掌握基本的读写能力，那么所花费的时间也是俄国学生的三倍，孰好孰坏显而易见。朝比奈知泉是一位知名报人，因非常关注西方报业技术的发展状况，转而会注意到日本文字在利用新技术方面所遭遇的问题，他指出：日本文字所存在的第二个弊端是不能使用打字机。打字机在世界各地广泛流行，相信知道它的人不在少数，只要去过欧美的人都知道，无论是在政府机构，还是在普通商店，打字机的使用非常普遍。去过横滨、神户外国人居住区的人，也应该看到过外国人使用打字机的场景。但由于日本文字的数量过于庞大，所以没有办法使用这样便捷的机器。如果我们试图去制造一个能打日语的机器，相信那将是一件很痛苦的事，不仅造价会很高，也无法想象从大量文字中找出你所需

---

① ［日］自治馆编辑局编纂：《国语改良异见》，第 110 页。

要的文字将会造成怎样的不便,甚至有些地方需要手写。除了不能使用打字机,日本文字在机器印刷方面体现出的不灵活是朝比奈知泉强调的第三个弊端。他解释道:如果像西语一样只有 23 个字,给每个字配备二三百个活字,将它们有规律分开,装进一个盒子里,放置在桌上,然后只需要一个排字工人坐在桌旁就可以自由进行文章编排。也就是说,一个人就可以完成从拣字到排字的编排工作。但由于日本常用文字太多,我们需要准备一个排字工厂,根据《康熙字典》里的偏旁、笔画顺序将汉字们分组排列好,每组大约要占据一个排字间,然后排字工人手拿原稿,在各个排字间来回走动去拣字,有时候为了组合完一列字,可能要来回走过 10—15 个排字间(可能一个排字间放置一个部首或偏旁的字),其辛苦程度可想而知。此外,我们对排字工的技能有要求,需要排字工熟知哪个字在哪个部首里,如果不能做到一望即知,将会大大影响排字效率,所以这样的排字工作必须要委托给专门的技术人员去做。这足以反映出我们所使用的文字是何等迂腐冗杂。他感慨道:时至今日,欧美印刷业已非常发达,机器排字时,甚至可以做到每行字都由专门的机器进行组合,这使得在编排大篇幅报道时尤为方便。像英国《Time》这样的大报社正在努力实现校正无失误的机器编排,其排字效率之高令人瞠目结舌。而这样高效率的机器印刷带给英国人在思想交流方面的极大便利,也就是说,欧美人民不断利用自己开发的新技术,持续提升获取信息以及与他人交换思想的灵活性和便捷度,这是现代社会保持活力的秘诀。反观日本,因文字复杂,打字机不能使用且不说,像欧美那样的大规模机器排印几乎无法实现。试想,如果尝试用机器去自由组合数千个文字,那将会是一个怎样庞大的系统,我们可以请最好的机械技术人员帮我们试着去安装这样一套系统,但制造费肯定会很昂贵,而运行效果却未必能达到预期,从实用主义角度而言,乏善可陈。我们只要尝试计算一下成本就能明白其中道理。像欧美报刊,一台机器负责处理一行或一列字,每台机器除配备 26 字大小字两个组合外,再添附一些标点符号即可,这样一台机器的价格约在 5000 日元上下;但如果要将这种机器装置适用到至少数量在 3000 字以上的日本文字的编排组合上，其难度超出想象，即便有机会建成，也定然会是一庞然大物，那么我们要用多大空间的房屋去安放它呢？这样一想，我们还不如像今天一样依靠人工操作，虽然排字工人会辛苦一些，但效率却不见得比使用机器低很多。比如同样用机器去编排一篇文稿，欧美文字因字数少，如果所用时间是 5 分钟，换做我们，怎么也要花费 20 分钟至 30 分钟不等，这和人工有多少差距？况且日本常用字又多依照偏旁排序，熟练技工操作起来似乎更得心应手。朝比奈知泉总结道：我只举了印刷一个事例，就看出我们与欧美之间的差距，这种差距其实就是飞脚与电报、轿子与汽车之间存在的差距。

爱国人士常说由中国传来的文明已经变成了我们日本自己的文明，言下之意是不用再输入什么文明了。但从目前世界科技状况看，日本远远落后于欧美国家是个不争的事实。既然知道自己处于落后状态，就要下决心迎头赶上。学习效仿他人先进技术、政治制度、思想文化的重要工具即是文字，但我们花在学习现行文字上所需时间是别人的两倍甚至三倍，这样的低效率如何能让我们迎头赶上，去与欧美国家一争高低？因此，为国家百年计，改良现行文字是为当务之急①。不过，为了更加高效率效仿西方，朝比奈知泉在改良文字的态度上更倾向使用罗马字。假名、罗马字都是表音文字，主张使用表音文字的改良派是看到西字作为一套系统所带来的种种便利，厌倦了因夹杂了汉字而变成两套系统的日本文字所凸显的种种不便。而假名字论、罗马字论的各自主张者又多基于他们各自对于西方的不同态度。

但如前所述，明治初期起日本复古思潮再起，1879 年颁布新教育令以取代学制就是对教育路线进行修正的行为。洋学者自 1881 年起发起的文字语言文体改良运动就处在上述历史背景之下，故反对声浪猛烈。比如当改革者以欧美人学习日语的感受为例来说明文字改良的必要性时，民粹主义者就会

---

① ［日］自治馆编辑局编纂：《国语改良异见》，第 111—114 页。

反对说:西洋人总说日本文字难,但并不能因为西洋人说文字难,日本的文字就真的很难。如果西洋人的批评与事实并不相符,而我们却非得要去改良日本国字,岂不是很荒唐? 因此这样的想法是极为不妥的。洋学者中对日本文字提出批评的人,多是从事外国语言研究的人,他们因从事外国语言研究,所以也会对日本语言文章进行研究,才突然发现日本文字同其他国家的文字相比要错综复杂。也就是说他们得出日本文字难的结论并不是出自他们自身的体验,只是一种研究结果。① 保守主义者却从道德建设以及历史传统文化保护的角度质疑表音文字的可行性。他们说道:文字改良同我们的道德建设关联紧密。如果改正文字,从来的德义精神将为之一变,会给国民的道德建设带来重大影响。比如关于忠孝,仅看到"忠孝"这两个汉字,就立即能领悟到忠孝精神,而如果废弃"忠孝"这样的汉字,以假名字或罗马字代之,试想我们如何能从这样的表音文字中感悟出忠孝的大义精神? 如果真用表音文字表记忠孝,其文字本应传达出的一种德义精神将荡然无存。② 而且汉字到底难不难,保守主义者有自己的见解,井上圆了这样说道:"我不否认在孩童时期学习汉字确实会有一些难度,以致多少会耽误一些教育进程。但是这些困难绝不会有害于孩子们的脑髓发育,反而会对他们的脑髓发育是有益的。也就是说,我国字国文里因夹杂了汉字而使得学习相对来说增加了一些困难,但这样的困难却有助于孩子们脑髓的发育发达,待他们成才后将大大推动我们的社会进步。拿身体来做比喻就是,并不是要让小孩子去举什么非常重的东西,也不是要让孩子们去背什么特别重的东西,只是像对待身体上发起的肿块一样,小心翼翼进行治疗,等身体慢慢恢复健康而已。也就是说,幼小的时候应尽量多锻炼,长大以后才会有个好身体。如果因为我们怕伤害小孩子的脾胃,就只给他们吃像米粥一样柔软的食物,这样长大的孩子,他的脾胃如何能变得强大? 这个道理用在能力培养上是一样的。如果在孩子小的时候不给他们一些精神方

---

① ［日］自治馆编辑局编纂:《国语改良异见》,第416页。
② ［日］自治馆编辑局编纂:《国语改良异见》,第420—421页。

面的负担,也就是不经历磨砺的孩子,在他长大以后如何能拥有发达的智力?
这都是不争的事实。换言之,只有在受教育阶段克服、逾越过种种困难的孩
子,长大后才能变成精神强大的可用之才。因为学习难度大,导致能力下降或
锐气日减等等之类的担心都是杞人忧天。"①他指出人们认为日本语言极为错
综复杂其实是进入了一个误区,也就是误以为改良文字可以解决我们在文字
学习过程中所遇到的所有困难。他要强调的是,汉字确实有缺点,但不去讲汉
字所具备的优点就是个错误举动。天下之事有利必有弊,汉字亦如此,有其不
便之处,也就有其便利之处。为了避其弊而改用假名或罗马字甚至新字,其结
果就是因变动所生发出的新问题会一生二,二生四,反而更加不便起来。具体
而言,日本语言的性质是极为复杂的,不加揣摩、随随便便就对现行文字进行
改良,由此引发的混乱将难以预计。比如和"情"字相关的词语,在读"人情"
时会用吴音(按:由中国吴越传至日本的汉字读音),在读"风情"时会用汉音
(按:基于中国隋唐时期官话的音读,又被称为正音,多官府、学者使用)。如
果我们放弃了汉字,上述两个词语因为发音不同还是可以加以区别,但对于发
音相同的汉字,比如"情""状""上"(注:此三字都读"じょう")三字,又如何
加以分辨呢? 因分辨上述三字所造成的不便难道不是由于我们随随便便改良
文字所额外多出来的吗? 因此对井上圆了来说,文字文体改良可以解决横亘
在日本语言文章上的所有困难这一期待只是一个迷梦②。作为一个汉学家,
井上圆了用着复杂的汉字虽然没觉得有什么不方便,但他承认汉字在书写上
确实存在困难。不过,这不能成为废除汉字的理由,最好的对策是做出适当改
正。他建议可以对一些笔画复杂的汉字进行简写,比如将"體"简写成"躰"、
"獨"简写成"独"等,这样的探索工作可以持续下去,制定一套简写法,把那些
人们感到不便的汉字加以改造,进行简写。但是井上圆了特别强调不要轻易
使用简写法,不需要改造的字一定不要随意改造,只有在确实感到不便、不得

---

① [日]自治馆编辑局编纂:《国语改良异见》,第145页。
② [日]自治馆编辑局编纂:《国语改良异见》,第145—146页。

不改的情况下再拿出来使用。① 这种对汉字的尊重态度是油然而起的,是对汉学的依恋情怀。哪怕明治初期积极推动西学输入的著名学者西村茂树在对待去汉字问题上也保持了清醒的头脑。他说:现在改革派之间弥漫着将废除汉字作为一项伟大事业去完成的激情。果真如此,我们将如何面对从前的书籍? 我们是要将从前的书籍都要用新文字做一番翻译吗? 然后组织什么人去翻译呢? 我们能对古代诗歌以及诸子百家立说给予准确翻译吗? 并且在翻译文本未出版之前,是不是所有的人就不用再去阅读古籍了? 有人狂妄地说从前的书不值得再去阅读,这是多么荒唐的想法,我相信目前正在呼吁改革的人还不至于堕落到如此昏聩的地步。汉字作为日本文字的重要组成部分是历史事实,历经长久岁月,今日一旦将其废除,那些利用汉字载入古籍的道义精神也将一并被遗弃。比如,神武天皇这一称号出自古语"神武而不杀者",即以"神武"这一谥号来歌颂天皇的武德功业,试想我们今天如果废除了"神武"两汉字,以"ジンム"或"Jinmu"这样的文字代之,如何能体会出"武德功业"这样的含义? 我们翻看西洋辞书的时候会发现,每个词语都会标出其原语,这说明原语对理解该词语具有十分重要的作用。日本现在使用的汉字就是一种非常棒的原语,所以不明白为什么改革派要好生生将这些原语全部废掉。此外,日本代代天皇均有谥号,并且历代身份显赫、功成名就的大臣也都获有谥号,如果没有汉字,将如何去缅怀他们? 我们在地理上又有山阳道和山阴道之分,分别表示山的南北两路,如果我们将阴、阳等汉字废去,以イン、ヤウ等假名代之,我们如何能从文字上领会此山有南北两道之分? 另外像阿波安房等这样的国名,公侯等这样的爵名,市立、私立等这样读音相同的词语,以假名表记,要想立时加以清晰明辨是件很困难的事。又比如像近藤、远藤等这样的姓氏,近藤指的是近江的藤原氏,远藤指的是远江的藤原氏,它们的发音是相同的,

---

① ［日］自治馆编辑局编纂:《国语改良异见》,第139—140页。

如果改写成假名，此两者如何区分？这样的例子数不胜数。① 西村茂树自认是明治维新以来提倡效仿西方的先驱者，但改革改到不分好坏、与历史传统进行切割的地步，也会变得坐卧不宁。

然而假名文字论者有自己的思维逻辑。比如他们并不认为汉字是与道德建设捆绑在一起的。井上哲次郎特别举出佛教的例子来说明道德与文字并没有关系，他质疑道：何种文字可以准确阐释佛教教义上的道德？要知道佛经原典的语言可是梵语，只不过随着佛教传入中国才被翻译成了汉语。我们可以说佛经在被翻译成汉语之前缺乏道德精神吗？还是说被翻译成汉语的佛经丧失了德义精神？若是后者，到如今被翻译成汉语的佛经数不胜数，难道那些依然根据汉语佛经来理解、阐释佛教教义的人会因为这些佛经由梵语被翻译成了其他文字就认为其丧失了德义精神吗？再者耶稣教的教义都体现在新约全书里，而新约全书最初由希腊文写成，后来被翻译成各种文字，包括被翻译成日本文字，根据被翻译成日语的新约全书，我们可以充分理解耶稣教教义所要传达出的德义精神。以上事实都在表明，即使文字发生改变，其所要传达的德义精神并不会因之消亡。换言之，道德精神不会随着文字的改变而改变。忠孝精神与"忠孝"两汉字捆绑在一起的事实，只是日本人的一种文化习惯，并不是"忠孝"两字本身具有德义精神。② 上述议论显然是模糊了象形文字与表音文字之间的根本性差异，象形文字最大的优点在于望其字便知其意，但最大的缺点是在字形与发音上是两套系统，而表音文字在字形与发音上是一套系统，学起来至少比象形文字要少花费一半的时间。于是，对于汉字到底难不难的问题，改革者们更是信心满满。他们说：不论反对者如何狡辩，真实情况就是在世界各国文字中再也没有比日本文字更加错综复杂的文字了。所谓旁观者清，日本人习惯使用了现行文字，其简单也好复杂也好，自己并没有清醒的

---

① ［日］自治馆编辑局编纂：《国语改良异见》，第277—278页。
② ［日］自治馆编辑局编纂：《国语改良异见》，第421页。

认识,但作为旁观者的西方人却看得明白透彻。也就是说,日本人认为日本文字难或不难,并不能由日本人自己说了算,只有外国人的论评才是文字难不难的真实情况。① 于此,1882 年 10 月至 12 月,针对社会各界对"かなのくわい"的批判,大槻文彦连续发表十余篇文章,一一给予批驳。12 月 28 日,《かなのくわい大戦争》第一册发行问世②。于此,假名文字论者在其主张中非常强调的一点是假名的适用范围,即对于普通民众来说,他们只需要掌握简单易懂的假名就足矣,因为近代政治需要普通民众的参与,为使得普通民众尽早养成参与近代政治的资质,他们需要阅读相关民权启蒙读物以获取近代政治知识,而这部分书写或传播近代性知识的读物完全可以用大众易学易用的假名写成。换言之,针对普通民众的读物可以用假名进行书写。比如,身为历史学家的那珂通世精通汉学,自称儒家,但他不仅在这一时期提倡假名文字论,即便到了日本文字语言文体改良全方位启动的 1900 年(明治三十三年),他依然保持着假名文字论的主张,但他将假名适用的范围限制在普罗大众阶层。在他提出的建议中,他认为在小学的初级教育阶段应完全采用假名,累月经年,在大众普遍适应并掌握假名后,可以用假名撰写的官、私通用文或读物就使用假名,以便通行于全社会,比如书信,甚至政府发布的公文等。1900 年左右,日本朝野上下深刻意识到言文一致的迫切性,像那珂通世就相信他的主张可以帮助日本达成言文一致的目标。但需要注意的是,建议在普罗大众阶层推广假名文字的那珂通世并不否认汉学的价值,他只是想将日本学即国学与汉学区分开来。就像随着明治维新西学大量输入,从事西学研究的人需要学习西方语言一样,那些依然或打算从事汉学研究的人必须要不断掌握汉字以及阅读或学习汉文,而日本社会与汉学之间所存在的不可切割的联系性,决定汉学研究绝不可废,故养成以及确保汉学人才也是不容忽略的国事。他建议

---

① ［日］自治馆编辑局编纂:《国语改良异见》,第 417 页。
② ［日］国语调查委员会编纂:《国字国语改良论说年表》,第 6 页。

在中学及其以上教育设置汉学课程,但又明确指出普通民众没有专研汉学的必要①。那珂通世是一个史学家,并没有从事过国民教育阶段即初级教育阶段的教育工作,也没有参加新闻工作的经历,他的一些建议只是理论性主张,缺乏实践的检验。

　　总之,在这一时期,假名文字论者通过各种尝试来扩大假名在日本社会的影响。比如,1883 年(明治十七年)1 月 25 日,大槻文彦、渡边洪基、丸山作乐、物集高见、殖田直太郎、清水卯三郎、平田东雄等 7 人在东京组织语学会,从事假名文字的研究,创会当天即召开第一次会议,此后连续每月举行一次会议,但持续到第六次会议后便草草结束了。这些人中,有我们前文提到的大槻文彦、物集高见和清水卯三郎,均是热心于日本文字语言文体改良的名士。该组织不能长久生存下去的事实,有力说明对于这一时期的日本来说,文字语言文体改良仍然停留在少部分人呼吁或理论性主张的层面,距离大规模付诸实践尚远。但与之遥相呼应者不乏其人,比如 4 月,金田丰太郎发表题为《假名文字的写作以及大概规则》的文章,提出两点意见:一是文章应以俗语即口语或人们熟悉的雅言来撰写,一是应以意思简单明了的和语即假名来改写或翻译文中所出现的汉字及汉语;5 月,铃木辰海发表题为《谨与假名会员相谋》的文章,赞同废除汉字,但却主张专用片假名而非平假名。与平假名比较起来,片假名虽然缺乏美感,但字形更加简洁,书写速度要比平假名快。同样倾向片假名的木村鹰太郎曾尝试分别用汉和交混字、罗马字、平假名、片假名等四种文字进行速记,检验后的结果是用罗马字速度最慢,再其次是汉和交混字,其次是平假名,而书写最快的是片假名。这是因为片假名基本是由点和直线构成,这些特点决定了它是一种书写速度极快的文字,加之与平假名相较,片假名的笔画明显要比平假名少,即平假名的笔画平均下来要比片假名多,且书写平假名时手腕弯曲运动也要比片假名多,这说明平假名字线总长度要远超于

－－－－－－－－－－

　　①　[日]自治馆编辑局编纂:《国语改良异见》,第 304 页。

片假名,用片假名明显比用平假名节省时间①。文字改良的目标之一就是要提高书写效率,片假名在书写上表现出的高效率特征获得了一部分改良者青睐。日本电报用文字采用的是片假名也很好说明片假名在书写速度方面所具备的无可比拟的优势。

1884 年 7 月 1 日,为扩大影响,语学社同"かなのくわい"合并,改会名为"かなのくわいとりしらべがかり"。另外一个有趣的现象是:7 月 30 日,杂志《かなのみちびき(假名之路)》改刊名为《かなのしるべし》,于该月发行第 1 期,但第二年的 7 月 1 日,该杂志又改刊名为《かなしんぶん》,至 1886 年 7 月 15 日,再次改刊名为《かなのてかがみ》,发行第 1 号。这样频繁更换刊名,说明办刊人在不停摸索、调整其办刊宗旨,这反映出社会改革具有反复无常的一面。

1884 年 8 月 30 日,三宅米吉在题为《关于各国之讹言》的文章中,亦主张日本应专用假名,不过其最重要的贡献在于他在该文中明确提出并期待日本未来的文章面貌应是言文一致的。他甚至具体建议说,若要实现言文一致,首先应调查各地方言,为制定标准语做好准备,并提出调查方言的具体方法②。三宅米吉的发言清楚表明日本需要标准统一的近代语言。三宅米吉出生于 1860 年,明治维新以后进入庆应义塾学习,毕业后曾相继在新潟学校、千叶师范学校、东京师范学校担任教务,1886 年进入日本当时著名的教科书出版社——金港堂工作,之后接受出版社的资助,曾短暂去欧美留学,回国后继续从事教科书以及杂志的编纂。19 世纪 80 年代,经他编辑出版的教科书有出版于 1886 年 8 月的《小学作文书》、出版于 1887 年 6 月的《习字教授案》、出版于 1887 年 11 月的《小学历史编纂法》、出版于 1888 年的《高等日本读本》等,这些图书皆由金港堂出版,而亦由他编撰的《日本史

---

① [日]自治馆编辑局编纂:《国语改良异见》,第 194 页。
② [日]国语调查委员会编纂:《国字国语改良论说年表》,第 7—11 页。

学提要 第一编》则由普及舍在 1886 年 4 月出版。上述经历均表明三宅米吉是一位从事近代教育的切身实践者。由于他参与了多种历史类图书的编撰，这又使得他发展成为一名历史学者。1895 年后，凭借其学术资历，他相继在高等师范学校、东京高等师范学校以及帝国博物馆等机构担任要职，并最终出任东京文理科大学的初任校长，是日本近代史上名副其实的教育家。具有上述背景的三宅米吉关注日本近代语言的发展理所当然。不过需要注意的是，三宅米吉在发表言文一致的建言时，他只是一所师范学校的教务，难免人微言轻。

但这并不是假名文字论者首次提到文字语言文体改革的目标是要达成言文一致，1884 年 2 月 20 日，在题为《关于文章的写作》的文章中，其作者即"かなのくわい"某位会员，亦提出过言文一致主张，并期待日本今后能够采用欧洲流行的横排书写格式。1885 年 10 月 15 日，又有神田孝平站出来，在学士会院以《读（西村茂树）文章论》为题发表演讲，反对西村茂树所提出的分阶段改良法，赞同语言改革应朝着言文一致方向发展。神田孝平在成为东京学士会会员之前，也曾是旧明六社的成员，出生于 1830 年 10 月的他，亦是一位跨越时代的洋学者兼推广近代西方政治体制的政治家。他同样在幕末时期学习汉学的同时兼习兰学，明治政府成立后即被召入政府，并在 1871 年就任兵库县知事，其间参与了地租改正工作，并充当了地方官会议的干事长，这使他后来成为民选政治的支持者以及建设者，在历任兵库县知事、文部少辅、元老院议官后，于 1890 年（明治二十三年）被选为贵族院议员。假名文字论者因各自经历不同，他们的想法并不统一，对于大部分持假名文字论的人来说，将现行文章中的汉字全部翻译转化成假名文字是他们努力的目标，而言文一致论则要求更加简明易懂的表述语言，如果能将口语直接转换成文章，可令更多的民众去阅读并写作文章，而现行文字语言文体的状态令他们揪心于日语自身所存在的诸多问题，这些问题直接造成普通民众的阅读障碍。比如，迁默斋在其发表于 11 月 4 日、题为《论国语之利害》的文章里，就从思想与语言之间的关系,指出了日本语所存在的缺陷①。不过这一时期,近代教育的实施效果尚不凸显,既有知识分子中仍以自小接受汉学教育者居多,这部分士人对于要求更加简化的文字语言文体的主张——言文一致论保持着高度警惕,上述西村茂树所表现出的保守主义态度就是一个例证,也就是说即便如主张语言改良的西村茂树也反对不分阶段的急进改革。但有一个事实是明确的,无法用纯粹的日本语表达自己的思想是近代日本知识分子,尤其倡导西学的洋学者所不得不面临的苦恼,即他们必须使用夹杂着外国语(比如大量的汉字汉语)的汉和甚至西洋语言才能精确完成自己的思想表述,结果探讨、确立本国独立的语言即真正意义上的国语成为他们的诉求或是他们追求的语言改革的目标。

1884年下半年以后,继东京之后,一些地方城市也开始出现倡导采用假名文字的组织。11月,尾关弥兵卫、大谷木备郎、大岛为太郎等,在名古屋设立かなのくわいあいち组。同月,榎本安五郎、齐藤のぼる等发起かなのくわい千叶组。1885年1月,"かなのくわい"宫城野组以及岐阜组也相继成立②。这种活跃的势头带动起更多的知识分子参与到假名文字论的舆论造势中去。

1885年1月2日,平岩愃保在《六合杂志》上发表题为《日本文字论》的文章,主张将现有假名文字精简至19字,并以之为国字,若此则较现今之平假、片假名更为简洁易用,且称此举将带来国家文运的昌盛。平岩愃保之所以有这样的主张,缘于他是一位基督教牧师。他不仅是日本静冈教会的传教牧师,而且是教会学校——静冈女学校的创立者,后来成为日本新教教会的第2代监督。他希望日本语变得更为简洁,显然出于传教目的,也就是说能让更多的日本民众读懂并接受基督教教义是他主张文字语言文体改良要贴近大众的出发点。我们发现,无论是在日本传教的洋教士或本土教士,还是在日本的西方外交人员或学者,均力劝日本应尽早改革现行语言,宣称现行日本语繁冗难学,是阻碍日本进步的重要原因。

---

① ［日］国语调查委员会编纂:《国字国语改良论说年表》,第10—11页。
② ［日］国语调查委员会编纂:《国字国语改良论说年表》,第11页。

针对平岩愃保的功利主张，3 月 16 日，同为假名文字论者的高桥五郎在同一杂志上撰文驳斥平岩愃保不计后果的假名精简说，也就是说原本以简明的假名去取代汉字的倡议已经引发很多人的不满，如果再对假名进一步简化，岂不是要完全忽视日本文化的继承与发展？果真如此，日本国学又怎能立足于世界！于此，平岩愃保在 4 月 30 日发行的《六和杂志》上回应了高桥五郎，以为自辩。由此表明，假名文字论者之间确实存在不少争议，也就是说，这一时期，大家在倡导语言改革的时候，对于改革的具体方向或改革的具体步骤其实是模糊的。这是个争议的时代，讨论的时代，在没有确立统一用语标准的状态下，他们在各种报纸、杂志等刊物上发表文章，宣讲自己的主张。1885 年 1 月 20 日，岛野发文提出，日常通用文应统一采用东京话来撰写。这是笔者看到的首次提出日本应确立统一的标准发音语言即全国通用语的文章。在此之前，生活在东京的贵族阶级流行着不是京都话的京都话，这是因为随着德川幕府以江户即东京为首都，很多京都权贵亦跟随幕府迁往了新的政治中心江户，慢慢地一种掺杂了江户本地方言的京都话成为江户贵族阶级的用语，贵族的发音方式影响了服务于他们周边的群体，而这些周边群体又继续影响围绕在他们周边的群体，所以所谓东京话是京都话结合了东京本地方言的一种口语，但由于明治时期的封建性较强，贵族与庶民之间在日常生活起居方面存在巨大差异，包括用语，也就是说同为东京人，他们之间的用语是有阶级差异的。而进入近代社会，消除阶级差异、创造现代国民社会的举措之一就是要尽量消除阶级用语之间的差异，这才出现了确立标准统一的东京话的提议。先在首都东京确立标准统一的东京语，然后以东京语为基础建立全国通行的统一标准语。后来的事实证明，标准语的确立关系着文字语言文体改良的实质性进展。换言之，没有通行于全国的"官话"，废除汉字、全面使用表音文字的建议将很难付诸实践。

1885 年 2 月，片山淳吉以《かなのけういく（假名之展望）》为题，历数汉字的危害，倡导使用假名文字，并提出假名文字的教学意见。提出这一建议的

片山淳吉是旧藩士,曾在幕府开办的开成所做助教,之后进入著名的庆应义塾担任教员,明治维新后的 1871 年,在经历东京大学校助教后进入文部省编纂处任职,并在 1872 年完成了日本最早的物理教科书《物理阶梯》的编撰,此后作为文部省官员一直从事各种教科书的编纂工作。片山淳吉的事例表明,学制颁布以后从事教科书编纂工作的人员多热心于语言改良,即希望教育语言越简明越好。

在支持假名文字论的一众名士中,末松谦澄的建言较具有理论高度。旧藩出身的末松谦澄在明治初期获得伊藤博文的赏识,遂官运亨通,因从事外交工作而有机会去英国留学,1886 年归国,适逢朝野上下热议文字语言文体改良,亦唱和发表《日本文章论》一文,1889 年迎娶伊藤博文次女,翌年当选第一届国会众议院议员,是日本近代著名的政治家。末松谦澄对日本文字有自己深刻的观察和研究。他分析说:从日本语的性质看,它更适合用表音文字。也就是,无论是复合音词还是单音词,日本语的性质都是与西洋语言一致的。可以说,仅从语言的性质上论,日本语要优越于中国语。虽然一国的文化越发达,其记录反映文化的文章就会越雅致,但雅致的文章未必就是鲜活淋漓、惟妙惟肖的。并且由雅致转简朴易,而由简朴转雅致则难。换言之,以复合音词去翻译单音词易,而以单音词去翻译复合音词则难。明白这个道理我们就可以知道,将中国语文章翻译成欧洲语,与将欧洲语文章翻译成中国语相比,它们的难度显然是不一样的。日本语属于复合音词语言,语词的时态变化丰富,具有这种性质的语言完全可以让所要撰写的文章雅致起来。但如果以单音词性质的汉字去表达复合音词性质的日本土语,会遇到各种各样的问题。而我们不断妥协的结果就是,一个日本土语语词的词干是由汉字构成,词干外的部分,包括表示变化的词尾部分则由假名文字组成,因为汉字无法完成词尾变化功能。比如"きたる""きたれ"这两个词语如果用汉字来表达,都写成"来",但"来"字根本无法表现上述两个词语的词尾变化,为了体现词尾的变化,必须写成"来る""来れ"等,单字"来"体现不出"きた"的含义。通过这个事例可知，为了使用汉字"来"，我们抛弃了日本土语中的词干部分"き"，以汉字"来"为词干，而这个汉字"来"只表达汉字本身的含义，要补全上述两个词语的全部含义，必须在其后追加假名，否则就无法将"きたる""きたれ"这两个词区分开来。写词语是这样，写文章亦是这样，我们需要消耗双重劳力去进行写作。汉字是世界上最为复杂的文字，因为是自己的文字，中国人不得已要使用汉字，汉字输入日本后我们接受并使用了这种文字，然后为了配合汉字的使用，我们不惜在汉字之后追加假名以便完整记录我们的语词。当我们做着这么艰辛工作的时候，完全忘了我们的语言是一种发音语言，也就是我们完全可以用表音文字记录自己的语言。普天之下还有比这更愚蠢的行为吗？也就是说，我们以日语训读汉字汉语，然后再去撰写文章的过程是轻松愉快的；但我们若以汉字汉语组织日语，然后再去撰写文章的过程一定是痛苦纠结的。因此，日语中的本土语言应从现行日本文章（按：指称汉和体文章）中抽离出来、发展成为具有独立性质的语言。说起来，末松谦澄认为假名文字绝对是日本的一大发明，虽然假名存在这样那样的问题，但仍不失为一个可以记录复合音语言的表音文字系统，因此上述抽离出来的本土语言完全可以用假名进行记录。而且日本历史上，不是没有过假名文的出现，尤其女性在写作时因无所顾忌往往会大量使用假名，假名文之所以不显于世的原因皆在于汉学的盛行不衰。① 但末松谦澄回避了一个重要问题，就是日本土语即俗语数量有限，如果去除汉字汉语，仅仅依靠数量有限的日本土语是无法完成形而上的表述的。末松谦澄尚从字形角度谈论使用假名的好处。他说：文字字形其实并不需要那么讲究或精致，反倒是越简单越好，也就是说可以用一两笔写成的字，为什么非得要用四五笔甚至更多笔画去勾勒出一个字呢？字形简单肯定方便文章写作，那么节省出来的时间就可以用来打磨文章的精致度。换言之，具有复合音词性质的文字可以避开笔画复杂的单音词文字即象形文字在书写方面的麻

---

① ［日］自治馆编辑局编纂：《国语改良异见》，第306—307页。

烦,这也是日本应选择表音文字的理由之一。① 末松谦澄的言论,在洋学者中间很具有代表性。

1885年7月10日,哲学家、国粹主义者三宅雄二郎发表《文字之争》。三宅雄二郎又名三宅雪岭,是加贺藩家老本多家的儒医三宅恒的儿子,出生于1860年,明治维新后进入官立开成学校学习,后又进入东京大学文学部哲学科学习,并顺利毕业。他参加过19世纪80年代初的自由民权运动,后又在1888年(明治二十一年)与志贺重昂、杉浦重刚等人一同建立政教社,公开宣扬其国粹主义的立场,并创办杂志《日本人》。该杂志后更名为《日本及日本人》,是日本民粹主义者的宣讲阵地。三宅雄二郎因不断在《中央公论》《日本人》等报纸、期刊上发表社论或批判性文章,成为当时日本的著名评论家。这样一位具有国粹主义倾向的社会批判者,对当时甚嚣尘上的文字语言文体改良舆论,保持着谨慎的态度。他说:我们用惯的东西是已经变成很方便的东西,如果贸贸然将其改变,可能在某些方面会带来一些便利,但更多的是一种破坏,其所造成的危害要远甚于获益。比如,下雨时,雨伞上的雨水会顺着伞的边缘往下流淌,如果打伞人因担心流水会打湿衣服,琢磨着如果在伞的边缘挂上一种可以导水的管子,那么伞上的雨水就能顺着管子朝一个方向流淌,但实际的情况是我们打伞时因要迎着风雨,伞多半是向前倾斜的,故挂在伞边缘的导水管只会朝着前方,这样一来必然会影响打伞人的视线,难免要冲撞到别人,这样为了小利反而带来麻烦的事情又有多少人会去做呢? 又如,现在有人开始给窗户装上玻璃,但大部分的人尚不愿做这样的尝试,不过如果用玻璃的人越来越多,就会有越来越多的人感受到玻璃窗户的好处,那么玻璃窗的使用也就顺其自然会推广开来。三宅雄二郎举出上述例子是希望文字改革者不要为了某一方面的利益去随意强行改造某物,这样的改革顾东不顾西,可能得不偿失。就像为了怕衣服被雨水打湿要在伞上挂个导水管,反而影响了打伞人

---

① ［日］自治馆编辑局编纂:《国语改良异见》,第306页。

的视线；而如果换个态度，像推广玻璃窗一样逐步有序地改良文字，人们对于新事物刚开始可能会观望不前，但用的人慢慢多了，当习惯或适应后就会彻底接受它。在三宅雄二郎的眼里，文字改革是有必要的，但需要时间，急了不行。他说今日主张假名文字的人都认为只要不再学习汉字，我们就能节省出很多时间。但实际情况是我们再怎么不认可汉字，汉和文字交混使用的文体已经存在了很多年，且被采用的汉字多为常用字，每个汉字都有其自身特点，一望便知其义，不像完全由假名构成的词语，往往要将组成这个词语的几个假名全部读出后才知道词义。这又是象形文字优于表音文字之处。因此，在我们的文字里保留一些汉字只会带来便利，而一味将汉字全部废除，只留下假名，反而会增加阅读上的不便。比如，以我们现在常常吃的麦饭为例，做麦饭加入米一直是我们长久以来的饮食习惯，我们都知道做麦饭时如果麦的使用比例超过米，由此产生的氮成分就会增多，虽然说对保持身体营养是好的，不过氮成分吸收多了会让人患上脚气，而且饭的口感也欠佳，所以掌握麦、米的使用比例很重要。现在突然有人说，为了改进麦饭质量，做麦饭时不用再加入米了，相信很多人会嗤之以鼻，要改进麦饭质量，难道不是应该从麦、米混合的比例上着手？而假设我们只想使用麦，倒不如换一个烹饪法，也就是用全麦来做面包，但如果坚持做成饭的话，那么加入适当的米就是一种常识或惯例，所以请主张全部使用假名的人要特别注意上述现象。① 对于稻米文化圈来说，饭是主食，面包是副食，主食的饭一定要加入米，副食的面包可以是全麦，这似乎是在暗示在某些特定区域全部使用假名也未尝不可。三宅雄二郎讲话很生动，举一反三，在语言改革问题上不主张冒进。这位接受过近代高等教育、力主日本应保持独立性的新闻界人物，在看待社会问题方面善于权衡利弊，表现出务实精神。

那么，有哪些领域属于"全麦面包"呢？明治十八年7月10日，铃木唯一

---

① ［日］自治馆编辑局编纂：《国语改良异见》，第332—333页。

以《信的写作方法》为题发文建议,写信时应尽量避免使用僻字、僻语。在那个时代,书信是分居两地的人们进行交流、沟通的重要方式,但受书写复杂以及书信格式规范的限制,一般庶民很难自笔书信,多找人代笔,非常不便。如果社会能普遍认同以假名写信,且不用再拘泥于复杂的现行书信格式,那么情况将大为改观。也就是大部分的人都可以借着假名将自己所要传达的信息自由地表达出来,这将有利于信息、思想的交流。在近代社会到来之前,受着各种规矩的制约,书写是一件非常严肃的事情。随着近代社会的逐步建立,打破规矩、挣脱束缚成为思潮,书信的书写方式也被列入讨论对象,遂有假名文字论者将书信作为贯彻其主张的实践地。同月,旨在推广假名文字的又一份杂志——《かなのざつし》(《假名杂志》)第 1 号发行。8 月 9 日,外籍人士 Efu-siroda 在教育会定期例会上以《日本国语论》为题发表演讲,力排汉语,期待日本输入西方语言来丰富日语词汇,并建议日本应在国民教育中使用统一的教科书。如前述,日本迟至 1903 年(明治三十六年)才推行国定教科书制度,但旨在有效管理各地方用教科书的教科书检定制度在 1886 年被建立;而其输入西语的建议虽然在这一时期并没有受到人们的重视,但后来的事实证明这是日本现代语的发展方向之一,也就是大量西方用语即外来语进入了日语。此外,在一篇发表于 11 月 20 日、以《俗语をいやしむな》(《不要厌弃俗语》)为题的文章中,作者非常鲜明地提出,为了获得更为广泛的读者,在撰写文章时不应排斥俗语。这其实也是一种言文一致的主张,被排斥于书写外的俗语若能进入严肃的书写无疑意味着社会在发生变革。其间,又如高田早苗者,畅谈英语取代日语的可行性,其给出的理由是世界各国语言将会统一,日本不如先行改用英语等,而这样激进的论调鲜少能获得社会回应①。高田早苗于 1860 年 4 月出生于江户即东京,曾在东京神田的共立学校即后来的开成学校以及官立东京英语学校学习英语,在经历大学校的预备科后进入东京大学,分

---

① ［日］国语调查委员会编纂:《国字国语改良论说年表》,第 9—11 页。

别学习过哲学、政治学以及财政学等方面的课程，并在 1882 年顺利毕业。也就是说，高田早苗发出以英语为国语的呼吁时，距离他刚刚接受完系统的近代高等教育、成长为一位新人才不久。大学毕业后不久，他就编写了系列介绍西方政治体制的书籍，比如出版于 1884 年的《英国行政法》和《货币新论》、出版于 1885 年的《英国政典》等，在此基础上还完成了《代议政体得失论》的撰写且于 1888 年出版，由此可见他对近代西方政治的热情。他虽然没有留学欧美的背景，但他的英语学习背景以及对于近代西方政治的热衷，致使他和由欧美归来的森有礼拥有同样立场：期待日本能以英语为国语。高田早苗后来加入大隈重信的立宪改进党，并参与了东京专门学校即后来的早稻田大学的创立，成为该校首批讲师之一。1887 年至 1890 年间，因为感受到报纸在号召民众上的巨大作用，他甚至成为《读卖新闻》的主笔。如前述，这一时期恰好是日本大小报纸消除阶级差异的时期，由东京大学毕业、身为新教育精英的高田早苗能加入《读卖新闻》这一事实就很好地体现了大小报之间正在发生的变化。不过，上述以英语为国语的主张到底只能属于一家之言，滋生不出可以供养它的社会基础。

因为有学会刊物，假名文字论者的发声在此后几年仍不时引起人们关注。比如，1886 年 8 月 15 日，高桥新吉在其题为《文字改正的问题》的一篇文章中，由文字之起源，论及和字与汉字同和字与洋字之优劣，提出就记录日本语而言，日本本土文字当为最适宜的表述文字，并专门论及假名书写方法以及假名文文法。10 月 10 日，实吉益美撰文阐述了根据发音可以简化语言缀字的原理。10 月 15 日，松危ながゆき在其题为《鉴于中国人亦苦于汉字之多而应使用假名》的文章中，列举实例以证明汉字难习，由此断定汉字迟早要被废除。12 月 15 日，岐阜学艺同好会杂志刊载文章称，以国语即日本土语撰写的文章之所以不发达的原因在于不采用假名，所以为了发扬国语应全面使用假名①。由

---

① ［日］国语调查委员会编纂：《国字国语改良论说年表》，第 12—13 页。

该文可知,当时人们口中的"国语"仅指不包含外国语在内的日本本土语言,像传入日本的汉字汉语以及后来以西语为核心的外来语皆不在其内,这与 19 世纪 90 年代后所提起的"国语"概念是有差异的。是年 3 月,物集高见撰写的《言文一致》出版。据此,言文一致论在 19 世纪 80 年代在假名文字论者中已获得相当大的影响,但主张归主张,它距离付诸实践尚远。原因在于,即便大家都赞同书写文体应言文一致,但如何做起,且以什么标准进行言文一致,并不是一件一蹴而就的事情。它需要首先调查包括口语在内的语言应用状况,需要在调查的基础上提出可行的诸如如何统一语言、如何统一发音等方案,需要进行试验以观其效,需要在实践中不断给予调整,尤其需要一个适当的改革契机等,总之,这是一个复杂曲折的过程。19 世纪 80 年代,言文一致提案虽然没有走入实质性的建设进程,即多停留在理论性主张的阶段,但少部分极其热心的语言改革者坚持做着自己力所能及的个人或小范围的尝试,这些尝试延伸至 19 世纪 90 年代后,都成为日本文字语言文体改良的铺垫或先期积累。

1887 年上半年,假名文字论似乎进入一个短暂的休眠期,不过至 6 月 15 日,村尾恺太郎发表《使用假名是教育经济》一文后,似乎又恢复了一些活力。8 月 15 日,矢野文雄在其题为《论日本假名与罗马字间的关系》的文章中指出,较罗马字,假名更加便利。矢野文雄是著名新闻人,他其实更主张保留汉字,但作为媒体人,又不能忽略表音文字在开拓读报群体方面的巨大功用。如果非要在假名、罗马字两者之间做一选择,基于两害相较取其轻的思考,他选择假名。同日,在杂志《かなのてかがみ》(《假名的书信》)上,物集高见发表文章,列举各种将所说的话直接记录下来以为文的好处。显然在物集高见的眼里,就写信这件事,与其死守成规,不如如何方便就如何行事。在同一期杂志上,矢野文雄继续撰文进一步指出,假名文字作为日本的本土文字,其在日语里的地位当然远胜于罗马字;同样,罗马字作为欧洲的文字,其在欧洲语言里的地位则胜于假名文字,也就是说每个国家必须尊重自己本土的文字,它与本国的历史文化血脉相融。① 在文字语言文体改良方面，我们能看到矢野文雄左右徘徊的一面，在后文中笔者会谈及他对汉字的态度，而其实到了文字语言文体改良社会大讨论真正大爆发时期，矢野文雄又开始倾向使用罗马字。如前述，1886 年从欧洲游历回国的矢野文雄立即调降了《邮便报知新闻》的报价，在推动缩小大小报的阶级差异方面可谓功不可没。暂时撇开矢野文雄不论，1887 年 9 月 15 日，物集高见再次发文称，如果以口语撰写文章，并在全国推广，那么或可实现文章雅俗共赏的文体改革目标。9 月 25 日，北尾次郎在其题为《飓风之说》的文章序言中指出汉字汉语带给日本的种种危害，主张应创造适宜本土的文字，以构建日语的独立性。北尾次郎出身于医生世家，从小熟读四书五经，至 12 岁已通读了《文选》《史记》《通鉴》等汉籍，1869 年进入开成学校学习法语，后进入大学校学习英语和物理学，1870 年在 16 岁时作为公派留学生前往德国留学，1878 年获得理学博士学位后继续留在德国从事研究，1883 年回国，并在 1885 年进入东京大学成为理学部的教授，近代欧洲最讲究独立自主，故在北尾次郎的眼中，日本文化应独立于中国文化，而汉字的存在显然妨碍了这种独立进程。北尾次郎在谈论日语独立性的建设问题时，只强调要将汉字汉语从日语中剥离出去，但对于当时日本在大量输入西学时所带进的西语却避而不谈，也就是说他没有正面回答含混进西语的日语是不是具有独立性。

是年底，有假名文字会组织发出创建假名学校的倡议书。12 月 1 日，首座假名学校在东京九段坂下玉章堂开设②。1888 年 1 月 15 日，平井正俊在其题为《文字之论》的文章中，由文字的职能谈起，极力赞成排斥汉字的假名文字说，并论及言文一致。平井正俊直指放弃象形文字，采用表音文字应是日本文字的改革目标。他表示为了这些象形文字，日本人已经饱受折磨，但时至今日，还是有很多人在斤斤计较于象形文字与表音文字孰利孰弊，以至表音文字

① ［日］国语调查委员会编纂：《国字国语改良论说年表》，第 15 页。
② ［日］国语调查委员会编纂：《国字国语改良论说年表》，第 14—15 页。

在日本社会的全面通行不能获得广泛认同。在大部分人的认知里,象形文字是一种既具有描绘性又可以传达思想的文字,透过这样的文字,观者能看到或领悟它所象形的物体以及它所传达的思想;而表音文字达不到上述效果,也就是人们在看到表音文字时,脑中不会浮现出它所要指称的物体,或者不能意会它所要传达的思想,这是表音文字无法战胜象形文字的主要原因。而文字改革者只有深刻理解上述情况,才能找到表音文字最后胜出的突破口,也就是首先要明白表音文字所存在的缺点,并针对这些缺点作出有针对性的修正或补救,力争使表音文字可以与象形文字比肩。人们总说阅读用表音文字撰写的文章感觉不好,这个感受道出了表音文字的不足之处,而我们的补救工作就应该由此开始。我们现在所面临的最大困惑是人们对目前日本文字所存在的问题毫不介意,所以我们首先要做的是,尽早让广大民众切实领悟到文字的好坏关系着国家未来的发展状态,我们要让民众清醒认识到这两种文字各自拥有的利弊,再向民众不断传递表音文字好于象形文字的观念。不过不能否认的是,尽管我们作了不少努力,但认同、呼应我们想法的人并没有我们所期待的那么多。究其原因是我们不能解决表音文字在"象形"上的缺失问题,也就是表音文字不能通过文字本身达到辨物会意的目的。不过,发音、书写一体化的表音文字,在实用性、快捷性方面,大大优越于象形文字也是不争的事实,我们只有继续加强表音文字的长处,才能弥补其不能完成"象形"功能的缺憾。于此,我们可以借鉴一下西方文字改革的经验。比如英语里的某些词汇的拼写存在不规则现象,这增加了阅读以及书写的困难,所以英国人对那些不规则词汇进行了重点改造,但结果却并不令人满意,究其失败的原因在于他们遭遇了"辞形"问题,也就是说,他们对构成那些词语的字母配置进行了他们以为更加合理的变革,但这种变革却破坏了人们长久以来已经习惯的"辞形"即字母排列以及变形,导致人们对于词语新"辞形"的辨识度反而不及改革前,这无形中增加了语言困难。英国人在文字改革上的得失利弊为日本提供了经验和教训,今后我们在优化自己的表音文字时一定要规避他们曾经犯过的错误。① 平井正俊有上述言论是因为他对日本当时的现行表音文字并不满意,所以在采用假名还是罗马字问题上他并没有明确的态度,也就是说大方向是要采用表音文字,但在没有理想的表音文字前,保持现状是个无奈选择。我们应该注意到表音文字主张者中的这部分声音。

1888 年 2 月 15 日,前列かなのくわい学会发表《假名书写法》。4 月,在かなのくわい学会的大会上,末松谦澄枚举以汉字记录人名、地名所造成的危害,主张应创造属于日本的词语,确立言文一致的国文学,期待将来的文字应切实与本土本国家紧密联系在一起。补充前述,出生于 1865 年的末松谦澄幼年曾兼习汉学和国学,1872 年进入东京师范学校(此后的东京教育大学,现今的筑波大学)学习,不过很快退学并成为《东京日日新闻》的自由撰稿人,1877 年,以西南战争爆发为机缘进入陆军省,并作为山县有朋的秘书随军,是著名的西乡隆盛劝降书的撰稿人,由此转为太政官权少书记官,并在 1878 年获得留学英国的机会,在英期间尚兼任日本驻英公使馆的一等书记官,在获得学位后于 1886 年回国,此后他历任文部省参事官、内务省参事官、内务省县治局长,在 1892 年当选为第一届众议院议员。这样一位有留学英国背景的政治精英,虽然早年也习学过汉学,却逐渐成为一位去汉字的语言改革主张者。与此相呼应,大槻文彦发表题为《信的书写方式》的文章。6 月 1 日,かなのくわいみらぐみ的会刊《あまがさひづり》第 1 号发行。6 月 15 日,平井正俊在其题为《日本的文法》的文章中指出,文章应该是讲话的记述,故主张改良文法②。文法的改良关系着文体的状态,一直以来,汉文文体主宰着现行日语文体的主体,所谓改良文法,显然是要趋向文体口语体化,这又是言文一致所致力发展的方向。

如上述,假名文字论者的改革呼吁虽然不断,但因缺乏实践性,其大多主

① [日]自治馆编辑局编纂:《国语改良异见》,第 165—167 页。
② [日]国语调查委员会编纂:《国字国语改良论说年表》,第 16—17 页。

张的可行性受到社会广泛质疑,调查、研究、确立一套可行方案成为下一阶段假名文字论者的必行之路。1888 年 4 月,宫地岩夫、福西四郎左衙门、墨田太久马等人计划创立语言调查所。10 月 13 日,伊泽修二在大日本教育会上,在其题为《关于本邦语学的意见》的讲演中提出了相关意见,这样的演讲延续了二三次。伊泽修二是低级武士出生,家境贫困,但却有进入藩校学习的机会,1867 年来到江户,跟随ジョン万次郎学习英语,1869 年,经ジョン万次郎介绍,跟随居住在东京筑地的美国传教士继续学习英语,同年作为贡进生进入大学校南校学习,1872 年出仕文部省,1874 年作为文部省官僚出任爱知师范学校的校长,1875 年,出于师范教育的调查,被公派美国留学,后进入哈佛大学学习理化学和地质学,1878 年学成回国,1879 年 3 月出任东京师范学校的校长。伊泽修二一直活跃于教育界,到了 19 世纪 90 年代初,创立国家教育社,主张开展忠君爱国的国家主义教育,是颁布于 1890 年教育敕语的坚定实践者。

1888 年 10 月,上述预备成立语言调查所的创建者们推荐高崎五六为副会长,并选出了评议员干事。12 月 20 日,语言调查所正式成立,副会长高崎五六、首倡者黑田太久马分别发表了演讲①。由此语言改良者们开启了语言的调查工作,这需要时间和精力。也就是说,假名文字论者在完成了最初的造势后,开始进入实践的操作阶段,而在未做好进一步的准备工作之前,他们暂时退出了社会舆论的中心。比如,除了在 1889 年 5 月召开的かな之会的大集会上有几个发言外,这一时期,假名文字论者很少公开发文。在国字国语改良的编年中,笔者只找到平田东雄于 1889 年 7 月 25 日发表的一篇题为《告全国有志者》的文章,以及坪井九马三于 1891 年(明治二十四年)2 月 25 日发表的一篇题为《应将汉字尽快从我国普通文中驱逐出去》的文章,前者倡议日本应专用假名,后者对汉字保留论者的观点进行了批驳。还应提到的是,在 1891

---

① [日]国语调查委员会编纂:《国字国语改良论说年表》,第 18 页。

年,杂志《かなのてかがみ》于其社说栏目内载文,建议人们在使用假名时,手写时使用平假名,印刷时则采用片假名。平假名易识别,用于手写也就易识别;片假名容易导致书写混乱,规范的印刷可避免这种书写混乱,加之,就地位而言,片假名在旧书写里向来高于平假名,这大概是印刷应用片假名提议的由来吧。

二、罗马字论者

假名是古代日本人想摆脱汉字不便的产物,却未能摒弃汉字是出于对汉学所拥有的宗教信仰般的尊崇态度。随着 17 世纪西方人的来航,接触到罗马字的日本人看到了表音文字的便利之处,开始警觉汉字的不便。比如,日本基督徒米该尔在其《桑迪见闻录》中如是说:"习日本和中国文字颇烦琐,因此连普通读写尚需多年功夫。……然欧洲人仅有二十三个简单字母。……所以,他们若熟记这些字母,尔后靠自己,则可随心所欲地读写……实际上,倘若学习日本和中国文字时间一长,就无余暇学习神父特地传入的其他学术问题。虽如此,我邦文字亦有许多难以轻视之效用。我邦之语言因音似而易混淆,(罗马字母)则便于使用,不致混淆。"①这个米该尔因是位基督教教徒,所以有机会接触到欧洲书籍。另外如江户时期的兰学者西川如见就说:"红毛人文字有二十四字,二字合乃成一字,共四十八字。其一字之笔画,至多四五画。然唐土文字,其数甚多,笔画亦多,世界第一难事也。然外国文字亦通达,可用于万事,无不足之处。唐土文字繁多,于使用流行上,毫无殊益。若非文字多,则其用难以通达。文字多之故,笔画亦多,难分等类。何况末代文华极盛,风流巧妙之字样蜂拥而出,一字造十体百体之姿,玩弄奇异之字形以成事。一生务此,争好恶已成傲事。羲之之字如花,而色香无;子昂之字似水,而于灌溉无

---

① ［日］家永三郎著,靳丛林、陈泓、张福贵、刘珊译:《外来文化摄取史论》,第 64 页。

用,似火而不暖,其尊用何处焉?"①,指责汉字华而不实,不如"红毛人"文字简单好用。本多利明也说:"欧洲国字数二十五,异体共有八品,足可记天下之事,最为简省。唐土之国字数十万,若欲数之,虽竭尽毕生之精力,亦不可得也。"②葛城慈云痛陈道:"初学者习汉文欲不著一词和文,颇谬也。日本才子日夜苦读彼国经典,心力交瘁于此,纵使学成亦无半点用处。……日本人自身贤于万邦,皆因无此烦琐文辞之故。"③可见,汉字量大不易学是汉字汉文被他们排斥的重要原因。明治初期,风气日开,自欧美归来的森有礼甚至提出过以英语为日本国语的建议。这样过激的提案鲜少能得到呼应。然而随着效仿西方以求振兴的强国运动的展开,倡导罗马字的文字改良论者开始出现,如前述的南部义筹。相较假名文字,同样是表音文字的罗马字在日本受到冷遇,主张者中转而移入假名文字论阵营的现象间或有之,比如南部义筹。不过到19世纪80年代,随着文字简化运动的兴起,不仅假名文字论者粉墨登场,鼓噪社会,罗马字论者亦看准时机,举帜而出。洋学者新井白石在与意大利人西德兹契交谈后得到启发:"意大利文字……其字母仅二十余字,贯一切之音。文省义广,其妙天下,遗音全无。……其(西德兹契)说日汉之文字万有余,若非强识之人,不可暗记,而有声无字者有之,别有许多说不尽之处,唯徒费其心力。"④在日西方人在学习日语的过程中遇到这样那样的问题,他们多主张日本应尽快改良自己的文字语言文体。比如另一位在日神学博士 Heidrun 也说:"我对于现在关于国字国文改良的主张有极大的兴趣。现在日本文学的状态实在不利于促进人们心智方面的发达。举一个最常见的现象就是,日本

---

① 　[日]家永三郎著,靳丛林、陈泓、张福贵、刘珊译:《外来文化摄取史论》,第259页。转引自西川如见:《町人囊底拂》卷二,平安城书林柳枝轩1719年版。

② 　[日]家永三郎著,靳丛林、陈泓、张福贵、刘珊译:《外来文化摄取史论》,第260页。转引自本多利明:《经世秘策》,《日本经济大典》卷二〇,启明社1930年版,第105—180页。

③ 　[日]家永三郎著,靳丛林、陈泓、张福贵、刘珊译:《外来文化摄取史论》,第45页。

④ 　[日]家永三郎著,靳丛林、陈泓、张福贵、刘珊译:《外来文化摄取史论》,第259页。转引自新井白石:《西洋纪闻》卷中,白石社1882年版,第10页。

满 18 岁的男子女子,大多还停留在要努力记住现行文字的阶段。也就是说,为了培养非凡的记忆力,就学者却丧失了学习其他知识或技能的机会。这样的状况必须要得到改正,只有对文字问题进行改良,才能让接受教育的孩子得到合理的记忆训练以及获得对于事物进行观察的能力。小学教育时期正是培养一个人观察周围事物能力的最佳时期,虽然学问不能等闲视之,但对于那些尚未进入中学、高等学校甚至大学校的孩子们来说,在教育的初级阶段,他们更应该首先建立起创造意识,以便为将来追求学问而做好准备。因此,我建议在初级教育阶段应采用罗马字,也就是我很赞成目前关于采用罗马字的提议,觉得这是个非常好的策略。"不过他也明白日本人的处境:"当然在目前的情况下这是个非常复杂的问题。日本无论在政治上还是在商业上,与中国的关系在将来只会变得越来越密切,而汉字则是与中国、朝鲜等亿万人进行沟通的媒介。出于这方面的考虑,一下子打破或废除现行文字文体是一个不明智的行为,所以我认为应该进行逐步改良,慢慢地实现罗马字化,在这一过程中,文学家、法学家以及商人们应该起到积极的推动作用。当然,对于文字文体的改良,我毕竟是个门外汉。"①身为外国人的 Heidrun,对于国际政治具有高度的敏感性,我们也会通过资料发现很多关心与中国关系发展的日本人确实拒绝废除汉字。但罗马字论者是一个追着现代西方跑的群体。

1882 年 4 月 25 日,矢田部良吉在杂志《东洋学艺》上发表题为《用罗马字拼写日语说》的文章,阐释文字便和不便与学问兴和不兴存在的重要关系,指出现行文字严重阻碍了日本文运的昌盛,明确建议应采用罗马字,并提出了实施方法。矢田部良吉具体分析说:"夫西洋人之思想活泼,其著书入精析微,论理明了,乃志于洋学者鲜知之处也。此可谓缘于天禀与教育,文字亦简单,容易表示思想之故。我邦人缘中国文字及言语,进步少,然受其束缚压制之处

---

① ［日］自治馆编辑局编纂:《国语改良异见》,第 253—254 页。

多矣。"①矢田部良吉曾是开成学校的教官,1871年留学美国,在康奈尔大学学习植物学,1877年学成归国后进入东京大学,成为东大最早的植物学教授。矢田部良吉建议日本采用罗马字,显然与他上述的人生经历有关。当年7月8日,英国人Eby在《六合杂志》上发表题为《以罗马字表述日本语说》的文章,指出人民以及国家之发达与文字有着密切关系,故极力宣扬日本采用罗马字的必要性②。前述神学博士Aerbote也说:"就如何改良国字问题,我以为目前日本学者所倡议的各种主张中以罗马字论最符合日本当前需要。从西洋诸文明国的经验来看,罗马字在国民开化方面所起到过的巨大作用是不容小视的,它毫无疑问在沟通各国之间的交流方面充当了重要的中介角色。而且以我之愚见,与汉字相比,罗马字的优势是非常明显的,虽然它也多少存在着一些缺陷,但这些缺陷,与它所能带给日本社会的各种好处相比,是完全可以忽略不计的。如果一个无私无偏、客观谨慎的研究者也对使用罗马字怀有疑虑的话,我是无法理解的。虽然汉字精减论、假名文字论也有其不可否认的优点,但如果从日本与世界各国发展关系的角度看,不使用这种既能够节省大量学习时间又能够轻松与他国进行交流的文字,实在是一件令人惋惜的事。可能现在推行罗马字会给社会或个人造成这样那样的困难,但只要克服这一时的困难,相信其最终会带给日本巨大的利益。"③在明治十五年左右,笔者只能找到在日西方人对于矢田部良吉提议的回应,这个事实表明:该当时期的日本社会对于以洋字即罗马字取代现行文字的提案是很不以为然的。

如前所述,假名文字论者之间的意见并不统一,也就是说,当时的文字改良者并非人人对于文字的改良方向都抱有坚定不变的目标。既有罗马字论者转为假名文字论者的现象发生,也有假名文字论者转为罗马字论者的事实存

---

① ［日］家永三郎著,靳丛林、陈泓、张福贵、刘珊译:《外来文化摄取史论》,第260页。转引自矢田部良吉:《用罗马字拼写日语之说》,《东洋学艺杂志》第7号,东京社1882年版。
② ［日］国语调查委员会编纂:《国字国语改良论说年表》,第5—6页。
③ ［日］自治馆编辑局编纂:《国语改良异见》,第109页。

在。比如,外山正一是一位汉字废除论者,在选择以何种文字为国字这一问题上,他先是站在了假名文字论者的队伍里,在 1884 年 2 月,其作了题为《废除汉字》的公开演说,并将其演说笔记在假名之会内部公开。6 月,外山正一又以《废除汉字勃兴英语乃今日当务之急》为题,发文称日本只有驱逐汉字,破除知识壅蔽,方能与西洋诸国相竞争。在这篇文章里,他转而认为以罗马字为国字是现今的最佳选择,但因赞成者居少数,可以暂时屈从假名文字。1884 年 12 月 2 日,罗马字会成立,外山正一正式加入罗马字论者的行列,并在创会仪式上,宣读了罗马字会的发起理由以及办会宗旨。当月,外山正一撰写的《新体汉字破》出版问世①。出生于 1848 年的外山正一是旧藩士,较之武艺,更擅长学习,13 岁时进入江户蕃书调所学习英语,并在 1864 年 16 岁之际就成为开成所的教习,可谓少年英才。1866 年,在胜海舟的推荐下,作为幕府派遣的留学生,与中村正直等人一同前往英国,学习西方的文化制度,1869 年学成归国,因超群的言语能力被新政府起用,于 1870 年作为外务省弁务少记官赴美,在美期间进入密歇根大学学习哲学,并于 1876 年学成归国,随即进入官立东京开成学校教授社会学,该校于第二年并入新成立的东京大学,外山正一由此成为东京大学首批教授之一。外山正一作为社会学教授,是进化论的积极倡导者,故大力推进西方知识在日本的传播,而现行语言显然不利于西学在日本的迅速传播,对于外山正一而言,如何简化现行语言同样被视为当务之急。1882 年,他曾与同事矢田部良吉、井上哲次郎共同发表《新体诗抄》,在其序言中,有"学泰西之诗,其短者虽似我短歌,而其长者至几十卷,非我长歌之所能企及也。且泰西之诗随世而变,故今之诗用今之语,周到精致,使人玩读不倦。于是乎又曰,古之和歌不足取也,何不作新体之诗乎"②等感叹,通过对新体诗创作的摸索,来探讨语言改革的方向,这一举动对日本近代文学的发展产生过重要影响。我们发现外山正一、矢田部良吉、井上哲次郎虽然在语言改

---

① ［日］国语调查委员会编纂:《国字国语改良论说年表》,第 8 页。
② ［日］外山正一、矢田部良吉、井上哲次郎:《新体诗抄》序,丸屋善七 1882 年版,第 1 页。

革的具体方向上意见不尽相同，但他们极欲简化现行语言的愿望是共同的。这一时期，凡有海外考察或留学背景的洋学者，多希望日本能早日追上欧美诸国，与之比肩，而大力输入并掌握西学被视为必要途径。1887年，外山正一也当选为东京学士会院院士。他始终活跃于近代教育文化事业，支持女子教育的开展与公共图书馆的设立，曾在伊藤博文第三次组阁时担任过文部大臣。东京大学对于明治时期的日本来说是一所旨在培养高级官僚的高等教育机构，其在校教员经常在大学与政府机构间移动，体现出日本近代学术与近代政治间的密切关系。而且，必须强调的是，到了这一时期，汉学不再被等同于日本学问，也就是说日本学问内尚加入了西学元素，当然日本本土学问在独立精神的驱动下被特意强调，汉学成为学问中的一个分支。最突出的表现就是"中国学"作为大学学科的一个科目被设定，研究汉学是在研究"中国学"这门外国学问，只不过这门学问因与日本有着密切的历史文化联系而不能停止对它的钻研，但大众显然不需要进入这样的钻研队伍。这一形势的出现，必然影响了日本语言改革的方向或目标。

新闻记者、政论家朝比奈知泉对表音文字的特点有过研究。他分析说：文字是语言的符号，所以与语言状态相契合的文字才能成为交流的有效工具，如果又能与世界性语言相共通，那么在国际船舶信号、航路标识等方面就可以做到畅通无阻。所谓世界共通，就是指我们在各文明国里可以实现语言自由。毫无疑问，与表意或象形文字相比，表音文字在这一方面是方便实用的。中国语是单音系统，其特点是每个音所代表的含义根据不同的情况所表达的意思是不同的。受本土语言数量不多的影响，日本语借用中国语的例子数不胜数，即日本语中有大量的由中国语衍生出来的语言，姑且称之为"养子语言"。为了表达这些"养子语言"，日本使用了汉字（按：训读汉字语言），但这类"养子语言"终究不是日本土语（原语），所以在日常生活中被使用的情况并不多，当然不排除会发生诸如"はし"一词有桥、箸、端三义这样的现象，但这样的例子是绝少的。也就是说，日本土语本身是复合音系统，因输入了大量中国语，使得日本语的性质发生变化,单音色彩非常浓厚,尤其体现在书写上,这表明日本的文章语与口语之间存在着巨大差异。因此,如果我们在日用的语言或文章里不使用汉字或那些"养子语言",仅就土语或口语而言,使用表音文字更加方便。使用表音文字,少的时候,20多个字;多的时候,有40个字足够,如果再算上大、小写以及印刷体、手写体等,最多不过80—160个字而已。日本的假名虽然是缀音字,但它是表音文字的一种。假名是随着汉字的输入被发明的,后来普遍为大众所使用,最后发展到在没有假名的情况下,仅靠汉字便无法撰写日常生活用文的地步,这恰好说明日本语言其实是复合音系统。如此,我们将汉字或"养子语言"(按:"养子语言"因为是由汉字加假名构成,已经是一种半表音文字语言)转换为完全的表音文字,并不算是一项非常极端的变革。也就是说,我们将汉字或"养子语言"转为表音文字的行为,与其说是变革,更应该说是我们又恢复了汉字输入前的状态而已,就像罗马尼亚一样。罗马尼亚就是将自己使用的、等同于外国语言的斯拉夫文字转换成了从前使用的罗马字,当然他们是一种表音文字向另一种表音文字的转换。朝比奈知泉坚称文字改良可以使得思想交流变得简单且迅速,而且如果使用表音文字,日本也可以用打字机、排字机等这样便利的机器。在朝比奈知泉的眼里,希望日本未来新文字的数量能少则少,不用拘泥于假名,基于这样的目标,明显违反了日本土语性质的汉字首先应该被废除,其次如果有比假名字数更少且更方便好用的表音文字存在的话,未必不能使用。于此,朝比奈知泉给出了答案。他说他并不否认假名有假名有利的一面,比如日本人已经完全习惯了它,虽然因为假名遣(按:假名拼写法)的不统一会造成一些混淆现象,但只要加上标点符号就能解决这个问题。他想说的是,假名文字的数量比起罗马字要多,且假名字形凹凸不流畅,无论是竖写还是横写,一眼望去缺乏美感,当然这只是小缺点,最大的不便是假名不具有通行文明世界的属性。他指出,当今世界流行的表音文字中,最为诸多文明国家采用的文字就是罗马字。像法国、意大利、西班牙、墨西哥、罗马尼亚以及中南美等拉丁人种,将文字改成罗马字的瑞西(今法国埃纳省辖下的一个城镇)、英国、美国以及盎格鲁—撒克逊人种等,均在使用罗马字。德国人、荷兰人、比利时人、丹麦人、瑞典人、挪威人使用的是德语,包括将德语视作哥特文字的奥地利人,德语虽不属于拉丁语系,但却用拉丁语字母即罗马字书写。另外其他的斯拉夫人,比如波兰人也采用这种文字。欧洲的语言学家将日语编在乌拉尔阿尔泰语系里,属于乌拉尔阿尔泰语系的芬兰人、匈牙利人也使用罗马字。也就是说,欧美各国,在记录自己国家的语言时基本都使用罗马字。目前不使用罗马字的,只有犹太人、希腊人、土耳其人、亚美尼亚人、俄国人以及巴尔干半岛上的斯拉夫人等,这些国家或民族虽然不使用罗马字,但受过教育的人都会使用罗马字。因此,朝比奈知泉认为,如果日本要选择一种能通行于文明世界的表音文字,那么非罗马字莫属。① 朝比奈知泉的观点代表了一个群体,他们急于要把日本融入欧美国家的世界,希望日本能"脱亚入欧"。

　　从事西籍翻译的三并良说到罗马字的效能,曾大为赞叹:"我辈在翻译各种西洋术语时总找不到对应的词语,只能照搬输入,而在原封不动输入外来语时就充分体现出罗马字的便利来。谈到假名,如果将横写格式的假名猛然混入同样横写的罗马字行间,给人的观感将是很奇怪的。另外就是虽然英、法、德等国语言在读音上各不相同,但是大部分的术语,不管是上述哪个国家,基本上都是大同小异。也就是说,这些术语之间不用互相寻找合适的对应译语。这样一来,以横写格式排列任何术语,不管这些术语出自上述哪个国家,放在一起都不会有突兀的感觉。从前,我们在翻译西洋术语的时候总是感到气馁:如果这个词语能在日本语里找到合适的译语,那还不坏;关键是很多时候我们找不到合适的译语,结果只能根据原词词意、利用汉字重新组合一个新词语来进行对译。我们由此也制造了很多新汉语,而这些新汉语几乎不能为大众所理解,所以只好在新汉语旁边附加上原语。也就是说我们要花费双重劳力去

_____

① ［日］自治馆编辑局编纂:《国语改良异见》,第118—119页。

解决翻译过程中遇到的译语问题，这实在是一件不经济的事。与其如此，还不如原封不动地照搬原语使用。比如 philosophy 这个词语，我们现在翻译成了'哲学'，但这个新汉语却没有反映出原语里所应具有的'包含'、'超绝'等含义。所以如果想要尽量呈现原语的全部含义，不如利用罗马字原封不动地照搬原语使用，这样一来还不用在译语旁边附加原语或注释，岂不是经济方便？当今，世界交通日渐发达，使用他国语言日渐频繁，难道我们要不停制造新语词去对译他国语言吗？直接将他国语词变成我们的新语词，既省时省力，又能保持原语含义，岂不是两全其美？……有人说，如果今天的日本人使用了罗马字，那么以后我们的子孙将无法再解读我们现在的文字。这么说起来，我们的祖先用我们的文字写下的东西，今天的人读起来，其实能完全明白理解的人也不多。也就是说，担心我们的历史会因文字的不同而被割裂是没有必要的。生活在与我们相距甚远的古代世界里的人所撰写的文章，虽然用着相同的语言，但对一般人来说几乎无法读懂它们是一件很正常的事。比如用和文写成的《古事记》《源氏物语》等古籍，如果不借助学者提供的知识信息，我们今天普通人是无法读懂它们的。即便我们现在使用了罗马字，到将来还是会有和、汉学方面的专家，当然也会有日本语学者，只要有这些人的存在，我们古代的文学也好，思想也好，总能通过他们的解说获得理解。"①三并良出于实用主义目的提倡使用罗马字，且正在做着以罗马字转写西语的尝试。这种尝试在后来的日本现代语里被付诸实践，即大量外来语是经由片假名转写的西语原语。不过这些外来语多为专业领域的专业术语，它们虽然转写成片假名，但其实依然是外语，如果需要解读其意，还是要借助双语词典，所以它们是为专业人员服务的，只是方便专业人士的专业阅读以及书写，和普通人并无多少关联。这种情形让我们想起汉字汉文在日本历史里的面貌，对于不习汉字汉文的人，汉字汉文对于他们来说就是外国字外国文。

---

① ［日］自治馆编辑局编纂：《国语改良异见》，第 154—155 页。

自1885年起，罗马字论进入其第一个活跃期。1885年3月，罗马字会议定：以罗马字来转写由日本语书写的文字。4月，罗马字会发表以罗马字转写现行日本语的方法。5月25日，矢田部良吉在其题为《罗马字会书写法之理由》的文章中，列举使用罗马字时应注意的事项：第一，不根据现行假名使用法即假名遣，而依据口语发音。第二，以东京普通受教育者（注：接受过小学教育者）阶级流行的口语发音为标准音。第三，关于如何使用罗马字，其子字当采用英语中的通常表音方式，其母字当采用意大利语（即德语或拉丁语）的表音方式。矢田部良吉的贡献在于，他意识到制定统一标准语的重要性，没有标准语即标准发音，要全面实施表音文字将引发语言的混乱。于此，他建议在记录口语时，当以完成小学教育的这一群体间所流行的东京话为标准发音。如前述，由于日本社会所存在的阶级差异，东京话是不统一的，不同的群体流行着不同的东京话。矢田部良吉建议以完成小学教育这一群体间所流行的东京话为标准发音，缘于这部分人群可以完成初级甚至以上阅读，比如阅读报纸以及启蒙性读物。通过阅读，他们可以不断积累包括西学在内的各种知识，是日本建设现代化国家的基础力量。1885年6月10日，罗马字会发行会刊《罗马字杂志》第1号，上载岛田三郎题为《罗马字之便利》的文章，着重宣扬罗马字在排版方面所凸显的便捷特性。确实，相较数量庞大、笔画复杂的汉字，相较字数至少在50个以上、笔画也不太流畅的平假名、片假名，仅有26个字母的罗马字在排版方面可谓尽显优势。7月10日，《罗马字杂志》第2号发行，其中，三宅雄二郎在其题为《文字之争》的文章中指出，英语在欧洲普遍为人们使用，很多大文豪的作品因被翻译成英语而广为流传，若要使日本人尽快熟识并学会使用罗马字，应首先鼓动日本的文豪们以罗马字创作一些朗朗上口的诗文，然后让人们以这些诗文为范本，进行罗马字文的读写练习。在三宅雄二郎看来，与假名相较，罗马字的优点要更多。但东西好不是说立刻就能使用，考虑到日本当下的社会风气，骤然使用一样大家都不熟悉的新东西，肯定会遭到广泛抵触，只有像推广玻璃窗一样慢慢让人们领会到罗马字的好处，人们最终才会接受它。也就是说，采用罗马字虽然没有什么不妥，但在人们尚依赖或习惯使用现行文字语言文体的状况下贸然断行采用罗马字，那肯定是行不通的。因此，三宅雄二郎认为当下能做的事情是尽量改良现行文字语言文体，比如可以考虑在以汉和交混文体撰写文章时尽量少使用汉字汉语；而他认为今后能做的事情是尽快召唤一批有社会责任感的日本文豪献身罗马字的推广工作。① 三宅雄二郎旨在通过文学作品来推广罗马字的提议，其可行性显然不高。别的且不说，仅要说服有名望的文学大家去以罗马字进行文学创作这一件事，就极不易操作，除非某文学大家自身对罗马字发生兴趣，否则让自己丢开熟悉的文字语言文体，用一种全新的文字语言文体去进行创作，写作灵感从何而来呢？故其提议当即遭到外山正一的反驳。主张使用表音文字的外山正一，起初支持假名文字论，当罗马字论兴起后，又转而投奔罗马字论阵营，可见对于赞叹表音文字的人士来说，无论采用何种表音文字，简化现行读写是他们的共同期盼。8 月，田中馆爱橘发表赞同使用罗马字的意见。出生于1856 年的田中馆爱橘亦是旧藩士，在南部藩藩校作人馆修文所学习时，与原敬、佐藤昌介是同学，1872 年进入庆应义塾学习英语，一年后因学费过于昂贵而转入学费较为低廉的官立开成学校的预备校——东京英语学校，继续学习包括英语在内的西学科目，1878 年进入东京大学理学部学习，并于 1882 年顺利毕业，作为东京大学理学部的首批毕业生，他留校成为准助教授，这为他日后成为地球物理学者奠定基础。也就是说，田中馆爱橘是以东京大学在校教职员工的身份发表了关于采用罗马字的意见，作为一名地球科学的研究者，他希望日本的语言能够欧化。1885 年 10 月 10 日，松井直吉以《文字的历史》为题，在回顾日本文字历史的基础上，排斥汉字，主张改用罗马字②。松井直吉也是科学家，在历任第三高等中学校（京都大学的前身）教务长、文部省专门学务局长后，出任东京大学农科大学长、东京大学教务总长等职务，兼任东京

① ［日］自治馆编辑局编纂：《国语改良异见》，第 334—335 页。
② ［日］国语调查委员会编纂：《国字国语改良论说年表》，第 9—10 页。

化学会会长,是日本明治时期著名的化学家。我们再次发现这一时期的日本科学家对罗马字的推行饱含期待。

在早期的罗马字论主张者中,矢田部良吉显得非常活跃。1886年1月10日,矢田部良吉的文章又出现于第8号《罗马字杂志》,重申文字不过是获得知识的工具,与其花费诸多功夫学习困难的文字,不如尽早驱逐汉字,采用便利的罗马字。2月25日,矢田部良吉继续利用《罗马字杂志》这一宣传工具,发表《烦劳教育家一读》一文,指出既然日本已经决定输入西洋文化,就应着手改用罗马字,以方便西洋文化的输入。出于同样目的的头本元贞也说:"随着外国学问、思想的输入,西洋语言也随之进入日本,不论是我们的教科书,还是我们的学术书籍,往往需要引用他们的语言或文章,遇到这种情况,利用罗马字来标注西洋语言似乎更加方便,即无论从文字、文体,还是从横写格式来讲,罗马字在输入西洋语言、书籍乃至文化方面都具有无比的优越性或便捷性。那么是不是可以像嵌入汉字一样,在假名文中嵌入罗马字呢? 显然这是不合适的。我们若还是允许两种不同字形的文字交混使用,那我们为什么还要去改变汉和文字交混使用的现行文体呢? 而且,事情可能会变得更加复杂。"①头本元贞断定:使用了罗马字的日本可以顺畅地融入世界尤其西洋诸国的世界中去。但读者对于矢田部良吉们的提议并不买账,提出猛烈的反对意见②。比如,5月25日,氏家鹿三郎即针对矢田部良吉撰写的《烦劳教育家一读》进行反击,称其表面看似忠心爱国,实乃卖国之人。他说,建设现代国家,尤其强调树立本国的独立性,如果连本国语言都要弃之不用,谈何独立性?③ 氏家鹿三郎称其"卖国"即在于此。反对者特别指出:仅罗马字的书写方法,就破坏了日本语本身具有的文法法则。以罗马字注音,虽然方便了英语读者,但对于用惯汉字或假名的人来说其实是个灾难,尤其在发音尚未统一的

---

① ［日］自治馆编辑局编纂:《国语改良异见》,第361—362页。
② ［日］国语调查委员会编纂:《国字国语改良论说年表》,第11页。
③ ［日］国语调查委员会编纂:《国字国语改良论说年表》,第12页。

前提下，辨识以罗马字记录的语词实属不易。其实支持罗马字的头本元贞也谈到罗马字所存在的缺陷。他说："其最大的不便之处就是以罗马字撰写的文章篇幅很长，这是反对使用罗马字的人所列举的最重要的理由。但是只要我们对罗马字表音法做些改革，我们是可以解决这个问题的，比如我们可以略去每个词语中的元音部分。而相对于这些缺点，使用罗马字的巨大好处就是我们不再担心在翻译西洋语言时找不到对应的译字。"①罗马字所存在的缺点当然不只这些。赞同采用表音文字的平井正俊这样分析罗马字的特点："罗马字有父音字（辅音）、母音字（元音），却没有像假名那样有大量的字音字。这样一来罗马字相邻字之间的结合基本依靠母音字来完成，也就是母音字是几个相邻字的粘合体。……罗马字会所提出的拼写法却不如人意，也就是在记录一个音节时，让母字与父字相结合，结果一个词语中有时会有数个父母字组合排列在一起。这样一来，这与数个假名字排列在一起构成一个假名词语的现行文字样式没有丝毫差异，所不同的只是这个词语是由一个组合或两个组合或数个组合构成而已。结果我们在阅读罗马字词语时依然需要按照顺序从头读到尾，也就是先是父字然后母字，再是父字然后母字，如此排列组合下去，千篇一律，没有变化，显得极为单调。我们试想一下，无论是绘画还是音乐，或是其他事物，只有抑扬顿挫，富有变化，才能获得令人陶醉的视听享受，而那种没有浓淡远近差异的绘画，看在眼里到底没有什么趣味可赏。同样的，没有一扬一抑旋律变化的音乐听起来将是多么了然无趣。这就好比连绵不断的群山，由西向东望去，正是由于各山自有各山色，形状风貌迥然不同，才能恍惚分辨出此山为何名，彼山为何名。如果诸山在外形气势上毫无差异，我们如何能记住各山的山名？又比如我们识别人脸，可以根据每个人拥有的各自不同的耳、目、鼻、口、脸型、肤色等特征来清晰分辨出他们每个人，一般只要见过某人一次，下次再见面时多半能立即认出。当然由于造化，会有一些双生子或

---

① ［日］自治馆编辑局编纂：《国语改良异见》，第362页。

多胞胎,由于他们身上的特征都是相同的,我们在判定他们各自谁是谁时就会感到很困难,经常要发生认错人的事情。总之,正是因为每个人在高低、大小、凹凸等身体特征方面都是不一样的,所以我们可以很容易记住一个人。文字也是同样的道理,我们在强调表音文字用起来很便利的同时,也要关注字形。如果字与字之间的差异不大,或者每个字组合没有自己的形貌特征,那么混淆不易辨的现象不能避免。我们再来看看罗马字,罗马字的拼写方式,多为父音母音交错组合,让这样的组合生出种种变化的可能性有限。也就是说因罗马字本身没有什么特点,故不知该采用什么方法才能使得由这种文字组合成的词语在外形上产生出种种变化。"①在平井正俊看来,由罗马字组合的词语在外形上长得太像,不好辨识,也就不好记忆,所以他认为如果不对罗马字字形抑或拼写法作出修正,以罗马字为日本国字的提案只是一种不现实的空想。平井正俊的思维逻辑在当时具有代表性,既看中了罗马字或假名字的便捷性,却又舍不得汉字在外形上的丰富性。与挑剔罗马字字形的平井正俊不同,田口惠恰好谈到头本元贞所担心的问题:"这种文字的缺陷在于其表音方法上,即若以这种文字来书写我国语言将会出现这样那样的问题。对于这一点,学习洋学的人深有体会。比如,如果将汉文'明日我将行'翻译成日本语,以假名书写就是:'ミヨウニチワタクシユキマシヨウ',共计15字;如果以罗马字书写,就变成:'miyouniti watakusi yukimasiyou',共计28字。如此一来,若采用罗马字,将日本语翻译成英法等欧美语言后会变成何种模样不得知,我只知道若以罗马字为国字,那么由其撰写而成的文章的字数势必要翻番,然后原本一册书的篇幅就要增加为两册书,万卷的账簿也要增加为两万卷。个中不便,绝不仅限于账簿,我们经常要写的书信函也会多花上一倍的时间,这样的不方便想必没有多少人能够忍受。"②末松谦澄也指出:"在书写方面,罗马字的缺点是明显的:罗马字的使用字数较假名平均要多出一倍。比如'カタ

---

① [日]自治馆编辑局编纂:《国语改良异见》,第169—170页。
② [日]自治馆编辑局编纂:《国语改良异见》,第344—345页。

ナ',转写成罗马字为'Katana'。前者字数为三,后者为六。从日本人的角度看,已经看惯汉字,喜欢那种收缩性的字形,排斥像假名这种伸展性的表音文字,尤其罗马字显得更加冗长。就简练而言,假名虽不及汉字,却优越于罗马字,所以如果要使用表音文字,采用假名似更加合理。"①末松谦澄并不讨厌罗马字,只是认为可以使书写变得简短的是假名。可见,变化少、用字多都是罗马字论主张者所要面对的问题。洋学者中有不赞成罗马字论者,民粹主义或者国家主义的信奉者更是对罗马字不以为然。木村鹰太郎就直言:"我本人极不赞同采用罗马字。无论怎么说罗马字都是一种外国文字,且不为我们广大人民所熟知,要将其硬性搬入我国到底是一件困难的事。我这么讲的时候并不是说罗马字是一种劣等文字。其有母字(元音)、子字(辅音)之别,在发音上也很雅致,这都是罗马字所具有的长处。但即便如此,罗马字也不应该成为我们的国字。原因很简单,如果以罗马字书写我们的语言,篇幅会特别冗长,由此造成的不便是我们不能忽略的。三宅熊次郎还提出过朝鲜谚文②说,但我认为朝鲜谚文像罗马字一样不适合于日本。"③日本自古以来确实不断从外部吸收重要文化,但在拿来过程中也会涌现捍卫自己本土文化的志士。这与日本在地理上偏在东北亚很有关联,在16世纪大航海时代到来之前,当中国文化传播到日本后就到达了终点,加上与中国隔海相望,日本有大量时间消化来自外部的文化,这种消化是在适当保留自我文化中完成的,日本历史上不断掀起的国学运动就是自我意识发酵的结果,从前是针对汉学,明治维新以后是针对西学。这是我们在研究日本问题时所要注意的一个特征。

在一片反对声中,1886年7月10日,罗马字论者天野谦在发表题为《为罗马字会辩解》的文章中,为罗马字论一一进行辩解④。尤为引人注目的是,

① [日]自治馆编辑局编纂:《国语改良异见》,第315—316页。
② "谚文"的日语发音是"オンモン",朝鲜语的意思,故朝鲜谚文就是朝鲜注音文字的意思。
③ [日]自治馆编辑局编纂:《国语改良异见》,第192页。
④ [日]国语调查委员会编纂:《国字国语改良论说年表》,第11—12页。

日本的一些显要人物也开始关注这一文字改良的方向。1886 年 1 月 23 日，在罗马字会第一次总集会上，华族井上馨出席并发表了演讲，谈到日本文字的后缀法，并指出应编纂相应的文法书。身为华族的井上馨是长州藩士井上光亨的次子，1851 年进入藩校明伦馆学习，1855 年 10 月，曾随从藩主毛利敬亲前往江户时结识了伊藤博文，回藩后加入藩主敬亲组织的西洋军事训练，并在 1862 年伴随敬亲的嗣子毛利定广再次前往江户游学，在江户期间参加过当地的尊王攘夷运动，但随后作为"长州五杰"之一于 1863 年偷偷前往英国，在英期间由攘夷派转变为开国派，并在 1864 年下关战争期间回到国内积极参与和平斡旋活动。作为参加过两次长州征伐的长州藩士，井上馨于明治维新后先是任职长崎府判事，但很快出任造币局知事，负责造币事务。后在木户孝允的推荐下进入大藏省，并于 1871 年 7 月升任相当于大藏省副大臣的大藏省大辅，又因当时的大藏卿大久保利通恰好作为岩仓使节团成员在游历欧洲中，在大久保利通未归前实际上是大藏省的当家人，故参与了当时诸如废藩置县、发布学制、改革财政体制等一系列重大政治活动。1874 年因财政预算问题辞职而暂时退出政界。在野期间，以三井组为基础成立了日后著名的三井物产，从事实业，但很快在伊藤博文的说服下重返政坛，开启他外交政治的生涯。其中，参加过江华岛事件的交涉，并在 1877 年 2 月作为日方副使在朝鲜见证了《日朝修好条规》的签署。同年 6 月前往欧美游历，一年后回到日本。大久保利通被刺杀后，井上馨成为伊藤博文的第一副手，先是任职参议兼工部卿，一年后即 1879 年转任外务卿。1881 年，围绕建设怎样的国家，大隈重信与伊藤博文之间发生了严重的对立，井上馨协助伊藤将大隈逐出了政界。此后的井上馨围绕朝鲜问题一直处在中日外交一线，为中国人所熟知。在与中国争锋的同时，尚不遗余力推动条约改正运动以期让日本获得与欧美国家平等的国际地位。这样的人生经历使得井上馨积极推动日本的西化政策。比如他一手促成了鹿鸣馆和帝国饭店的建设，为加快日本国际航运的发展，打破邮政汽船三菱公司的垄断地位，扶持其他小航运公司结成可以与三菱公司对抗的共同运输公司,并直接促成了三菱与共同运输的合并,新成立的日本邮船公司成为日本开辟各种海运线、与他国海上航运形成竞争的重要力量。1885 年,伊藤博文第一次组阁时,井上馨成为首个外务大臣。这样一位身份显赫的政界人物出现在罗马字会召开的大会上,显然是对罗马字会的重要支持。当天,出席会议的驻日英国公使在其演讲中也阐述了罗马字的便利性,并提出实施的具体参考意见。就采用罗马字一事,在日外国人表现出了极大的热情,有社交能力者会利用各种场合向日本当局宣扬使用罗马字的好处。比如,4 月 10 日,外国人 LAbbe Berlioz 在函馆罗马字传习会上就发表了题为《罗马字之便利》的演讲①。

同年 5 月 10 日,又一家宣扬罗马字的杂志即罗马字新志社社刊《罗马字新志》第 1 号发行。在这期杂志上,刊发了罗马字使用法。就罗马字的使用问题,罗马字论主张者各抒己见,期待能确立一套成熟可行的使用法,以便推广。比如,6 月 10 日,北川乙次郎在其题为《针对这些挑选出的文字我们应给出怎样的名称呢?》的文章中,就 26 字的读法提出意见。8 月 10 日,外国人 R. Allain 向罗马字杂志寄去关于罗马字使用法的意见。9 月 10 日,青木セイジロ一就罗马字略号提出自己的意见。12 月 10 日,草野纹平在其题为《罗马字行于世之意见》的文章中,论述其通行的可能性②。

总之,罗马字论者以为,以罗马字来进行书写,可以帮助日本人更快地学习"洋学",而且方便外国人阅读日本书籍,可谓一举两得,内外均受其益。另外,兴"罗马字会"者称,罗马字书写快捷,用写假名字一字的时间可写二字以上的罗马字;而且,罗马字的发音更精确,比如用假名标注西洋诸国的人名或地名,是万万及不上罗马字的。归纳之:一、由于日本文字语言文体所存在的大量不规则现象(按:应指假名的不规则用法),导致日文具有明显的不确定性,这与西语西文的简练且流畅形成了鲜明对比,故只有将其改革为罗马字,

---

① [日]国语调查委员会编纂:《国字国语改良论说年表》,第 11 页。
② [日]国语调查委员会编纂:《国字国语改良论说年表》,第 12—13 页。

日本在学习西方、建设现代化国家时才有获得锐意进步的可能；二、日本文字语言不易习学（按：应指汉字汉语复杂难学），只有将其改正为罗马字，日本与西方诸国间才能相互开启知己知彼之途。① 学习西方，效仿西方，变成西方，成为罗马字论主张者的强烈愿望。一位名叫小崎弘道的洋学者在《非脱离东洋风气不可》一文中如此呐喊："变外部之风俗习惯易，改内部之心难。然人心者本也，风俗习惯者末也。今日之改进改良，若非涉及人心之本，必将彻底无望。然此改进之风，安可不触及人心之本而只于外部模仿西方风俗？察现今之实况，身裹西洋之服，口食西洋之食，居西洋之屋，仿西洋之风俗者，其心依然依东洋古来之风气者众。纵令其出游于西洋，修西洋之学，怀西洋之思想，发西洋之议论，其气风依然难免东洋气者，非寡也。呜呼哀哉！东洋之风气须速脱弃。"②如何摆脱东洋风气？ 在他们的眼中，废汉字转用西字当为首选吧。

　　然而，罗马字论主张者的鼓动似乎并不能在社会上引起很大反响。比如，很多人以为，即便日本人记住了罗马字的连缀法，如果不掌握足够多的西语原语，在阅读欧美书籍时仍不能自由解其意；同时，相信欧美人读已经转写成罗马字的日本书籍时也会遇到同样问题。8 月 31 日，植村正久在其题为《罗马字会和假名的会》的文章中就在论述了日本将来文字非罗马字不可的原因后，又指出当下罗马字会不能振兴的理由。10 月 30 日，在发行的第 70 号《六合杂志》上刊出了记者与美国博士 Furubeekito 之间的问答，这个采访的内容紧紧围绕着现行罗马字会发表的拼写法及其未来使用的前途展开③。一个显然的事实是罗马字会提出的罗马字使用法或拼写法没有契合现行日本语的特点，因缺乏实践性，长此以往，前途必将堪忧。也就是说，罗马字会与假名文字

---

　　① ［日］佐藤宽：《日本语学新论》，第 69—73 页。

　　② ［日］家永三郎著，靳丛林、陈泓、张福贵、刘珊译：《外来文化摄取史论》，第 293 页。转引自小崎弘道：《非脱离东洋风气不可》，《国民之友》第 5 号，民友社 1887 年版，第 32—33 页。

　　③ ［日］国语调查委员会编纂：《国字国语改良论说年表》，第 12—13 页。

会遭遇了相同的问题,如果不实施广泛、严密、系统的语言调查,就不能建立统一发音或标准语的基础,没有统一的标准语,主张假名文字也好,罗马字也罢,都是一句空谈。在这样的背景下,12 月 15 日,田中义重等人在茨城县古田部町创立罗马字研究会。

这一时期,无论是假名文字论,还是罗马字论,尽快或逐步将汉字从日本文字中剥除出去是他们共同的期待。比如,1887 年 1 月 10 日,外国人 Sumi Katsusaburo 在其题为《期待罗马字应实施汉字限用法》的文章中,指称如果不废除汉字,罗马字难以变成日本的国字。同年 1 月,高桥五郎发表题为《古今将来日本语言并文字论》的文章,在略述中国语言文字对于日本文学的影响后,表示自己赞同罗马字说,但却指出罗马字会所提出的现行使用法存在诸多缺点。2 月 10 日,外国人 Shiraki Kinzo 在其题为《期待罗马字之扩张》的文章中,又以外国人所持立场对罗马字与假名进行比较,并指出汉字的危害,阐述当今进步社会应使用表音文字,尤其罗马字。同样是外国人的 Tirinoyn Kurun 也发表题为《大和(やまと)语言的连缀方式》的文章,指出因每种语言都有其特性,所以应根据其语言性质来决定表音文字的连缀法即拼写法①。上述事例表明,在日外国人对罗马字在日本的推广充满热情和期待。

尽管不能获得广泛支持,罗马字会的第二次总会还是在 1887 年 3 月 19 日召开。在这次大会上,时任通信大臣的榎本武扬大力宣扬罗马字的便捷性,并提出推广、普及罗马字的方案。旧藩出身的榎本武扬早年相继在昌平坂学问所、长崎海军传习所学习,后留学荷兰,归国后成为幕府海军的指挥官。明治维新以后,服务于新政府,曾作为开拓使前往北海道进行实地勘察,又被任命为驻俄特命公使与俄方签署了桦太千岛交换条约,先后担任过外务大辅、海军卿、驻华特命全权公使等,内阁制度开启后被任命为通信大臣,之后相继担任过文部大臣、外务大臣、农商务大臣等,是日本明治时期著名的外交官、政治

① ［日］国语调查委员会编纂:《国字国语改良论说年表》,第 13—14 页。

家。他自身喜爱化学,创立过多种诸如地质学、电气学、农学等方面的学术团体,其中建立于1879年的东京地学协会是与其同道渡边洪基一起创办的,故榎本武扬可谓是官僚群体中大力推广西学的务实派。当天,渡边洪基也出席了大会,在其演讲中历数汉字之危害,主张应废除汉字,改用横写书体。同样是旧藩出身的渡边洪基,早年在庆应义塾师从过福泽谕吉,1870年入职外务省,明治四年随同岩仓使节团出访欧美,1885年时就任东京府知事,翌年出任东京大学首任校长,同榎本武扬一样,热衷于推广西学,并兼任多个西学学会的会长工作,一生纵横学、政两界。上述两人倾向日本采用罗马字与其国家建设目标相契合。另外驻日美国公使也出席了当天会议,畅言文字改良是顺利吸收新知识以及国家社会获得发展乃至发达的关键,并就改良方法提出了自己的建议;而外国人B.H.Chmmberlain在发言中指责,肩负推广罗马字职责的《罗马字杂志》,其所刊发的文章依然采用的是难解的汉文体,这实在是一个怪现象,并宣称日本如果要采用罗马字,当首先改革文体,只有做到言文一致,罗马字才有可能成为人们首选的书写文字。①

外国人似乎觉得在罗马字的使用方面,他们能给日本提供更多有益的建议,也希望日本能找到罗马字在日本通行的正确方法。1887年5月2日,I.T在其题为《应明确语尾的变化》的文章中,告诫日本人在使用罗马字拼写法时可以借鉴日本历史中假名的拼写法。6月25日,Tiriuoya Kurunn在其题为《会话与书写物间之距离》的文章中,指出无论在何国,都存在着口语与文章语间存在差异的现象,而正是因为这些差异,才导致开化即启蒙运动的发生,因此日本无须为自己口语与文章语间存在的差异感到惶恐,只要在今后的启蒙运动中注意将口语与文章语结合起来使用就无碍,而原有的文章语仍应保留,就像口语适用于记录俗事一样,思想学问之表达还是要仰仗、依赖文章语②。由此,我们看到一些外国人的主张反倒比某些激进的日本人显得要理性。

① 〔日〕国语调查委员会编纂:《国字国语改良论说年表》,第14页。
② 〔日〕国语调查委员会编纂:《国字国语改良论说年表》,第14—15页。

上述观点又回转到近代教育问题上来。10 月 10 日,外国人 O.S.Eby 在当日举行的大日本教育会上发表题为《日本教育进步与否在于日本语发达之程度》的演讲,指出一国的发达在于初级教育隆盛与否,而初级教育的起点在于日本是否拥有成熟的本国语言,而日本语能否健全发达的关键在于是否采用罗马字。这一说法把罗马字的地位提升到"国是"的高度。① 不论日本国民是否认同这一说法,与上述言论唱和的文字改良者却不乏其人。比如,4 月 23 日,涉谷信次郎在茨城县古田部町罗马字会总会上发表题为《假名与罗马字的比较》的演讲,声称较假名,以罗马字书写日语发音更加精确。11 月 10 日,松村任三在其题为《学术文章应以罗马字进行书写》的文章中,继续重复阐述罗马字的便利性。12 月 10 日,手岛精一在其题为《罗马字在教育上之得失》的文章中,以西洋儿童为例,指出若欲使在学儿童迅速吸收各种新知识,当采用罗马字。在日多年的外国人 Draper 就提议说:"孩子们用在学习读写上的时间越少越好。根据实际调查表明,同样达到某种教育目标,日本初级教育阶段的学生比那些使用表音文字国家的同教育等级学生,至少要多花费几个月甚至更长的时间。也就是说,如果日本学生不再学习汉字,改用罗马字,他们节省出来的时间合计起来大概要有几千年,如果把这些节省出来的大量时间用在对可以带来实际效益的学科的学习上,这难道对日本不是一件很幸福的事吗?试想,只凭借 26 个字母的自由组合就能够记录下所思所想,这难道不足以让使用者欣喜若狂吗?可惜当今世界,各国采用不同的文字书写他们各自不同的思想,为了了解彼此的思想,人们忙于各种文字的学习,不知白白浪费掉多少精力,却不知时间是我们人类生命中最宝贵的财富。"②肥冢龙在其发表于 8 月 25 日题为《日本应创造第二种日本语》的文章中甚至主张,日本若想展翅雄飞于世界,就应在英语或法语中选取一种语言,将其作为日本的第二种国语予以推广。不过这样的言论很快遭到批判,在刊发于 12 月 25 日《罗

① [日]国语调查委员会编纂:《国字国语改良论说年表》,第 15 页。
② [日]自治馆编辑局编纂:《国语改良异见》,第 209 页。

马字杂志》上的一篇文章中,作者详细论述了国家与国语间的紧密关系,驳斥将外国语视作本国语的意见是一种荒诞不经的想法。①《罗马字杂志》也刊发这样的文章,说明杂志主办者愿意倾听关于文字语言文体改良的各种声音。

　有一个现象需要注意,就是在关于文字语言文体改良的社会舆论中,"言文一致"成为大家普遍关注的课题。就像假名文字论者中的部分学者明确提出应致力于言文一致运动一般,罗马字论者更加期待日本的文字语言文体改良朝着言文一致的方向发展。1888 年 5 月,在杂志《文》上所刊登的社论中,执笔者明确鼓励人们应练习使用口语,相信如果以口语进行书写的练习能获得成功抑或成熟起来,那么言文一致付诸实践的一天终将到来。② 旧藩士、作家、后来的众议院议员福地源一郎谈到对日本现行文体的看法以及对未来文体的期待,他说:"我是极为赞同言文一致的。当然所谓言文一致,也不是说将所说的话原封不动地写下来,这不叫言文一致,这叫言文百致。……人们常说,从前的文体,不论官私文书,都很正确;而今天的文体,却是无奇不有,一幅乱象。我们先不谈文体,就语言来说,确实很混乱。从前,一个人只要一开口就能确定其身份的尊卑。具体来讲,能做出精准表述的人,不仅只是负责待人接物工作的使者,凡武士都应具备这样的素质。也就是说,番町(上町)语言与下谷(下町)语言间存在着尊卑差异,即公卿一直有着公卿的语言,庶民有着庶民的语言。不过,这种语言秩序在明治维新以后遭到破坏,人们对于语言训练也不再那么关注,由此语言上的混乱日趋严重。但是我想强调的是各种方言的存在并不仅是日本独有的现象。比如在英国,威尔士人就听不懂苏格兰人讲的方言,英吉利人也听不懂爱尔兰人说的方言,这就好比长崎人听不懂青森人说的话,爱媛伊予人听不懂越中地区人讲的话一样。英国人的做法是,针对在学校接受教育的儿童,教授发音统一的国语,这样一来,虽然大家各自生活在不同的地区,但只要接受过学校教育,就都可以讲一口纯粹的英语

---

① ［日］国语调查委员会编纂:《国字国语改良论说年表》,第 15—16 页。
② ［日］国语调查委员会编纂:《国字国语改良论说年表》,第 17 页。

（按：指标准语），人们也就不再担心与来自不同地区的人在交流上会有障碍。法国、德国等欧洲国家基本都是这样，也就是各地有各地的方言，但因为学校里都在教授标准国语，不同地区的人在交流时不会有什么困难。中国同样也是如此，中国的18个行省有着各自不同的方言，异乡之人聚在一处，如果各自说各自的方言，那么彼此之间是不容易沟通的，但中国一直有被称之为官话的标准国语，也就是今天的北京话，一般上流社会的人都会学习官话，所以在对话时如果使用官话，那么无论是山东人遇到了广西人，还是福州人遇到了甘肃人，他们彼此之间都可以毫无障碍地进行交流。这就是学习了标准国语之后的好处。不要说欧洲诸国，就是在中国，遇到三尺孩童，只要和他说几句话，就立刻能断定出这个孩子是否接受过学校教育。关于这一点，不要说与欧洲国家相比，就是与中国相比，我们都要差了很多，这实在是一件令人感到遗憾的事情。日本现在大力推行学校教育，但问题的关键点在于我们的学校没有标准国语可以教授，其结果就是青森的学生依然说着奥州方言，长崎的学生却说着带点外国口音的方言，大家自说其话，没有一种可以通行于全国的语言，以致我们的国民教育达不到预期效果。说到这里，我是非常赞同言文一致的文体改良目标的，但在推动文体改良之前我们首先要确立改良的基础。我们首先要组织编撰一些以正确用语书写的、可作为示范的典雅文章，以帮助在校学生学会使用正确文雅的用语。需要注意的是，在编撰示范性文章时应尽量让言（口语）融入文中。我们现在的文章，言与文之间的距离太遥远，所以我们今后的工作就是要让它们彼此之间缩短距离，最后形成我们认可的、可在全国推广的标准'国语'。在我的期待里，未来的国语应该是庄重而典雅的（按：挑选出口语中那些庄重而典雅的语言，将它们放入国语中）。"①福地源一郎在谈及言文一致时注意到欧美国家以及中国在语言使用上的统一性，包括在说话发音上的统一性，也就是统一的标准语言以及标准语言发音是实施言文一致

---

① ［日］自治馆编辑局编纂：《国语改良异见》，第243—245页。

的基础。但具体到日本,他只在谈如何建立文章用标准语言即国语的问题,却忽略了最重要的标准话建立问题,标准话不立,言文一致只能止于纸上。这也是这一时期虽然人们意识到言文一致的重要性,但怎么做,尤其第一步应该做什么,尚未形成确定的统一意见。标准话问题不仅是言文一致的瓶颈,同样也是假名文字论、罗马字论的瓶颈。

总之,在罗马字的推广中,外国人以及洋学者积极参与其事成为显著特点。比如,于 1888 年 4 月 14 日召开的罗马字会第三次总集会上,作为外国方的出席者,英国人 O.S.Eby 发表演讲,就汉字、假名、罗马字进行评述,继续鼓吹日本应采用罗马字。6 月 22 日,罗马字会又召集第四次总集会,出席大会的驻日法国公使指出,日本如果想与欧洲诸国保持亲善关系,即便有种种困难,也应克服困难,尽可能采用罗马字。事实是:在罗马字会的总集会上总能看到驻日西方国家大使的身影,出席每次的总集会已成为一种惯例,且与驻日外交官关系密切的日方官员也会陪同出席,尽管这些官员中的一部分人其实并不赞同使用罗马字,这使得罗马字会总集会更像是一个带有外交性质的洋风社交活动。比如,参加第四次总集会的外交官末松谦澄在例行发言时,鼓励人们可以多练习练习罗马字,只要会使用的人越多,罗马字最终取代现行文字的可能性也就越大。但读了他关于日本文字改良的意见就知道,末松谦澄更倾向日本采用假名文字。尤其有意思的是,强调日本应保持自我独立性的前岛密也参加了这次聚会,不过这位主张使用假名的文字改良者没有附和大会主题,在发言中只再次强调应把汉字及早从通用文中驱除出去。① 前岛密、末松谦澄们的动态再次证明,当时文字改良者之间的界限并不十分明确,有时为了争取社会舆论对文字文体改良的同情,他们甚至可以联合他们各自的力量,同样,在他们各自内部,对改良的具体方向,也会有不同声音。比如,在发行于 5 月 25 日的《六合杂志》上,即有题为《以罗马字书写日本人名的方法》的刊

---

① ［日］国语调查委员会编纂:《国字国语改良论说年表》,第 16—17 页。

文,该文作者就当下日本社会存在的世人万般崇拜西洋现象,提出严厉批评,
警诫大家:无论如何,在姓名的书写顺序上应保留日本风格。这是对全盘西化
者的批判。就像汉化问题一样,日本对全盘西化也是极为警惕的。

此后关于采用罗马字的社会呼吁开始趋于平淡,这是日本社会在这一时
期做出的选择。零零落落间,1891 年(明治二十四年)1 月 10 日,井上哲次郎
再次发文阐明日本必须采用罗马字的理由。他认为:自维新以来,日本于制度
文化越来越多地效仿西方,这才会有罗马字说的兴起。原因很简单,如果采用
了罗马字,学起西洋语言来会方便很多,且吸收起西方新术语或各种新概念来
会轻松很多。如果政府强制推行,日本以罗马字为国字完全可行。不过,文字
改良对国家来说到底是一件非常重大的事,不能草率行之。以法律条文为例,
它需要以严谨的文字对其进行精确表述,一旦表述确定后,其文字便不能再随
意变动。因此,我们改良文字不能仅凭借一颗热爱欧洲、向往欧化的心。也就
是,一定不要忘了我们采用罗马字的初心是为了迅速提高广大民众在建设现
代化国家的过程中所应具备的素质。这是一个事关我们国家未来发展的重大
问题。这就意味着,我们在采用罗马字前一定要对方方面面的问题进行充分
的研究,而在没有进行过充分研究的情况下,就盲目、硬性地去进行改革,且不
说抓不住改革的要点,其失败的结局怕也不能免。就像我们今天的罗马字会,
由于根本抓不住改革的正确方向,我们衰退得很快,甚至可以说已经要一败涂
地了。为什么会出现这样的情况呢? 关键原因在于罗马字会提出的改革意见
没有顾及人们对现行文字的依赖,只是急于要以一种新文字去取代人们早已
熟悉的旧文字,这种与过去进行切割的提案根本打动不了人民的心。也就是,
罗马字不被接受的理由并不是因为罗马字本身有什么致命的缺陷。如果说罗
马字有什么缺点,那就是以罗马字撰写的文章字数会变多,以致文章篇幅显得
会有点长而不像汉文那么富有美感。但除了那些"酸儒"以外,又有几个人会
觉得汉文优美呢? 说到底,这并不是什么大问题。但这样一个并不起眼的小
问题,却成为人们攻击罗马字的一个理由。另外,我们还忽略了假名在某些方

面是优于罗马字的。首先,假名是我们长久以来惯用的表音文字,人们对假名不存在一丝一毫的抵触情绪。其次,以假名撰写的文章,其篇幅虽然较汉文或和汉文要长,但却比罗马字文要短。具体说,罗马字要用 2 个字母来表记的音,用假名往往只要一个字就能解决。结果就是,如果用罗马字书写大概需要 10 行的篇幅,换作假名的话,基本只需要 5 行。① 透过井上哲次郎的发言,我们看到罗马字论遭到抵制的原因:罗马字几乎是一种全新的外来文字,在没有做好全面准备的情况下欲以这种全新文字猛然取代现行文字,能承受其冲击力者几无多少人。前述有在日外国人指责刊登在《罗马字杂志》上的文章用的是和汉体,这一事实表明,即便是推广罗马字的改良者,在其写作时也会感到以罗马字撰文的难处。由此可见罗马字的真实处境了。1892 年 8 月 10 日,天国浪人在其题为《关于罗马字的意见》的文章中,对汉字、假名、罗马字进行了老话重提的比较,赞同采用罗马字,并提出可行方法②,与高峰时期相比,可谓这一时期罗马字论的余音,昙花一现后便销声匿迹了。

当然,罗马字论遭遇的处境与反罗马字论的声音不绝于耳有关。母语是表达本国文化思想的最切合工具,以强国富民为由,抛弃本国母语,转从强国的语言文字,这无疑是在国家主权上做出让步,尽失独立自尊的近代国家本色,日本人中的保守派、民粹主义者乃至国家主义者是很难接受这样的改变的。为了实现欧洲现代化,追上欧美国家的发展步伐,学习、效仿西方势在必行。但效仿西方的前提若是以放弃自己的文字语言文体乃至文化为代价,则偏离了改革社会的初心。在发展现代化的过程中,一切都在摸索中进行,包括文字语言文体的改良,但表音文字尤其罗马字支持者提出的改革目标,引起了人们的警惕,这些激烈主张所带来的不确定性令人生疑,因此当温和不躁的改良论——精简汉字论被提起时,多少附和了大众心声。

---

① ［日］自治馆编辑局编纂:《国语改良异见》,第 402—403 页。
② ［日］国语调查委员会编纂:《国字国语改良论说年表》,第 22 页。

三、精简汉字论者

1884 年 4 月,三宅雄二郎在其题为《做假名军之猛将,让世人惊诧》的文章中,首先举例说明汉字并不难学,随后列出不能全面使用假名、罗马字的理由,最后表示即便要进行文字语言文体改革,也是在现行文字语言文体的基础上改,即维持基本的汉和体面貌是最好的选择。他客观地说:学习汉字难易因人而异,也就是各人资质不同,在记忆汉字这件事上感受到的难度也不同,记忆力好的人学起汉字来不觉得很困难,自然也不认为汉字有什么危害,相反记忆力差的人,学起汉字来很吃力,他们今天聚在一起开始声讨汉字的危害性。但是我们在讨论是否要废除汉字之前,其实还有更加重要的事情需要我们去做决断。我们来看看中国的情况吧。中国话,若以方言论,少说有数百种之多。一个普通人,一般只掌握自己家乡一地的方言,但一种方言的通行范围大概在方圆百里以内,也就是走出百里外,这个人就会遭遇语言沟通上的问题。但汉字就是另外一种情景。一个人去到任何一个地方,都可以通过汉字与他人进行交流。比如,中国人在阅读日本文章时,表述文字中所使用的汉字越多,读起来的感受就越好。像我们的报纸,其刊载的消息报道多用汉和混合体撰写,结果现在喜欢阅读日本报纸的中国人越来越多。这样一来,我们与中国人之间的交往就会变得频繁,我们相互之间的关系也就会越来越亲密。上述事实都是我们必须继续使用汉字的理由。我们要清醒认识到,我们与中国之间的关系状态影响着日本的国家发展,只要中国人使用汉字一天,我们日本人就一天不能放弃汉字。我们要明白,在进入或融入中国社会方面,我们日本人之所以比西方人感觉要轻松得多,就在于我们今天还在使用汉字。若此,我们有什么理由去轻慢甚至要废除汉字呢? 三宅雄二郎是一个国家主义信奉者,出于国际政治考量,他警示日本人不要为了一些眼前利益而放弃了更重要的长远利益。他说,汉字难在初学时特别难,比如笔画多,既不好写也不容易记,但只要撑过最初阶段,掌握汉字构造的规律,慢慢就能在阅读中适应它的存在,慢慢学会汉和体的文字排列,以致可以尝试撰写汉和体文章,这是一个过程,会耗费不少时间,但只要完成这个过程,上到文学作品的创作,下到日用品订单的写作,都能自由轻松地完成。也就是说,到了连书写日用文都可以使用汉字的地步时,就表明你已初步掌握了汉字。三宅雄二郎也承认汉字教育确实存在一些问题,但为了国家长久计,废除汉字是一个短视行为,弊大于利。三宅雄二郎提出的解决之策就是勾勒出一个最常用汉字范围。他说如果只是处理日常事务,大概掌握300个左右的汉字就足矣。但他强调要改正并统一汉字后缀假名即假名遣的使用规则。假名遣之所以会出现问题,在于人们根据自己的方言发音带来了各自不同的拼写。这种现象在普通日用文写作里更加严重,因为日用文不特别限制口语的进入。也就是说,一个人的受教育程度决定了其书写是保持文章体(按:口语被拒之门外的文体)还是更接近口语体(按:有大量口语进入书写,带来假名遣问题)。一般来说,接受过初级小学教育的人通常会对自己有一定的要求,比如在写日记或从事其他写作时会尽量多使用汉字。但不愿受到汉字约束、一味贪图省事的人却相当多,这是喜欢读书和不喜欢读书所慢慢滋生出的差异,随着日积月累,他们各自形成具有自我风格的写作文体。有的人会写一手漂亮的文章体,更多的人写出的东西大概更接近口语体。也因为口语体的流行,衍生出了各种假名遣问题。根据上述社会现象,三宅雄二郎认为,在不放弃汉字的前提下,可以对现行文字语言文体进行一些手术式的改造。他的意见大致如下:1.凡重大场合,语句中一定要加入汉字。比如,"天皇陛下""日本"以及法律条文的表述等等,均须使用汉字。2.那些笔画简单的汉字要尽可能全部保留,比如像"心""上下""一、二、三"等这样的汉字。3.针对经训读后假名字过多的词语,要保留使用汉字,比如"私"字训读后由"わたくし"这四个假名组成,"公"字训读后由"おおやけ"四个假名组成;"電"字训读后由"いなずま"四个假名组成等,这类词语都应该继续使用汉字。4.废除那些一眼望去既复杂视觉效果也不舒服的汉字,比如像炮兵工厂的"廠"字这样的汉字,就可以弃之不用。5.废除那些发音含混不清晰的汉字，比如偷盗的"偷"、抽象的"抽"、形而上的"而"等等之类的汉字。6. 废除那些音读相同的汉语，比如"身心"一词，中国语发音为"shenxin"，但日本语发音为"しんしん"，身、心两字从发音上根本无法区别，造成许多麻烦；"公侯"一词也是如此，虽然在中国语发音上它们各自是不同的，但在日本语发音上却完全一样，这样的汉语还有很多，都应该废除。① 三宅雄二郎的意见非常清晰，保持汉和体，去掉那些给人造成麻烦的汉字汉语，且将最简单书写即日用文书写的汉字使用量限定在 300 字。他的这种文字改良主张被称作精简汉字论。

如前述，幕末乃至明治初期的政府官方文书所使用的文体是一种汉文直译体，它由汉字与片假名组成。我们看到的明治时期的其他汉和体书写，其实更多是由汉字和平假名组成。汉字的使用量，也就是文字占比在官文书里是有惯例的，并不能随意改变；但在个人撰写中，汉字占比则体现出写作者的家世以及教育素养，有着阶级差异。简化书写的最好办法就是控制汉字的使用量，而支持表音文字的改良者甚至要废除汉字。但人们长久以来对汉字形成的依赖，断然废去，会伤及筋脉，造成不可预测的语言混乱。控制汉字的使用量，只是一种刮骨割肉之痛，它的好处是消除了大众对书写的畏惧，既然汉字的使用受到限制，那么就要允许更多的口语进入到普通书写。因此，精简汉字论其实最后指向的是言文一致。但是，在这个阶段，大家还是在理论上讨论其实践的可能性。况且，普通书写可以适用在怎样的范围内？对于高级写作者来说，他们可以不理会精简汉字的说法，但他们圈定的读者会发生变化吗？也就是，当读者的趣味发生变化时，为读者服务的高级写作者会如何重新看待自己写作的文字语言文体？真所谓牵一发而动全身。

这一时期，对于文字语言文体改良方向持续提出研究性建议的有前文提及过的矢野文雄。从事新闻工作的矢野文雄在其写作以及编辑文稿过程中积

---

① ［日］自治馆编辑局编纂：《国语改良异见》，第 337—338 页。

累了大量经验,这些经验包括读者的阅读感受。在谈到文字语言文体改良的时候,矢野文雄显得摇摆不定。如前述,矢野文雄是一位要打破大小报阶级差异的新闻人,这表明他不会固守成见,能与时俱进。当他在游历欧洲时,很羡慕欧洲人在读写上的自由,故对罗马字心生喜悦;回到日本后,出于对本土文化的尊重,那种对罗马字的喜悦自然要转移到假名字身上;但在实际写作中,却有感汉和体在表达上的丰富性绝非表音文字可比,由此维持汉和体,并在此基础上进行改良似是一种现实性选择。1886年3月,矢野文雄所著《日本文体文字新论》出版,这是他主张精简汉字的研究性结果。为将精简汉字理论与实践相结合,他独自编纂《三千字字引》,发表在当年的《邮便报知新闻》上。与很多士子一样,矢野文雄少年时的学习由汉籍开始,1868年后,前往东京跟随田口江村习学古学派汉学。1871年,进入庆应义塾,研究英美宪法史,由此开启他伸张民权以及敦促立宪的政治生涯。19世纪90年代,由知名报人进入官场之后,几起几伏,于甲午战争之际,成为驻清公使,1897年更是充任过特命全权公使,1899年以后退出政界。正是这种兼具记者、著作家、官员、民权运动家等不同身份的背景,使得他积极主动参与文字语言文体的改良活动。矢野文雄的主张在温和改良论者中极具代表性,因其提案富有实践性,故其著书不仅在出版当下即引起人们关注,甚至到了文字语言文体改良已成为一种必要性社会改革的90年代也成为重要参考之一。因此,通过对《日本文体文字新论》的解读,我们可以基本了解80年代温和改良派的主张。

　　根据佐藤宽的分析,矢野文雄将日本现行文体划分为汉文体(如延喜时期的仪制令)、汉文变体(如北条泰时时期的御成败式目)、杂文体(又可称为汉和体或汉字假名混用体,如《太平记》)、两文体(《太平记》旁加注训义)、假名体(《谣之山姥》)等五大类①。在这些文体中,矢野非常欣赏两文体。他如此说道:两文体意外给使用者带来诸多便利。就像今日大量使用两文体的报

---

① 〔日〕佐藤宽:《日本语学新论》,第88页。

纸,这些报纸日日发行几十万份,影响到社会的方方面面,人们如果没有这些
报纸,可能一天里接触一个汉字的机会都没有。但是近来因为有了这样的两
文体读物,甚至妇女或孩子,只要是在每日读报的人,都可以依据文中汉字旁
加注的假名来接触、感知乃至记住汉字。我们可以如此计算一下,一天一份报
纸,可接触到上千的汉字,如果每日坚持读报,五六个月下来,那些常见汉字便
能以这种读报的方式顺其自然记住,而起始不过是仅仅知道 40 余字假名的
人,通过这些假名,却意外地记住了一些常用汉字,即由最开始须通过假名来
理解汉字,逐渐发展为可以直接阅读汉字。两文体其实是汉文体与假名体的
结合。对于某些人来说,它可以是一种假名体;而对于某些人来说,它可以是
一种杂文体;再对于某些人来说,它开始可能是一种假名体,随着阅读能力的
提高后可发展成为一种杂文体。对于那些不识汉字的妇女或蒙童来说,通过
阅读这样文体的文章,他们获得了逐渐学习汉字的机会。这就是此种文体大
放异彩的原因①。据此,我们看到,不论国民教育中使用的教科书是否使用这
种两文体,为获取最大读者群的报纸、杂志,尤其小报却喜欢使用这种方便的
两文体,而社会的改革力量由此得到壮大。

在汉字教育方面,矢野如是说:在常用汉字里,名词之数,从人体到天地、
山川、舟车、器具、禽兽、鱼介、草木,凡 800 有余,再加上一些珍稀之草木、禽
兽、鱼介,其数约在 1500 内外。动词、形容词、副词、前置词、代名词、间投词、
接续词等,约为 880 有余,前者 800 加之后者 880,两者相加不过 1680 有余。
其中,尚有或以一字对应一语,或以两字对应该语的情况存在。如此,其数又
可略减。例如"掌"字,我们也可以用"手心"二字来代替,这样就不用去记住
难写的"掌"字了。但是动词却要复杂得多,往往一字多义,例如"打"字,它可
以有伐、击、拍、打等多重含义,而且可以自由组合,无法预测一语需用几字。
普通书籍,其常用汉字大约在 3000 个以下。如此,如果首先记住上述最基础

---

① ［日］佐藤宽:《日本语学新论》,第 88—89 页。

的 1680 余个汉字,再增进习学 1000 个左右的汉字,那么阅读普通书籍将不成问题;即便只记住这最基础的 1680 余个汉字,阅读一般文书也是够用的。不过以这样的汉字量是无法阅读文学类书籍,尤其古籍的,而阅读中国古籍就越加不够了①。这是矢野所提出的一个精简汉字的方案,他将日常汉字的使用量设定在两千至三千字,类似精简方案早在学制颁布前后即有问世,矢野又做出更进一步的研究,他编纂的《三千字字引》就是自己精简汉字研究的尝试性成果。佐藤宽在其出版于 19 世纪 90 年代的著述中非常赞成矢野的意见,认为以二三千汉字,加入日本五十音字即假名文字而形成的汉和文体,无论于阅读抑或书写,均十分便利,非他国文字可比②。

矢野文雄在其著书《日本文体文字新论》中,这样分析日本语的特性。他说,众所周知,在日本语中,一物多有两名。例如,讲到"山",它有两个发音,一是"やま",一是"さん",前者为真正的日本语,后者为当初汉字输入日本时同时带入日本的汉字原发音。因此,现在的日本语词,大多拥有训读和音读。"训"很重要,它有两个功能,一是表明该汉字的日本土语发音,一是又对该汉字进行了翻译③。所以可以把"训"理解成日语注音加翻译。

他归纳道,到明治维新,日本语大致分为三类。第一类为日本土语有而中国语没有的语词,可被称为"長持类"语词;第二类为中国语有而日本土语无的语词,可被称为"箪笥类"语词;第三类为日本土语、中国语皆有的语词,被称为"（ツルギ）、（ケン）类"语词(它们分别是"剑"字的训读和音读)。这三类词中,第一类以及第二类词只有一种语体,而第三类词就会有两种语体(土语与中国语各一)④。接着,他具体分析道,因中国文明悠久,第一类语词较少,而第二类语词则很多,比如"仁、义、孝、悌"等类语词在传入日本时,均找

---

① ［日］佐藤宽:《日本语学新论》,第 90—92 页。
② ［日］佐藤宽:《日本语学新论》,第 92 页。
③ ［日］矢野文雄:《日本文体文字新论》,东京报知社出版 1886 年版,第 3 页。
④ ［日］矢野文雄:《日本文体文字新论》,第 4—5 页。

不到可以对应的日本土语。结果导致，在日语中，有相对的土语，就在汉字旁加注训义；没有相对应的土语，就直接借用汉字的原字原意。日本土语不仅数量小，发音亦少。随着中国汉字、字音的输入，日本土语的发音开始丰富起来①。这种现象与日本后来吸收西方近代文化时的情景很相似。

据此他认为，假设现在抛弃汉字，只用日本假名，日本人很快就会发现只用日本土语将给人们带来生活不便，原本想读两册书的人大概读了一本也就够了，原本想读 20 页书的人在读完 10 页后就会显得疲倦，这样可能会大大妨碍人们拓展知识的前进步伐。简言之，人们只有在阅读用自己喜爱的文字所创作的书籍时才会不自觉增加阅读时间②。他说，试以今日社会现象剖析而论，近来舶来品颇多，这类物品现大多有两种名称，一是西洋原名（音译名），一是日本译语。在大众利用频率方面，两种名称各有盛行。比如"洋灯"和"ランプ"，使用"ランプ"者更多；而"椅子"和"チエヤー"，则使用"椅子"者更多。为什么人们有时喜欢用西洋原名，有时又喜欢用译名呢？其实原因很简单，关键看这个词是否朗朗上口，是否在日本有同样的东西。而上述例子中，"洋灯"显然属于舶来品，而"椅子"是日本本身即有的物品。又例如，纸的西洋原名为"ペーパー"，但人们更习惯用译语，也就是日本土语"カミ"，这同样是因为纸并不是舶来品。需要提醒的是，某一译语，在其原本的语言环境里只表达一个事物，而译语则可能会有一个以上的意义。比如，"神"和"ゴッド"，如果用西洋原名"ゴッド"，它只表达西洋唯一尊崇的"基督"；而假如用译语"神"，该词除了可以指称"基督"外，尚可以指称其他众神③。

日本不能放弃汉字的另一个重要原因是日本语的发音仅有 330 余个，而中国语的发音在 1300 个以上，这导致日语中同声同义词众多，不及中国语，即

①　[日]矢野文雄：《日本文体文字新论》，第 5 页。
②　[日]矢野文雄：《日本文体文字新论》，第 36 页。
③　[日]矢野文雄：《日本文体文字新论》，第 36—37 页。

日本语需用中国语的形字来弥补日语发音少易产生歧义的缺陷①。他总结道，在本邦事物中，仅有中国语无日本土语者，固然要用中国语，然中国语土语二者皆有者，在必要的场合亦须采用中国语，这其中的奥妙乃在于利用平声音词可以大大精练抑或缩短由短声词、急促声词构成的冗长语句。今天，我们提倡用假名书写文章，并不是旨在废除汉字，中国语弥补了日本土语多由短声词、急促声词构成的缺陷，我们实在无法想象没有了汉字的日语将会呈现出怎样糟糕的状态②。于此，矢野文雄清楚给出了汉字不可废、只能精简的充足理由。

　　东京大学教授田中秀穗也说：我们学了那么多的汉字，但实际用到的只是其中一小部分。汉字数量有 5 万之多，一般人实在无法忍受记忆之苦，哪怕在读信时都会碰上几个已经又忘掉的常用汉字。就算我们好不容易记住了这 5 万有余的汉字，那也只能标识 30 多万个物种中的 5 万多个，而剩下的另外 25 万有余的物种又用什么来标识呢？所以，我们在学习时记住了那么多的汉字，但在使用时其实只用到其中的一小部分，这实在不能说是一种好用的文字。不过汉字虽然量大不易记，但却不应完全废去。③ 因此田中秀穗提出的改良建议是：汉字中的虚字，照理学的说法就是缺乏能量，故可以弃之不用。汉字中的常用字，应挑出 1000 字来继续使用，如果仍然觉得不够用，可以利用假名、按照汉字的结构制造一些我们容易掌握的新字。④ 在日语中，确实有一些日本人根据自己的语言需求制造出的日制汉字。北海道开拓史、后来兴亚会的重要成员冈本监辅也提出自己的看法：文字改良的理由无非是学习结构复杂的汉字太花时间，太费脑力。但冈本监辅要问的是，消除了汉字这种复杂的东西就不再会有烦恼了吗？他本人的回答是既不赞同汉学家那种毫无节制使

---

① ［日］矢野文雄：《日本文体文字新论》，第 90—91 页。
② ［日］矢野文雄：《日本文体文字新论》，第 38 页。
③ ［日］自治馆编辑局编纂：《国语改良异见》，第 81 页。
④ ［日］自治馆编辑局编纂：《国语改良异见》，第 83—84 页。

用汉字的傲物态度，也反对国学者那种视汉字无所取的肤浅看法，且对假名会或罗马字会的主张很不以为然。他毫不忌讳地说这两个会可以说是极端的组织，坐在一起又能成什么大事呢？如果嫌复杂的汉字太难掌握不去学就是了，为什么要想着废除它呢？汉字实在不能废，废除了汉字，日本人还能理解日本的历史和文化吗？由此造成的混乱大家都仔细想过吗？所以请大家不要轻言废除汉字。他直言道：我们如果完全用片假名、平假名进行书写，那将造成多大麻烦！使用汉字，其字义一目了然，其间意味妙不可言，比如忠、孝、仁、义等这样的字，我们用假名能很好地诠释它们吗？像上列这样珍贵的汉字还有很多。但他也不否认汉字的笔画确实复杂，不过认为不是没有解决的方法。比如可以以"一"代替"壹"，以"万"代替"萬"，也就是适当给予简写，这个看法与井上圆了是一致的。他说，汉字原本有籀、篆、隶等多种书体，实在是烦不胜烦，直到楷书被公认为一般用书体，但即便这样，汉字笔画复杂所带来的困扰仍然是避无可避的事实，如果能多少减去一些笔画，岂不是人人乐见？他表白道，从很早以前就抱着要简写汉字的想法，所以从各种古文、古字中揣摩出一些简体字用在自己写的文章里，但由于无法获得同道认同，最后不得不继续使用原字。不过因着文字改良的舆论，他最近又开始做一些尝试，将字典里一画、二画、三画的汉字都排列出来，制作了三四百个简体字。他认为，现在即便是中国人也会在一些非正式场合使用简体字，为此省了不少麻烦。如果我们自己也能使用起简体字，那么假名文字目前所具有的那么一点儿优势就彻底丧失了，假名文字说也就不攻自破了。故他提出的文字改良建议是：说到精简汉字论，似乎有些可行性。汉字传来日本已有 2000 年之久，日本的历史书写里充满了汉字，汉字已经不再仅仅是中国的汉字，它也成为我们自己的东西。今天如果我们要放弃汉字，其实放弃的是我们祖先传下来的宝物，不仅要我们与过往进行割裂，还将把我们拖进夜行不识路的状态。由此，我们不妨将常用汉字数量限定在两三千字，其余的汉字看个人心意，学或不学，不用强求。他继续谈到通过减去笔画以简化汉字的做法，强调在手书时完全可以使用这样的简体字。比如"巧"为"丂"、"萬"为"万"、"與"为"与"、"竝"为"並"、"亂"为"乱"、"從"为"从"、"仝"为"仝"等，把一些复杂的汉字解构一下，只留下易写的部分，这样形成的简体字用起来岂不是很方便？① 通过上述三个事例，我们可以基本了解精简汉字论的要义。

继汉字精简问题，矢野文雄尚延伸到对于文体的讨论。他首先探讨了文语（按：与日常用语即口语相对应，我们可以称之为"文言"）与文体的关系，即文语在文章里的占比程度。他提到今天社会上有这样的言论，即"因为用了汉字，所以便分出文章之巧与拙，今后若废除汉字，只用假名，即将谈话直接搬写成文章，那么文章巧、拙之差异也就消亡了"②。但是这样的说法显然存在诸多问题。他举例说，如果让一个说书人与普通寻常人去叙述《太阁记》内同一个故事，我们就会发现，说书人嘴里的那个妙趣横生的故事到了寻常人那里怎么却变得了然无趣。我们不禁会发问，怎么同样的东西会生出如此巨大的反差印象呢？仔细一想便知，说话也是一门艺术，有巧拙之别，这就像写字、下棋一样，善于说话者，知道听者最厌烦什么，最期待什么，因此他就知道应该先说什么事情，后说什么事情，即根据时间、场合来取舍长短、缓急，这样一来就很容易抓住听者之心。而普通寻常人却没有这样的技能，其叙述方式自然同说书人相较有很大差异。这就如同普通寻常人的谈话必定与一个演说家的谈话有优劣之别。哪怕我们全部使用日常用语来写文章，让大家都成为文章家，我们也会很容易发现他们之间存在优劣之别。拙劣者会发现在汉字使用时期自己不会写文章，即便废除了汉字，自己依然也成不了文章家。因此，文章之好坏并不在于是否使用了汉字。况且，日本语是否能脱离汉字尚是需要认真讨论的一大课题③。矢野于此很生动地在劝导人们，并不是简化了文字，就能令得所有人成为文章家，口语直接转换成文章的建议实属空中楼阁而不现实。

---

① [日]自治馆编辑局编纂：《国语改良异见》，第105—107页。
② [日]矢野文雄：《日本文体文字新论》，第41页。
③ [日]矢野文雄：《日本文体文字新论》，第42—43页。

这也提出一个新的问题:如果要开展言文一致运动,那么运动的方向到底要指向哪里? 也就是说,在文章里,文语与口语的各自占比是多少才算是合理的。

于此,矢野文雄进行了详细分析。他说,为了耳的世界,我们应该使用"常语体(日常用语大量使用的文体)",比如,"山ヲ幾箇モ越タカラ體ガ大変ニ疲レテ来タケレ矢張リ休マズニ行キマシタ",又比如,"大和卜河内トヲ通テ歸テ来タ",这样的文体,虽然过于冗长,但简单易懂,适合于讲话。他又说,为了眼的世界,我们却应该使用"文章体",比如,"山又山ヲ打越エテ體ハ痛ク疲ルレ尚モ休ハス進ミタリ",又比如,"大和河内ヲ歷テ歸リシ",与"常语体"相较,"文语体"字数减省,文句雅致,一目了然,可满足视觉美术需求。① 也就是说,文语体适合眼观,常语体适合耳听。他回顾说,凡常语者经世事变迁会发生种种变化,其进入文中部分被留存下来而成为后世的文语,即今日的文语不过为昔时常语。那么,抛弃文语实乃抛弃了以往的常语。如果我们不用文语,只用常语,我们会发现非常不便,因为文语可以帮助我们用短语即精练的语言进行描述。我们现在放弃了文语,不久以后的人们会利用仅有的常语尝试创造新的文语,与其如此,我们又何必抛弃了现在已经很成熟的文语?②

他接着论述道,日本祖先在翻译汉籍时,利用了当时使用的常语,因此传至今日的四书五经之阅读法,多是那时的常语,也就是说今日我们所用的文语实际是古时的人们所使用的常语,是由纯粹的日本语衍生而来,此种文体在一二百年前即与汉文体并立于世,最近二三十年以来,又大有压制汉文体之趋势,最明显之例,便是用颠倒法即日本语法来阅读中国书籍。众所周知,和、汉语法之最大差异即在于语言的排列顺序。比如汉语"不敢当",如按照日语顺序,则是敢字排在第一,当字排在第二,不字排在第三。故今日不仅不应使之

①　[日]矢野文雄:《日本文体文字新论》,第50—51页。
②　[日]矢野文雄:《日本文体文字新论》,第53—55页。

消亡,反当令之传于后世,以保存日本文化①。这是汉字不能废弃主张者所抛出的重要理由之一,即如果放弃了汉字,就等同于放弃了过往的日本文化,这种不知自己从何而来的夜行状态是汉字坚持论者决不能容忍的事情。

他感叹道,世间得失损益不免相伴相随,文语、常语各有利弊,耳之世界离不开常语,然眼之世界却也离不开文语,两者若相辅相成,岂不是可令日语蓬荜生辉? 总之,他认为,由中国传来的短声、急声词依然可以夹杂用于今日之日常谈话中;仅用常语著书立言非常不便,写作尤其高级写作应使用文语、文语体②。也就是说,所谓难易因人而异,即用假名写文章,或混用汉字写文章,两者孰易解? 识文字者,十之八九会认为以汉和体撰写的文章更容易阅读。若问孰者更易习学,假名之数仅为四十有余,而汉字计有四五万以上,毋庸置疑,假名易学。抓住这一点,弃汉字而专用假名的呼声一时间甚嚣尘上,但呐喊者却刻意忽略了假名文带给人们的种种不便③。而若推行文字语言文体改良,当把握全局,岂能偏于一端?

如前述,矢野文雄将日本今日现行文体分为汉文体、汉文变体、杂文体、两文体、假名体等 5 种文体。他回顾说,汉文体为纯粹的汉文,从应神帝始,之后王政期间(幕府时期到来之前),以古事记、日本记为始,包含六国史在内的史书,多用此体。例如,"皇帝二等以上亲及外祖父母、右大臣以上,若散一位丧,皇帝不亲事三日。(延喜时期仪制令之文)"而随着王政文化的衰退,日本进入武装割据状态,能以汉文体书写者日渐减少,汉文变体由此诞生。其特征是采取日语的倒置法,将语序进行了部分调整,但仍接近汉文体。例如:"恒例之祭祀不陵夷,如在之礼奠,莫令怠慢,因兹于关东御分国々并庄园者地头神主等,各各存其趣,可致精诚也。(取自北条泰时御成败式目之文)"④

---

① [日]矢野文雄:《日本文体文字新论》,第 64—65 页。
② [日]矢野文雄:《日本文体文字新论》,第 73—74 页。
③ [日]矢野文雄:《日本文体文字新论》,第 75 页。
④ [日]矢野文雄:《日本文体文字新论》,第 77—78 页。

不过,矢野指出以上述两种文体撰写的文章给日本读写者带来极大不便,即一方面读者在阅读时要用日本语语法去释读(与中国语语法秩序相颠倒),另一方面著者在写作时要用中国语语法去创作。这样语法秩序来回颠倒的状态令读书人苦不堪言。这跟日本人阅读汉籍的习惯有关联,即日本人喜欢用自己的语序去释读汉文,结果为了减轻读写负担,有些人开始将原本只限于朗读时的语序带入到文章书写中,遂形成今人眼中的杂文体,该文体虽然兴起时间较早,但直到江户幕末明治初期才盛行开来,那时的公文书已多采此体。换句话说,该文体其实是按照日本口语语法顺序对汉文进行了重新排序,也是将汉文转写成日文的一种方式。并且在转写过程中,假名虽然不出现在正文里,但附注在汉字旁,以便于阅读。这也起到了给汉文断句的作用。该文体诞生后给日本人带来阅读方便,它帮助更多的人开始接触书籍,是日本获得进步的一大要因。比如,"宇都宮公網千餘ヲ人以テ来リ援ヒ急ニ攻テ柵ヲ拔キ城趾ヲ鑿ル正成機ニ應シテ之ヲ拒ク敵竟ニ拔ク能ハサリキ"[①]。笔者之前提到的汉文直译体其实就是矢野文雄所说的杂文体或汉和体。

杂文体外又衍生出一种两文体,即对杂文体中出现的汉字旁注假名。这样的文体实在方便了两类群体,识汉字者将其做杂文体读,不识汉字者将其做假名体读,而不识汉字者,通过阅读以两文体书写的文章还能逐渐识得汉字[②]。这样方便的文体很快为发展读者群体的报纸(按:尤其小报,后来大报也开始使用)、杂志所接受,汉字精简论者与假名文字论者于此可以交集而毋庸相互指责。因此,虽然有人大力提倡假名文体,即全面使用假名文字写作的文体,但因其方便程度远远不及两文体而不为大众所喜爱。两文体无疑是杂文体与假名文体结合的产物,对于运用两文体写作的人来说,其汉文程度决定其文体是偏向杂文体还是假名文体。也就是说,两文体文章间存在差异,有些趋向于保持汉文即旧文章的风格,有些则接近口语的表述状态,在那个时期,

---

① 〔日〕矢野文雄:《日本文体文字新论》,第80—81页。
② 〔日〕矢野文雄:《日本文体文字新论》,第81—82页。

分寸如何把握并没有标准,因为这样的文体既没进入官家文书体例,又未被实施国民教育的教科书所采用,反而是那些采用两文体的报纸、杂志会根据各自的读者群即实际发行状况进行适当调整,找寻出一个大多读者能够接受的标准。在矢野文雄的眼里,两文体应是日本文体的改良方向。

两文体有如上之便利,所以应将两文体引为日本日常通用文体。两文体多少照顾了那些对汉字望而却步的读者的心情。要知道汉字数量当在8万字以上,即便是学者、文人,在这庞大的8万字中,其一生中仅用过一两次的僻字大量存在,仅在古籍或近世书籍中偶尔出现的汉字也有不少,这些汉字对于普通人来说意义不大,所以尽可略去不学。有西洋人在其撰写的某部字语学中说,只要掌握4000个汉字,就可以阅读一般的中国书籍,再多掌握3500个汉字,就可以阅读中国经史类书籍。但矢野根据其个人经验认为,常用汉字其实并没有那么多,而高频率常用汉字的数量就更加有限,虽然有些人宣称若不通晓两三万汉字就不知何为文字,但于通用文章之阅读,其实只要掌握其中的三四千字就足矣。鉴于此,他建议应对出版书籍做一个分类,即可分成普通类图书与文学类图书。普通类图书尽可使用常用汉字来撰写,而使用汉字数量多的文学类图书只针对那些追求学问之人。这样一来,普通人就不用去涉足汉字那浩瀚广袤的世界而徒增烦恼①。

在矢野文雄的划分方式里,普通类图书包括:1. 政府公告以及布令、布达、训状等。2. 公私立学校用教科书。3. 以大众为读者对象的报纸杂志(专门杂志除外)。4. 日常信函。文学类图书包括:1. 如稗史小说般的娱乐书。2. 高尚的专门学科论文以及专业书籍。3. 普通类图书以外的一切史类传记等②。根据这样的分类,凡完成国民小学教育者应均可阅读普通类书籍。如前述,在矢野文雄的汉字精简计划里,常用汉字被设定在3000字,高频率常用汉字被设定在1500字。总结矢野的文字文体改良方案,就是:普通类通用文章,其汉

---

① [日]矢野文雄:《日本文体文字新论》,第96—98页。
② [日]矢野文雄:《日本文体文字新论》,第100页。

字使用当限定在 1500 字内,其文体当采用两文体。这符合文字初识者的心声。

他深知上述计划只有通过政府的政令才有望落实。因此他建议,政府应首先从文部省学士会院中遴选两三位精通汉、洋学又知晓日本语言状况之学者,以之为委员,令他们从 8 万汉字中甄选出常用汉字,再由太政官向诸省局所属府县厅郡区政府颁令,凡一切官文书中出现的汉字当尽量圈定在以上被遴选出的常用汉字范围内,另由文部省向全国各学校颁令,凡教科书中出现的汉字也必须圈定在以上被遴选出的常用汉字范围内。其次,他提议,政府应颁令,凡撰写官文书以及教科书,其所用文体应采用两文体。他说,只要政府带头精简汉字并采用方便的两文体,自然会推动社会改良风气的形成。①

汉字精简论者不主张彻底放弃汉字的另一个理由在于汉字作为象形文字有表音文字无法完成的功能。因古代交通不便,造成各地域抑或各部落间语言不通,但通过共通的形字,地域抑或部落间却可以相互交流,这是形字明显优于音字的地方。最好的例子就是中国与中国周边的日本、朝鲜、越南等国之间可以通过汉字来进行交流。他说,甚至一些西方学者都认为汉字可以成为连接世界各地的形字②。我们今天所看到的大量笔谈资料就是佐证,至少在汉字文化圈,大家可以通过汉字来进行沟通。

如前述,矢野文雄虽趋向于汉字精简论,但也绝非完全不同意使用表音文字。在他的观念里,日本即便要使用表音文字,假名文字似乎要优越于罗马字。我们知道,曾经有一度,矢野文雄是不反对使用罗马字的。但在经过自身的尝试后,他认为,就文字本身论,日本似不能采用罗马字。日本假名文字是一字一音,而罗马字是二字或三字一音,如此以来,以罗马字撰写的文章篇幅是以假名文字撰写的文章篇幅的两至三倍,其优劣不辨自明。于印刷而论,假名文字亦胜于罗马字,因假名文字是一字一音,相较二字或三字一音的罗马

---

① 〔日〕矢野文雄:《日本文体文字新论》,第 106 页。
② 〔日〕矢野文雄:《日本文体文字新论》,第 168、176 页。

字,其于活字排版显然更加灵活便捷①。他说,有些人以为日本如果使用罗马字,那么西洋人读起日本书籍来就会感到极为方便,这有利于日本与欧美诸国间的交往。但是,岂不知较罗马字,外国人学习假名文字不过多花费些时日而已,而且来往于日本与欧美诸国间的外国人毕竟有限,为了让这些有限的外国人感到方便,转而让广大日本人一直生活在语言转换的苦痛中,岂非本末倒置? 从前,日本只尊崇汉学,社会风俗亦模仿中国而成,比如文人多像中国人一般取字、取号。现如今,西学东渐,大家又蜂拥模仿欧美诸国,将西方书籍尊为至宝。长此以往,日本将何时能独立于世界万国? 国家之独立,首先在于民族之独立,而日本若无独立之文字,又何谈国民独立精神之养成?② 矢野文雄虽没有提出"爱国心"或"大和魂"这样的观念,但在独立精神之养成方面,却与前岛密们的表述异曲同工,直指日本之国家发展首在自尊自立。

如何尽快提升国人智慧是文字语言文体改良者的心愿。其间,上至成人用的书籍报纸杂志,下至儿童用教育书籍等,都是开民智的好工具。要让这些工具使用起来更加得心应手,就要改变或修正现行文字文章,即重新确立便于广大民众读写的文字语言文体。他强烈呼吁文部省学士院应组成学士委员会,对现行文字语言文体进行研究,研判其得失,以东西学书写文体为参考,基于本土状况,制定一套新的文字语言文体方案③。我们看到,矢野文雄不仅是个文字语言文体研究者,还是一个改革实践者。在他的著述里,有对文字、语音、文体等方面的详尽分析和研究,有建立于研究基础之上的改良方案,还编撰了汉字精简字书。他公开呼吁政府应组织精通文字语言文体的学者开展对文字文体的规模性研究,确立一套适合于大众的文字语言文体新形式。

矢野文雄们代表了温和性文字语言文体改良者的改革方向。1886 年 4月 10 日,大森惟中在教育会总集会上发表题为《文章的变迁》的演讲。他从

---

① ［日］矢野文雄:《日本文体文字新论》,第 190—191 页。
② ［日］矢野文雄:《日本文体文字新论》,第 200—203 页。
③ ［日］矢野文雄:《日本文体文字新论》,第 228 页。

教育与语言文字间的关系说起，略述和汉文章的变迁，指出随着外国语的输入，固有的语言文章不免衰退，当今文章晦涩难读实有害于教育。这表达出日本文化在和汉元素的基础上又再加进西学元素的现实状态，也就是，随着西学东渐，日本文化呈现更加多元化色彩，而每个人的取舍不一。9月，东京帝国大学设置博言学科。11月14日，川田刚在学士学院发表题为《日本普通文字将来将走向何方？》的演讲，阐述只要表音语言不发生改变，只依靠政府的威压以及学者的鼓动，将无法在短时间内实现文字改革。1887年，虽有罗马字论者再次向社会发出呼吁，但包括像中村正直这样的洋学者也表现出不以为然的态度，5月8日，中村正直在学士会院发表题为《汉学不可废论》的讲演。1888年3月11日，西村茂树在学士会院发表题为《日本的文学》的讲演，指出不可废弃汉字的理由。9月9日，西村茂树在学士会院再次发表题为《再论日本的文学》的文章，宣称言文一致将有利于文学的发展①。他说，人们在议论汉字的时候，往往只说其有害的一面，而故意忽略其有利的一面。于此，他列举了汉字能带给日本巨大利益的几个方面。第一，日本从前本无文字，语言都是依靠口口相传，当汉字传入日本之后，日本才依托汉字将自己本土的语言或故事记录了下来，《古事记》就是这样诞生的。第二，日本本土语言是十分贫瘠的，要想把形而上的思想精准表达出来，仅凭借日本土语是无法完成的。比如"見""觀""覽""看""瞰"等字，都是表达看，但在表达看的程度方面，各字是有差异的；"思""想""怀""念"等字，都有想的意思，但在表达想的程度方面，各字也是有差异的。也就是说汉字是一种非常成熟的文字，可以精准、细微地传达出人们的所思所想。第三，日本假名也是出自汉字的草体，后来的学者又凝练出五十音，这才真正有了日本人自己的文字。第四，日本今日文化之状态得益于儒释两教，传播此两教的书籍里所出现的每个语词均包含数种含义，而这些意义丰富的语词全部是汉字、汉语构成。基于此，当我们心平气和

---

① ［日］国语调查委员会编纂：《国字国语改良论说年表》，第16—18页。

一些,就会发现废除汉字的主张是极其不妥的,因为存在太多的不合理,无法让人心服口服。汉字确实存在一些我们不可否认的缺点,比如有些生僻字笔画非常复杂,但是这样的问题只要找到好的解决办法,是可以通过改良加以解决的,如果是这样的建议,他本人会积极加入到这一改良活动中去。但他不无遗憾地表示,现在的改革派走得太远,在还没有另外一种尽善尽美的可以用以取代的文字形成之前,他们就要把我们使用了千年有余的汉字毫不犹豫地废弃掉。他看到各种报纸上刊载了很多废除汉字的方案,但感觉没有一个有价值或令人满意,其中就有欠缺稳妥的假名说。他说假名本身是为了弥补汉字在表达日语时所存在的不足而发明创造出来的,现在把汉字废除,只留下假名,岂不是本末倒置? 只要看一下日本历代的各种著述,就明白其间汉和字相混的现象太多,而像《三镜》这类故事书,其假名的使用比例尤其大,有时候为了帮助读者理解文意,还特别要在假名旁边标注汉字以释义。也就是说,日本今日文学之进步正是得益于和汉字相混的文体形式。在从前社会人事相对朴素简单的时代里,人们尚感觉假名不够用,于重要抑或严肃表述决离不了汉字,在现如今社会人事日益繁杂、文学蒸蒸日上的新时代里,我们又如何能够离得开汉字?① 西村茂树说他并不是不主张改革,而是强调人们在改革时要确立正确的改革方向。于此,他建议说,首先,就日本文学而言,应分为普通、专门两类。普通文学,可以在政府的干预下,建立起一种书写规范,而其教育实施对象仅限于小学生。他特别提醒,在小学初级教育阶段,不是要废除汉字教育,而是要在消除汉字所造成的不利影响上下功夫。可以从以下几点做起:1.尽量使用笔画简单的汉字,将那些必须要用的笔画复杂的汉字改造成新字(按:也就是简写)。2.只练习行书,并且初级教育阶段所涉及的字体都统一为行书。3.使用假名时只用平假名。4.尽量采用符合言文一致标准的国语。比如近来有"马匹""车辆""冻冰"等新词语的出现,以后还可以创造更多这

---

① ［日］自治馆编辑局编纂:《国语改良异见》,第271—272页。

样的词语。5. 文部省应该颁布初级教育用文字表，要求全国小学校给予执行。6. 政府以法令的方式，要求官文书中所用文字圈定在初级教育用文字范围内。7. 为实现上述目标，政府应组织撰写教科书和字典，并在全国颁行。他接着说，至于专业文学，汉字也好，假名也好，罗马字也好，新字也好，政府不要进行干预，听由学者根据自己的喜好，自由选择文字进行创作，所谓适者生存，交由社会抉择。①西村茂树的意见是要分出普通与专业两个阶层，普通阶层可以实施汉字精简，专业阶层保留对文字的全面自由使用权，但不论哪个阶层，汉字的废除都不在考虑范畴，可以少学，但不能不学。19 世纪 80 年代以后，随着现代化建设在日本的展开，有些人提议中国的书从现在起可以不用再读了。他评价说这样狂妄自大的言论，实在不足挂齿。日本的汉学如同西洋的希腊古典学，就像西洋今日不会废去希腊古典学一样，日本也不能废去汉学。像六经诸子百家通鉴等汉籍，我们统统还是要学的，如果废除了汉字，如何去阅读这些书籍？难道要把它们统统翻译成假名、罗马字或新字吗？这大概是不能够吧。那回过头还是去读原著吗？对不起，汉字已经被我们废除了，这条路也行不通了。还有就是我们废除了汉字，日本人如何去写诗，如何去传承佛教？佛教方面的经书那么庞大，我们也只能把它们束之高阁吗？以上种种都在提醒我们汉字是不能废除的，因为很多知识都来自儒家经典和佛教经书，即便政府展开全方位的鼓动，相信也不能让我们所有日本人都变成洋学的追从者。他提醒道，我们的改革派在谈起汉字时，只看到汉字复杂不方便的一面，然后便要发起一场废除汉字的运动。但是他们所有的注意力都集中在初级教育能否顺利实施这一问题上，却忽略了更大的问题：汉字去留关系着日本文运的昌盛。他总结道，这是目前改革者们非常短视的地方。②

1889 年（明治二十二年）1 月，有贺长雄在其题为《汉字在日本教育里的地位》的文章中，从事实、法式、艺能等三方面阐述汉字不可废弃的理由。5

---

① ［日］自治馆编辑局编纂：《国语改良异见》，第 276 页。
② ［日］自治馆编辑局编纂：《国语改良异见》，第 278—279 页。

月,松本胤恭在其题为《明治文学的二大疑问》的文章中指出,汉字、欧字以及假名各自存在着优势,不应仅以字数多少来评判其习学的简易抑或复杂。6月,碧海老人在题为《言文论》的文章中指出,学者有学者之所用,俗人有俗人之所用,文体只能依据各人程度而定,岂能以偏概全? 1890年4月,其作佳吉在其题为《国语改良的着手处》的文章中指出,文章应该根据人的阅读能力分类撰写,东西名称应该根据耳朵听到后能理解的程度来编定。加藤弘之在国语传习所发表题为《关于日本语学的事》的演讲,在讲述日本国语的特性后,言及国语改良之事①。

众说纷纭间,我们发现汉字精简论者也同样关注言文一致这一命题。继西村茂树于1889年3月学士会院发言中称言文一致将利于日本文学之发展后,同月,即有儿岛献吉郎发表文章,批驳言文一致论。稍后,吉见经纶在其题为《关于文》的文章中也指称言文一致论者只强调便利性,却忘记了文章所应具备的传情达意功能。不过,作为改良的一个方向,言文一致成为一个热议话题。4月1日,落合直澄在其题为《关于普通语》的文章中主张通用语言即普通用语应言文一致。同月,山田武太郎在其题为《言文一致小言》的文章中反驳前述吉见经纶的言论。瓢箪生在其题为《儿岛先生与吉见先生》的文章中亦批驳上述两人的论说。为此,儿岛献吉郎再次发文回应山田武太郎。5月,山田武太郎关于言文一致论回应儿岛献吉郎的批驳。同月,儿岛献吉郎发表题为《再论文章》的文章,指出言文一致论者缺乏美的观念。山田武太郎再次发文批驳儿岛献吉郎的《再论文章》。而后,儿岛献吉郎就此亦再次作出回应。驹井亲房在其题为《关于言文一致》的文章中指出,凡事应必要而起,若将言与文视为两途,则需人人具备才智。其时,山田武太郎再次发表《或问言文一致》,回应世人的非难。藤山丰在其题为《关于文章论告儿岛君及美妙君(山田武太郎)》的文章中指出,儿岛氏的文章亦不具备优美性,两君间的对论

---

① ［日］国语调查委员会编纂:《国字国语改良论说年表》,第21页。

不过是一场吵架。又有探深主人在其题为《关于言文一致》的文章中指出,若要打破以往之文学,创建未来辉煌之文学,将言与文紧密联系在一起无疑是上乘之举。6 月,山田武太郎再次发表题为《给儿岛献吉郎以及其他非言文一致论者》的文章,讲述言文一致之意义、其达成之条件以及语言基础等,反驳儿岛献吉郎的言说。而驹井亲房在其题为《读或问言文一致》的文章中,驳斥山田武太郎的言论。其间,西师意在其题为《言文一致论》的文章中指出,言文一致乃当务之急,并提出达成之方策。而姊崎正治在其题为《就关于言文一致论》的文章中,驳斥驹井亲房之言说①。综上,关于言文一致到底如何进行的争论不可谓不激烈,但这些争论尚停留在理论阶段,缺乏有效的调查和试验性实践。言文一致是汉字精简论的下一个目标。我们之前讲到矢野文雄所提起的两文体,两文体如果持续向口语体方向发展,似可实现现代社会所期盼的言文一致。

言文一致不过是要将文章趋口语化,口语化后的文章虽然方便了,因极具时代性,而终将与历史中的文章愈行愈远,与历史中的文章不再保持亲密关系的当下人会否将自身置于与历史割裂的险境中?在取舍中,人们的选择是不一样的。多元文化中,是追古思今,还是只看今朝,抑或左顾右盼?

第三节　明治政府的态度与举措——
以小学校教科书为例

面对铺天盖地的改良社会舆论,明治政府的反应可谓慎言慎行。即便如此,各种书写中的文字语言文体还是发生着微妙的变化。1889 年 4 月,官报局制订送假名法即假名遣,并以官报号外形式发行出版。其后,凡官报中出现

---

① ［日］国语调查委员会编纂:《国字国语改良论说年表》,第 14—17 页。

的假名拼写均依照该法则拼写。此举可视为一种在小范围内统一假名遣的试运行。然而,若要了解 19 世纪 80 年代日本官方对于文字语言文体改良的态度,还是要通过对教科书抑或政府文书的研读来进行考察。鉴于文字语言文体改良的初衷是为了推进近代国民教育的发展,故考察日本国民教育的实施状况似可一窥明治政府对于现行文字语言文体的态度。

如前所述,根据 1785 年的学令可知,小学生的学龄为 6 岁至 14 岁,也就是小学生的入学年龄被设定为 6 岁。随着地方经济差异造成的学校教育问题日趋严重,整改教育体制的社会呼声越来越高,遂有 3 次教育令的相继发布。第 1 次教育令发布于 1879 年 9 月 29 日。由于最初的学制在设计当初没有考虑到日本与欧美国家在国力、民情、文化上的差异,一味模仿的后果就是在推行学制过程中出现了各种各样的问题,调整、制定出符合日本国情的教育体制成为朝野上下的迫切要求。在新颁发的教育令内,中央政府不再要求各地按照规定实施统一的学校教育计划,也就是把教育规划权下放给了地方政府,让地方政府因地制宜,制定出符合自己本地实情的学校教育推进计划。按照新体制的设计,学校分为小学校、中学校、大学校、师范学校、专门学校等类型。为完善初级教育的教育环境,针对小学校,特别推出了诸多规定。比如,废除学区制,以街道、村落为单位,根据具体需求,相应设立小学校;其学校管理人员不再由官府任命,而是通过街道居民、村民的选举产生;义务教育时间不少于 16 个月即可;公立小学校的学习时间由原来 8 年缩短至 4 年,每年授课时间不少于 4 个月即可;同一社区,如果有私立小学校存在,可不再设立公立小学校;在贫困地区,有限的教员可开展巡回式教学①。由此可知此次调整的要旨在于,一是缩短初级教育时间,因此时的义务教育是个人有责任必须送学龄儿童接受初级教育,学费自理,缩短初级教育时间可以减轻就读学生的家庭经济负担;一是尽量利用好有限的教育资源。

---

① ［日］日本文部省编:《学制百年史》,帝国地方行政学会 1981 年版,http://www.mext.go.jp/b_menu/hakusho/html/others/detail/1317583.htm。

第 2 次教育令颁布于一年后的 1880 年 12 月 28 日。第 1 次教育令中所体现出的宽松精神，却导致就学率急速下降。不仅如此，在一些地方，为节省经费，地方政府停止了校舍建设项目，甚至废弃已建成小学校的现象时有发生。这种不进反退的状态招致有识之士的批判，要求继续改正学校教育体制的呼声一时高涨。在此背景下，第 2 次教育令的核心精神是中央政府将此前下放给地方政府的教育计划权收回，依然由中央政府统一策划且推进。凡教育行政上的重要事项均需经过文部大臣的认可，然后由各府、县知事督办；公立学校、幼稚园、图书馆等教育文化方面设施的废弃必须获得当地府、县知事的认可；各街道、村落必须设置足够数量的小学校以满足学龄儿童的就学需要；私立小学校取代公立小学校以及采取巡回教学方式的申请均需获得当地府、县知事的认可；明确义务教育年限为 3 年，每年授课时间应在 32 周以上（8个月左右），3 年期满后，如无正当理由当升入小学中高级阶段继续学习；小学校必须设置"修身"课程；明确命令各府、县必须兴办师范学校等①。

第 3 次教育令颁布于 1885 年 8 月 12 日。经第 2 次教育令后，日本学校教育状况得到明显改善，小学校、师范学校、中学校的兴办数量稳步增长。小学校的学年划分趋于稳定，教科书的编纂以及使用走上正轨。但是由于中央政府对地方停拨教育补助金，造成地方苦于教育经费的筹措，要求改正的呼声遂不断。根据第 3 次教育令，政府同意经济不富裕地区可相应减少教育经费的支出；根据当地实际情况，同意某些地区可以在等同于小学校的"小学教场"实施初级教育；不再强求一切小学校以及"小学教场"必须建立学科制度，可针对不同地区儿童的实际状况实施适合于本地实情的初级教育；根据当地实际情况，学校教育时间可设置成半天（上午或下午）加晚上 2 小时；废除学务委员，由街道、村落的户长来负责学校校务。这次的修正方针介于第 1 次与第 2 次之间，其要旨在于，既要适当减轻地方政府的经济负担，又要保证学龄

_____

① ［日］日本文部省编：《学制百年史》，帝国地方行政学会 1981 年版，http://www.mext.go.jp/b_menu/hakusho/html/others/detail/1317584.htm。

儿童能接受到学校初级教育——小学1—3年的最初级教育①。由此可知,明治政府不再好高骛远,尽己所能最大范围推行学校初级教育,初级教育更像是文字扫盲教育,切实有助于识字率的提高。

综上,日本在创建近代国民教育体系过程中迂回曲折,进二步退一步,以务实的态度推行、发展与日本现实社会相契合的学校教育。到1887年左右,即在学制颁布15年以后,日本已经初步建立了一批规模不等的小学校、师范学校和中学校,并且将国民义务教育年限务实地定为3年。也就是说,在1887年前后,日本到了学龄的国民均应接受3年或3年以上的学校教育。

笔者列举一本出版于1886年的"小学读本"来考察小学教科书的文字语言文体文章改良状况。这是一本用于一年级"读方科(阅读方法课)"的课本。其序言详细列举了该科目的教学方针以及应达成目标。其一,读方科的教授可通过开发法和注入法进行,利用开发法,令学生领悟事物之状态;利用注入法,令学生掌握文字以及章句等。其二,读方科的教授,第一在于了解事物即格物,第二在于文字记忆,第三在于理解章句即句子的变化。其三,该学科教学过程中应注意如下事项:1.阅读上有音读、训读之差异;2.书体方面有楷书、行书、草书之别;3.日常通用文书中的各类文章间存在差异;4.汉字有上下结构以及左右偏旁之差异;5.句子中存在名词、动词、接续词等类别的词语。其四,读方科教学中应注意纠正学生对于文字的发音以及教会他们正确诵读的方法。其五,读方科教学过程中,应注意纠正学生的身姿以及课本的拿法②。

翻阅这本小学初级读本,笔者发现与学制颁布时期发行的读本有了差异。其一,与前引读本相较,该读本中所出现的假名均是平假名。其二,与前引读本汉字、假名所占比例大致各半的情况相较,该读本所使用的假名数量远远超过了汉字。尤其在开端部分,一篇课文仅出现二三个汉字,随着课程进度的展

---

① ［日］日本文部省编:《学制百年史》,帝国地方行政学会1981年版,http://www.mext.go.jp/b_menu/hakusho/html/others/detail/1317584.htm。

② ［日］日下部三之介:《小学读本》卷一《序言》,金港堂1886年版。

开,汉字使用量会有所上升,但仅限于名词部分,动词以及接续词仍利用假名。
其三,课文内容较前变得更加浅显易懂,均是发生在孩子们周边的事情,比如
用简单的假名描述狗、猫等小动物;叙说男孩、女孩间的差异;简单介绍一下书
是什么以及学校是做什么的;灌输一些自然界的小常识;帮助学童理解人类生
存的方法等。通过这些简短易明的小文章,学童可以掌握日常生活中遇到的
的基本名词、动词以及接续词①。我们可以看到,这本小学读本是贯彻了第 3
次教育令的教育精神的。鉴于学童间之差异,初级阶段所设置的授课内容以
简单易懂为要,以确保就学率的不降只升。

　　虽然我们看到经过教育改革到了这个时期在初级教育阶段使用的汉字量
确实在大幅降低,但包括高级在内的整个小学教育阶段需要学生掌握多少个
汉字呢? 笔者列举一本发行于 1887 年的普通读本字引来试图回答以上问题。
这部字引显然是为精读读本而编纂的,其所载字、词基本来自读本。据笔者统
计,该部字引共收纳单个汉字即单字词 847 个,双字或双字以上汉字词即汉语
1509 个,若按照双字词计算,汉字在 3000 个左右,两项相加,并清理重复汉
字,该部字引收纳汉字当在 3000 字以上②。若此,这一标准与明治初期发行
的普通读本字引所收纳的汉字数量差距不大。也就是说,尽管社会上要求精
简汉字甚至废除汉字的呼声不断,但在实际的小学教育阶段,须掌握的常用汉
字数量并没有发生根本性变化。

　　不过有一些其他方面的变化却值得注意。比如,与前字引以收纳单字词
为主的特征相较,这部字引所收纳的双字或双字以上汉语数量远远超过了单
字词,这说明日本开始加快对文字语言文体的改造,以适应日本本土文字语言
文体的发展,将汉文中出现的搭配式双字词抽出来作为固定汉语使用的方式
打破了中国文章以单字词叙事的一贯做法,这不仅意味着日语现代化的发展
方向,而且对后来中国语的现代化带来深远影响。比如,人家、危难、重荷、劳

---

① ［日］日下部三之介:《小学读本》卷一,金港堂 1886 年版。
② ［日］青木港三郎编纂:《普通读本字引》,集英堂 1887 年版。

苦、赢弱、甘美、证据、交通、强韧、珍奇、猛恶、炊烟、果断、情愿、艰难、商旅、素颜、忍耐、独吟、安堵、起伏、感戴、形势、毕竟、兴废、治乱、本分、多难、辛苦、运搬、转机、稽古、轻视等汉语均被作为固定词语加以使用。另外,假名词语的出现也是该部字引引人注目之处。比如,由于假名文字在文章中所占比重的增大,假名词语的固定化以及常用化成为一种趋势,字引中对一些固定使用的假名词语加以注释即是明证。

从字引中出现的一些词语可以判定,这时期的读本内容较前有所发展。比如西洋、洋服、发明、通行、职业、休假、自由、铁道、建筑、瓦斯、石炭、循环、安全、国家、欧洲、政务、寒暖计、玻璃管、为替、银行、株券、请负、经济、约束、产业、实验、剩余、夏至线、热带、寒带、冬至线、空气、卫星、机关车、氢气球、圈线、斜射、太空、制炼、电信线、时针、分针、列车、铁轨、精神等代表西方新知识、新思想的词语或被创出或被赋予新含义后加以使用①。这表明对于实学以及实学背后的西方文化的关注乃至吸收程度继续在提高。

1886年,教科书编撰尚未受到检定制度的规范。比如,假名应该是以片假名抑或平假名出现? 在笔者查阅的教科书中,上列小学初级读本虽然使用的是平假名,但在另一些教科书中,其所使用的假名却又是片假名,这表明编撰国民教育用教科书的知识分子,其各自的意见是不统一的,有大力推广平假名者,亦有保持片假名在文章语中之地位者,而负责审查教科书的文部省也没有就此形成一个明确的规章。除假名使用问题,同年级教科书内容的难简程度也不统一。从笔者下列教科书内容即可观察到,其文章之复杂程度远甚于前列教科书。比如有文如下:

前橋ハ高崎ノ近傍ニアル。市街ニシテ。亦繁昌ノ地ナリ。此地方ニテハ。多ク蠶ヲ養ヒテ。絲ヲ製ス。②

这段文字依然保留了明治初期的行文风格,使用片假名,并且无论名词、

---

① ［日］青木港三郎编纂:《普通读本字引》,集英堂1887年版。
② ［日］井田秀生:《国民课本》卷四,长岛为一郎出版发行1987年版,第2页。

动词等均使用汉字、汉语，而前列读本，一段话里仅出现一到两个汉字、汉语，且仅限于名词的场合。不过，该本教科书所出现的新现象值得关注，就是开始加注断句符号"。"，这也是语言现代化的重要标志之一。

这个时期，虽然我们尚未看到日本"国语"最后会被定型成何种模样，但朝着"国语"方向发展的趋势很明确：随着日本国民国家的建立，经文字语言文体改良的摸索后，"国语"必须以清晰的面貌确立下来。在此之前，日本人会常常把"国语"挂在嘴边，但各说其话，没有人能清晰表明大家所要的"国语"到底是什么。在此探索过程中，不能忽略佐藤宽的研究。

佐藤宽于1891年（明治二十四年），在皇典所发表了关于"国语"的演讲，同年，他的专著《日本语学新论》出版。这是继矢野文雄之后，关于日本文字语言文体改良的又一部力作，也可以看作是矢野文雄们温和改良主张的延伸发展。

针对罗马字论，他如此反驳道：现在的书写因夹杂着汉字和日语而显得极为不便，无论是"かなのくわい"还是"罗马字会"，其宗旨均为欲消除因使用汉字所带来的不便以及使得文章更加简明易懂，并最终达到言文一致的目的。而其实全盘利用假名就能实现这一目标，因此日本文字没有罗马字化的必要。与罗马字会的提倡者不同，他认为假名书写速度要比罗马字快，比如"道理"一词，用假名是"ことわり"四字，而用罗马字则是"kotowari"八字，比假名多出四字。至于日本文辞不规则、不确定的问题，可以让不规则的部分规则起来，不确定的部分确定起来，若此，经过改正的假名一定比罗马字好用①。

但佐藤宽笔锋一转道，既然假名这么便捷好用，为什么日本人还是不能丢弃汉字呢？原因在于，若全用假名，一则文章篇幅将过于冗长，一则会出现歧义，而夹杂汉字使用，则可避免出现上述问题。目下，日本语尚未确定统一的缀字法即假名遣，若缀字法确立，可减少汉字的使用。再者，日本人已经习惯

① ［日］佐藤宽：《日本语学新论》，第70—73页。

使用汉字,不仅使用汉文直译体的人在使用汉字,即便使用雅俗混淆体(矢野文雄所谓的杂文体)的人,甚至如蒙童、妇女亦在使用汉字。最明显的例子就是,为了让蒙童、妇女容易理解汉字,一些针对此类人群的读物都会在汉字旁加注训义①。这就是矢野文雄所谓的两文体了。

比矢野文雄较前发展一步的是佐藤宽开始明确提出"语学"观念,即对语言应进行有步骤的研究。他说在做语学研究时,应注意以下几点:一、解决目前语言文章的混乱现象。二、能够阅读古典书籍,并能知晓其大意,同时要知道语词发音之正误以及该语词之语源。三、在了解语词发音之正误以及该语词之语源时,要明确其出自何种方言俚语。四、抛弃使用不正确的语词,力争使用原来正确的语词。五、在日常谈话中,注意正确使用语词的过去、现在、未来时态。六、文章是用语言写成的,如果语言用错了,文章的表述就会随之发生问题,所以写文章要用心去写。如今,日本语言文章混乱运用的现象非常严重,而且外国的因不正确发音造成的不正确语词又源源不断输入日本,如果再不及时加以制止和纠正,日本将无法确立自己的国语。七、要能辨别语词正确与否。八、确立日本语语法(文辞)的规则。九、现今处于彼此杂居、知识交换的时代,好文章的撰写基于规范的语言,于此,语学之研究尤为重要。十、彼方欲知我方事情,我方又要阅读古典书籍,建立一个用语标准以满足上述两方面要求是目前语学研究的重点。就如何制止目前语言文章的混乱现象,他提出了解决方案:汉字音读一定要以"汉语"为标准;训读(假名解义词)一定要以"国语"为标准,然后寻找一种简洁趋平民化的文体②。这种文体,关键在于保留多少数量的汉字。当时,在汉字精简方面,主张者们各自有各自的议论以及实践活动。可以说,这时期的日本语学研究一直跟随着文字语言文体文章的改良,即为文字语言文体文章的改良提供意见或可靠依据。而佐藤宽的上述十点意见即提出了自己所期待的文字语言文体改良方向。

① 〔日〕佐藤宽:《日本语学新论》,第 87—88 页。
② 〔日〕佐藤宽:《日本语学新论》,第 96—102 页。

　　他指出，不实施正音、语言纠错的措施，则整顿文字语言文体乃至文章都是空话。因此，撰写语学书，制定语格（语词变化的标准）和文法（句子变化的标准）的统一规则是当务之急。在制定语格标准时，应折中采用古今雅俗音训之语词；在制定文法标准时，从句子结构、形容词副词之位置，到反语、省略语、助词、虚拟等表达，既不应拘泥于古风，也不要完全去附会西洋的文字文法结构，应确定具有当今日本国体特色的文法规则。语格书又可称为语典书，而文法书则可称为文典书。同时，他建议应编纂缀字书，首要明确五十音图以及清浊拗音的结构，次要列出体言、用言、单语、连语等用语规范，再适时插入简易文章以为示范，而此类书籍是为初学的蒙童所准备的①。用假名拼写的语词一直不统一是文字语言文体改良者在改良实践过程中经常遇到的头疼问题。其中有发音不规范的问题，这是缘于日本没有"官话"即标准语，也有语词本身的拼写问题，同一个语词出现多种拼写，其带来的书写混乱可想而知。我们通过上述言论可知，在佐藤宽的眼里，"国语"仍然被框架在日本土语的范畴内，这和日本现代国语中的"国语"范畴是不一致的。从佐藤宽的例子可以看出：日本未来的"国语"面貌在这一时期并不清晰。

　　就如何开展语学研究，佐藤宽也给出了具体方案：首先于公、私立诸学校内设置国语科。德育教学的基础应建立在国语之上。读书，基于国语而著文，基于国语而表达思想，基于国语而交换知识，基于国语而进行谈话以及交际等。德育教学之要旨在于，以国语知国体之尊严。比如英语之变迁，中国语之变革，虽有外来语侵入，但其本土语并未消亡，也只有保留自己本土语之发音及其音语词，才能保全本国之体面或尊严。但有着2500年历史的日本却遗失了大部分自己本土语的发音及其语词。他认为，若想重获国家尊严，凝聚出日本大和魂，找回遗失的本土语原音及其原语是重要方法，也是语学研究所要进行的具体工作内容。日本只有养成了大和魂，在输入外国文化即西学时才可

———————

① ［日］佐藤宽：《日本语学新论》，第111—112页。

避免被其同化的危险。明治二十二年以来,帝国大学纷纷改"和文学科"为"国文学科"。随后,中等、高等学校亦效仿之。今后,期盼基础教育,即寻常中学、小学校亦能各自设立国语学科,以真善美为主题,令国语在课程教学中占据主要地位①。在现代"国语"的形成过程中,日本本土语言的再挖掘和再利用成为文字语言改良的目标之一。

其次,佐藤宽建议应多设立国语专门学校,即增设诸如皇典讲究所一样的国语专门学校,以国语进行研习,探究日本土语原音及其原语的状况。像皇典讲究所一样的国语研究机构尚有国语传习所,建于 1889 年 11 月;国文国史讲习所,建于 1890 年 1 月;国文语学专门学校,建于 1890 年 1 月;国语讲习会,建于 1890 年 3 月②。上述四校的建校宗旨,可通过下列两则资料获知。一是《国语传习所趣旨书》,一是《国文语学专门学校趣旨书》。前者之办校趣旨大致为:国语是为巩固国体之工具。国语当与"邦国"(国家)共存亡,此为万国所共识。故今日之日本应大力建设国语,这关系日本之独立精神有无。目前,外国人散居于日本各地,若不尽早确立国语,已经受到汉字汉语左右的日本文典将叠加蒙受来自外部的侵蚀。因此,政府在指令大、高等、中学校成立国文国语科的同时,亦应要求各地小学校设立国语科。譬如西洋诸国,他们的普通小学校均设立了国语会话、文典等课程。由此,为振兴日本国语,特建立此国语传习所,以大、高等、中学校之教师为教学者,不分长幼、面向一切男女同胞,凡热衷国语事业之同道,皆可于此地共学共讲国语③。后者办校趣旨大致为:国文国语学的当务之急在于在文学教育的范畴内,要向受教者灌输热爱国家之观念,培养学习者作为国民应具备的品德操守,阐明人类、人种之起源以及保持国家独立精神之重要性。日本当下适逢国家重大发展时期,且在西洋人已散居日本各地的情况下,清晰呈现法律条文至为重要,为达此目的,应仿照

---

① ［日］佐藤宽:《日本语学新论》,第 115—117 页。
② ［日］佐藤宽:《日本语学新论》,第 120 页。
③ ［日］佐藤宽:《日本语学新论》,第 121—122 页。

海外学校教育体制,建立且使用自国国语,由此才能建立并保持一国之独立性。然而,日本的现行文字语言文体,尚缺乏统一规范。于是,学校老师在教授读写时没有确定的语法、文则可遵循;从事翻译的人,在翻译文章之际,只讲究文意美妙、辞藻巧拙,于语法、文则上毫无追求,以致流弊横生。鉴于此,凡政治家、教育家当肩负起推进国民教育之重大职责,大力发展国语学科,以建立确保国家独立的基础。据此,冀望学校教师、翻译家等能齐心协力,共同制定出文字文体文法之统一规则。现在文部省正通过行政手段大力推进国文国语学教育,即正有计划地将国语学科纳入大中小学的教学科目以及考试中,并颁布了相关奖励措施。唯有此才能让本邦获得最大之进步与发展。本校早在1885年就有创设之意,迟至本年才得以成立。不过在此之前,吾等文字语言文体改良者已就国文国语学展开专门的调查研究。本校创办的宗旨就在于培养国文国语方面的语言学家,就在于尽早确立规范而统一的"国语",并推广、普及"国语",以确保国家独立精神的永存①。从上述两则资料可知,日本已深刻意识到现代"国语"的确立是获得独立精神的保障。

佐藤宽所给出的第三条意见是,应向小学生教授缀字书。开展国语教育,当从教授缀字书开始。在小学初级阶段,学生们应该在朗读教科书的过程中逐步区分并掌握诸如丝、犬、碇等之类的具象名词,诸如孝、悌、忠、信等之类的抽象名词,以及常用的动词、形容词、副词等。在此基础之上,就学蒙童当进一步理解语言可以起到的作用并掌握缀字法,以便为将来语格文法的学习做好准备。所谓缀字法就是将训读假名中的一部分转化为汉字的方法。比如,"今"写成"今マ","又"写成"又タ","只"写成"只タ","習"写成"習らふ"等。如此一来,使用者不仅可以通过词语结构中的假名部分来理解该语词的含义,又可通过词语中的汉字部分记识汉字。换句话说,就是如何将汉字穿插进假名文体里。由此可知,在佐藤宽的设计里,日本未来的国语国文,就是以

---

① ［日］佐藤宽:《日本语学新论》,第123—124页。

大众化的雅俗混淆体(杂文体)为基础,进一步削弱其中的汉字部分,以假名为主,汉字为辅的文字文体文章。① 佐藤宽的理论如果能付诸实践,假名无疑将反末为本,逆转汉字的地位。如此,在学校初级教育阶段教授缀字法是推广国语的重要方法。

　　意见四是,建立并推行国语标准话。标准语的建立是表音文字能否被推广的必要条件。文字发音若不统一,同一语词发音若不统一,以发音不统一的文字语言进行写作,其文章所能流行的范围将受到地域限制。这也是假名的会、罗马字会所推行的改革主张无法获得大众同情的关键原因。之后的改革实践者们开始尝试建立能通行全国的标准语。意见五是,向海外输出日本国语,以获得世界各国对日本文化的认可。截至目前,日本一直是文化接受者,从前是接受汉字汉语,现在是接受西字西语,日本若要拥有自己的文化独立精神,也必须要鼓起向海外输出文化的勇气。谈到此处,且不论日字日语的输出是否成功,单单日造汉语影响了中国现代语的发展却是不争的事实。意见六是,改良新闻杂志以及稗史小说的写作文体,因此类文章的读者越来越多,若能加以改良,对于促进大众阅读将带来至远至深的影响。大众媒体要获得大众的热爱,使用大众容易接受的文字文体进行撰文是必要选择。如前述,无所顾忌的小报早就开始了这样的写作实践,随着大报的觉醒,降低文章的读写难度也逐渐成为撰稿人的一种自觉行为。意见七是,政府应主动参与语言改良,即以诏敕、布告、布令、布达、训状等政府命令的形式,要求公、私立学校采用以示范文字文体编撰的教科书。这些教科书所呈现在使用者眼前的文字文体应是只使用简单易记的常用汉字,而文体可参照和汉混合体(即雅文变体或杂文体)。继教科书,政府要命令所有官文书也均须以和汉混合体加以撰写。在政府作出示范性表率后,相信流行于社会的报纸杂志、稗史小说等也会更加自觉地使用和汉混合体。如此,统一的文字语言文体也就顺其自然诞生了②。

---

① 　[日]佐藤宽:《日本语学新论》,第 131 页。
② 　[日]佐藤宽:《日本语学新论》,第 160 页。

由上述建议我们看到，一项改革事业，如果没有政府的参与是无法进行的，如何能打动政府对社会舆情做出积极的政策上的反应是语言研究者的重要职责。

佐藤宽的研究契合了时代的需求，在当时产生重要影响。他不断在具有最高学府意义的皇典讲习所发表演讲。1893 年（明治二十六年）3 月，佐藤宽再次在皇典讲习所发行的《演讲志》上发表题为《确立国语的二大方案》的文章，提议应编纂国语词典和俗语词典，并将其放入全国小学校的教学中去。7 月 25 日，细川润次郎在国语讲习会（第一高等中学校）上发表题为《于国语讲习会陈述所见》的讲演，指出国语之存亡关系国家之存亡，所以当谋求发展国语之道。8 月 6 日，文部大臣井上毅莅临国语教员夏季讲习会，发表演讲，强调在寻求国文发展的道路上，必须以国文为经，以汉字汉文教材为纬来进行。当时，小中村清矩以德川时期流行的夹杂汉字的平易之文章为例，指出应折中神皇正统记、太平记、盛衰记等古文，来确立各种日常通用文的范本。9 月，目黑和三郎在皇典讲习所《演讲志》上发表题为《期待语格固定方案的提出》的文章。10 月，福地源一郎在其题为《明治今日的文章》的文章中，感叹汉语之跋扈，讲述其现象发生之原因，指出一国之语言是其国家独立之必要条件，遂建议为了实用文章的发展，当驱逐此"妖魔"，以恢复国语之势力。又有加藤弘之发表题为《小学教育改良论》的演讲，论述因使用汉字所带来的困难以及排除困难的方法①。

于此，我们看到大家都在讲"国语"，但他们各自对"国语"的定义是不一样的，像福地源一郎眼中的"国语"是完全排除了汉字汉语的"国语"，而井上毅眼中的"国语"是不排斥汉字汉语加入的，又佐藤宽眼中的"国语"与"俗语"有些明确的界限，凡此种种，为了确立日本文化上的独立精神，必须要树立"国语"，但"国语"的面貌于此际并未清晰显露出来，而关于它的大讨论即

① ［日］国语调查委员会编纂：《国字国语改良论说年表》，日本书籍株式会社 1904 年版。

将展开。但在"国语"概念正破土而出的萌发期,佐藤宽的研究不得不给予关注。这一时期,虽然文字语言文体改良的呼声不断,但于官方而言,文字语言文体到底朝着哪个方向改革仍需假以时日才能确立。不过,随着具有独立精神意义的"国语"概念的浮出,日本文字语言文体改良的雏形已然显现。

小　　结

19世纪80年代,在日本,西学、汉学之争是焦点。弃汉学就西学带来的最大社会问题就是道德教育的缺失。由于西方社会依靠基督教来完成道德教育,日本如果想通过相同的方式完成道德教育,就意味着日本国民当皈依基督教,这显然不适合于信奉神道的日本。在日本,一个问题日益凸显:近代学校教育在强调实学教育即科学教育之际,如何面向学生实施充分的道德教育?1890年10月30日,日本天皇向日本臣民颁发了立教圣敕。即:

朕惟フ二我力皇祖皇宗国ヲ肇ムルコト宏遠二德ヲ樹ツルコト深厚ナリ我力臣民克ク忠二克ク孝二億兆心ヲ一ニシテ世々厥ノ美ヲ済セルハ此レ我力国体ノ精華ニシテ教育ノ淵源亦实二此二存ス爾臣民父母二孝二兄弟二友二夫婦二相和シ朋友相信シ恭倹已レヲ持シ博愛衆二及ホシ学ヲ修メ業ヲ習ヒ以テ智能ヲ啓發シ德器ヲ成就シ進テ公益ヲ廣メ世務ヲ開キ常二国憲ヲ重シ国法ヲ遵ヒ一旦緩急アレハ義勇公二奉シ以テ天壤無窮ノ皇運ヲ扶翼スヘシ是ノ如キハ獨リ朕力忠良ノ臣民タルノミナラスヌ以テ爾祖先ノ遺風ヲ顕彰スルニ足ラン①

这依然是汉文直译体。在政府层面,汉文直译体即汉文变体依然是首选书写体。文中"尔臣民"乃指称当时已被社会民众认可并广泛使用的"国民"。

---

①　[日]佐藤宽:《日本语学新论》附录,第2—3页。

在这道敕语中，天皇首先强调国民的忠孝心依然是"国体の精華"和"教育の淵源"，在此基础上又当孝顺父母、夫妇和睦、兄弟友爱、持己恭俭、潜心修学、成就德器、经世济用、义勇奉公等，表明教育目标首在育德。诚然，对于走入现代化历程的国家来说，学校教育是立国基础，因国家观念之养成、科学素养之培育有赖于国民教育。而上述素质之培养除仰仗语言文章外别无他法。于此，日本文字语言文体改良运动成功与否确实关系日本现代化事业的发展。在这一改良过程中，对待汉字汉语汉文的态度取决于当局者对待汉学的态度。若一味废除汉字，追随西学，其后果是抛弃汉学，但抛弃汉学则形同于抛弃汉学背后立德为本的东方精神；若不能放弃东方精神，则汉字在文字中之保留毋庸置疑。也就是说，相较废除汉字，精简汉字即控制汉字的使用数量当是正途，只不过在精简力度上会产生争议。近代学校教育的大力推广需要简易化的文字文体，适者生存，和汉混淆体最终将因其符合社会各方要求而能被广泛接受。即便如此，日本仍然有股守旧力量，他们不愿或不愿过多放弃汉字，1891 年 1 月，力主汉字不可废的井上圆了发表了题为《汉字论》的文章，竭力向民众解说他所撰写的汉字构造法，指出若以此构造法向学习者传授汉字，汉字记忆不应是一件不能克服的困难①。

---

① ［日］国语调查委员会编纂：《国字国语改良论说年表》，第 22 页。

第三章　甲午战争后日本社会关于文字语言文体改良的大讨论

　　在上一章中,我们看到,日本文字语言文体的改良大多停留在社会舆论阶段,并且这种舆论并未得到社会的深切同情以及政府的积极回应。即兴起于明治二十年前后的文字语言文体改良风潮,到明治二十三年以后基本回复平静,无论是假名文字论,罗马字论,抑或社会认同程度相对要高的汉字精简论,它们各自的主张者不再仅停留在理论性的争吵中,开始潜心于语言文章的具体研究,希望能找寻到自我主张切实可行的实践方案。甲午战争后,日本社会掀起了关于文字语言文体改良的大讨论。

第一节　近代学校教育所期待的理想书写

　　日本近代学校教育的发展状况到底如何呢? 笔者收集了 1890 年至 1895 年日本学龄儿童的教育普及状况的资料。这一时期日本学龄儿童人口一直维持着 700 余万人的水平,在此基数上,日本小学教育的发展状况大致如下:

　　1890 年,修学者共计 3520718 人,其中完成小学初级教育者(按:4 年"寻常"小学教育完成者,后来又分 3 年、4 年不等)3192266 人,小学毕业生(按:

完成"寻常"加"高等"共计 8 年小学教育者,后来又分为 6 年、8 年不等)328452 人;不修学者共计 3674694 人,其中完全未修学者 3153740 人,中途退学者 520954 人。明治二十四年,修学者共计 3632252 人,其中完成小学初级教育者 3253488 人,小学毕业生 378764 人;不修学者共计 3588198 人,其中完全未修学者 3070690 人,中途退学者 517508 人。明治二十五年,修学者共计 4056262 人,其中完成小学初级教育者 3572646 人,小学毕业生 483616 人;不修学者共计 3300462 人,其中完全未修学者 2780493 人,中途退学者 519969 人。明治二十六年,修学者共计 4265590 人,其中完成小学初级教育者 3720880 人,小学毕业生 544710 人;不修学者共计 2997612 人,其中完全未修学者 2492982 人,中途退学者 504630 人。1894 年,修学者共计 4518137 人,其中完成小学初级教育者 3903947 人,小学毕业生 614200 人;不修学者共计 2802054 人,其中完全未修学者 2305614 人,中途退学者 496440 人。1895 年,修学者共计 4338069 人,其中完成小学初级教育者 3066069 人,小学毕业生 1272000 人;不修学者共计 2745079 人,其中完全未修学者 1867418 人,中途退学者 877661 人①。大致情况是,从 1890 年到 1895 年,学龄儿童中完全未修学者由 310 余万人下降到 180 余万人,修学者由 310 余万上升到 430 余万人,完成小学初级教育者人数虽然没有发生明显变化,但小学毕业生由 32 万余人上升至将近 50 万人,也就是说就学率由从前不及一半,发展到超过一半,且完成初高等小学教育者人数在增加。但这个数据明显不尽如人意,每年 700 余万学龄儿童中仍有 180 余万人完全不会进入学校,而进入学校后又中止学习者人数在 1895 年居然接近 90 万人。

根据白鸟鸿干的调查,中途退学者人数居高不下的理由大致有:1. 学校用文句与日常用语之间的差距大;2. 经常劳作的身体一旦休息下来很容易睡过去;3. 所学文字容易忘记;4. 主人家的训诲大都喜欢使用汉语、文章语;5. 吾家

---

① ［日］白鸟鸿干:《新国字论》,白鸟鸿干 1898 年版,第 66 页。

二三代都是文盲;6.看学校以及政府的考试规定,上面所使用的文字文体都是和汉混合体,且现行学习中既要学习汉学内容,又要学习西学内容,怕学习了汉学就忘了西学,而学习了西学又会忘了汉学,如此反复,太费时耗力;7.被父亲说,会种庄稼是人生头等大事,否则将陷入贫困危机等①。从上述文字可知,一般农家子弟在上学后发现,书本用语言句子与他们的日常对话存在太大差异,因西学教学内容的加入,在本就复杂的汉学教育外又添加了也不简单的西学教育,使得教学内容过于繁复,这让就学者产生畏难情绪,加上普通家庭的大部分成员不识字的背景,家长多不懂得依靠读书来改变个人命运的道理,与其消耗家庭财力让子弟去读书,不如学会种地或其他谋生手艺以确保一种可解决基本温饱的安定生活。也就是说,让孩子们弃学的主要原因,一是文章用语与日常用语基本属于两个体系,一是教学内容有些复杂。如此,解决读写难问题是降低学校教育难度的最直接办法,这关系学龄期儿童就学率的提升以及在学儿童退学率的降低。那么,学校教育所期待的理想书写是什么呢?

日本著名语言学家井上哲次郎在其《关于国字改良的必要性》一文中曾反复强调:学生们在学习文字时所遇到的困难已对日本学校教育的推广造成了巨大危害。他说,西洋的儿童再怎么愚钝,一年之内一定能记住所有的罗马字,而只要记住了罗马字,就可以开始进行阅读,虽然在理解玄奥的科学、哲学等方面的书籍会比较困难,但普及性读物的阅读基本没有问题。反观日本的孩子,掌握阅读对他们来说不是一件容易的事:只用一年的学习时间,是无法开展阅读的;尽管花费两三年的学习时间,要通畅理解文意还是会有困难;哪怕消耗五六年的学习时间,要想做到通读应该读的文章也不是件简单的事。也就是说,孩子们在学习文字上吃尽了苦头,不知道学到什么程度才能达到任何文章都能读懂的地步。对很多人来说,可能这样的目标永远也实现不了,因为在我们的学习过程中,比起记住某些知识,我们在记住文字方面花费了太多

---

① ［日］白鸟鸿干:《新国字论》,第165—166页。

的时间。反对文字改良的人，无论举出任何不能改革的理由，也不得不承认和西洋比起来，日本在知识科学开发上已经远远落后于他们。即现行文字所造成的伤害不仅仅体现在学校教育层面，它更进一步阻碍了日本现代化社会的建设步伐。他指出，文字不过是记录工具，随着现代化的发展，越来越多的事物已变得简单易行，但只有文字还是保持着从前的样子，不能与时俱进，难道要成为新社会里唯一一成不变的旧事物吗？他解释说，我们在探究文字不易掌握的根本原因时，发现其症结在于汉字混入了我们的文字中，即今日日本之国字是由汉字与假名混合构成，且汉字使用的数量没有受到严格限定。① 显然，在井上哲次郎的眼里，要减轻学校教育中的文字学习负担，废除文字中的汉字是最有效的方法。

　　著名新闻人原敬这样谈到汉字给学校教育带来的困难：我们今天在谈到学习汉字时，已经不仅仅是在学习一种文字，更多是在学习汉字所承载的儒家以及佛教经典，也就是说汉字是和我们视之为学术的儒家经籍和佛经捆绑在一起的。于是，不管我们撰写什么文章，都要使用汉字，哪怕我们只是去写一封家书，不仅要用汉字，还要最好写成汉文，尽己所能地运用汉字汉语。只要看看我们今天从小学到大学的各类书籍，其采用的文体基本为和汉混合体，汉字是每个接受学校教育的人必须要去掌握的文字。而为了要学习、学好汉字，不同年级的学生们不知道白白消耗去多少大好时光，深受其害者不知几许。我们看看欧洲，他们的孩子只要记住数量有限的字母文字以及学会了拼写，就可以开始阅读，尤其他们使用的书写语言都来自日常会话中的语言，如此一来就不需要再额外学习什么深奥难辨的文章语，让阅读变成一件简单的事情。再看看日本，为了能够阅读，孩子们必须首先要记住那些用于书写的文字，然后为了理解掌握这些文字又必须进行另外一种艰难的学习，也就是为了能够阅读，日本人起码要花费双倍的力量。基于此，为了扫除阅读障碍，废除汉字，

---

　　① ［日］自治馆编辑局编纂：《国语改良异见》，第410—411页。

像欧洲国家一样,去采用能够让阅读变得轻松的表音文字。① 由此,原敬的改良重点在于,不仅要废除汉字,还要将口语白话引入书写,以实现言文一致。

关于在编撰教科书时应该使用哪些汉字,且在书写中汉字、假名的占比应各是多少这一问题,加藤严夫认为要尽早解决。他说:随着岁月流逝,万事万物恣意生长,由一到十,由十到百,由百到千,不断繁衍,以至无穷。也就是说,只要某个物种开始在这世界某个角落根植,它就会生长、蔓延,且不断获得进化,以至到无法再消灭它的地步,你一边在铲除它,它一边就在滋生,所谓野草烧不尽,春风吹又生。常用汉字只占据汉字总数的万分之一而已,其余部分不过是文人墨客用来赏玩,对普通人而言说其是"死物"亦不为过。就像本邦千年以前流行的语言到现今已基本无人再用,非要担心这部分死去的语言会危害社会,岂不是杞人忧天? 今天的文字改良者与其整天想着如何去限制文字中的哪些文字不能再使用,不如放开手脚好好想想应该为学生们实际做点什么。从前假名的会也好,罗马字会也罢,提出了那么多的改革意见,但都是些陈词滥调,于教育实践没什么意义。他说,大家所担心的无非是今日学校教育科目繁多,不希望学生们把有限的学习时间都花费在对于文字的学习上,这非常不利于他们的全面发展。于此,与其整天讨论该删减哪些文字,该使用哪些语言,不如赶紧行动起来去编纂中小学教科用字典。但他强调,此类字典的编纂属于事关国是的大事,必须由文部省来组织编纂。他说,改革只有在充分实践的基础上才能进行,仅凭借政府的行政命令强制执行,其成功的概率不高。涉及文字改良,首先就要选定范围,不能期待对上至诏敕法令、下至历史小说的所有书写进行整改。如果不设定范围,我们很快就会发现:诏敕应体现出的尊崇将会被亵渎,法令应体现出的严密将变得轻慢,历史书籍里的地名、人名因用字被篡改将留给后人无数不解的疑惑,当然小说应展现出的种种话外之音大概也要丧失殆尽,等等,难道这些都是诸君想要看到的事情吗? 最后他强

---

① [日]自治馆编辑局编纂:《国语改良异见》,第318—319页。

烈建议，如果想要改变现行文字状况，编纂各教科用字典是最好办法。在学校各个教育阶段学习的学生，尤其到了高等专科阶段，学生们分布在各个诸如文科、理科、法科、医科等学科领域里，会接触和、汉、洋等多种文字，与其担心学生在语言学习方面有畏难情绪，不如帮他们编纂出适合各个学校教育阶段的字典，以减轻他们在文字学习上的困难。① 显然，建立规范的各科各等阶用语用词是加藤严夫的坚持，他认为各科各等阶用文字语言文体并不需要统一，在划定范围后进行改革是改革家必须要重视的问题。

关于汉字学习的成本问题，田中秀穗是这么计算的。他说，汉字学习是一件很花钱的事。如果我们对文字进行了成功的改良，我们可以帮孩子们节省出六年的学习时间，以一年学费 100 日元来计算，一个孩子就可以节省出 600 日元，日本人口是 4000 万人，那就可以节省出 240 亿日元。现在每个完成小学教育的国民花在教育上的费用是 800 日元，如果减少到 200 日元，那么节省出来的资金将非常可观，所以说学习汉字是一件很浪费金钱的事。他说，除了浪费钱，学习汉字还是一件很浪费时间的事。无论是谁，要将 5 万余汉字一个不剩地全部记住是一件很难实现的事，所以人们通常也只是记住那些常用字。现在的小学教育是八年制，如果我们改正一下文字，让孩子们在两年内掌握文字并学会文字的使用方法还是可以期待的。如此一想，现行文字让孩子们白白浪费了六年的学习时间，是一件多么令人遗憾的事情。他感叹，除了浪费时间不算，学习汉字还很费脑力，给孩子们带来心理负担，影响了他们的身心健康。他认为最要命的是，汉字学习影响了日本本土语言的发展，以至日本与其他国家间关系的发展。现在的状况是不仅日本学生抱怨文字难学，在日外国人也总抱怨日本语言学起来太难，长此以往，愿意学习日语的外国人会变得越来越少；反之，同日语相比，外国语学起来要容易许多，长此以往，愿意学习外国语的日本人会变得越来越多。而随着生活在日本人中间的外国人越来越

① ［日］自治馆编辑局编纂：《国语改良异见》，第 62—63 页。

多,是不是说日语的人会越来越少,甚至在将来某一天,我们自己的语言要彻底消失不见? 细思恐极,连语言都已消亡了,我们的国家还能继续存在下去吗?① 由此在田中秀穗看来,必须简化学校教育文字,让它们变得和西字一样容易学,人们也就不用再去羡慕西方,即便大力学习西方科学,也不用担心会丧失自己国家的独立性。

在文字语言文体改良上永远不会作壁上观的井上哲次郎如是说:今日学校教育应被改良的地方不少,其中尤以文字改良为重为切。不过,大多数的人即便意识到现行文字存在很多问题,但受着惯性影响,总是懒于计较,轻轻放过,然而作为交流、交换彼此思想的重要工具,文字到底关系着我们学校教育的发展,乃至整体社会的进步,因此,为了国家千年发展大计,怎么都要去改良现行文字,以符合社会发展需要。当然,很多人会说像文字改良这样的事情是说起来简单做起来难,但不能因为难就要停下改革的步伐,这都是目光短浅、不识世界大势人的短视。也有人会说,语言学属于自然科学范畴,其变化应顺其自然,不应多做人工干扰。然而这种观念将语言和文字混同在了一起。语言是人们在生活中为了沟通彼此而形成的口头表述,但文字却是人们为了将这些表述记录下来而努力创造出来的符号。不论东西方,世界各地所采用的文字都是在远古时期由杰出的人物依据其居住地区的特征创造发明出来的符号,凭借这些各种各样的符号,世界各个国家或民族或多或少保留了他们的历史。也就是说,语言改良可能并不是件容易进行的事,但对记录语言的文字进行改革却未必做不到。文字改良完全可以通过语言学者的自觉行为来推动,明明知道文字存在不合理问题,还放任其自由发展,对语言学家来说就是一种失职。于此,井上哲次郎从三个层面来讲述现行文字不得不改良的理由。他说,日本现行文字不好首在字体错综复杂。在西方,文字字体大体分为印刷体和手写体。但在日本情况却复杂得多,印刷体大体以楷书为主,常用的手写体

---

① ［日］自治馆编辑局编纂:《国语改良异见》,第80页。

却有楷书、行书、草书三种之多，撰写者多根据自己的书写习惯随意择用，此外尚有不常用的篆、隶等字体。也就是说，日本常用手写体至少有三种，比起西方的一种，这意味着日本人在学习书写时所花费的时间至少是西方人的三倍。更麻烦的是，某一字体中尚存在异体字现象，我们只要查阅一下诸如《干禄字书》《碑别字》《古今异字丛》等字典就会发现，楷书的异体字算是最少的，行书的异体字显然多于楷书，而草体的异体字则多到似乎没有上限，《草书选》《草字汇》《草书韵会》等就是为了帮助人们解读草体字而专门编撰的书籍。这仅仅是汉字的状况，汉字以外的假名文字，又有平假名、片假名之分。假名文字的数量虽然不多，但长期以来形成的各种字体却让我们眼花缭乱，比如我们到现在因没有放弃万叶假名的字体，以致很多书籍中还会出现这种字体，结果我们在学校教学中必须设置学习认识万叶假名的教育时间，为辨识这些字体五花八门的假名文字，我们的孩子又白白浪费了许多大好时光。他接着说，现行文字不好次在字音错杂。汉字读音的复杂出乎一般人的想象。汉字是一种象形文字，人们在学习新字时就会遭遇读音问题，解决问题的方法要么去问有学问的人要么去查阅字典。也就是说，汉字因为不是表音文字，一看之下是不能读出的，只能硬记，又因数量庞大，积累少的人在学习过程中会经常遇到不会读的字，或不厌其烦请教博学之人，或频频翻阅字典，实在是一件令人烦恼不已的事。结果有些人为了省事，会根据相似字的发音进行类推，以致错误百出，令人啼笑皆非。比如某大臣在堂堂的议会上讲"枚举"念成"ボクキヨ"（正确读音：マイキョ）；又有某议员将"矛盾"念成"ホコトン"（正确读音：ムジュン），成为人们的笑柄；又有某教授在一次讲演中，将"顶門一針"（注：一针见血之意）中的"顶門"念成"コウモン"（正确读音：チョウモン）；另外又有将"忖度"念成"チウド"（正确读音：ソンタク），将"植物"念成"チヨクブツ"（正确读音：ショクブツ）等，举不胜举。尤其碰到字音难辨的，更是误读不断。此外，汉字根据其字义，除了一般读音外，还存在特殊读音的情况。比如"越席"的"越"读成"クワツ"，"晨風"的"風"读成"ヒン"，"不亀手"的

"龟"读成"キン","南朝四百八十寺"的"十"读成"シン","玄牝"的"牝"读成"ヒ","措大"的"措"读成"ソ","足恭"的"足"读成"スウ"等,能正确读出的人实在太少。我们想要将这些汉字正确读出,一定得借助诸如《龙龛手鉴》《续字汇补》等这样的专门工具书。还有就是,汉字通常一字有数种读音。比如"出"这个字,第一读是"シユツ",第二读是"シツ",第三读是"スイ",第四读是"シ",第五读是"チユツ",第六读是"チツ",第七读是"セツ"等,如果去翻阅一下字典,我们甚至还可以找到有十种以上读音的汉字。也就是说,即使我们碰到的是一个常用汉字,根据不同的场合,其读音会发生变化,而在瞬间要判断出其字该读什么音并不是件简单的事。为了能进行上述种种辨析,我们耗费了大量的精力,在发展日新月异的当今世界,我们还保持着这样的学习状态,对新知识乃至智慧的增长有何益处呢?他继续说,现行文字不好又在字训错杂。比起字音,字训是个需要面对的更加复杂的问题。首先,要对字训(按:用日本土语翻译汉字)所涉及的假名拼写进行统一就不是件简单的事。比如,"鼠"应训读为"レズミ",但有误读成"レヅミ"的;"水"是应训读为"ミズ",还是"ミヅ"呢?"十"或许不应训读为"トウ",而应读成"トオ";"大"应训读为"オホイナリ",但在毛利贞斋的《玉篇》内,却将其训读为"オホヒナリ",《字引》沿用了这个错误,这让翻阅字典的学生们很迷惑,不知道该采用哪个训读。由此可知,要正确训读汉字是一件比较困难的事。加上,汉字本身就有一字多义的特点,比如,"为"字,第一训读是"スル",第二训读是"ナス",第三训读是"ツクル",第四训读是"オサム",第五训读是"タスタル",第六训读是"メザル",第七训读是"ツク",第八训读是"エラル",第九训读是"ミソザ"等,另外还可以再找出几种解读,这样一个字居然有这么多字义,且还要注意汉字另有同音不同字的现象存在。对于人名、地名以及物名的训读,也是让人烦恼不已。比如,博文馆里有位叫"宫川大寿"的馆员,他的名字"大寿"应训读为"トモトシ",但不知道这个读法的人大有人在;再者,"东"姓,有人将其训读为"アズマ",有人将其训读为"ヒガシ",到底哪个正确需要

其本人确认；又或者"塙"姓，有人将其训读为"バン"，有人将其训读为"ハナ
ハ"，不谈到底应该怎么读，理解这个字字义的人恐怕就没有几个；又有名字
叫"文雄"的，有人将其训读为"フミオ"，有人将其训读为"ブンイウ"；"久太
郎"的"久"字也是一样，有人将其训读为"ヒサ"，有人将其训读为"キウ"等，
诸如此类的例子不胜枚举。字训复杂到这种程度，怎能不叫人却步。井上哲
次郎还列举了一则刊登于明治二十七年 8 月 26 日的报道："最近我参观了一
所学校，有一个学生的姓名叫圤一刀次，我拿着眼镜仔细看了半天，也不能解
读，只好问在场的老师，老师告诉我说，圤是姓，读作フセヒ（朝阳），一刀次是
名，读作アキジ，圤的意思是指进入三伏天的土中，一刀次虽然读作アキジ，但
为何解，不得而知。"井上哲次郎通过这个事例很生动地告诉大家：日本人名，
很多时候必须要征询其本人，才能知道正确的读法。如果使用表音文字来记
录姓名，虽不能说一定不会遇到困难，但比起使用汉字或汉字加假名来，表音
文字不是更方便吗？人名是这样，地名也存在同样问题。比如，"椛"应读作
"ゴミウタリ"，"椚原"应读作"クヌギハラ"，"镇岩"应读作"トコナベ"等，
试问，又有几人能读出来？但井上哲次郎并不否认汉字在消除歧义方面的巨
大功能。他列举了"神户"这个地名，在民间存在八种读法：第一为"カウベ"
（取自《港各》），第二为"カンベ"（取自《伊势河曲》），第三为"カンド"（取自
《远江榛原》），第四为"ガウド"（取自《骏河富士》），第五为"カウト"（取自
《相扑大隔等》），第六为"ガウト"（取自《美浓安八》），第七为"ジンコ"（取
自《美作四四条》），第八为"カウド"（取自《纪伊那贺》）等，如果使用表音文
字来书写，真不知道该用哪个，结果为了不引起混乱，通常的情况下还是只能
使用汉字"神户"来表记。物名的读法也存在类似问题。比如，"棘鬣鱼"应训
读为"タヒ"，"石龙子"应训读为"トカグ"，"皂荚"应训读为"サイカシ"等，
对于上述难解的字，人们总是采取反向记忆法，也就是先记住其发音即假名拼
写，然后反向去记忆汉字，而根据汉字直接写出训读，对一般人来说难度太大。
我们大凡把小学校用教科书拿出来翻阅一番就能发现，每篇文章，甚至每个句

子里都可能包含着难解的汉字,在学校里上课的孩子们日日读着这些字句难解的教科书,我们能指望这样的教育出多少成效呢? 除了文字,井上哲次郎还谈到了现行文体存在的问题。在谈到文体之前,他首先谈到现行文章中文法不统一的问题。造成文法不统一的原因是由于书写者根据不同的文体进行撰文,有用汉文直文体的,有模仿日本古代雅文体的,还有近来出现的模仿洋文写作的洋文体,又有折衷各种文体的所谓时文体,其文句接近日常谈话,另外小说有小说体,书柬有书柬体,尤其妇人写的书柬又别具一格,等等,也就是错综的文体带来了错综的文法,错综的文法又导致混乱的书写。由此,井上哲次郎感叹道:世界如此辽阔,再也没有像日本这样文体多样的国家了。因为汉字与假名在交混使用,像"鬱"这样复杂的汉字后面却紧跟一个像"ノ"这样简单的假名,两字列在一处实在谈不上美观,且如果说它们是象形字吧,却有表音文字存在;如果说它们是表音文字吧,又有象形文字存在,彼此交错,一篇文章写下来,很难从视觉效果上获得美感。更加令人揪心的是,为了帮助那些汉字基础弱的读者,有些作者会在汉字旁边加注假名,这样一来,原本已经驳杂不堪的文章,因其间隙又夹杂了许多乱人眼目的假名文字,加剧了文章在样貌上的混乱程度,真是丑陋到极致。最可悲的是,为了写作如此样貌丑陋的文章,撰文者还付出了双重的劳力。但这么做的好处是,读者在阅读正文时可以不时查看标记在汉字旁边的假名,以帮助自己理解文意。因为有这样的好处,大家对于文章样子丑点也就隐忍不发,包括我本人平常在写作时也会使用上述形式,且不觉得有什么不方便,这就是一种惰性。在这种惰性的麻木下,大多数的人感受不到改良文字的迫切性。有位德国友人曾评价这种写作方式是"恶魔的发明";而美国友人称之为"最令人生厌的书写方式"。① 通过上述言论,我们知道井上哲次郎对于日本文字文体的现状是极为不满的,在他看来,要想获得理想书写,需要改革的地方很多,而问题的焦点还是改革汉字。

---

① ［日］自治馆编辑局编纂:《国语改良异见》,第382—386页。

关于汉字在今日教育乃至文化中地位，木村鹰太郎分析道：从前，日本社会的进步仰仗中国，为此我们有必要引进、学习汉字。但现代文明并不来源于中国，汉学正急剧衰退，这已是不可阻挡的趋势，在如此背景下，我们还有什么必要继续将汉字留在我们的日常社会活动中呢？我们最起码要将汉字从我们的日常生活中排除掉。汉字存在一天，就会让正在学习的日本人多浪费一天脑力，对学校教育的发展，危害过大。也就是说，在校学习的孩子们不应该苦苦纠结于文字的学习，而是要将大好时光投入到有用的学科学习中去，也只有这样，日本社会才能日新月异，蒸蒸日上。至于那些用汉字撰写的书籍，留给汉学家们去研读就好，他们在研究汉学之余还可以将汉籍翻译成表音文字，以方便一般人阅读。他惋惜，为了学习汉字，社会各方已投入了太多的资金和人力，浪费了有限的教育资源，这是日本在实施学校教育这么多年以后仍然感到人才不足的原因。他期待，如果能将文字全部转换为假名，那么再贫穷的人，再繁忙的人也能够学会阅读，只有增长、积累了现代知识的人，才能参加现代化社会的建设，才能为国际进步贡献自己的力量。[①] 因此，在木村鹰太郎看来，简化文字或获得理想书写的最好方法就是文字的假名化。

综上可知，所谓学校教育所期待的理想书写，其文字不能复杂，其字体、字音应该归一，其文章用语不能脱离生活用语，其文体要规范统一，凡此种种，皆关系汉字的去留。

第二节　言文一致运动与国语概念的厘清

一、言文一致运动

学校教育所期待的理想书写，旨在简化，趋白话文，以当时日本人的表述

---

① ［日］自治馆编辑局编纂：《国语改良异见》，第204—205页。

就是应言文一致。关于言文一致,早在 19 世纪七八十年代就有论及,但不系统,关注度也不高,到了这一时期,议论却密集起来。

如前述,小报在诞生那天起,因将自己的读者设定为初识文字的"市井俗人、妇女儿童",所以书写语言平实,多采用口语体,尽量用假名撰写,且文中所出现汉字均标注假名,即所谓"两文体",即便载有政府公告,也采用片假名书写,而非大报所使用的汉文体或汉和体,撰写者多为倡导国学运动的国学家或通俗小说家。① 也就是说,小报为了自己的切身利益,必须让自己贴近于社会大众,创办者并非是什么文字语言文体改良的理论推动者,却为了保证生存空间,毫不犹豫做了谈话体的实践者。需要注意的是谈话体与言文一致体是有区别的,谈话体过于俗语化,言文一致体却是要在文章语与俗语即白话之间找到一个合理的平衡点,也就是说,在言文一致体中,哪些文字文语需要继续保留,哪些俗语白话可以进入,这既需要理论方面的研究,更需要社会调查的支持。记者、评论家以及历史学家德富猪一郎如此谈论着文字与文章的关系:看今日之报纸杂志,文字的混乱现象惨不忍睹,一篇文章中,不仅有片假名、平假名、汉字,甚至还有点线等几何符号,想想一下印刷流程中的排字工作该有多么艰难,仅就为了新闻事业的发展,日本都应对自己的文字文体进行改良。社会发展到今天这样的地步,文章书写朝着言文一致方向发展已势不可挡。我们只要考察一下日本文学史就可以知道,文字语言一直妨碍着日本文学的发展,无论是一千年前的三善清行,还是近年的井上毅、元田永孚等人,在草拟教育敕语时都提出过书写问题,包括1889 年负责草拟宪法颁布敕语的伊藤博文等为确保广大民众能轻松理解敕语含义,在文字运用上煞费苦心,前后斟酌40 余日后方才确定了最后的文稿,由此可知现行文字文体对日本社会发展已造成阻碍。② 基于此,他认为文字语言文体的改良要遵循以下标准:写在纸上

① ［日］土屋礼子著,杨珍珍译:《大众报纸的起源——明治时期的小报研究》,第 10—11 页。
② ［日］自治馆编辑局编纂:《国语改良异见》,第 14—16 页。

的文句是否接近我们的谈话。他说这就是言与文如何能趋于一致的问题。但他承认要做到言文相近，以现行言文间存在巨大差异的状况，操作起来难度会很大。最好的例证就是大多数的民众很难读懂或彻底领会由政府发布的敕语、政令、训令、公告等在内的各种官方文书。由此，他建议改良文字语言文体乃至文章，当从政府颁发的文书着手，最起码要让广大民众明白政府要告诉他们什么。德富猪一郎其实是一个罗马字主义者，但在无法立即推行罗马字的情况下，他主张尽可能简化书写，尤其是官方文书，如果必须使用汉文体或汉和体，那么应另外附加假名体、罗马字体以及英译文，以方便多个群体的阅读。①

要想清楚了解言文一致运动的明确主张，我们可以查阅一下言文一致会的办会主旨。该会主要创办人林甕臣这样谈及言文一致：鉴于书写与口语之间存在的巨大差异，我们在撰文时，往往要花费太多的时间和精力，因此我们期待国文应朝着言文一致的方向改革，也就是将汉字、汉语转换成训读，并尽量少用汉字。如果能实现言文一致，我们不论是读书还是撰文都会变得轻松，为什么这么说呢？到那时候，我们看书时不用再去不断翻阅字典，撰文时不用总想着要对出现的汉字汉语做字义说明，教师在上课时不用花费额外时间对汉字汉语进行释义，这样一来，我们可以节省出大量时间，从不断解释汉字汉语的烦恼中解脱出来。对于今日的社会而言，再也没有比时间更珍贵的东西。西方谚语云："时间就是黄金。"看今日之世界大势，日本已同海外强国站在了同一个竞争舞台上，如果我们还在使用言文不一致的冗长、拟古的文字文体，实在与当下社会发展需求不符。比如，以写信为例，我们在撰写这种常用文章时，需要按照惯例写一堆没必要出现的夹杂着汉字的客套话，西洋人写十封信的时间，我们可能连一封信也写不完。推及旁类，我们不知白白耽搁了多少事。如今，外国人散居在日本人中间，与他们的交往日益密切，但由于书写复

---

① ［日］自治馆编辑局编纂：《国语改良异见》，第26页。

杂,无端增加了我们与他们在书信往来乃至商业交往上的困难。有鉴于此,为促进对外交往,顺应社会发展需求,我们在改良文字文体时应努力推动言文一致,尤其教育家和实业家当担负起责任。关于言文一致的实践,林瓮臣列举了一些可行的活动。比如在写信时鼓励人们采用口语,尽量使用简单的文句,信的篇幅不用过长,只要传达出所要表达的意思即可,并鼓励同辈同道之间不使用敬语,就像电报那样简洁明了即可,但强调这样的书信风格不可运用在寄给贵绅的信函里。他指出,言文一致运动所要达到的第一目标就是,从日常书写至碑文序跋,都应采取言文一致体,省时省力,以便将富余出来的精力和时间用在更能带来社会效益的地方,促进我们在教育、实业上的发展。言文一致会提出的具体办法是要成立"改定国字团",尝试文字的改定方法。为了统合各方意见,该会成立了两个大部:"最新部"和"并进部"。"最新部"分成名词外的假名派(按:名词以外均用假名)和速记新字派(按:将速记字作为新字使用)两派,"并进部"分成名词、动词外的假名派(按:名词、动词以外均用假名)、罗马字派、罗马字改良派、假名书写派、汉字精简派等五派。国文改良,说到底是汉字问题,也就是人们在书写汉字时花费了太多的时间,在记住汉字之前花费了更多的时间,且随着识字量的增加,又陷进音训错杂(按:音读和训读不分。音读指汉语,训读指汉字汉语的翻译语)的泥沼中,层层浪费时间和精力,处处感受汉字所造成的束缚。当今,日本有了汽车、汽船,又有了电报、电话,在这样一个全新的时代里,本应成为文明利器的国字却成了阻碍日本人进一步追求文明的障碍物,难道人们不应该立即行动起来去改正它吗?如果大家今天熟视无睹,试想日本会有辉煌的未来吗?由此,林瓮臣期待深有同感的各界人士,为了我们未来的发展,能为推动文字文体改良献出自己一份力量。而在推动言文一致方面,我们要对用字法建立一个统一使用法则,不仅是对文字进行改良,还要对语言进行改革,以形成可统一使用的"国字""国语",只有拥有了这样的"国字""国语",才会形成我们所期待的言文一致体的"国文"。如前述,我们提倡首先在教育家、实业家中间推广言文一致体的国文，并且先从写信做起，再逐渐推广至教科书的编撰，通过学校教育，将这种文体完全渗透进我们的日常书写。不过，林瓮臣强调，主张言文一致体并不意味着要丢弃自奈良时代以来长久积累下来的那些高贵典雅的文章，它们代表着典范，体现着日本文化的发展历史，必须受到保护，但学习、整理、研究乃至保存古籍的事业交给专业学者即可，不应去拖累普罗大众。再者，我们在说到言文一致的时候，并不是要将日常谈话不做加工地直接转换为文句，通过调查和研究，我们要确立日常谈话中的哪些俗语可以进入或不能进入书写，言文一致的要旨在于弃难从简，只要做的人多了就会慢慢普及开来，这样一来我们就可以从文字的束缚中解放出来，将时间和精力投入到国家建设中去。[①] 林瓮臣提出了言文一致的改革方向，在于"国字""国语"继而"国文"的建设，在于弃难从简。"国字"是一种文字还是多种文字，"国语"是一国语言还是多国语言，"国字""国语"确认后，"国文"便自然有形了。

朝比奈知泉同样很活跃。他说：文章应该为我们日常的生活服务。但有些文人墨客偏偏要附庸风雅，摆出一种恣意洒脱的生活态度，为了展现自己的文采，不但极尽挥洒诸如篆、隶、籀等书体的文字，甚至还要炫耀一下自己在古斯拉夫文字、亚美尼亚文字、梵语以及阿拉比亚文字等其他外国文字上的运用能力；写起文章来，古风和文体、半汉文体、各种变体以及语言学家们喜欢使用的翻译体等，亦是随心轮番使用，这种不统一、不规范的撰文态度是造成日本书写极为混乱的缘由。他说，在其平生写作中，一直追求平实简易风格，常常用挂在嘴边的语言去组织文章。但他强调，在改良现行文字或主张采用新文字时，如果只是将文章中所夹杂的汉字汉语转换为表音文字，到底无益于文意理解，反而增加了不便。他说，日本文章现在最大的问题在于乱用汉语熟字，往往断章取义，以致文章语焉不详，支离破碎。由此他期待日常通用文就应该像电报文那样简洁明了。但可惜的是，无论是书信、政府公告，还是学校、公司

---

① ［日］自治馆编辑局编纂：《国语改良异见》，第66—74页。

以及其他诸如某某建筑物的落成仪式用祝词等,多词不达意,丑陋不忍睹。如果要问上述文章到底应该怎么写,他的回答是尽量使用日常谈话中的语言就好。他认为,非要苦心经营一番,强行使用汉字汉语,短文尚好,只要文章篇幅稍微长些,便会错误百出,令人无法释义。究其原因在于大多数人并不是学问家,强求一般人使用汉字的结果就是其写出的文章多意味不明。比如,来自地方警察的报告,如果是以电报的方式上呈,其文要领明确,意思清晰;但如果是以书面报告的方式上呈,其文则会充斥大量意思晦涩的句子,撰写者可能搜肠刮肚所谓文章语,一遍一遍打磨草稿以求完美,但因为使用的并不是他日常谈话中的语言,结果一篇报告就变成了一堆语意不明的句子排列,不知耽误了多少公务。又比如军中要火速传递侦察报告或上级命令,此乃千钧一发的状态,难道在需要进行快速记录时,还要为用哪个词好,或这个字是木字偏旁还是手字偏旁反复斟酌吗?我们还要被这样的文字拖累到几时!在务实方面,显然商人比上述官吏做得好,也就是他们在撰文时使用口语的程度会高些,但公司中的高管以及股东中的大部分人还会自恃身份,不肯使用谈话体,仍然去写一些意思不明的文章,并拿去登在报纸上,让读者百般猜测他们究竟要说什么,真是愚不可及。他说,如果不去除那些谈话中不常出现的汉语,即便我们改良了文字或是有了新文字,我们也感受不到改良应该带来的好处,罗马字论迅速衰退就是明证。因此,他建议在重新提起文字文体改革的时刻,首先要树立范文的样式。① 显然,朝比奈知泉主张的言文一致体就是谈话体。但是日本各地方言不一,所以谈话就不一,将不统一的谈话直接转化成书写,难道不会引发文章的混乱现象?我们通过小报的发行就知道,初期的小报发行具有明显的地域特征。

关于什么是言文一致,三并良是这样回答的:并不像其字义所表达的那样言和文完全一致,也就是简单地将所说的话原封不动地写下来。比如像德语,

---

① ［日］自治馆编辑局编纂:《国语改良异见》,第 126—128 页。

人们想要将所说的话记录下来时，有些语言可以记录下来，但有些语言是不能进入书写的，这部分不能进入书写的语言就表明言和文不可能达到完全一致。日语的情况比德语要复杂许多，这就意味着我们在大谈特谈言文一致的时候，想要实现言和文完全一致，更是不可能，我们能做的是尽量让言和文相贴近。为此，我们要确立言和文相贴近的方针，而这样的建议其实早在几年前就有人提出了。他给出的建议是，教科书编纂者应将言文一致体首先运用到小学读本的编纂实践中去。这么做的意义是毋庸置疑的。① 在三并良看来，应对谈话中的语言进行整理，哪些语言可以进入书写，哪些语言则不能，尽量使用那些可以进入书写的谈话语言，就是言文一致。这样的建议还是停留在构想，现实远比想象要复杂很多。

人们在热烈讨论言文一致时，仍然会有人出来泼冷水。东京帝国大学教授、历史学家内藤耻叟就非常反对人为强加干预文字语言文体改革。他认为文字语言文体发生变化应是一件自然发生的事情，而非依靠人力干预。也就是人们会自然采用自己生活的那个时代里通行的语言。如果非要去使用一些彼此间听不懂的语言，写出来的文章彼此也就不能理解，这对交流有什么好处呢？比如使用"祝平安""祝愉快""非常寒冷"等这样的句子，彼此都很容易理解，又为什么非要变换成另一种表述方式呢？关于怎么达成言文一致，他说，根据各人不同的情况，大家使用的语言也好，书写的文章也好是有差异的。也就是说，语言或文章会根据使用者、时代背景以及使用者的社会地位呈现出不同的面貌。具体而言，上流社会有上流社会的辞令，下等社会有下等社会的谈话，学者同道之间用的语言只有学者才能理解。也就是说，百姓就是百姓，他们有他们惯用的语言，就好比商人之间也有他们惯用的语言一样，大家的身份是不同的，让身份不同的人去追求同一种言文一致体吗？试想一下，学者面对普通百姓罗列一堆只有他们喜欢用的文句，百姓们能够看懂吗？用公卿阶

---

① ［日］自治馆编辑局编纂：《国语改良异见》，第 153 页。

层使用的语言对着农家的妇女们说话,她们能够听懂吗? 反过来,百姓家的媳妇们所说的话,听在公卿们的耳里也是云里雾里吧。就像奥州方言和上方方言是不一样的,如果谈话者都用各自方言,他们基本上是无法进行交流的。他说,今天的人确实没有死守古代语言或古文形式的必要,只要在写作时顺其自然采用今日人们使用的语言或文章形式即可,若非要对当下使用的语言或文章形式进行强制性改良,其可行性令人怀疑。比如,地方长官面对乡下的普通百姓,难道非要使用改良过的语言才能与他们沟通? 他指出,即使非要进行改良,也要依据不同阶级的需求进行各自阶级的改良。也就是说,人是有阶级上的差异的,根据不同场合,各阶级所使用的语言或书写,在要求上是不一的。即便在一个家庭里,男主人与女主人所使用的言语或书写也是不一样的,丈夫有丈夫的身份,妻子有妻子的身份,他们各自按照自己身份的定位使用语言或书写,并不需要统一。比如说,膝栗毛(徒步旅行)这个词语,有谁能看见在学校里的人会使用它呢? 这样一个只出现在下等社会谈话里的语词,如果不分上下阶级地使用,岂不是要令人笑掉大牙? 当然,历史上不是没出现过言文一致的情况。比如德川将军文恭院阁下有一次在鹰野时,刚好天气非常寒冷,其近侍便建言将军喝点酒以抵御寒冷,但将军却回答:“在这样的情况下不喝酒难道不是一种很男子汉的表现吗?”这件事情被记录了下来。它如此记述:为了抵御寒冷,曾劝将军进酒等,但记录到将军答词时,先写的是“应该进些酒的却没有喝,确实显示出将军的身体很好啊”,随后记录者为了反映出当时的真实情景,直接把将军的原话记录了下来,即:“在这样的情况下不喝酒难道不是一种很男子汉的表现吗?”内藤耻叟指出,在上述场合下,可以不考虑言文一致,也可以使用言文一致体以生动反映将军的形象,这是一种顺其自然的选择,而非强制性选择。① 在谈论语言改革时,内藤耻叟看到了阶级差异,也就是在阶级差异没有大幅度减小之前,谈论趋一的言文一致改革是难见成效

---

① ［日］自治馆编辑局编纂:《国语改良异见》,第 247—250 页。

的。内藤耻叟的谈话让我们看到 19 世纪七八十年代日本文字语言文体改良难以进行下去的一面，即在明治初期，维新虽要打破贵族庶民间的阶级壁垒，但阶级间的差异非短时间内能够消除，而在阶级差异依然很明显的时期，让不同阶级的人使用同一样东西，其难度是大的。推行学校教育无疑是打破阶级壁垒的有效途径，到了 19 世纪 90 年代，阶级间的差异确实在缩小，大、小报在编写上的相互靠近就是例证，这是个阶级、身份在逐渐崩溃的时期，是个上下阶级正在可以相互流动的时期，自恃阶级身份的人还有很多，内藤耻叟指出了这样的现象。也就是说，文字语言文体改革者如何逾越阶级壁垒是一大问题。

当然，洋学者兼外交官末松谦澄是赞成言文一致的。他说，改革文字不是将日本文字简单转换为表音文字就算完了。改良文字的目的是要争取越来越多的民众可以掌握、运用文字，并最终实现言文一致，即人人可读写。他说，为了这个目标，我们要对现行诸多文体进行折衷处理，确立一种简洁流畅的文体。其中，我们要对使用中的语言进行甄选，并力求这些甄选出的语言能在最大范围内通行。他举了一个例子，列出了以下三句话：1. 不能明白表述日语"真理"者。2. 无法阐明日语"道理"者。3. 不能辨别"ことわり"（道理）者。他说，上述三个句子中出现了三个近义词，考虑到行文简洁、易于传播等因素，三个近义词中采用第二句里的"道理"应该最为合理，所以当我们在把文字转为表音文字时，统一采用"道理"即"どうり"是最佳选择。① 在末松谦澄眼里，尽量将近义词统一成一个语词是实现言文一致的有效途径。可以想象，他的建议，必然会遭到文学家的猛烈抨击。也就是，为了方便，追求形而上的人能够妥协到何种地步。这对一个刚刚打破封建的社会不是一件容易的事。

比如像那珂通世这样的历史学家，他不反对言文一致，但他要求须划定应用范围。他说，现在的文章都是国语、汉字乱用在一起，混杂不清者比比皆是，这样的文章阅读起来令人烦恼不已，尤其随着大量词意不明的新汉语的出现，

---

① ［日］自治馆编辑局编纂：《国语改良异见》，第 311 页。

让文章变得面目皆非。鉴于此,现在大家都在呼吁言文要一致,尤其希望写信时使用言文一致体。他说他本人不反对言文一致,但希望大家要阻止那些粗俗的谈话进入书写。最有意思的是,他表示他自己是厌恶言文一致体的,也不太理解现在人们所谈论的语法改良问题,只是希望人们在甄选进入书写的语言时一定要慎重,并主张表音文字化的实施不能操之过急,要循序渐进,让人们自然地接受假名文,这样一来,学者们也就不会过于担忧文字改良将给社会带来的负面影响了。① 那珂通世的心态其实和内藤耻叟是一样的,他们有他们的阶级意识,他们不在乎庶民阶级的文字语言文体改良,这些改良过的文字语言文体若只在庶民阶级内流行,他们乐见其成,但他们反对那些言文一致体的文章上行到他们的书写世界中。不过,随着日本现代化事业的发展,那珂通世们的意见不再占大多数。这也是 19 世纪 90 年代日本社会能掀起关于文字语言文体大讨论的原因。

比如法学博士金子坚太郎就承认:言文不能一致是日本现行国文的一个弊病。他曾经同已故井上毅氏就改善这一问题的可能性有过交谈。在组建帝国议会时期,他曾经代表日本出访美国征询过各方意见,有多人质疑日本现行汉和交混体的书写状态会影响到议会的速记工作,也就是说,议会召开期间,所有的讲话都应该被尽量记录下来,作为日后的凭证,而过于复杂的文字语言将很难完成速记工作。他特别记注了这一问题,想确认现行日语是否能完成速记工作。他说,在回国后,他找了当时最好的十几位速记员,即他们都能以极快的速度记录下别人的讲话并整理成正常书写,以方便刊登在翌日的官报上。他将他们带回了家,安排他们在客厅里坐成一排,然后他站在他们面前开始演讲,从第一个人开始,每个人只负责 5 分钟程度的速记,当依次排序到第九人时,他的演讲完毕了,除第九个人尚在整理他的讲话外,其他 8 人基本已将自己负责部分的速记内容整理完毕,他在看了他们整理过的速记文后很高

① ［日］自治馆编辑局编纂:《国语改良异见》,第 304—305 页。

兴，经如此安排，这九个人依靠合作将他的讲话基本原封不动地记录了下来。他后来将这一情况告诉了山县有朋，表示议会召开时我们完全可以使用现行语言文字做好速记这一工作。① 金子坚太郎看到了日本文字语言文体不方便的地方，但他通过自己的实践，也找到一些补救办法，但这些补救办法终究不能视作常态，为了一劳永逸，改革势在必行，在日后大讨论中，提高速记质量恰恰是改革的一大理由。

通过上述观察，我们发现要实现言文一致，甄选语言是首要工作。这就存在"国语"概念厘清的问题，"国语"是什么，哪些语言构成了"国语"。

二、"国语"概念的厘清

如前所述，文字语言文体改良与近代学校教育的推进效果有密切联系。一个接受近代教育的学童，他应学习哪些科目，这些科目的教科书应使用怎样的文字语言文体进行编纂？随着现代化事业的逐步展开，教学科目中的实学占比越来越大，教科书用文字语言文体需要平实简易以方便学童迅速接受大量涌入的新知识。到了 19 世纪 90 年代，越来越多的人认识到文字语言文体的状态将影响着学校教育乃至日本现代社会的发展。哲学家、语言学家井上哲次郎，于 1894 年（明治二十七年）4 月，在大学通俗讲谈会上提倡新国字论，同年在《东洋学艺杂志》发表题为《文字与教育的关系》的文章，指出根据文字的难易可决定知识的发达抑或落后，故主张改良平假名，以制成新国字，并列举国外文字改良创作的实例。在这篇文章里，他说，在西方，无论多么迟钝的孩子，在记住 26 个罗马字母及其组合方法方面，都无须花费很长的时间，但对于日本的学生来说，要记住字母的组合方法是件艰难的事，而主张假名抑或罗马字论的改革者们却罔顾这个事实，固执地认为只是汉字阻挡了日本的文明进步。当然，站在国粹主义的立场，井上也表示，现在最让人担忧的是，日本人

---

① ［日］自治馆编辑局编纂：《国语改良异见》，第 370—371 页。

在使用汉字时,在多大程度上受汉字的支配,虽然今天的日本人不再像徂徕那样尊敬中国人,去自谦什么"东夷",但日本却依然受着那个正被世界轻视的国家的文字的支配,这一事实令人遗憾。他解释,凡一国欲要独立,必使其思想独立,欲使其思想独立,必使其文字独立。为此,他极端排斥汉字。甲午战争爆发以来,民族主义情绪普遍弥漫于日本社会,出于这样的民族主义情绪,井上也同样反对以西洋文字——罗马字去替代日本的国字,而他以为具有独立含义的文字只能是假名。不过鉴于现行假名文字所存在的缺陷,他主张应对平假名进行改造以创造一种平实简朴的新国字。① 这位东京帝国大学的哲学教授于 1895 年被任命于东京学士会院会员。

东京学士会院是文部省的下属机构,成立于 1879 年,会员多为当时日本各学科领域的著名学者,入会需得到文部省的认可。其设置目的在于通过该院会员对于各学科领域的研究、讨论来规划日本今后学术发展的蓝图。东京学士会院是继明六社以后的又一个学术组织,较于明六社的民间色彩,它具有官方身份。在它成立之前,人们如果要追溯明治初期日本思想启蒙状况时,多会查阅明六社的社刊——《明六杂志》;而在明六社解散,东京学士会院又适时诞生后,人们就开始查阅该院院刊——《东京学士会院杂志》,以了解日本学术发展的新动态。《东京学士会院杂志》所载文章多为学士会会议内容以及公开演讲,其所需办会经费由文部省负担。第一批 21 名会员为福泽渝吉、西周、西村茂树、神田孝平、津田真道、市川兼恭、加藤弘之、中村正直、箕作秋坪、杉亨二、伊藤圭介、内田五观、阪谷素、重野安绎、杉田玄端、川田刚、福羽美静、细川润次郎、小幡笃次郎、栗本锄云等,均为当时公认的著名学者。以后,新会员由现任会员投票选出,再经文部大臣确认,至 1890 年,会员额数又有所增加。该官方学术机构于 1906 年改组为帝国学士院,会员人数的上限为 40 名,能入会者均可视为获得官方认可的学者,乃为一项殊荣。如前述,这些会

---

① ［日］国语调查委员会编纂:《国字国语改良论说年表》,第 23—24 页。

员的主张并不保持一致,甚至分歧很大,但这并不妨碍他们坐在一起讨论日本未来学术的发展方向。他们中的一些人本是明六社的会员,在明六社解散后,转入东京学士会院,后又移入帝国学士院,毫无疑问参与了日本近代学术确立的整个过程。

在谈及文字与教育的关系方面,日本早期著名思想启蒙者加藤弘之的观点曾受到极大的关注。加藤的经历令人回味。他不仅是明六社开创人之一,尚是洋学堂东京开成学校的综理以及旧东京大学法文理的综理,1890年晋升为东京帝国大学第二任校长,同年成为贵族院议员,1906年,在东京学士会院转换成帝国学士院后,成为第一任院长。这么一位身居要职之人的言论受到关注不足为奇。其实,加藤的主张前后并不一致,在日本近代思想启蒙初期,他是赞成兴人权即民权的,但在社会进化论思想输入日本后,他急转直下,转变为反民权论者,这遭到民权运动者的唾弃。加藤的思想变化有其社会历史背景,从他的经历看,他始终服务于政府,站在政府立场反对民间的极端主张合乎其身份。由此可知,在如何吸收西方现代化方面,明治政府的态度前后不一,而是摸着石头过河,一步一调整。19世纪90年代,作为东京帝国大学的校长,加藤弘之关于小学教育改良的言论,有其政治意图,也就说,在有关教育政策出台之前,像加藤这样身份的人如果公开表明其对某项事物的态度,无疑在替政府面向民间投石问路。

关于小学教育的目标,加藤的言论显然不被看好。伊泽修二在大日本教育会第11次总集会上发表题为《驳斥加藤文学博士的小学教育改良论》的演讲,表达了对加藤意见的不满。同时期,西村贞在《大日本教育会杂志》上发表题为《读加藤博士〈小学教育改良论〉后呈给同博士的一片期望》的文章,也对加藤的建议不以为然。这些讨论聚焦的是社会对一个小学毕业生的期待是什么? 在加藤弘之的眼中,他应该具有初步的西方文化意识,掌握一定程度的实学即科学知识,是日本建成现代化强国的一份力量。加藤弘之演变成社会进化论者与日本越来越重视自己在区域内甚至世界的竞争实力这一社会动态息息相关。当时正值甲午战争,进化论理论给日本海外扩张的行为提供了理论支持,日本之后也确实通过甲午战争的胜利在地区内脱颖而出,跻身列强。在加藤的教育理念中,每个接受过近代学校教育的学童,最后均应投身进这场弱肉强食的国家主权扩张中去,而这种国家主义意识在当时日本的西学者中普遍存在。

同样是 1894 年,刚从欧洲留学归国的上田万年在其题为《国语与国家》的演讲中,明确提出"国语"观念,并将"国家"以及"国体"这样的近代概念与"国语"联系起来,直接表明"国语"这一观念应具有西方近代文明性。① "国语"这一概念早在近代之前就已出现在日本文献上,但在很长的时期里,对于"国语"的运用,使用者指称的是日本本土的语言,像"邦语""日本语""国言葉"等概念的含义与"国语"是一致的。到了 19 世纪 90 年代,当文字语言改良者在对"国语"进行重新审视时,加入了现代性,也就是,新"国语"应是经过现代化改造的语言文字。也就是,新"国语"包含着两个层面:一是其语言文字是经历过现代化改造的语言文字,一是其文体也是经历过现代化改造的文体。因此,无论是在日本,还是在中国,在指称改造过的语言时,皆名之"现代国语"。在新"国语"的建设过程中,著名语言学者、国语学者上田万年所起到过的作用不容小觑。

上田万年属于日本近代学校教育培养的第一代人才,在经历东京府第一中学的学习后,他于 1885 年进入东京帝国大学文学部和汉文学科学习,三年后继续升入研究生院学习,1890 年作为国费生留学德国,1894 年学成归国,随后就任东京帝国大学文科大学博语学(方言学)讲座教授,迅速参与到日本文字语言文体改良的活动中去。归国后的第二年就相继出版《国语论》《作文教授法》《新国字论》等语言学方面的书籍,是日本新"国语"思想的重要创建者之一。除著书外,他积极参与各种文字语言文体的改良活动。比如,1895 年 1

---

① ［日］国语调查委员会编纂:《国字国语改良论说年表》,第 24 页。

月 12 日，上田万年在大日本教育会讲谈会上发表题为《国语学者在教育上所正在抛弃的一大要点》的演讲，督促学者应在语言改良方面作出反省。同月，他以《关于标准语》为题，解释标准语的性质，主张日本应尽快建设标准语并提出实施的方案。5 月 25 日，上田万年在大学通俗讲谈会上发表题为《新国字论》的演讲。6 月 25 日，上田万年在《早稻田文学》上发表《支持语法私见》，赞同关根正直关于语法修正的观点。1896 年 11 月 23 日，上田万年在国家教育社发表题为《关于初等教育里的国语教授》的演讲，指出语言学上的知识匮乏是导致目前教育存在诸多弊端的原因，并期待政府应成立国语调查会，等等。① 时人称其为"政治家式的学者，或者学者式的政治家"。因其在语言学方面的成就，历任东京帝国大学国语研究室的第一任主任教授、东京帝国大学文科大学长以及文学部长、文部省专门学务局长的上田万年于 1908 年成为帝国学士院会员。上田万年对于新"国语"建设的主要成就表现在，他认为建设新"国语"首在建设标准语。19 世纪七八十年代，文字语言文体改良者的讨论焦点停留在是否要以假名或罗马字来取代汉字，到了 19 世纪 90 年代，像上田万年这样的语言学者开始建议如果要以假名抑或罗马字来取代抑或部分取代汉字，需要建立一个标准。众所周知，假名抑或罗马字均是表音文字，而各地方言发音不同，在没有凌驾于各种方言之上的标准发音的情况下，贸然使用表音文字，必然会生出无数"方言文"来，白白增加读写困难，既不利于人们之间的交流，也不利于近代学校教育的发展。作为语言学家，更是现代音韵学家的上田万年指出，如果没有统一的语言标准发音，书写中想要尽量使用表音文字是不现实的。他说道理很简单，汉字是象形文字，不存在歧义；表音文字是记录发音的文字，虽然平实简单，但因为方言种种，发音不同，容易产生歧义。也就是，你不能指望关东人可以很好理解关西人的方言，反过来你同样不能指望关西人可以读懂关东人以本地方言撰写的文章。因此，上田万年强调，当人

---

① ［日］国语调查委员会编纂：《国字国语改良论说年表》，第 25—28 页。

们要改造我们的语言文字时,我们首先要建立架构在所有方言之上的全国统一的语言标准发音,时人称之为"标准语"。早在1891年6月25日,佐藤宽在其题为《国语会话的必要》的文章中就指出,为扑灭全国方言,应在小学教学中设置国语会话课程,只有如此,才能使俗语逐渐向雅言靠近。佐藤宽使用了"雅言"一词,但雅言属于某一阶级的用语,并不凌驾于所有方言,而上田万年明确提出要建设发音统一的语言。

上田万年回顾明治以来的文字改革历史时说:关于国字问题可真是一个老话题。在他的记忆里,首先提到国字改良的是已故的美国人霍茨先生,当时霍茨针对日本驻美公使森有礼的质疑写了一篇回应的文章,提出了与森有礼截然不同的意见,即以英语取代日本语的主张不可取,倒是认为以罗马字表记日本语的做法似可行。他说,在那之后如人们所看到的那样,相继有假名的会、罗马字会的出现。当时甚至像宫殿下都出任了假名的会总裁一职,还将该会分成雪、月、花三个部门,很多各界人士加入其间;同样地,罗马字会也网罗了不少社会名流,一时间也是声势浩大。但是看看今日,既看不到他们的学会杂志,也看不到他们的集会活动,一言以概之,他们已经消亡了。即便如此,假名的会、罗马字会的事迹也不能从我们的历史中抹去。今天,我们又在讨论国字问题,像井上博士和嘉纳学士,还有坪内先生、木村鹰太郎等人,都发表了很有意义的发言。其中,木村鹰太郎提议不如将片假名进行改造后作为我们的新文字,井上博士与嘉纳先生的意见也是,鉴于罗马字会的失败,我们的新文字不当从西字中去找寻,应从日本文字中去提炼出来,而坪内先生则视文字改革为危途,人们应慎言新文字。上田万年认为,霍茨提出的改良论应是新国字论的第一期,其后出现的假名的会、罗马字会应被视为第二、第三期,而现下关于文字改革的活动可被视作第四期。他说,他本人并不热衷这些改革运动,从前假名的会成立时,他就没有申请入会,虽然那个时候他是赞同假名文字论的,后来又有了罗马字会,直到最后一刻他才申请入会,如此想来,当假名的会、罗马字会败下阵来的时候,他也是败军中的一个兵卒。他说,在经历了这些以后，我们现在又迎来了改革的契机，无论如何，我们都要吸取前几期失败的教训，好好筹谋未来的改良计划，而首先要做的就是进行有目的性的研究。他声明，无论怎样，他都反对使用像汉字那样的会意字，也不同意日本日后使用像假名那样的缀音字，而像罗马字这样的表音文字应是我们未来最终的选择。他说他虽然主张使用罗马字，但他今日的意见与罗马字会时期的看法是不一样的，今天我之所以提到从前罗马字会的事情，就是想和大家表明，我们如果要进行文字改革，就要知道改革的起点在哪里，只有确定起点，吸取经验和教训，才能清楚未来改革的方向。面对今日的文字改革，他希望大家要注意以下几个问题。第一是对语言尊重的问题。从前，他就喜欢到处去旅行，最近他又去了京阪地区，感触良深，这种感受不是那些整日待在家中读读所谓高尚书籍的东京人所能获得的。他以为日本历史讲起来已经有三千年，这三千年以来，我们创造、积累下来的日本语言不知有多少，上到天皇陛下，下到村落百姓，都在各自的日常谈话中使用这些语言，这表明我们自己本土的语言使用起来并非不方便。但令人遗憾的是，对于这些应被视为国宝的语言，我们大部分人却缺乏最基本的尊重，多视其为上不了台面的下等语言，反而对由来自国外的汉字构成的汉语抱着极大的尊敬，似乎若不学习汉字汉语，就不能称之为教育。比如像あす、あさって、おととい、きのう、けふ等这样的语言，说的人轻松，听的人易懂。然而我们去看看地方上的那些寻常小学校，在宝贵的那么几年时间内，面向那些对外来学问丝毫无认知的穷人家孩子都进行着怎样的教育。也就是，不论是读书科也好，还是作文科也好，"あす"非要写成"明日"，"あさって"非要写成"明后日"，"おととい"非要写成"一昨日"，"きのう"非要写成"昨日"，"けふ"非要写成"今日"等，好像不使用这些汉字汉语，我们的孩子就不能算接受过教育，写出的文章就要遭受鄙视。在这样的风气下，说起自己的父亲，不说"ちち"，非要称"愚父"；说起自己的母亲，不说"はは"，非要称"愚母"；"あに"要称作"愚兄"，"おとうと"要称作"愚弟"，"いえ"要雅称"拙宅""弊居""茅屋"等，如果不这么做，就不文雅，写出的文章也不叫文章。他说,现在居住在东京、已具有现代文明意识的诸君,可能会对他所说到的现象感到诧异,但只要去到地方,尤其是比较偏远的地方,上述情况是普遍存在的。他举一个例子来说明地方教育的状况。如果用日常谈话来表达下面一段话是这样的:

けふはよいてんきゆえおあそびながら…… あたりへおいでにはなりませぬかうかかいます

(翻译:今天天气这么好,咱们去周边走走玩一玩吧。)

但是这样容易理解的一句话,让老师教起来却是这样的:

今日は好天氣につき御漫游ながら……邊へ御携杖如何に候哉奉伺上候。

他说,想想老师教授的对象只是十来岁的学童。好像我们不用那些生僻拗口的汉字汉语我们就写不出优美的文章,但是我们上下比较一番,难道夹杂着汉字汉语的句子就那么高贵文雅吗? 用我们平常使用的谈话去描绘一件事情难道不是更自然吗? 对于 10 岁前后的孩子,如果他不是富贵人家的孩子,只是普通甚至贫困家庭的孩子,有必要教会他们使用那么难懂的表述方式吗? 他认为这样的情况很不正常。他说,更加奇怪的是,近来学习英语很热,我们有些人开始将英语带入表述,还以上段话为例,就变成了这样:

ツーデーはグードウェザーゆえ……邊へツーテーキユウォークは如何。

也就是将我们日常使用的谈话转换成了用片假名进行表记的英语。这样的事情何等荒唐。由古至今、由东到西或由南到北、广泛流行于全国各地的日本本土语词至少有三四千个,然而这三四千个语词却没有得到上流社会或学者的尊重和爱护,他们爱用的语言多是由国外输入的,为了我们的新"国语"着想,为了日本的学校教育着想,这都是一件令人感到遗憾的事情。因而,他认为尊重日本本土语言是学校初级教育的根本,在此基础上,不排除借用他国语言以补足我之所缺,但就采用哪些外国语言需要进行调查研究并制定方针,并期待此项工作应由文部省来牵头组织。他说,为什么本土语言如此卑微而不能得到尊重呢?直到明治,日本的学问就是汉学,被称作学者或学士的人,他们所接受的教育就是汉学,说话写作时只有使用汉语,才能显出自己见识高,学问好;而如果使用本土语言,就泄露出自己是个没品位或不学无术的人。基于上述事实,国学者虽然也很张扬,但我们在回顾明治维新前后的人物时就会发现,评价一个人物也好,判断谁有学问也好,有汉学修养的人绝对占据优势。谈到明治这一时期的教育,在其初期阶段,依然是"むかし"必须写作"昔",群体分类泾渭分明,不过此后要求所有人都应同汉学家保持同步的自觉性慢慢不再强求。这是因为,一方面关于日本本土语言、文章、法律、历史的新学术在逐渐兴起,另一方面西方科学在日本的传播日益繁荣。也就是,从前那股汉学高高在上的势头,随着明治以来近代学校教育的发展,开始逐渐低落,若从语言学发展的角度来看,就是汉字汉语虽然至今仍保持着其原有的历史地位,但随着幕府政治的消亡,终有其消亡的一天;而具有天生优势的本土语言,在全国性学校教育日益推广的前景下,将随同今日的立宪政治获得不可言喻的发展。

他说,在知晓尊重本土语言重要性的基础上,要去进一步确认这些本土语言中的哪些语言是根本性语言,只有甄选出那些根本性语言,才会有今后日本文学的发展,而在我们完成根本性语言的甄选之前,先别忙着去讨论假名遣抑或书写体等问题,那应该是下一阶段的工作。比如"おととい"这个语词,如果我们认定它是一个本土语言,且是一个应被妥善保护的根本性语言,那么无论这个语词有多长,我们都要原封不动地将其保留下来,我们要有这样的觉悟。也就是,对于那些经历了三千年也未发生变化的日本土语,今后也要在我们的保护下,让它们继续好好地传承下去,只有在此前提下,我们才能去讨论吸收一些外来的汉语或西语以补充我们语言上的不足。不过需要注意的是,我们在吸收西语的时候,实在没有必要将它们首先翻译成汉语,秉着尊重本国语言的态度,我们应该尽量使用土语,这应是不可动摇的用语方针。他说,大家只有在理解了上述意见后,才能继续和同道们讨论新国字论问题。这个问题的实质还是在于,在今后所使用的语言中,汉语到底可以用到什么程度。如果我们还是不改变将汉语转写成某种表音文字后继续使用的用语态度,那么我们的改革前景大概摆脱不了从前假名的会、罗马字会所遭遇的困境。也就是说,上述路线是行不通的,因为汉字与汉语骨肉相连,不可分离,如果强行将它们分割,废除汉字,只保留汉语,由此引发的不便、混乱想必主张表音文字的改良者都深有体会,而他就是基于这种体验改变了自己对于文字语言文体改良的想法。他发现在讨论如何建设新国字前,首先要解决语言上的音韵问题,也就是要确立语言统一的发音标准,而这一标准的确立必须借助音韵学。①

　　上田万年就是一位音韵学家,他通过几个文典学者间关于音韵学讨论来说明建设新国字所会面临的问题。他说,某位先生认为,像カ、サ、タ这样的复合音,用一字假名就可以标记,而如果用罗马字音节来标记,并不是简单地以K、S、T这样的辅音(或称子音)配以元音(或称母音)A就可以完成,因为我们在发K、S、T这些音时会伴随有ウ音素的出现,且随着发音时由于声带的振动,会产生出 N 音素,而发K、S、T这样的辅音与发 A 这样的元音所产生的声带振动其实也是有差异的,如果在不能完全领会上述差异的前提下,我们用罗马字去标记假名就是一件荒唐的事。比如"く"写作"ku","す"写作"su","つ"写作"tu",就可以说是准确标记出这几个假名的发音了吗? 又有某位先生说,如果母音(即元音)只有アイウエオ这 5 个,那么在冈山方言里就有"o"这个发音,另外在奥羽方言里又有"a"这样的发音,它们能被视作是母音吗? 如果它们不能被视作母音,那么アイウエオ这 5 个又如何能称作母音? 当然有人说五十音图就是这么排列的。又有人说,母音的特点就是它们最后都会落在同一个音素上,保持着高度的同一性,但是像"a""o""F""Z""N"这样的音素在发音时不也是会落在同一个音素上吗? 如此一来,它们都能被视作母

---

① 　[日]自治馆编辑局编纂:《国语改良异见》,第218—229 页。

音吗? 而对这个问题的回答显然是不一致的。母音这一说法是文明开化以来
新输入的概念,但是以所谓母音可以准确表达出音节吗? 比如"dle""dre"中
的 L、R,准确地表记出了音节,那么它们是母音吗? 回答肯定是否定的。因
此,母音到底为何物? 与此相关联,子音到底为何物? 紧接着要问,能用这样
所谓的母音、子音去制造文字吗?(按:这里最大的疑问就是可以用罗马字音
素来准确表记出日本土语的发音吗)以上几个事例说明,罗马字不能流行于
日本的最根本问题在于它是否能准确无误地标记日语。上田说,鉴于上述讨
论,我们知道了罗马字不能流行的理由,我们想要解决这个问题,就要先搞明
白什么是音节,什么是母音、子音,如果我们不理解这些音韵学方面的知识,我
们再怎么努力要去制造新国字,都是在白费功夫。因此,他主张要面向大众推
广音韵学方面的知识。他说,语言知识可以分成音韵与心理学两方面的知识,
就音韵学而言,它是 19 世纪以来诞生的关于语言研究的新科学,从生物学的
角度去观察,已出现诸如关于音素中的子音等方面的研究成果;从生理学或解
剖学的角度去研究,人们已经可以解释通过咽喉口耳等器官进行发声的原理。
这些研究都很好地帮助我们去理解:我们在说话时所吐出的语言都是由哪些
音素组成的,这就是音韵学。他希望这一新兴科学能够在日本语言学界得到
传播,以此带动日本语言研究的发展,这关系着日本文字语言文体改革的状
况。他提醒大家,文字是为了语言而生,而非语言是为了文字而生。也就是
说,在我们讨论文字之前,要先储备好关于语言方面的知识。不过,就像他之
前所说的,在尊重本土语言的基础上,也可以适当引进国外的语言,就像为了
获得更合理的文字,我们并不拒绝引进西方的音韵学研究成果。依靠这些科
学的音韵学研究,我们才能从众多的语言中甄选并确立标准用语,即根据音韵
学下的标准发音标记的语言,有了标准,我们才能建设新国字。① 在上田看
来,日本本土语言中的根本性语言是新"国语"基干,但这些基干语言需要依

① [日]自治馆编辑局编纂:《国语改良异见》,第 230—234 页。

靠音韵学来正音,并成为可在全国范围内统一使用的标准语,在此基础上,可以吸收必要的外来语以补充本土语言的不足,这些外来语,除了原有的汉语外,也可以是西语。但对汉语使用到什么程度,上田并没有进行深入探讨。

　　政治评论家福地源一郎在谈到建设新"国语"议题时建议:诸如帝国议会、裁判所、学术讨论会、名士谈话集会等机构或团体都应设立讨论新"国语"的工作组,新"国语"以何种面貌呈现在大众之前需要获得上述机构或团体的认可。但他惋惜道,他经常阅读官报上刊载的帝国议会议事速记,却从来没有读到过关于国语议题的讨论。议会速记中的很多内容是议员们为各种议案一吐情怀的发言,但通过速记整理出来的文章大多词不达意,粗鄙不堪,随处可见令人厌恶的俗字恶语,这样的书写如何能为上流社会所接受? 另外报纸上也经常会刊登裁判所的旁听速记,看了这些速记文章后,发现在笔记这类书写中,几乎找不到能够再现法官之神圣以及律师之学识渊博的语言。还有就是每次去参加名士聚会,不时能碰到带着"イヤ""ハヤ"口音的所谓新派人物,他们沾沾自喜地自认为使用的是"国语",殊不知与其谈话的人因不知如何应对这样粗鄙的谈话已尴尬到无措的地步。同样,每次去到地方上的议会或某某聚会,就如同走进了下等社会的菜市场,实在令人羞愧不已。从前,封建时代的武士,他们在语言应答上需要严格遵循规范的礼节和辞令,但偏偏有些武士因厌恶这样的拘束而在言行上故意放纵自己,而不幸的是明治维新又恰恰是由这样一些武士来推动的,当他们借着维新的成功顺利进入上流社会后,他们粗鄙的用语习惯也随之流入了上层社会,这是我们今天语言上弊端重重的原因。他说,他今天所讲的话对某些人来说是有欠礼貌的,但为了国家的将来,还是要提醒文字改革者们,在今后的小学教育方面,一定要让孩子们学到并使用"纯粹的国语",一定要推广以"纯粹的国语"编撰的国文,长此以往,我们想要追求的言文一致自然就会形成。① 福地源一郎虽然是一位老派人物,

① ［日］自治馆编辑局编纂:《国语改良异见》,第246—247页。

但他并不保守，赞成使用罗马字，也主张言文一致，不过在建设新"国语"方面，他反对将粗鄙的语言带进"国语"，他希望能建成"纯粹的国语"，并通过学校教育来推广之，在他的期待里，言文一致体的文章应是用这些"纯粹的国语"写成的。

在谈到何为"国语"问题上，朝比奈知泉列举了国外的事例。他说，有些人在谈到改良文字时，竟然建议不如一步到位将国语改为英语或法语，这样的主张其实就是想改变我们的人种，在世界历史的记述里，还看到类似行为获得成功的案例。日耳曼战争以后，英国在撰写官方文书时虽然使用的是法语，但并不要求其人民在谈话时使用法语；比利时的官方语言是法语，但民间流行的依然是弗拉芒语；芬兰曾经被瑞俄统治，却保留了自己国家的语言；波兰也曾经被奥俄瓜分，也依然成功保留了自己的语言。也就是说，一个国家的语言象征着一个独立的人种，一个独立的社会，是不能被毁灭的。现在的欧洲，其交通日益繁荣，某国语言自动成为区域与区域间的自然分割线，某国之人，除非他从小生活在别国，若是一直生活在自己的国家，并没有充分学习他国语言的机会。近年来，学习外国语的日本人越来越多，才会出现上述要放弃自己国家语言的谬论，相信附和的人寥寥无几。他说，我们是要对文字进行改革，但必须在现行文字的基础上进行改革，如果我们对书写进行了合理的改革，就可以写字写得很快，缩短学校教育时间，增加交通交流的便利，再进一步，可以利用打字机、印刷机等西式先进机器，也就是从长远利益看，我们现在为改革所作出的牺牲不过是将来所获利益的九牛一毛而已。不过，在建设新"国语"方针上，朝比奈知泉主张去雅文就俗文。他说，在反对文字改革的声音中，认为如果改用新文字，诏敕类文书将不再给人留下典雅庄重的印象，即便一般性文章也会变得庸俗而不再生动美丽。他说，只要看欧洲各国的语言文学发展历史就可以知道这样的担心是多余的，哪怕会出现上述情况也只会是暂时性的，比如在拉丁语覆盖欧洲的时期，现在我们熟知的一些文学大家并未出现，那时期的凡是用拉丁语以外的语言撰写的文学读物很少能获得人们的赞美，但随着各国语言的独立以及发展,随着各国文学大家的出现,他们使用本国语言撰写出的作品,有谁能说不典雅不美妙或不高贵呢? 他说,欧洲语言的发展历史告诉我们:只要适应了新文字,哪怕尊贵至诏敕,我们依然可以用朴实平易的语言创造出庄重美妙的语境。① 在朝比奈知泉看来,拉丁语对于欧洲人的影响就像汉字汉语对于日本人的影响,既然欧洲各国可以摆脱拉丁语发展本国的语言,日本人未尝不可。

　　长时期关注文字语言文体改革的木村鹰太郎在讨论新"国语"时注意到文字文章的篇幅问题。他说,在反对假名主义的群体中最重要的理由就是用假名撰写的文章,其篇幅要远远长于以汉和交混体撰写出的文章,难道为了篇幅长短就要放任使用外国语言的行为是明智的吗? 我们口口声声说热爱自己国家的语言,却在判断语言好坏时,其标准是文字越短小越好,难道为了这样一个标准,我们要放弃本土语言中的那些中长度语言吗? 我们是不是要将世界各国语言中那些长度最短的语言统统收集起来、用于我们新日语的改造工程? 他说,他绝不接受这样一种主义。他坚信,日本的新"国语"应是在本国语言的基础上加以改造的语言,当然他也不排斥借用他国语言为己用,比如像学术类语言,或那些已经长久存在、朗朗上口、被人们熟知的外国语言不应在被弃之不用的范围内,不过需要强调的是,像那些外国语也就是音读汉语,除了学术圈,最好不要继续出现在普通的社会生活交往中。他说,有些人认为如不使用音读汉语,我们撰写出的文章将缺乏表达力度。他认为这样的看法是没有道理的,要知道在与中国交往之前,日本已经有表达勇壮、势力等这样抽象观念的语言,但可惜的是当汉字汉语输入日本后我们放弃了自己的土语。鉴于此,当今天我们在讨论改良语言时,对那些已经耳闻目染、习以为常的汉语可以继续使用,但改革的重心应是如何雕琢自己的本土语言,使之富有美与力,有了这样的语言,我们何愁写不出美丽且有张力的文章。② 木村鹰太郎的

---

① ［日］自治馆编辑局编纂:《国语改良异见》,第 232 页。
② ［日］自治馆编辑局编纂:《国语改良异见》,第 200—201 页。

意见与上述几位改革家的看法有异曲同工之处：改造本土语言，使之严谨、规范且典雅化，是建设新"国语"或木村鹰太郎眼中的"大和语"的工作重心。

对于改革国字国语，法学博士金子坚太郎有着极为生动的描述。他说，国字国语改革就像自然界里的植物一般，不能轻易将正在生长的植物拔去，只为移来其他地方的植物，这样一来，植物的存活率是很低的。他说，国字国语不是那种说改就能改的事物，它需要时间的沉淀才能获得改变或发展。日语是这样的，即便如英语、拉丁语、希腊语、法语、德语等欧洲国家的语言都经历过长时间积淀、逐渐成长的过程。在长时间的历史发展过程中，日语中已融入了大量的汉字汉语，我们今天说只拔去汉字就好，但已经深度融入我们语言中的汉字在被拔除时一定会牵连到本土语言，也就是在连根拔起汉字的同时也必将会拔去与汉字紧密牵连在一起的本土语言，如果是这样一种情况，我们还要轻言废除汉字吗？我们还要去限制汉字的使用吗？要知道，今天所决定的事情，将影响到明天的变化。他以刑法为例解释说，在推行新法的今天，我们新造了诸如"法官"这类的新语言，这些新语言多从死去的语言中诞生，我们又何必要硬生生抛弃旧语言，其实只要人们不断使用新语言，旧语言慢慢就会死去。①身为法学家的金子坚太郎非常看重语言的严谨性，他生怕去除汉字汉语会破坏这种严谨性，故在限制汉字使用问题上，持反对意见。在他看来，新"国语"的形成就像植物，是个自然生长的过程，当与时俱进的新语言诞生后，旧语言会慢慢自然消失，强制性拔除旧语言，只会破坏语言生长的环境。

甲午战争后，日本在东北亚的影响力获得上升。田口卯吉从这个角度谈论了日本的国字国语改革问题。他说，从前假名的会、罗马字会的失败教训就告知人们国字改良是一件多么困难的事。在过去十几年后，随着社会的日益进步，不但居住在日本的外国人越来越多，移居海外的日本人也越来越多，因着国际交往的日益频繁，无论是日常谈话，还是书信往来，大家都希望语言或书

---

① ［日］自治馆编辑局编纂：《国语改良异见》，第368页。

写变得越加平实越好。尤其近年以来,随着日本在邻国间影响力的逐步上升,
其人民对日本今日的文化多抱着欢迎态度,且在他们于社会政治改革之际决
定是否以日本为范本的关键时期,我们如何改正可能成为国际间重要交流工
具的日本语言,不仅对日本自身的发展具有巨大影响,更加对与邻国的关系发
展有重要意义。他说,就如何改良我们的国字国语,包括他本人在内也是苦恼
不已。大家几乎都认为日本文字之所以繁杂不堪,全都是汉字的错,因此如果
把汉字从我们的文字中清除出去问题也就解决了。但是他说,他不仅反对这
样狭隘的改良主张,还反过来建议在未来的新"国语"中要尽量多保留汉语
(按:并非汉字),并且在完成我们自己的新"国语"建设后,接下来的工作是去
竭力促成中国文字语言的现代改良。他认为这样的提议并非大言不惭,以今
天东亚各国都存在文字改良必要性的前提下,尤其对于中国,我们要抓住契
机,参与到他们的改革活动中去,以为日本今后获取最大利益做好准备。① 显
然,田口卯吉提议在新"国语"中给汉语留出足够的空间,其动机在于利用保留
着中国特色的新"国语"在中国拓展权益。

　　简言之,田口卯吉的主张就是驱逐汉字,但保留汉语。他建议以假名中的片
假名作为今后的文字,且以片假名转写那些应该保留下来的汉语。田口卯吉支
持废除汉字的理由不再赘述,他建议保留汉语的出发点在于:日本两千年来的
历史文化,主要基于由汉字汉语承载的汉学,即汉字汉语与日本土语密切融
合,以至盘根错节的地步,如果想将汉字汉语从日本语言中彻底拔除,实属不
可行之事。为什么这么说? 他解释到,比如我们现在的报纸,凡有汉字处,均
加注训读,再怎么不方便,我们也要以和汉文字并行的方式使用汉语,而且越
是使用汉语,越是离不开汉语,如果不使用汉语,我们很快就会发现日常用语
中的过半数语言都要随着汉语的消失而消失,而剩下的语言显然无法满足我
们对语言的需求。他说,有些人认为那些不足的部分是否可以想办法以我们

① ［日］自治馆编辑局编纂:《国语改良异见》,第341—342页。

自己的土语补上？不过相信让已经熟知、惯用汉语的人民只使用土语即和语，估计他们连一天都不能忍受。还有，如果我们碰到诸如"议会""参议院""裁判所"这样的词语时，不使用汉语，我们将怎么办？由此，他希望国家在建设新"国语"时，可以废除汉字，但要保留汉语，也就是废除与保护工作应同时进行。这么做的困难虽然不会小，但一定要找到合理的方法。他建议，在和字汉字并行使用的今天，我们有必要转客为主，在废除汉字的过程中，先除去那些不必要的汉字，暂时或永久保留那些应该保留使用的汉字，以训读汉字语言为主，汉字可加注在一边或放入括号内，以附属的身份出现，就像现在凡汉字处会加注假名一样，在人们慢慢熟悉了这样的书写形式，且在不需要汉字的提醒下也能正确读出以假名转写的音读汉语或训读汉字后，我们就可以放弃那些起到释义作用的汉字了。① 田口卯吉所说的转客为主，就是要将从前作为释义的假名与行文中被其释义的汉字进行调换，假名成为行文中的主体，而汉字则起释义作用，且当人们适应这种转换后，就可顺其自然地将已变成客位的汉字废除掉。

　　田口卯吉将汉字分成以下几类：一类是中国所没有的汉字。也就是日本根据自己的需求制造的汉字，它们没有中国籍贯；一类是像"稼（かせぎ）""贿（そでのした）"这样的文字，它们虽然拥有中国籍贯，但已经被日本人"国语化"，也就是转换成了和语，且成为日常用语，这样被"驯化"的汉字还能列举很多，这部分汉字若被废除将不会带来多少负面影响；一类是表述道义的汉字汉语。比如"忠孝"这样表达道义精神的汉语，可以根据音读以假名进行标记后变为我们的国语，遗憾的是以假名呈现的这类表达形而上思想的汉语很难再从字形上去感悟语义，由此失去的庄重感会让人们在短时间内难以释怀，但相信随着时间的流失，当人们完全习惯且能自如使用以假名标记的汉语后，也就是当人们像从前将汉字与某种道义精神联系在一起那样，也将以假名标记

———————
① ［日］自治馆编辑局编纂：《国语改良异见》，第349—350页。

的汉语与某种道义精神契合在一起后,那种因缺失汉字所带来的遗憾情绪也就自然消散了吧。不过田口愿指出,在用假名转换汉语的过程中,保持高度警觉,杜绝对汉语进行音读时出现讹误现象的发生,不仅要纠正由来已久的音读错误,也要防止将来可能会出现的讹误。究其原因,音读越精准,汉字所体现的形而上字义才能越有效植入假名汉语中去,而且这可以成为日本吸收诸如印度、土耳其以及西方等其他国家语言的一个宝贵经验或重要示范。比如像"ステーション""コルレスボンテンス"这样的以假名标记的外来语就是将西方国家语言转换为日语的成功范例。也就是日本尽可吸纳他国语言以丰富自己的国语,且为推广新语言,语言工作者应编纂相应的大辞书。在这样的辞书内,每条词语,不论其辞源是汉语、梵语、西语,或者是其他国家的语言,都应一一展示出来,并写明其原词发音以及词义,以方便读者了解所查阅词语的由来。他说,辞书的编纂在短时间内虽然不可能做到尽善尽美,但我们应抱着尽善尽美的态度去不断增补、修缮之,最终定能编纂出合乎我们心意的集大成的大辞书,而这项工程的完成也象征着新"国语"的建成。他声明,如此浩大的工程非个人之力所能为,它需要集众人之力共同完成。①

　　以假名标记汉语时所会遇到的问题之一就是如何辨别同形同音词语。田口愿给出的答案是人们忘记了声调在辨别词语方面所能起到的作用。他举列说,日语中有诸如はな(花)、はな(鼻)这样的词语,也有像はし(橋)、はし(箸)、はし(端)这样的词语,它们都是同形同音,但日本人却能根据它们各自不同的声调很容易就可以将它们区分开来,而不会发生混淆。如果是书写,也完全可以根据上下文意或前后文字来进行辨别,怎么会发生诸如种花(はな)变成种鼻子(はな)一般的讹误呢? 又岂能将过桥(はし)误读为过箸(はし)呢? 总而言之,通过声调以及上下文意,在多数情况下,我们是可以将那些同形同音词语区分开来的。当然如果有必要,我们可以保留那些数量有限的非

───────────

①　[日]自治馆编辑局编纂:《国语改良异见》,第352—353页。

用不可的汉字。就如何建设新"国语"，他也提出了几点具体意见：1. 废除只以假名记录古语的老办法，实现言文一致；2. 减少甚至淘汰那些长度太长的语言，同时大力吸收那些可以丰富表达的外国语言；3. 修正文法，制定音读外国语言的标准，且在如何活用诸如"て、に、を、は"等助词，以及动词、助动词等方面，借鉴外国的做法，以方便收容外国语言。① 在田口卯吉的眼中，新"国语"文字当尽量使用假名，语言中应保留汉语，且不拘泥于收录中国以外的他国语言。显然，与其说田口卯吉是一个民粹主义者，不如说他是一个国家主义者，为了国家利益，不仅鼓励人们继续使用汉语，还支持吸收任何可以帮助日语发展的任意一国语言，而在如何吸收外国语言的问题上，他明确提出以音读转换的方式。至于对待汉字的态度，他建议少用，直到不用，但也不介意保留那些实在要用的汉字。

综上，我们可以清晰看到新"国语"所将呈现的面貌：它应该是经历过现代化改造的具有统一发音标准的语言，它的基干应该是本土语言中的根本性语言，为了弥补不足以及与时俱进，它会给汉语留下空间，也不拒绝中国以外的他国语言的融入，但在汉字去留问题上依然暧昧不清，用或不用，用多少，都是此后关于文字语言文体改革大讨论的重要话题之一。

第三节　关于文字语言文体改革的大讨论

在打造新"国语"的过程中，日本曾借鉴了外国，尤其欧洲国家的经验。朝比奈知泉就以罗马尼亚、塞尔维亚的例子来鼓动日本的文字语言文体改革。他说，罗马尼亚原本被斯拉夫人种地区所包围，但其人民信奉天主教，自认为纯粹的拉丁人种，原本的语言也属于拉丁语系，后被斯拉夫语替代，也就是罗

---

① ［日］自治馆编辑局编纂：《国语改良异见》，第352页。

马尼亚在 40 年前,无论官私书写,都使用斯拉夫文字,但随着本世纪以来欧洲诸国的纷纷独立,拥有瓦拉几亚、摩尔多瓦两州的罗马尼亚也脱出奥斯曼土耳其的统治,开始以一个独立的国家自居。由此,罗马尼亚作为拉丁人种的独立意识被唤醒,改用拉丁语即将自国语言转换成罗马字语言的呼声日益高涨,在此后接下来的 40 年里,包括学校教科书、官文书、报纸,甚至村庄的公告栏、每家门前的揭示板等在内的所有涉及书写的地方都被逐渐转写,以致在他近年前往罗马尼亚旅行时,走在大街上,竟然找不到一处用斯拉夫文字撰写的地名。塞尔维亚的情况是,伴随着其独立,该国对自己正在使用的斯拉夫文字进行现代性改造。该国的做法是将改良工作交给了一批由维也纳留学归国的学者,他们废弃那些文字中的迂怪旧字,同时新造了一些必要的新字,统一拼写法,去除那些不发音的文字,由此建成了今天的塞尔维亚文字,可以说是对旧文字进行了科学改造,在实施 40 年后,新文字已被国民基本接受。其中,罗马尼亚的文字改革是对现行文字的彻底改换,也就是重新回归罗马字,斯拉夫字虽然在语言性质上与罗马字有着差异,但它们同属表音文字,打个比喻,由斯拉夫字改为罗马字,就像平假名转换成了片假名,这种性质的改良,几乎未受到来自国民的反对。朝比奈知泉通过这两个国家的改革经验以说明日本若要对自己的语言文字进行改革未必不能成功。① 随着西学的输入,因翻译而起的新造语言不断增加,这也是日本在 19 世纪 80 年代,尤其进入 90 年代以来语言文章之乱象更为严重的原因之一。三并良就说:未经严密推敲的新造语言,在活版印刷业的支持下,被广泛传播,语言使用的随意性给我们的社会造成了极大的麻烦。从前的读书人,追求文章表述的严密性是必备素养,所以他们把自己的时间几乎都花费在了汉学以及和学的学习上。再看看我们今天的中小学用教科书课本就会明白,教育科目很多,学生们用在汉学学习上的时间相当有限,所使用的教科书上用词用语错误百出,编写者不打磨表述语言,阅

---

① ［日］自治馆编辑局编纂:《国语改良异见》,第 115—116 页。

读者不加辨析地吸收,以致以讹传讹的现象层出不穷。甚至有些与西方人长期打交道的人,已经忘了怎么使用自己国家的语言,说出或写出的日语,往往叫人啼笑皆非。他说,如果这样的混乱现象再不加以纠正,五十或一百年后,我们的子孙会把那些不正确的语言作为正确的语言去使用。鉴于此,文字语言文体已到了不得不改的地步。① 而临近 19 世纪末的关于文字语言文体改革的大讨论就是在上述背景下展开的。

一、表音文字

如前述,假名文字论或罗马字论实质就是以表音文字完全取代书写中出现的汉字。冈仓由三郎这样谈到汉字废除的理由:1. 汉字之难在于汉字并非只有一个发音,少则一两种,多则五六种,如此一来,千字便演变成五六千字,这使得日本人在辨识汉字读音时往往像陷入迷宫一般感到迷茫,比如"清"字,就有"キヨシ、スム、セイ、シン、シャク"等五种读音,即便作为中国人,要做到完全掌握一个汉字的全部读音也不是一件容易的事。由此想象一下目前进入学校教育用教科书中的汉字,对于学生们来说,一字一字辨认那些谜一般的汉字是一件多么困难的事情。他曾就汉字教学咨询过小学校教员,得到的回答是到目前为止他们仍未找到能让学生们有效掌握汉字的方法。就目前小学校教科书用汉字而言,寻常科有字在 2000 字,高等科有字在三四千字,加上由于书写文体不统一增加的难度,对学生们来讲国语课是一门负担非常沉重的课目。原本,国语教育只是学校教育的一部分,其中识字、写字又只是国语教育的一部分,但为了这一小部分的学习,我们的学生却投入了过多的精力。另外就是,日语中有不少"宛字",即借用汉字来表达日本土语的字,这些字夹杂在汉字中使用,更增加了汉字的辨识难度,如果我们不再使用汉字,倒是可以恢复这些"宛字"的原有面貌。2. 汉字与汉字之间在外形上很相似,不过在

---

① [日]自治馆编辑局编纂:《国语改良异见》,第 150 页。

认识汉字的过程中,人们也逐步提升了归类以及辨识能力。冈仓由三郎分析道:任何事物都有表里或好坏两面。就像罂粟,既是毒品,又可作为麻醉剂使用。即如汉字,也并非无一是处。但就学校教育而言,语言文字实不宜过于烦琐复杂,令学习者劳心劳力,且事实上我们用谈话语传达日常事务并不会产生太多歧义,也就是说在日常起居中不使用汉字并不会引发混乱。中国语大多为单声语,所以要使用汉字,但日本语多为胶着语(按:有接头词和接尾词),并不是不能离开汉字,所以没必要费尽功夫去学习汉字,最好的东西未必具有实用性。① 冈仓由三郎的谈话还是很平心静气的,当时反对日本人学习汉字者并非只有日本人,还有那么多的中国人,他苦口婆心地劝说大家没有必要去吃中国人的苦。

象形文字不好掌握,参照欧洲国家的经验,还是使用表音文字的好。在使用表音文字的选择上,有假名文字和罗马字。文学博士三上参次是一位假名文字论的主张者,他指出:在与中国交往频繁的时期,学问就是汉学,学者撰文就是要用汉字,诏敕等官方发布的公文均是汉文体,尤其男性汉学家非常鄙视以假名进行撰写的行为,将假名文斥之为"妇女文"。但随着与中国交往的式微,能够写出漂亮汉文的人越来越少,借助假名撰写文章的现象发生,从前假名与汉字别居的状态发生变化,假名与汉字终于可以同居一处,而这样的同居到目前为止已经历了上千年。令人叹为观止的是,我们现在开始要进入另一个汉字和假名要进行分居的时代,并且这次的分居是要将一直高高在上的汉字从我们的文字中剔除出去并加以抛弃,这场让一向遭人鄙视的假名取代不可一世的汉字的改革无疑是惊天动地的。有人认为去除汉字后,日本可以使用罗马字或干脆制造新国字。但他认为这样的主张犹如断手断足的大手术,也就是日本已经有了很成熟的表音假名字,却弃之不用转而使用罗马字或重新制造什么新字,真乃有勇无谋。即便从情感上来说,民

---

① ［日］自治馆编辑局编纂:《国语改良异见》,第44—46 页。

众也不能接受身为西字的罗马字,以史为鉴,一切违背民心的改革多逃不过
夭折的命运。因此,他认为专用假名应是日本唯一可行的文字改良之路。
他预测,实现假名专用至少需要 20 年的光阴。在此过程中,他认可汉和文
字混用的状态,并建议将小学阶段的汉字使用控制在 1500 字以内。他提出
上述 20 年的改革应分三个步骤去进行:在第一阶段允许 1500 个汉字与假
名并用,在第二阶段只允许 1000 个汉字与假名并用,在第三阶段与假名并
用的汉字应减少到 500 字以内。他相信,用这样递减汉字使用数量的方法,
完全可以逐步将汉字从书写里剔除出去,最终实现假名的专用。① 他指出,
在这 20 年间,那些被汉字驯服的人们会慢慢适应文章中越来越多的假名,即
便那些认为非汉字不可的老学究,经过 20 年的消化,也不再会坚持处处以汉
字为主的愚见。他说之所以认为这项改革需要花费 20 年的时间,是因为将现
行法令以及文学中较为重要的作品翻译成假名文也是一项耗时的大工程,这
样的工作需要政府来组织进行。他也谈到汉语问题,亦主张以假名转写汉语,
原因仍在于现行书写中确实夹入了大量汉语,如果不能不用这些汉语,那么以
假名进行转写,使用起来就会变得简单。主张表音文字的人基本赞同以言文
一致体撰文,三上参次也不例外,他的建议很明确:尽量多使用假名,直到基本
不用汉字。不过他提醒在使用假名时应注意:必须将外国地名、人名日本化,
必须对文章进行更加细密的句读,必须拉开假名语词与假名语词间的距离。②
身为文学博士的三上参次看到了表音文字一步到位的不可行性,所以他建议
花费 20 年的时间徐图之。

很有意思的是矢野文雄的态度。如前述,这位报业名人从前主张两体文,
使用应该使用的汉字汉语。到了这一时期,矢野的改良意见发生变化,认为完
全以表音文字进行撰写不失为简化读写的良方。他说,在中国,既没有假名也
没有罗马字,于是乎中国缺乏一种能让国民迅速获取新知识的有效工具。与

① ［日］自治馆编辑局编纂:《国语改良异见》,第 33—37 页。
② ［日］自治馆编辑局编纂:《国语改良异见》,第 38—40 页。

中国相比,拥有假名和罗马字的日本实在是一件很幸运的事。他介绍说,中国人中很有一部分人因中国没有像假名一般的表音文字而感到遗憾,这确实阻碍了他们提升国民素质的步伐。他说,有些中国人看着日本因有表音文字在读写方面显得很方便,竟去尝试制造一种类似假名的表音文字,比如利用假名来教习汉字。他说,中国的假名其实就是中国的语音,中国语音比较复杂,大约有1200多个不同的音,比日本显然要多出许多。此外,中国字的发音还有四声,即根据声音的高低回转可以将相似的字音区分开来,假使将四声统一为一声,发音可以减少到300多个,不过这样一来有碍相近音的区分。这么做的用意是,中国如果要使用假名一样的表音文字,至少要300个,当然还要加上标注四声的符号。毫无疑问,中国人利用四声,将远比日本语言发音要丰富以及精细的中国语言发音进行了有效辨识,我们完全相信世界上再也没有比中国语言发音更加丰富的语言。也就是说,中国语音建立在四声基础上,通过四声将发音细化成了1200多个,而汉字大约在4万至5万字之间,由于发音细化成了1200多个,所以对数量庞大的汉字进行注音并不产生问题。但是如果中国想输入日本假名对汉字进行转写,势必会出现问题,因为数量有限的假名对只有七八十个发音的日本语言进行标注虽然是足够的,但要去标注数量庞大的汉字毫无疑问不够。所以他认为,尽管有中国人尝试通过输入假名来制造中国式的表音文字,但这样的尝试注定要失败。他说,今天讨论文字改良的人可以回顾一下日本200年前的情形,那时候识字者多为有产者,普通民众并没有接受教育的机会,不仅日本是这样,被拉丁语支配的欧洲或中国也是这样。但200年后的今天,除了中国还在原地踏步,不论欧洲,还是日本,其识字率均大幅提高,甚至日本的情况还好于一些欧洲国家。究其原因在于,日本从很早以前开始就将表音文字加进了书写,和汉字相配合使用的文体经历了长时间的实践。他指出,既然日本古人可以对文字使用法进行了符合自己需求的改造,今天的日本人为什么不能对现行文字继续进行符合当下需求的改造?他表示,我们在此基础上,还要继续对我们的文字进行改良,使之更佳,这无论如何都是一件令人感到喜悦的事情。① 显然，在矢野文雄看来，文字趋合理化的表现就是趋表音文字化，而他主张的表音文字是假名，一种甚至令中国人羡慕的文字。

历史学家那珂通世也主张采用假名，他提出的理由是：除了假名，别无其他选择。他说，有人提议要对汉字进行改造，这样的想法愚不可及，先人发明的文字，还是原封不动地给予保持就好；而对于罗马字，他本人极为不喜，指出主张罗马字的人出于罗马字在欧美世界广泛流行的缘故，简单认为只要记住罗马字就可以自由读写。这样的想法过于天真。但他强调如果采用假名，有必要对现行假名拼写法即假名遣做出适当调整。那珂通世所主张的假名论是有适用范围的。也就是，假名文的使用应首先控制在小学或下层阶级的范围内，在得到逐步推广后，普通民众可以用假名写信或进行日常通用文章的书写，甚至政府颁布的公文书也可以采用假名文，达成这样的状况，需要时间，不可一蹴而就。至于中学以上的人应该比现在的人更努力地去学习汉字。他自觉是个儒者，对减少汉字的提议不以为然，因为从未感觉汉字乃至汉学有什么不好。② 那珂通世在发表这通言论的时候姿态是很清高的，他做了阶级划分，他赞成使用假名文，但只局限在普罗大众阶层，当然他也不反对人们利用假名去撰写学术文章，但他本人不会，因为他不属于这个阶层，他做学问的态度和普通人没有什么关系，在他看来，若不习汉字，不讲汉学，将不成体统，这种体验无法和普通大众分享。那珂通世式的人物一直存在，哪怕是在今天的日本社会。

与那珂通世不同，提倡"新史学"的新派学者木村鹰太郎虽然也是一位假名主义者，但他主张采用片假名。他很在意语言学家井上哲次郎博士的意见。井上无疑是近代日本文字语言文体改革的重要推手。到了这一时期，井上建议对现行平假名字形进行适当改造后给予启用，并希望采用西文通行的横写

---

① ［日］自治馆编辑局编纂：《国语改良异见》，第 258—259 页。
② ［日］自治馆编辑局编纂：《国语改良异见》，第 303—304 页。

格式。木村鹰太郎虽然重尊井上的意见,但在假名选用问题上有自己的看法。他说假名主张者希望使用平假名是因为:自古以来,日本人在用假名时多喜欢使用平假名,故今天的人们接受平假名似是理所应当。但他提请大家注意,日本除了有平假名外,尚有片假名,从前假名的会主张的就是平假名,但却遭遇了失败,片假名尚不存在失败的记录,仅此一点,我们今天再谈文字改良时,就应该启用片假名。他说人们认准平假名,一是平假名长久以来已经通行于社会交往中,一是平假名在字形上所表现出的圆润曲线给人们带来了视觉上的美感,像平安朝时期的《源氏物语》以及那些优美的和歌等,都是以这种妙不可言的文字作为书写工具的,不仅是平安朝,即便生活在激荡时代的人们,也都能感受到平假名那种与生俱来的优美,喜欢上它是自然而然的事,也正因为这份美,人们在毫不介意它用起来是否方便的情况下就选择了平假名。不过说起来,片假名并不因为在外形上没有平假名那么优美就完全遭到了人们的嫌弃,反而因为它在字形上更加简洁流畅,以致书写起来的速度要比平假名快。他说自己从前在罗马字会的时候做过这样的尝试:分别用罗马字、汉和交混字、平假名、片假名等四种文字进行速记,试验后的结果是用罗马字书写的速度最慢,其次是汉和交混字,其次是平假名,而最快的是片假名。他通过自己的实践强调,片假名之所以是一种写起来速度极快的文字,是因为它的结构是由点和直线组成的,且笔画明显要比平假名少,也就是说,平假名除了笔画比片假名多,且手腕运动也比片假名多,花在书写上的时间就多于片假名,疲劳程度高。基于此,他认为,相较平假名,采用片假名明显更合适。他举例说电报用文字采用的是片假名就很好说明了片假名所拥有的优势。但他不同意直接使用现行片假名,主张进行必要的优化,也建议书写格式由竖写改成横写,一方面照顾人们的视觉感受,一方面与旧文字作一划分,让人耳目一新。①以书写速度快慢作为改革的衡量标准,有些本末倒置,木村鹰太郎的意见非常

---

① ［日］自治馆编辑局编纂:《国语改良异见》,第195—197 页。

小众在意料之中。通过上述观察可知,假名文字最大的优点在于它是表音文字,而且是由日本自己创造出的表音文字,仅从民族主义情绪来说,罗马字就比拼不过假名。

即便如此,到了这一时期,依然不乏支持罗马字的人,其中就有历史学家、知名政治评论家德富猪一郎。他赞成使用罗马字的最大动机就是:今天的世界已经发展到凭借一张票就可以乘着轮船或坐着火车随意去往世界任何一处地方的程度,而在世界各地流通最广的文字就是罗马字。也就是,罗马字是通行世界各地的法宝。换言之,所谓文字改良就是要打破必须使用已经半死甚至死掉的中国语言或日本古语言的局面。他说,尊重和实用是两回事,仅为语言文字之华美,就要牺牲自由挥洒的写作,这是对文学的一大伤害,是罔顾文学的良心。他指出,日本人是语言上的巨人,行动上的矮子。就以文字改良来说,从前先是有假名的会,随后该会又分化出新派、旧派,后又有罗马字会等,各种主张横空出世,但大家只是在大声嚷嚷,并没有制定出什么具体可行的办法,这就是为什么改良的呼声并不低,却不见有多少成效的重要原因。①

从世界交通的角度罗列使用罗马字好处的尚有文学博士中岛力造。他说,世界交通已经打开,越来越多的舶来品涌入日本,为适应新形势,我们必须在方方面面进行改革,现在对世界交流最具影响的文字却让我们倍感束缚,如果不对其进行改良,日本如何能在世界竞争中取得优势?他本人在翻译西方书籍时,感到最头疼的是对复合词的翻译,也就是以汉字将它们准确译出是一件困难的事,即便费尽心力译了出来,这样按照译者的思维新造的汉语,除了译者自己明白它所表达的含义外,一般读者见了恐怕并不能解其义。还有就是,在横写行列间加入汉字违和感强烈,颇感心累。不过他认为要在短时间内完成文字改良是一件不现实的事。依照他的判断,达成文字改良目标至少要花上50年甚至100年时间。他肯定地说,如果当下就把从公告到报纸的所有

---

① [日]自治馆编辑局编纂:《国语改良异见》,第20—24页。

书写都转换成罗马字,即便是那些能够读懂西字的人,阅读罗马字文章也要花上不少时间,更不用说那些完全不懂西字的普罗大众了。当然转成假名也会遇到同样问题。最好的例子就是,《时事新报》在其版面设立了一个假名文专栏,每次读那个专栏里的文章都很费劲。试想,如果这些文章都是以罗马字撰写,那些不懂西字的人会有兴趣阅读它们吗? 他说现在能做的事情就是,针对幼年的学童,在他们所使用的教科书中,加进一些完全使用罗马字撰写的文章,且在之后的岁月里,慢慢增加罗马字使用的比例,相信在经历 50 年后人们最终会适应罗马字文,届时,日本就可以说进入以罗马字为国字的时代了。他表示,就像有报纸设立假名文专栏一样,也可以设立罗马字文专栏,以鼓励人们读写罗马字文。他说在推广罗马字文前有必要对现行语言进行改良。比如,日语中有"さうです"这样的句子。根据地区不同,这个句子的表述是不一样的,有说"さうだす"的,有说"さうどす"的,有说"さうだなも"的,有说"さうだっぺい"的,等等,这实在是一件令人烦恼的事。如果不确立统一的标准语,推广罗马字文就会变成灾难。①

在语言的构成方面,中岛同样不拒绝外来语言。他以英国为例说明,在英国,对于自己没有的或者语义不甚明了的语言,都可以借他国语言为己用,这种做法对丰富、完善自国语言很有利,从前日本吸收汉字汉语来丰富自己的语言,今天不仅要保留那些汉语,还应该吸收那些可以吸收的西语。但他指出保留汉语需要解决同音汉语的转写问题,比如"人生"这个汉语,在日语发音中同"人世""人性""尘世"等几个汉语的发音完全相同,如果不使用汉字以罗马字进行标注,很难将它们区别开来。故他主张言文一致,能不使用汉语的地方尽可能使用土语或白话,例如完全可以将"旅行"写成"たび","旅馆"写成"宿屋",也就是尽量用人们一听就能明白的语言撰写。但这样的方法并不能彻底解决同音汉语问题,这也是他认为文字改良需要花费 50 年乃至 100 年的

---

① ［日］自治馆编辑局编纂:《国语改良异见》,第 282 页。

原因之一。

　　他不赞成使用假名的原因是认为将文字彻底转换成假名所需时间也要在50年以上，也就是和推广罗马字所需时间大体相当，但他预测50年后日本融入世界、与其他国家往来的程度将更密切，在罗马字广泛流行于欧美国家的前提下，日本何不顺应世界潮流改用罗马字。他抱怨，日本的国民，国民中的学者不应只跟日本人自己打交道，这样的状况很糟糕。学者们撰写的书籍不仅只提供给日本人看，也要具备提供给世界其他国家人民阅读的价值。科学发明也是一样，一个新的发明，不仅属于日本，更属于世界新科技。他说，日本只有抱着这样的决心，在选择文字的时候就会义无反顾地去采用一种世界上流行最广泛的文字。如果不这样做，我们在使用现行文字除了感到不便外，还将陷日本于一种岛国性的自闭困境中。他也承认，采用罗马字，会被人们误认为是一种丧失爱国心的行为。但他提醒，在谈到爱国的时候，一定要认识到爱自己的国家，有大爱和小爱，如果能将我们感到最荣耀的国粹，通过便捷的语言介绍给世界，难道不是一种更高形式的爱国行为吗？他指出，文字罗马字化，并不是说语言也要欧洲化，也就是文字只是标注语言的一种符号，我们要改良的是这种符号，并不是要把语言都转换成别国语言。而且具体到如何使用罗马字问题上，也不是简单地去采用英国罗马字或法国罗马字，就像意大利有意大利罗马字，德国有德国罗马字那样，日本也应该有日本罗马字，并非完全照搬他人。总之，他认为当务之急是确立标准语，并在学校教育中向学生教授这种标准语。他提示，在对本土语言进行改良时，切记不要过多赋予其形而上含义，因为对于不善于思想的日本人来说，平实简朴是土语的特点，我们如果想让自己的语言不缺乏思想性，可以借用西语。① 中岛力造是非常务实的，确切认识到日本土语所存在的缺陷，并不忌讳从外国继续吸收形而上语言，从前学问在中国，吸收汉字汉语理所当然，今日新思想在西方，吸收西语无可厚非，而

---

　　① ［日］自治馆编辑局编纂：《国语改良异见》，第283—284页。

且他个人从世界交通、经济往来、学问更新以及身心健康等多角度考量,竭力向世人证明以罗马字为国字是一个好提案。

宪政活动家福地源一郎也倾向采用罗马字。他的出发点在于使用罗马字可以保持其原语状态。比如,"神户"一词,其表音拼写最初是"カミベ",后转为"カンベ",再转为"カウベ",现又出现了"コーベ"这样的拼写。他本人反对用"コーベ",建议用"カウベ"。坚持这么做的理由是,"カウベ"里的"ウ"是由"ミ""ン"转来的,语源清晰,而如果采用"コーベ",则无法知道它是由哪个语言转化而来。正语源,不仅事关字义,还连带着发音的纠正。比如"东海道"一词,如果写成"トーカイドウ",就会让人看不懂,它的正确拼写应该是"トウカイダウ",只有这个拼写才最接近这个语言的中国发音"トンハイタウ(donghaidao)"。又比如,以假名拼写"李鸿章"时,应该是"リコウシャウ",而不是"リコーショウ",因为只有拼写成"リコウシャウ",才知道其发音是由中国发音"リーホンシャン"转化而来的。因此,他认为,日本如果要使用罗马字,需要确立标准语,而那个标准语一定是最接近原语发音的拼写。[①] 福地源一郎的顾虑和中岛力造是一样的,一个语言如果有几种发音,不加分别地以罗马字进行转写,其所造成的新问题反而偏离了文字语言改良的初衷。

当然身为在日外国人的シーエフドレパー氏赞同罗马字可以视作西方人的普遍认知。他说,与日语打了20余年交道的他完全可以判定:汉字妨碍了外国人对于日本的研究,汉字就像一道坚固的大门,将那些想进入日本学领域的外国研究者挡在了门外。因为学习汉字所花费的时间远远超出了他的想象,只有那些最聪明的人才能掌握足够多的汉字。他相信这种感受并非只限于外国人,日本人同样深受其害。鉴于此,他认为使用欧洲的罗马字来记述国民思想是一个被世界广泛认可的好办法。其理由为:1. 提高办事效率的工具

---

① ［日］自治馆编辑局编纂:《国语改良异见》,第242页。

越简单越好。比如最好的机械，其结构是单纯而简单的，构造越复杂的机械，越容易出现各种各样意想不到的问题。文字是表达人们思想的一种机械，汉字就好像是一种结构特别复杂的机械，由于过于复杂，其所象征的含义不易被人掌握，反而隐晦不明起来。2.事实表明，日本与世界的交流，因这不可攀越的墙壁，已遭到伤害。今天的日本已站在世界前列，游历于世界各国港口城市的日本人也一年多于一年，如果日本人能以世界通行最广的文字撰写各类新闻报道抑或书籍，相信增加对日本了解的外国人将会越来越多。但实际情况是，即便那些在日本久居的外国人，也少有人能自由阅读日文报刊，结果就是外国人往往无法与日本人进行有效沟通。他说他不否认研究汉字充满趣味性，但是在科技迅速发展的今天，这样考古式的工作可以留给那些专家去做，普通国民则应从汉字的束缚中解脱出来。他提示，如果日本采用了结构简单而单纯的罗马字，学生们可以将自己的时间投入到更应该去学习的科目中去，最起码，使用罗马字对日本的活字印刷将带来正面影响。①

于此，推广罗马字的头本元贞还给出了具体方法：政府应成立一个由三到四位委员组成的委员会，这些委员既要通晓世界某些地区的语言，也要对日本本土语言有深刻理解，同时要精通日本文学（按：汉学加和学），然后由他们去联合编纂文典和辞书。在编纂这些工具书的过程中，他们既应收进文章用语言，也要采集谈话语言，其中一定会遇到不少汉语，经甄选后应留下那些习以为常的汉语，转写罗马字后继续使用，且为保证罗马字拼写的合理化，重新审定拼写法。总之，就辞书编纂方针而言，除了文学、法律、政治等方面的语言应尽量采取平实易懂的语言外，表现思想学术方面的语言也要采纳那些平朴语言，且对同音不同义语言要注意进行详解以方便使用者能有辨识地使用它们。他预计编纂这样的辞书至少需要五到十年。他说，编纂这类工具书并不是要为当下社会服务，而是为将来在用罗马字翻译即转写现行法律条文以及政令

---

① ［日］自治馆编辑局编纂：《国语改良异见》，第208—210页。

文书时准备的。他指出,国家通行罗马字后,除了要转写上述重要文献外,凡各类有价值之书籍均在被转写的范围。这样的翻译事业是一项巨大工程,需要投入大量的人员以及其他资源,时间当在 10 年以上。他指出,编纂成功的文典以及辞书将来亦可作为教学用书,教导在校学生读写罗马字以及罗马字文,这些学着罗马字文的学生们将随同上述翻译工程的进行而成长,而当他们长成为二十四五岁青年时应该对罗马字文的读写已驾轻就熟,此刻又恰好上述翻译工程初具规模,于此相信这批青年将是罗马字文献的忠实阅读者以及受益者。这一过程的完成,前后至少需要 15 年,宽限一些,应在 20 年内。他提议,在由罗马字逐渐取代现行文字的过程中,报刊应开辟罗马字文栏目,让广大社会阅读者逐渐习惯并接受罗马字文。他强调,转写成罗马字的汉语可以保留下来,但汉字最终一定要被完全舍弃。① 头本元贞也接受了不能在短时间内完全使用表音文字的现实,这个教训当然来自于罗马字会的失败。不过确立标准语是一个非常专业的工作,仅凭借头本元贞所提议的小型委员会是无法完成的。

综上,无论是假名还是罗马字,都是表音文字,追求与欧美同步的改革者们一心向往之,不过鉴于此前假名的会以及罗马字会的失败,到了这一时期,他们知道:要完全使用表音文字,首先要确立标准语,然后利用学校教育以及近代刊物学习之、推广之。他们明白这个过程并不短暂,至少需要 20 年、可能 50 年甚至 100 年,而如何处理汉字汉语汉文问题将一直伴随着整体改造过程。

二、汉字不可废

表音文字的拥趸一心要奔着最终废除汉字的目标前行,但大多数的士族并不以为然。认为汉字不可废者大致可以分成几类:1. 汉字确实难学,可以减

---

① ［日］自治馆编辑局编纂:《国语改良异见》,第 365—366 页。

少汉字的使用数量；2.学校教育有上下等级之分，下级阶段可以不学或少学汉字，多用表音文字；上级阶段汉字教学不可缺，汉字掌握多多益善，若此读物也将分成上下等级；3.反对打破汉字使用的现状，文字改良顺其自然，不应受人为干预。尤其，出于东亚地缘政治的需求，汉字也万万不可废。

减少汉字的使用量在从前不仅有理论性主张，还有实践，比如小报喜用的谈话体，比如矢野文雄力推的两体文。如果说自明治以来文字语言文体有所变化，其变化在于汉字的使用在减少，而身为表音文字的假名越来越多进入书写，也就是假名不再被歧视。到了这一时期，主张言文一致体的改革者中就有相当一部分人支持限制汉字的使用数量。和歌诗人、书法家坂正臣如是说：如果为了一己之方便，维持现状最好不过。但我们不能为了当下方便而贻害子孙，所以应该鼓起勇气去筹谋文字文体改良事宜。针对现下各种改良主张，他认为假名文字论罗马字论均过于偏激，日本更应该走一条循序渐进的改良之路。他说，既然已经明确意识到完全放弃汉字是一件不可能的事，就应该在如何限制汉字的使用数量上下功夫，确立一个切实可行的办法。他指出，表明文字改良立场的人首先要以身作则，在自己的写作中尽量少使用汉字，将那些不常用的汉字逐渐从书写中淘汰出去。在文体的改革上，他也主张趋向谈话体，认为现在流行的演讲其实就是经过处理的谈话体，这样的谈话体可以直接转写为文章。他说自己每每翻阅一些议会记录，觉得文字精简、明快，其表述妙不可言，所以建议文体改革应该朝着这样的方向进行。①

有些主张表音文字却又意识到现行阶段无法立即推广表音文字的改革者也赞成现阶段应尽量减少汉字的使用。比如主张罗马字文的福地源一郎就认为目前所能做的就是要精减汉字以及简化笔画复杂的汉字。关于减到多少才算合适，他并不介意，以 3000 字为限也罢，2000 字也好，只要可行，皆不在话下。他更关注简化笔画复杂汉字问题，还做出过研究，比如"邊"可为"边"，

---

① ［日］自治馆编辑局编纂：《国语改良异见》，第 29—30 页。

"覺"可为"觉","與"可为"与","門"可为"门"等。他指出,只要找到简化的办法或规律,可以对很多笔画复杂的汉字进行简化。① 事实表明,简体字是此后日本语言现代化中的重要一环,简笔汉字不但在日本流行开来,它对中国语言的现代化也产生过重要影响。

冈本监辅痛陈,汉字怎么说都不能废弃。他说,现如今哪怕是可以称之为学士的人,能够掌握的汉字都很有限,何况那些在学校里学习各种科目的各年级在读学生? 他表示,我们为什么要废除汉字呢? 我们只要不苛责学生们非要记住多少数量的汉字就可以,也就是根据教育阶段规定学生至少掌握多少数量的汉字。比如小学生,依据个人情况掌握数十至数百不等的汉字即可;中学大学的在读生应相应掌握更多的汉字。他指出,甚至小学用读本里出现的那些日常生活用品,可以使用假名文字,不过要在假名处标注汉字,以方便学生记忆汉字,学生愿不愿意去学习那些汉字,在于他们自己,学校无须苛责,当然如果有老师愿意主动去教习这些汉字,那又是一件让人高兴的事。他认为这样一来既可以减轻学生的学习压力,又可以激发一些愿意学习的学生的识字热情。他说,那些主张假名或罗马字的人成天喋喋不休,其行为就像是要代替孔子去论道,或代替释迦去说经,实在令人不齿。② 冈本监辅虽然想出减轻学生学习汉字负担的办法,但在他的内心还是期待学生们能尽量多学一些汉字,但他将当时的社会情形看在眼里,觉得鼓励人们多习汉字有点强人所难。

于是,我们看到赞同保留汉字使用的意见出于各种不同目的。比如,热心于语言改革的语言学家上田万年虽然认为罗马字在今后的地位会越来越重要,但以当下社会情形看,和汉文字交混使用还是最佳选择。他说,从文学(按:指学问或学术)角度看,一意孤行地舍弃汉字,显然是行不通的。也就是汉字假名相互配合使用的状态在今后一段时间内仍将持续下去。他展望未来,认为随着罗马字在世界通行的程度越来越高,其在日本的流行也将会越来

---

① ［日］自治馆编辑局编纂:《国语改良异见》,第 243 页。
② ［日］自治馆编辑局编纂:《国语改良异见》,第 104—107 页。

越广泛。他说只要回顾一下日本历史就知道这样的事情一定会发生,也就是在日本古代时期,学汉字、写汉文是稀松平常的一件事,但随着假名文字的发明,它越来越被人们所接受,和汉交混文体不断渗透进各种层阶的书写,由此造成汉文势力的衰退,同样的情况在今天也正在发生,也就是在未来某时我们可以看到罗马字最终会战胜其他文字成为"国字",不过这样局面的到来可能需要 50 年,甚至 100 年。这让他联想起明治初期的事情,那时候也有关于文字的讨论,但占到上风的是那些汉学家的主张,他们力推汉字汉文,反对和汉交混体,在汉学家的眼里,这种文体迟早要消亡,而事实是,30 多年过去了,和汉交混体不仅成为当今人们撰写时的首选文体,且会撰写汉文的人越来越少,到了几不可见的地步,这样想来,罗马字就像和汉交混文打败汉文一样,也终将会打败现行汉和文字。但他指出,这是未来的情形,今日我们尚处在播种时期,以罗马字为国字的时机尚不成熟。他设计了一种过渡方案:像今天汉字假名交混使用一样,可以尝试以汉字罗马字交混使用的文体进行书写,换言之,在不改变现行汉字假名交混文体的前提下,允许汉字罗马字交混文体的使用。他本人非常反对全面使用假名,本着与世界融合的精神,就会发现罗马字比起假名来好处多多。他表示,罗马字的长度是要比假名长,但语言的好坏岂能以长短论? 如果这样,不如继续使用汉字,汉字无疑是世界语言文字中长度最短的。他相信,无论从世界性、科学性还是便利性来讲,罗马字都是最好的,所以日本未来一定会采用罗马字,这将是顺应世界大势发展的结果。他说,谈到改良,在历史上没有任何一样事物是可以完全割舍现行状态而以全新面貌再生的,所谓新生是在旧事物的变迁中获得新生。以汉文为例,其地位渐渐被汉字假名交混使用的汉和文取代,同样的道理,随着罗马字的推广,其最终会取代现行文字。他指出,很多人主张限制汉字的使用,说起来容易做起来难。比如针对人名、地名,打算依照什么标准限制汉字的使用呢? 具体而言,"东海林"要读成"ショウジ","万里小路"要读成"マデノコウジ","勘解由小路"要读成"カケノコウヂ"吗? 还有就是地名问题,"神户"一地,用汉字表记很方便,现在去掉汉字,是打算转写成"カムベ""カウベ",还是"カミド"? 又比如,"上田"这个姓氏用汉字表记不会出现任何歧义,如果转写成假名,是读成"ウヘダ",还是"カンダ"? 他表示,之所以会出现上述混乱,是因为各地的语言不统一,在语言不统一的情况下,只有使用汉字才不会引发混乱,如果各地都使用自己的方言进行标注,相信大家去到家乡以外的地方就如同去到了外国。在没有标准语的情况下,他反对废除汉字,但赞同限制汉字的使用数量,可限定在 3000 字以内,这 3000 字也不必个个记得很牢,但那些常用的汉字汉语对我们有很大帮助,尤其在记录人名、地名以及某些专业学科领域方面,汉字起着不可或缺的作用,所以人们最好记住这些必须要用的汉字汉语。① 显然,上田万年建议在改革文字时要避免采取极端手段,要秉持顺其自然的态度,该改正的一定要改,该保留的也一定要留,但做出正确判断很重要,他认为这样的工作需要依靠专业的语言学家来进行。

就像上田万年所说,在明治初期,有一批汉学家反而在力推汉文,有改革派就有保守派,改革派中的保守派主张限制汉字使用的数量,守住传统文化阵线的保守派却是汉字不可废的强硬主张者。加藤严夫指出,本邦国字,毫无疑问基本由汉土传来,为了方便使用汉字,我们对有些汉字进行了翻译,这就是汉字训读,这样的翻译至少持续了上千年,由此积累下的大量翻译语即训读语是先人留给我们的巨大财富,其重要意义在于,仅仅利用数十个表音文字——假名就可以表达成千上万的语言。律令里经常有"刻告勉励"这样的表述,仅用四字就表达出时刻谨告勉励的意思,如果用假名翻译语,不知道将演变成怎样冗繁的句子。大凡文字不过是记录语言的符号,汉字在很早以前就输入了日本,随着岁月的流逝汉字也就变成了日本文字,汉语也成为本邦的第二国语,也就是说,汉字汉语的使用并非由吾辈开始,而是经由祖先历代传承、留给我们的遗产。大约在日本战国时期,假名进入书写变得理所当然,和汉体在武

---

① [日]自治馆编辑局编纂:《国语改良异见》,第 235—239 页。

士中的运用相当广泛,尤其在穷乡僻壤,这种书写起来很方便的和汉体更是受到欢迎,这是日本文字的一个特点。他指出,在同样使用汉字的朝鲜,虽然有自己的俗语,但却没有创造出像日本假名一样的表音文字,汉字和假名交混使用是日本文字中才有的现象。他说,有了和汉体,每个日本人,就可以按照自己对文字的掌握程度,来决定他使用汉字的数量,也就是说有的人可以像使唤奴隶一样自由使用汉字,而有的人则只能大量使用假名,但有一点诸君是非常明白的:只有使用汉字,才能准确表达出属于形而上的思想。① 他说,比如像"形勢""狀勢""奮勇""簡便""機關""那邊""協議"等这样的汉语,其中不乏笔画复杂的汉字,难道因为难写难记就要把它们都舍弃了吗? 舍弃之后有可以代之的文字吗? 如果诸君没有准备好替代的文字,当下将它们统统舍弃,那些缺漏的文字如何填补? 上述所列汉字汉语俨然已经融入我们的生活且被我们得心应手地在使用,有什么理由要将它们除之而后快? 他也明白学习、掌握并利用汉字汉语对于小学生来说不是一件容易的事,但认为学习者只要耐下心来,耳濡目染下,逐渐适应后未必不能化解此中艰难,待悟得其中巧妙,由汉字得到的好处将不可名状。② 加藤严夫对汉字的依恋其实是出于对传统文化的坚守,他相信难学的汉字未必会成为学校教育的障碍,但一个人如果掌握了一定数量的汉字汉语,其受益将不可估量,而为了一些眼前利益贸贸然对汉字磨刀霍霍,是一种矫枉过正的行为。

针对人们对于汉字的抱怨,中村秋香如此剖析:大家都在说精简汉字是为了减轻学习的负担,但学生们感到学习压力大,并非受困于文字学习,而是因为现在学校教育设置的科目太多。从前的人绝不像今天一样从 6 岁一直要学习到 20 岁,大体在跟着老师专心学习五六年后就可以进入自学阶段,他们也绝不像今天这样吵吵着借口汉字难学而要减少对汉字的使用。究其原因,我们经常使用的汉字其实并没有那么多,也不会经常去查阅《文选》援引什么生

---

① ［日］自治馆编辑局编纂:《国语改良异见》,第 61—62 页。
② ［日］自治馆编辑局编纂:《国语改良异见》,第 64—65 页。

僻汉字。由此,今天的人们嚷嚷着要强行精简汉字不是件令人匪夷所思的事吗? 他说,经常写文章的人都有体会,在撰写日常用文章时,不会因汉字造成书写问题,只有在撰写一些重要文章时,才会查阅辞书,斟酌思量该用什么好字好词。他更加生气假名的会、罗马字会的改良主张,质问难道完全使用假名撰文不会感到非常不便吗? 比如,"火钵"的"火","明日""今日"的"日","桧木"的"桧","是非"的"非"等,都读作"か",如果完全使用假名,如何判断"か"为何字何义? 而使用汉字,一目了然,再也不会出现误读的现象,这不是很方便吗? 他鄙视道,今天有一些人喜欢什么都跟着西洋人跑,但有必要做出扔掉汉字的事吗? 说到写文章,他认为没有必要非让高等学校的在读生学习学术类文章的撰写,即便对大学的在读生也没有必要提出这样的要求。他强调,大学毕业生中,那些哪怕通过不断进学获得文学博士的人,会撰写汉文抑或拟古文的只怕也没几人吧。他解释,并不是要让人人写出像《源氏物语》《伊势物语》《徒然草》一样的著述,以自己所生活时代的语言进行古文体写作,在今天的社会里恐怕难觅其人。在他看来,真正通晓文学的人,阅读民谣并不是件难事,也就是能够看懂中古时期"物语"文(故事文)的人,解读起民谣很轻松,但在今天堂堂大学里,甚至要专门辟出科目用以研究民谣。他说,只要阅读古籍就会发现,文章的文体并非刻意的人为,但是今天的人们却要刻意改造且固定、僵化文体,而从前的物语文,其表现是那么自由自在。他表示,未来的国文,不应该是几个人坐在一起筹划出来的,它需要年轻人,尤其那些在高等学校以至大学就读的学生在不断有意识锻炼自己写作时文中打磨、脱颖而出的一种文章形式。他指出,今天赞成国字国文改良的人多是年轻人,学业繁重是他们的动机。他担心,在这样只顾及当下利益的前提下,那些改良主张一旦获得成功,新的文字文体文章肯定不如现行的好用。① 显然,中村秋香对人们改造文字语言文章的热情感到沮丧,他未感受到现行文字语言文章有

---

① ［日］自治馆编辑局编纂:《国语改良异见》,第74—77页。

什么不好，相反还觉得非常方便适用，掌握起来也容易。中村秋香自视甚高，觉得汉文、古文、拟古文跟一般庶民并没有什么关系，本来能够撰写上述形而上文章的人就不多，随着人们不断打压汉字汉文，这样的人岂不是会变得越来越稀缺？想到要舍弃汉字，破坏现状，真是痛心疾首。

法学博士金子坚太郎出于对法律条文表述须严谨对待的职业精神，反对使用表音文字。他说，现今社会，任何事物都要求从简，但为了从简而改用假名或罗马字，反而造成时间上的浪费。他以自己参加宪法起草的经历为例，回忆当时为对译英语"vote"一词，大家伤透了脑筋，刚开始译成"普通投票"，但"投票"只是指在纸片上记录下将某事投入某处的意思，并不包含"决定"的意思，且又要体现出起立、点名等等意思，再三斟酌后选用了"表决"二字，现在这个新造汉语已被人们广泛接受，这个由两个汉字组成的新语，一见之下，便大致能明白它所要传达的意思，试想如果换成假名或罗马字，能有一见之下便知其义的效果吗？他又以敕语为例指出，像这样重要的文书，如果不使用汉字，就少了一层庄重和典雅，以罗马字撰写的敕语，无论如何也感受不到庄严的气息，也就是经年累月养成的儒风已是日本伦理精神的根本，这种伦理精神已深深融入汉字，况且日本将汉字视作国字已通行无数朝代，一旦将其废除，不仅我们的历史将遭到遗弃，而且我们的伦理精神也会被瓦解。细思极恐。① 如此，汉字在语言表达上所体现的丰润性，汉字与日本历史文化的密切性都是诸如金子坚太郎一样的知识分子不肯放弃汉字的重要理由。

翻译家内田贡也参与了这场热火朝天的文字改良大讨论。他直言今天的改革者们提出的方案是无法在实践中推行的，这样的种种议论在将来依然会沦落到胎死腹中的地步，至多被有些人拿去继续研究，也就是如果没有来自政府，尤其教育部门的一纸政令，议论不会变成实施改良的政策。他说，十五六

---

① ［日］自治馆编辑局编纂：《国语改良异见》，第368—369页。

年前,罗马字会也好,假名的会也好,统统归于失败,究其原因,人们根本没有确立一个标准的罗马字拼写法或假名拼写法,今天提倡表音文字的改革者依然面临同样的问题,故在此问题没有得到解决之前,任何关于国字改良的呼吁都是空谈。他以假名为例指出,像"ショウ""シャウ""セウ""セフ"等这样的语言,统一为"ショヲ"一词就可以,不过对于将"オ""エ""ヂ""ヅ"等字一并废弃的意见,就不能接受,而以汉字为例就能说明不能这么做的原因。他说,汉字难掌握的理由之一在于一个汉字往往有数种含义,这也是汉字招致人们大力批判的原因,如果我们把区别发音的音符字废除,就像一个汉字会有多重意义一样,一个表音文字表示多重含义的现象就不可避免。再者,如果废除了"オ""イ""エ"这样的音符字,这些仍然出现在我们谈话中的发音,如何进行记录? 因此,他反对不懂语言学的人轻言那些脱离现实的建议。他表示,假名是一种表音文字,汉字是一种象形文字,不论各自作用,将汉字全部废弃,是犯了方向性错误。况且说到使用范围,汉字是 4 亿中国人的国字,其使用人口足可与英语匹敌,虽然夹杂着假名的日本和汉文体不能流行于中国,但日本通过学校教育使得自己的国民初步掌握了汉字汉语这种使用甚广的语言,难道不是一件很了不起的事情吗? 目前到中国去发展的话题方兴未艾,在这样关乎国家未来前途的关键时刻,日本能轻言放弃汉字吗? 由此他指出,那些关于减少汉字的提议很迂腐,在各人实际的写作中,大家其实都做出了各自的选择,不喜欢汉字的人,他对汉字的使用一直在减少,而那些专业人士,比如法学家、文学家等,对于汉字汉语的热衷并未消减过,所以我们为什么不留给人们自己去决定的空间? 即便我们现在没有展开真正意义上的改革,但在日常用语里人们已经在自觉选用平易简单的汉字,而且我们的书写文体也像现代英语一般,慢慢变得越来越质朴易懂,这些变化是顺其自然的变化,因其自然发生,人们不会感到不适。他感慨,那些复杂的生僻字又不会出现在我们的日常生活中,只有那些汉学家、大文豪才会对生僻字发生兴趣,这属于文学范畴的事,普通人为什么要去干预它。面对汹汹而来的减少乃至废除汉字的热议,他不明白国民到底希望文字变成何种面貌，如果改良意味着国字国语国文的倒退，人们还有将文字语言文章改良进行下去的勇气吗？他建议，与其改良国字，不如先制订标准语，这牵涉声韵学以及言文一致体问题，只有在这些问题得到妥善解决后，才能将文字改良的话题摆上桌面。① 内田贡的观点是明确的，既然有人有选择不使用汉字的权利，那么就有人有选择继续使用汉字的权利，减少乃至废除汉字是剥夺喜欢汉字的人的选择权。在他的谈话中，尤其让人关注的是，他鼓励日本学习汉字的出发点之一是有利于日本在中国的发展，这一政治野心代表了一批人的所思所想，至少宣扬大亚洲主义的那个群体和内田贡有着共同心声。

有意思的是，在明治初期曾对西方文化翘首期待的西村茂树，随着日本现代化事业的逐步展开，却变得越来越保守。他说，今天，教育工作者提到国字改良，皆认为汉字使用起来不方便，多主张将其废除，故所谓改良，实则是一场驱逐汉字的运动，其中不乏声名显赫的大人物，于此关乎国家文运之关键时刻，不得不提出个人之愚见。他指出，凡兴废之事，当谨慎为之。欲要废除某事，必要观察其利弊两端，更应将欲废者与欲兴者做仔细考较，深谙其中之得失后，再决定取舍。然而看今天之讨论，人们只盯住汉字有害的一面，对其有利的一面却视而不见，再看那些欲取汉字而代之的文字，或为假名，或为罗马字，或为所谓新字，均有其不确定的一面，以不确定的新字取代确定的旧字，如何能悦服人心？本国自使用汉字以来，已千年有余，今天的人以使用不便为由轻言将其废除，此举是为一场文化大革命，无论好坏，这场革命所产生的影响必定是巨大的。鉴于此，我们在掀起这场大革命之前，难道不应慎之又慎？也就是说，我们今天的文字改造行动要经得起岁月的考验，不要令子孙后代感到遗憾。他说，关于汉字使用起来方便与否，只是普通下层民众的关注点，他们会说日本假名只有 47 字，罗马字甚至只有 26 字，而汉字却有 5 万余字，我们

---

① ［日］自治馆编辑局编纂：《国语改良异见》，第 326—328 页。

只要记住47字的假名以及26字的罗马字,就可以畅通无阻地阅读西籍或和籍,但哪怕记住了5万有余的汉字,也未必能读懂用汉字撰写的汉籍,其间难易有如天壤之别。可笑的是,相信此说的大有人在,却不知其荒谬所在,即这种想法完全暴露了他们不理解文字和语言之间存在差异的陋识。比如,イ、ロ、ハ等是文字,而アメ、カゼ、ヨロコブ、タノシミ等则是语言;以英语为例,A、B、C、D等等是文字,sun、moon、long、hight等是语言,你如果仅仅只记住了文字,却没有相应掌握足够多的语言,在如此情况下,你既看不懂英文书籍,也不会用英语讲话。他接着指出,汉字和上述表音文字则是不同的,一个汉字,它既是文字,也同时是语言,记住了那个字,也就同时掌握了那个字所象征的语言。他说,人们在比较西字、汉字难易时,总会陷入某种误区。若真要比来,英语语言的数量至少有10万个,而汉字才5万有余,岂不是学习英语所花费的时间要比记忆汉字多出一倍,显然更加困难一些? 当然这10万的语言数量是西村茂树根据词典计算出来的,他也承认在实际日常生活中,人们用到的英语语言不过是这10万个语词中的十分之一而已,但同样的道理也反映在汉字实际的运用中,大家却置若罔闻,改革派动不动将英语26个罗马字母拿来同5万多个汉字进行比较,以证明两者间的难易,这实在有失公允。当然,他也看到有些汉字的笔画过于复杂的一面,在其写作过程中也确实遇到过不方便的时刻,但对改革派仅拿生僻字说事而忽略汉字中还存在大量笔画简单的常用字的诡辩态度非常不满,也就是说汉字中确实有诸如麟、鳳、龜、龍等这样笔画复杂的汉字。但也有诸如人、犬、山、川、上、中、下等这样笔画简单的汉字,尤其像人、犬这样的汉字,书写起来甚至比假名还要简单。① 因此,在西村看来,人们不分青红皂白,打着推动学校教育的幌子,打压甚至欲要废除汉字的"叫嚷"简直就是信口开河。我们从西村的观点中可以发现,热衷西化的日本人在甲午战争以后变得多起来,他们开始看轻中国,由此看轻汉学以至汉字,

① ［日］自治馆编辑局编纂:《国语改良异见》,第269—271页。

从前凝聚在汉字身上的浓重文化气息在他们的眼中跌落，这引起了一些知识分子的警惕，哪怕像明治初期活跃于提倡输入西方文化阵营的西村茂树也对那些要随意砍伐汉字的人或团体开始表现不满。

西村茂树如此，那些始终秉持文化保守主义的人物更是视汉字为传统文化的生命。比如内藤耻叟，对西方思潮横行于世不以为然，力陈废除汉字是一件不可行的事情。他说，由古至今累积下的大量古籍装载了日本几千年来的发展历史，如果废除汉字，将招致巨大的文化灾难，我们的历史经验将无法对现实社会起到借鉴作用。他表示，大家都嫌弃汉字笔画太多，但无论是采用假名，还是罗马字，写作字数将大幅增加，这难道不是件很麻烦的事情吗？比如，"赤间关"这个地名，被现在的人写作"马关"，这是不是为了减少汉字使用数量所造成的变化不得而知，但他提请人们注意，如果用假名对"马关"进行转写，就变成"はくわん"，到时候有几个人能知道"はくわん"指称的是"赤间关"呢？他说，从这个例子就可以看出，如果非要迎合世界潮流去追求一切从简，那么使用汉字不是刚好符合这种趋势吗？他指出，人们都在谈论不使用哪些汉字，我们只要尽量少用或不使用那些笔画复杂的汉字，不就能基本解决汉字造成的困惑吗？由此，他觉得实在没有必要去花费精力商讨如何限制汉字的使用。他提到，从前《报知新闻》提议将汉字使用的数量控制在 2000 字以内，但该报在撰写凡例时，却不得已使用了 2000 字外的"寥寥"，自己首先就犯了禁例，为了解套却反被自己的主张套住，利在何处！他感慨力主汉字不可废的井上圆了曾经附和过罗马字会的主张，且加入了罗马字会，但在体验过罗马字文后迅速退出了这个组织，因为以废除汉字为代价的改造主张超越了他所能忍受的底线，于此，他与井上圆了是心惺相惜的。他曾同主张罗马字的朝比奈知泉有过激辩，相信如果采用罗马字，不出十年，日本人都要变成文盲。但随着西风盛行，他担心赞同罗马字的人可能会越来越多。① 我们从内藤耻

① ［日］自治馆编辑局编纂：《国语改良异见》，第 250—251 页。

叟的谈话中感受到了无奈,看到了西方社会对于日本的影响,文化发展的方向何去何从,需要每个知识分子做出回答,两端为少中间多,中间大队人群向哪端倾斜是为潮流方向,在左右两端博弈中,坚守汉字的井上圆了尤为引人瞩目。

明治三十二年,重野安绎在《东京学士院杂志》上发表《常用汉字文》一文,反对废除汉字,将常用汉字选定为 5610 个①。1900 年 2 月 19 日,大江文城力说汉字不可废除。2 月,井上圆了针对哲学馆汉文科学生宣讲的《汉字不可废论》出版。3 月 5 日,井上圆了在题为《国字改良论的三大误区》的文章中指出,人们沉迷于欧洲人对于日本文字的评论,国字改良可扫除一切学习困难,依据日常生活中的方便度来评判汉字等是种种国字改良提议的三大误区。3 月 11 日,木犀楼主人以《关于汉字减少论》为题,指出若要振兴对华贸易,则不能不习中国字。4 月 3 日,听江逸生指出汉字全废不可为。4 月 26 日,山田武太郎呼吁不能废弃像汉字这样的表意文字。5 月 1 日,岛田三郎以《汉学以及儒学》为题,指出汉语汉文的重要性就相当于西方人眼中的拉丁语文章。7 月 1 日,井上圆了再以《关于汉字存废问题》为题,阐述日本之今天皆成于日本文化,若不习汉字汉文,将不识日本文化,故决不能废除汉字。综上可知,井上圆了当属汉字捍卫者中的代表人物,而《汉字不可废论》一书则充分展示出他对于汉字的态度。

该书序言中有如下说明:本书由东京哲学馆馆主井上圆了针对哲学馆汉文科学生的演讲编撰而成。在国字改良论大行其道的今日,高举汉字不可废的旗帜已成当务之急。本馆印制此书的宗旨即在于此②。由此可以看出,明治三十三年前后,日本文字语言文体文章的改良已发展到即将突破的临界点。

井上圆了首先谈到汉字所面临的危机:日本原本就是汉字国,今天的人却无视这一事实,打着倡导国字改良的旗帜,鼓动人们废除汉字,其气焰之嚣张,

---

① ［日］国语调查委员会编纂:《国字国语改良论说年表》,第 30 页。
② ［日］井上圆了述:《汉字不可废论》序言,哲学馆 1900 年版。

日盛一日，全然不顾及其中的利害得失。最为忧心者，帝国教育会竟与之附和，这将伤及国家百年发展之大计。他痛陈：主唱汉字废除者，多为不识不习汉字汉文之人，这些人或是盲目崇拜西洋者，或是向来排斥汉学的国学者，或是那些早先假名的会、罗马字会的会员，尤其可笑的是最后这类群体，他们已经经历了一次失败，又有什么底气再次鼓吹废除汉字的主张？最令人不可原谅的是帝国教育会竟然已经向贵、众两院提交了《国字改良请愿书》，拜读之余，大为愤慨，遂断然退出帝国教育会。①

　　针对人们列举出的废除汉字的种种理由，他一一进行驳斥。针对关于汉字是世界上最难文字的观点，他说道：人们认为地球上只有汉字的数量在六位数以上，其学习难度不言而喻。在帝国教育会递交的请愿书中不就举证说，不论是欧洲人，还是美国人，都认为日本语言文章是世界上最难的，日本学生在语言学习上的负担可居世界首位。这样的言论何等荒唐！比如，西洋人视握箸、穿下駄为天下难事，若以此为信，岂不是日本人也要认为握箸、穿下駄为天下难事？故何为易，何为难，当因事而论，西洋人无握箸之习惯，便以为握箸是难事；日本人从小练习握箸，则视其为平易之事。同样，西洋人无习汉字之习惯，便以为习汉字是天下最难之事；日本人祖祖辈辈从小学习汉字，从事汉学，看汉字习以为常，又有何难？这就是为什么对日本人而言，相较学习西字，学习汉字更觉容易的原因。②

　　关于汉字有碍大脑发育的成见，他反驳道：帝国教育会的请愿书中说，日本在校学生花费了太多的时间学习汉字，这妨碍了他们对其他实用知识的学习，因此如果不废除汉字，我4000万同胞的能力将得不到提升，随之我4000万同胞在其事业发展上将得不到进步，以至拖延我国家繁荣昌盛之日的到来，极大关乎国家百年千年的利益与人民的幸福。这样的认识不过是汉字废除论者臆想出来的光景，实则毫无证据可支撑。不说日本人在学习汉字方面并无

---

① ［日］井上圆了述：《汉字不可废论》，第1—4页。
② ［日］井上圆了述：《汉字不可废论》，第4—6页。

西洋人所直面的困难,即便多少存在一些困难,但克服这些困难对发育中的少年只会利大于弊。试想如果在少年时期,多少经历一些磨炼,岂不有助于身心的健康发展? 一个人,在其成长过程中,若只是顺遂无虞,毫无波折,如何能成长为体魄强健、百折不挠的有为青年? 所谓百炼成钢。①

关于视汉字为老朽文字的偏见,他批评说:弃汉字者认为汉字是由上古时期的象形文字变化而来,流传到今已是老朽之物,与当下社会不匹配,这样的言谈令人匪夷所思。在他的心中,汉字是天底下最完美的文字,而人们所追捧的西洋文字其实存在诸多仍需完善的缺陷。他详解说:西字是表音文字,就其文字本身不具有任何传达字义的功能;汉字由上古象形文字变化而来,看其字便知其意。汉字象形,注重眼睛的感受;西字表音,注重耳朵的感觉。双方各有一得,又各有一失,今后若果能造出两者兼备的新文字,当然更胜于今日之汉字或西字。然此种新文字非朝夕间能问世,或 50 年甚至 100 年后方有所形亦未可知,岂是今日两三人利用闲暇之余就能一举得之耶? 真是贻笑大方,其危害国家处毋庸赘言。②

针对汉字数量太多以及笔画复杂的抱怨,他劝说道:汉字数量固然多,但常用汉字仅占其十分之一而已,利用这一两千个常用汉字可以组合出数十倍以上的语言,这是汉字妙不可言的地方。说汉字笔画复杂难记,这是从西方人的视角得出的看法,对我们自小就学习汉字的日本人来说,这个问题并不严重。如果实在觉得有些汉字的笔画过于复杂,可以对其进行简化,只要确立一个简化规则,这一问题可迎刃而解。③

关于汉字发音难的不满,他分析道:认为汉字发音难的人都忽略了一个事实,即汉字发音有其规则,只要将数十个音源字记熟,就可推测出绝大部分汉字的发音。比如,带有声部"扁"之偏、篇、翩、编、褊、蝙等字,在日语里均发

① ［日］井上圆了述:《汉字不可废论》,第 7—9 页。
② ［日］井上圆了述:《汉字不可废论》,第 10—11 页。
③ ［日］井上圆了述:《汉字不可废论》,第 12—13 页。

"ヘン"音；带有声部"青"之清、晴、精、静、睛等字，在日语里均发"セイ"音。也就是抓住汉字多根据声部进行发音的特点，读出其发音并非难事。不过他提醒，日本人更需要关注的是，汉字发音有吴音与汉音两种，这其实才是记忆汉字发音的困难所在，我们要做的改良是不要让一个汉字兼备吴音、汉音两种类型的发音，只采其中一种。①

关于汉字于音译西字时多有不便的意见，他辩解道：汉字于音译西字时多有不便确是事实，但这样细小借口不应是废除汉字的理由。要知道，日本除汉字外，尚有假名，音译西字时完全可以使用假名。于此，有人会说，假名只有日本人会用，西洋人却不会，不若将国字改为罗马字，于国人以及西人均有裨益。这么说的人还有个自觉更充足的理由，就是认为在校学生学习汉字耗时费力，剩下的精力不够研修习西学，若将汉字废除，代之以罗马字，于学习西洋学大有裨益。他说，这种只知道西洋忘了本国的荒唐理由也是从前罗马字会兴起的缘由，即便如英语圈国家，在追求国家独立之际，尤其强调语言之独立，而今日提倡罗马字者，皆欲要我邦全废汉字，自学校小学、中学用教科书起，到各类书籍均采用罗马字，若此我邦语言岂非都要转为英语、德语，大家在学习西语时所感受到的种种困难难道要变成我们在学习自己语言时的困难？况且这种困难恐更胜于汉字的学习。之所以这么说，我邦数千年以来的书籍皆借助汉字撰写，今日所使用之语言，亦多由汉字演化而来，如果说学习汉字难，难道学习我们并不熟悉的西语不是难上加难？②

针对汉字不利于言文一致体文发展的见解，他指出：一些人认为，要确立言文一致体书写，需要制定标准语，需要打破语言运用上的尊卑观念，而只有废除汉字，才能达到上述目标。对这样的推理他不以为然，他说，国语里包含汉字与发展言文一致体的书写并不矛盾，近年来夹杂汉字的言文一致体流行于世就是例证，我们在大谈国字改良的时候，人们其实在写作实践中已经开始

---

① ［日］井上圆了述：《汉字不可废论》，第15—16页。
② ［日］井上圆了述：《汉字不可废论》，第18—19页。

尝试使用言文一致体。也就是,若论到改革顺序,言文一致体是地基,国字改良是房子,难道要先盖房子后打地基? 在没有言文一致体文的标准以及标准语的前提下,一意先行于国字改造,房子会倒塌是必然的。因此,当务之急在于制定标准语以及示范性文章。也就是,要确立言文一致体下的语言与文章的标准是什么,即什么样的语言能够进入文章。于此,他建议应该改良那些冗长杂错的语言,使其变得朴实易用,朴实易用的语言有了,自然能撰写出言文一致体的文章。故与其先改良国字,莫若先制定标准语。①

对于汉字结构搭配不灵活的认知,他批驳道:说这样话的人完全不理解汉字。说到汉字,可将其或左右或上下进行分解,其要旨在于左右偏旁、上下冠脚可灵活搭配。常用汉字在 3000—5000 字之间,其中大多数汉字由左右偏旁或上下冠脚组合而成。也就是,只要掌握了汉字中的"字原"(字根)字,对认识汉字将大为有利。查其"字原",从一画至十七画,总计 240 字,以"字原"字相组合,可得无数汉字。比如,石与见,左右组合可为砚;雨与田,上下组合可为雷。要之,若将汉字中的基础"字原"字选出 200—300 字,经自由组合后大抵可得 3000—5000 字,抓住这一特点,可大大减少印刷中的困难。而若要想改良汉字,也可从此处着手,比如将一些无规律可循的汉字改造成由"字原"字组合而成的汉字。只要利用得好,我们可以大幅减轻记忆汉字的困难,还可以根据自己的语言需求制造汉字。② 当时,积极鼓动废除汉字的人简单地认为废除汉字可解决一切文字语言文章上的问题,因为他们觉得再也没有哪个国家的文字语言文章像日本这样复杂。说到文字,仅汉字便有 50000 字以上,每字又有训读,多者可达数十个字义,又一字之书体有楷、行、草三种,且草体极为不规范,汉字之外尚有假名,假名又分平假名、片假名以及万叶假名;说到文章体,有和文体、战记文体、侯文体、汉文书下体、洋文直译体,近年又流行言文一致体等;说到语言,有文章语、方言、俗语,还各自对应着敬语与非敬语,汉

---

① ［日］井上圆了述:《汉字不可废论》,第 20—22 页。
② ［日］井上圆了述:《汉字不可废论》,第 23—24 页。

语中又有汉音、吴音之别,有时混杂不分。但是,井上圆了提醒大家,日本语言之复杂已经是事实,汉字在其间起到了很好的区分作用,如果废除汉字,只会将原本就很复杂的情况变得更复杂,反而偏离了改革的初衷。①

他说人们只顾着抱怨汉字带来的种种不便,却没有细思废除汉字之举将会对日本社会造成的人心动荡。也就是,语言文字直接关系人们思想精神的状态,数千年以来形成的用字用语习惯一旦发生变动,必然牵动人们的精神世界。因为语言文字是传达思想精神的重要工具,随着它的变动,必将带动人心的变化。换言之,随着汉字的废除,以汉字为基础的日本语言将遭到破坏,这种破坏将逐步影响到社会的方方面面,直至动摇日本的伦理精神。他直言,日本目前正在致力于国家的独立,如果国字改良的代价是动摇民心,乃至动摇国家之根本,我们有什么理由去进行这样的改革。②

他这样解释废除汉字将对日本伦理精神所产生的影响:日本立德在于忠、孝两义,忠孝观念已深深刻入人们的脑海中,且传达忠孝精神的"忠孝"两汉字与忠孝观念完全融合在一起,人们睹其字便知其意。若以假名转写"忠孝",假名文字所传达出的忠孝之意无疑将大大逊色于汉字。况且若仅以假名转写汉字汉语,在日语中读音相同的诸如衷、中、仲、注、纣、诛、丑、稠等这样的字如何得以清晰明辨? 在日本,凡传达伦理精神的语言均与汉字有关,若废除汉字,我们如何帮助国民建设他们的道德精神? 以天皇敕书为例来说,汉字减一分,敕书所应透出的庄重感便会减去一分;反之,汉字加一分,其庄重感也会加一分,这是有目共睹之事。由此可知,以假名或罗马字取代汉字,至少皇室以及国家的尊严将遭到损害。从前曾有人将教育敕语中的片假名改换成平假名后公布于世,结果招致了人们的激烈批判,因为此举极大破坏了敕语的尊严。这只不过是将片假名改换成平假名而已,试想若以假名或罗马字取代敕语中的汉字,人们会做出何种反应? 人们对着假名文或罗马字文的敕语还能

① [日]井上圆了述:《汉字不可废论》,第25—26页。
② [日]井上圆了述:《汉字不可废论》,第28—29页。

油然生出敬重之心吗？国家的道德精神需由中下阶级民众的道德精神来维系，不再接触汉字的中下阶级民众又如何能建设自己的道德精神，中下阶级民众的道德精神一旦坍塌，国家的道德精神亦将毁坏。要之，汉字是国语的基础，世道人心的根本，动摇根本就是动摇人心，人心不在，国家何在！其中道理，发人深省。①

　　他指出，人的劣根性之一就是：因为有了新东西，就往往忘了旧东西的好处。他这样评价汉字所具备的优点：汉字擅于将事物进行归类，这一特点非西字可比。比如木部字归入木类字门下，草部字归入草类字门下等，望字即生意，其中之奥妙岂是西字可比？另外，读汉字就像在读历史，汉字的演变揭示着古代社会风俗的演变过程，说汉字即为历史亦不为过。由此他建议，若说要改良语言文字，不在废除汉字，需要得到改正的是汉字教授法。② 他进一步说，保留汉字其实是在传承日本文化。日本数千年以来形成的学问以及技艺均是借助了汉字汉学的力量。从伦理精神，到社会风俗，其建立建设乃至传承无不仰仗于汉字汉学。从古至今，经年累月积攒下的数万种古籍，或由汉文或由和汉文撰写而成，今天若遽然将汉字废除，是要弃我数千年来之历史如敝屣吗？若此，数千年来养成的民族精神乃至国家精神势必崩坏，我们自此也就坠入黑暗世界了吧。他动情地说，爱国之心起于对自己历史文化的思慕，当人们这么轻松地说着要放弃汉字时，那种文化即将痛失的沮丧情绪怎能不充斥心间。③

　　像那些亚洲主义者一样，井上圆了同样看到汉字在东亚局势中的作用。他分析说，在东洋，国土面积最大、人口最多的国家是中国，与外国关系最亲密的也是中国。其人民自开辟以来就使用汉字，将来若我国人民想要进入中国谋其利，当下不仅不能废汉字，还要奖励人民学习汉字。粗略计算，包括日本

---

① ［日］井上圆了述：《汉字不可废论》，第30—33页。
② ［日］井上圆了述：《汉字不可废论》，第35—36页。
③ ［日］井上圆了述：《汉字不可废论》，第41—42页。

在内,汉字使用者在 4 亿至 5 亿人之间,以目前世界人口 15 亿计,汉字使用者占世界人口的三分之一。鉴于此,无论如何,使用汉字对日本都大有裨益①。更为重要的是,大力吸收西学以壮大自我的日本,其未来却在中国。

三、创造新国字的尝试

如前述,关于文字改良,有赞成使用表音文字的,有维护汉字者,也有人建议干脆在现有文字的基础上开创出一种新文字。其代表人物就有白鸟鸿干,他出版于 1899 年的《新国字论》一书充分体现了他的主张。

该书序言如是说道,1884—1885 年,日本掀起一股文字改正的浪潮,改革文字的动机在于,文明开化在于教育普及,教育能否普及在于,是否能以平实简易的文字取代复杂不便的文字。然而,过去了这么多年,日本文字上的进步几不见,汉字使用依然昌盛不衰,即便在学子弟逐年在增多,未就学者仍占天下人口之大半。由此,日本若仍以汉字传道授业,何时才能摆脱国民薄志弱行的局面。现在,不论官场还是民间,凡识得文字者,每听到关于文字的不同意见,不但不能平心静气思考那些反对意见,反而逞一时之快,肆意谩骂,如此社会岂能称之为开明社会?

他摆出事实说,现在的中小学毕业生,其学校生涯的大部分时间消耗在了文字学习上,即便如此,他们中的很多人还是处在对汉字消化不良的状态。在西方社会,报纸杂志几乎是识字者每日必看的读物,但在日本,每年虽拥有 50 万名的小学毕业生,但这一人群中喜阅读刊物者寥寥无几,正是汉字阻碍了他们对于世界文明新知识的吸收。

他很羡慕欧洲人使用的罗马字,以 26 个罗马字能组合出成千上万包罗万象的语言。他说,欧洲不像日本有本字(日语里的汉字)与假字(日语里的假名)之分,只借助 20 多个字母就能著书立说。因为拥有如此方便好用的文

---

① ［日］井上圆了述:《汉字不可废论》,第 44—45 页。

字,他们的学生花费一年所能学到的知识,换作我们的学生,可能要花上数年时间。我们眼看着他们的社会层出不穷地涌现出一批批发明家、实业家、大文豪文、金融家以及政治家,才深刻意识到欧洲国家国富民丰的根源在于新人才的培养。回过头来看看我们东亚,不要说朝鲜、安南,即便如中国、日本这样的大国,因文字不易掌握,其国民能阅读报纸杂志者鲜少,以致民智不开,而学士们整日只醉心于释读《论语》,两耳不闻天下大事,何其可悲。

由此他认为,若要促使国民自觉汲取对社会进步有益的新知识,首先应帮助人们从汉字泥沼中摆脱出来。与表音文字的主张者不同,白鸟期待未来的文字是一种最简洁易学的文字。他本人为此默默做了十几年的研究与尝试,乘着今日文字改良大讨论的契机,将自己的实践成果公之于众。他直言自己改造文字的要旨在于,造新字,将汉字使用数量减到最低程度并对汉字进行改造,保留假名以及土语。[1] 他说,若能模仿西字字母构词法新造一些名词性质的文字,再以这些字徐徐取代那些以名词性质为主要功能的汉字。总而言之,能多废除一个汉字,就能减少一分不便,能多废十个汉字,就能减少十分不便,能多废一百个汉字,就能减少一百分不便,若能废除万个汉字就能减少万分不便。当我们消磨在汉字的一记一忘或一忘一记的日子里时,我们的竞争对手却在紧锣密鼓架构电信网络,铺设通向世界各地的轨道,制造威力无穷的武器。只要想到这些,我们就应该赶紧去建造一种活泼、简明、易学的文字,以扫除目前陈腐的社会气息。

不过,他提醒在改造文字之前,先要解决好以下几个问题:1. 文字的世界趋势是什么;2. 日本国内外所面临的局势是什么;3. 日本现行文字所存在的问题到底是什么;4. 对于文字改造,日本学者都有什么意见;5. 如果采用罗马字或假名,会出现怎样的局面;6. 何为新文字以及其产生的社会功效是什么;7. 新文字将会带来的利弊是什么。他指出,便利、实用应是新国字必须具备的特

---

① ［日］白鸟鸿干:《新国字论》序言,白鸟鸿干 1898 年版。

点，一国兴起有其兴起的理由，一国衰败有其衰败的理由，也就是国家的兴亡并非出自偶然事件，凡教育、经济、军事、运输、法制等均与国家的兴衰有密切关系，就东亚国家而言，现代学校教育的发展到底决定着国势的走向。面对蒸蒸日上的泰西诸国，我们要做的是，通过学校教育，令子弟奋发图强学习西方实用性知识，以谋得国家富强。就今日学校教育而言，文字授业上要讲究アイウエオ(片假名)、いろは(平假名)以及新文字的兼并教学，修身教育上要培育学生"赤心一途"的情操，学业科目上要力争让学生掌握实业方面的技能，为国家培养出能在殖产兴业中发挥个人能量并效忠国家的"良民"。这应是日本学校教育的发展方针。①

　　他说，世界上的文字大致分为两类：一是音字或声字(表音文字)，比如西洋诸国所使用的罗马字或日本语里的五十音字(假名)；一是形字或意字(象形文字)，比如中国、朝鲜、安南以及日本所使用的汉字。形字，声字，孰优孰劣，以当今世界形势论，一目了然。也就是，若从军事装备、科学发明、学校教育、社会文明等方面进行比较，使用表音文字的英、德、法、俄等国均比使用象形文字的中国、朝鲜、安南等国要发达。换言之，那些使用极简文字的国家在普及国民教育方面效果显著，现代民智得以开发，文物制度得以翻新，军事武备借此大幅提升，通商贸易日趋活跃，由此国力迅猛增长。②

　　他指出，目前世界上的强国无一不是使用简单易学的文字。比如在英、德等国，在校学生只需花费 2000 小时左右的学习时间就可以拥有阅读普通读物的能力。这些国家以极简文字创作的诗歌文章、各类报道以及社评社论等载于报纸杂志，日日刊行，他们的人民则借助这类读物增长见识，积累知识，解放思想，变成勇于创新、奋发进取的社会建设的有生力量。今日，若要考察某个国家的社会是否文明，思想是否活跃，人民是否开化，只要调查其国报纸杂志的发行状况就能一窥究竟。比如在美国，经营中的报纸杂志有 21000 余家，每

---

① ［日］白鸟鸿干：《新国字论》，第 1—18 页。
② ［日］白鸟鸿干：《新国字论》，第 21—23 页。

年总发行量在 20 亿份以上,仅纽约一市,报纸的日发行量可达 40 万份,该国新闻事业的发达程度不言而喻。①

由此可知,对于一个社会发展缓慢、民智开化程度低的国家而言,发展现代报业事关重要,因现代报纸无疑是开启民智的最佳工具,而促进报业迅速发展的关键在于使用极简文字。以日本为例,大量使用假名以及在汉字旁加注假名等办法在由小报蔓延至大报地逐渐推行,日本的报业明显有所起色,但在规模上尚不及美国的十分之一,也就是日本全国报纸年总发行量不过 2 亿份,定期读者仅四五十万人而已。目前,日本人口为四千数百万人,每年毕业的小学生人数有四五十万左右,虽然识字人口在增长,但养成读报习惯的人却少得可怜。② 换言之,在日本 4300 万国民中,文盲为 3700 万人,接受过教育者在 500 万人上下,但定期阅读报纸者不到 50 万人,其中不事生产、坐吃山空的人占了上述读报人的三分之二。③ 如何能改变这一被动情况? 白鸟提出的解决方案就是要简化现行的文字文体。他说,只有这样,社会上大量存在的小学毕业生才会加入到报纸杂志爱读者的队伍中来,另外私立学校以及各种专门技术学校的毕业生也是报纸杂志可挖掘的潜在读者,只要阅读起来没有那么困难,相信终有一天,日本同样会拥有年报纸发行总量过 20 亿份的记录。到了那一天,日本才可以说自己已发展成了一个文明开化的国家。④

他说,日本学界在文字态度上分出太多学派是我们在文字改革上举棋不定的重要原因。也就是粗略一分有:汉学派、洋学派、和学派、杂学派、简易派、改良派、无笔派(文盲)等诸派。其中汉学派人数约在一万人以内,喜用形字,但渐次呈衰败景象;洋学派人数在一万人以上,喜用音字,渐趋昌盛;和学派人数在二三千人,音字形字兼用,旨在守成;杂学派人数有二三十万人之多,文字

① [日]白鸟鸿干:《新国字论》,第 26—29 页。
② [日]白鸟鸿干:《新国字论》,第 40 页。
③ [日]白鸟鸿干:《新国字论》,第 84 页。
④ [日]白鸟鸿干:《新国字论》,第 37 页。

使用上形字多于音字，处于平衡状态；简易派人数高达四百万人有余，形字音字兼用，可谓兴旺；起自明治三十年的改良派人数约在 100 余万人，大量使用声字，似有渐次隆盛之状；无笔派即文盲人数高达三千数百万人，占据日本全国人口的三分之二。① 也就是，自明治五年开展学校教育以来，经过近三十年的努力，日本人口的识字率提升至 33% 左右。武士特权被废除后，除大贵族归入华族外，曾经的武士在户籍上归入士族，华族加士族的人口约占总人口的5%，因此 33% 的识字人口中的约 28% 是通过学校教育达成的。

白鸟如此分析各派主张。他说，对于文字改革，汉学派的态度是：何必改正，倘或强加改正，必矫枉过正，反生弊害，凡天下之物，皆有利有害，汉字亦如此。今天，民智愈开，人欲愈炽，不知礼义廉耻，上下竞相唯利是图，国将不国矣。② 在他的统计里，这部分人群有一万人。他指出，简易派人士多是接受过四五年或五六年学校教育的人，他们虽然在小学校里勤勤恳恳学习了数年，但在走出校门后依然不能读懂那些刊登在报纸杂志上的思想深刻的文章，很多报社为了争取这批潜在的读报者，开始争相使用矢野文雄大力推广的两文体。③ 这部分人群多为小学毕业生，在白鸟的统计里，有 400 多万人。他认为，对国家建设作出贡献的人多属于洋学派和杂学派。所谓杂学派，乃兼修汉学洋学之人，他们能使用的汉字约在五六千字，因洋学兴起又专研过洋学，常常徘徊于汉学洋学之间，他们是一群苦恼的人，在何去何从上，尚未作出最后抉择。④ 在白鸟的眼中，这是一批国家应该积极争取的贤士，有二三十万人之多，如果他们弃汉从洋，日本的现代化事业将如虎添翼，取得更加迅猛的发展。他认为人数有限的改良派可能给日本社会带来一片生机，改良派主张创造极简的新文字以贴合社会发展需求，在内外压力巨大的当下，团结国民尤为重

---

① ［日］白鸟鸿干：《新国字论》，第 49 页。
② ［日］白鸟鸿干：《新国字论》，第 50—51 页。
③ ［日］白鸟鸿干：《新国字论》，第 52 页。
④ ［日］白鸟鸿干：《新国字论》，第 53 页。

要,而使用极简文字的报纸将会是凝聚人心的重要工具。①

他感叹道,自学制颁布以来,经学校培养的小学毕业生至今已达到 500 余万人,但在对这一群体的读报状况作出调查后,其结论非常不理想,仅有不到十分之一的人有读报习惯。而事实是,不读报的人很难成为杰出俊才。因此,如果我们想要培养出更多的栋梁之材,就必须通过各种努力来促使这些 500 余万的小学毕业生变成报纸的读者,如此我们才能凝聚出一股团结的社会力量,来推动社会朝着文明方向大步前进。② 而如何能使得这些接受过小学教育的群体加入到读报者的行列,是文字改良者要认真面对的问题。

他列举了一个案例来说明日本人所遭遇的尴尬。日本自 1889 年开设议会以来,每逢帝国议会召开之际,都会有 200 人左右去旁听,但旁听者往往会感到尴尬,就是不能完全理解发言议员所演讲的内容,因为议员们为了展示自己的学识以及加强自己的演讲效果,在演讲过程中时时加入汉学典故或使用难解的汉语,这违背了议会之目的旨在辩政的开设初衷,议会演变成了议员们展示自己汉学才华的场所。演讲是向听讲者展示个人政治观点的绝好方式,原本应以极通俗易懂的语言进行宣讲,结果众多议员却将自己的演讲搞成了另一种形式的文章诵读,全然罔顾文章语与谈话之间存在巨大差异的事实,以致旁听者不知演讲者所云何物。③ 据此,日本实有必要对现行文字语言文体进行改正,简便、实用的文字语言文体是日本现代化社会建设的条件保障。他说,只要将东西方社会做一番比较就可以知道,高效率的社会,其文字必定是具有实用主义色彩的平民化文字;反之,低效率的社会,比如我们东亚国家,其文字专为某个阶级服务,具有浓厚的封建性。高效率的社会,其进步是显著而迅猛的,其威力横扫全世界。有鉴于此,我们怎能不改造文字,文字改造最终达成的目标在于,无论是贵胄之家,还是平民百姓,他们阅读的报纸须当使用

① ［日］白鸟鸿干:《新国字论》,第 54 页。
② ［日］白鸟鸿干:《新国字论》,第 69—70 页。
③ ［日］白鸟鸿干:《新国字论》,第 59—60 页。

同一文字文体。① 而学校教育的宗旨在于，培育人格健全、通晓世界性常识的国民，他们是国家的中坚力量，以保障国家充满活力。但目前的实际状况是日本整体的国民素质依然低下②。

他指出，在上述背景下，一些学者站出来主张创造新国字。其中有著名的教育家嘉纳治五郎。嘉纳治五郎提议，与其使用罗马字，不如创造一种新文字，这种文字应以汉字为基础，辅以平假名，也就是以何种方法将汉字与平假名进行拼接后形成一种新文字，这种思路出于象形文字与表音文字嫁接在一起后能达到表意表音双重功效的构想。③ 哲学家兼语言学家井上哲次郎也不反对制造新国字。他归纳日本学校教育效率不高的原因在于：1. 假名拼写不规范。比如，发音相同的假名词语在撰写时不一致的现象很多，像クウン与カン、テフ与テウ、チャウ与チョウ等都属于这种情况。2. 就语法文法而言，谈话体语法与文章体语法不统一，以致言文不一致。3. 没有好的字典，这是学生在自学时效率不高的原因之一。4. 标记物名往往借用汉字，所指称物体却与汉字原意不符，因此此类词语必须加注假名。5. 现有假字不能标注出所有的发音。比如，R 与 L，B 与 V，无法以假名加以区分。6. 我们有片假名、平假名各 50 个，再要加上它们的变体，总计不下 200 个，这么多的假名却无法标注出所有发音。反观罗马字，只有 26 个字母，却可以标注出各种发音。除去假名外，日本人要掌握的汉字约在 5000 个，否则无法进行深度阅读。④ 凡此种种，如果对文字不进行改造或创新，日本学校教育的前景堪忧。于此，白鸟鸿干标榜自己是一位新文字主义者，他主张新文字的最直接理由在于，以罗马字为国字有伤国民感情，假名有太多的缺陷，而再怎么限制汉字的使用也无法摆脱汉

---

① ［日］白鸟鸿干：《新国字论》，第 73—74 页。
② ［日］白鸟鸿干：《新国字论》，第 80 页。
③ ［日］白鸟鸿干：《新国字论》，第 94—95 页。
④ ［日］白鸟鸿干：《新国字论》，第 100—102 页。

字所带来的不自由。① 他点明新文字的制造应遵循以下几个原则:1. 使用便利;2. 容易记忆;3. 灵活;4. 语调调整起来很方便;5. 修正起来比较容易。② 总之,就是要极简。

白鸟鸿干并没有只停留在主义上,像他自己所说的那样,他默默做了十几年的尝试,并确立了细致的操作方案:1. 从大日本玉篇 49450 个汉字中挑选出数百个最常用汉字作为元字牢牢记住,其余汉字皆可弃之不用;2. 日月木火土金水鸟犬虫鱼贝等数十字作为母字牢牢记住;3. 以母字为偏旁表意,与表音的假名相拼接,形成一个新文字。这样的新字可满足两种需求,既实现了汉字表意的功能,又解决了读音问题。③ 很显然,白鸟鸿干将嘉纳治五郎的想法进行了实践。他列举了一些他所新造的文字:"燕"字的新造字是左边是表音的片假名"ツバメ",竖排,右边是"鳥"字,表意;"杉"的新造字是左边是"木"字,表意,右边是表音的片假名"スギ",竖排④。他提醒在造新字时应注意:1. 母字与假名相拼接时头字当写大一号;2. 在标注人名时,如果是男性,当以"人"为偏旁,如果是女性,当以"女"为偏旁,如此可解决汉字中因男女不分所造成的不便。3. 在标注国名时,以大口为偏旁(将假名放入大口中),标注郡或村名时,以"邑"或"阝"为偏旁。4. 作为新字的补充,可使用元字,即前述甄选出的那数百个常用汉字。具体而言,一二三四五六七八九十百千万上下左右前后东西南北日月木火土金水甲乙丙丁戊己庚辛壬癸父母大小重高长贯目斤天帝王皇尚且及彼我行京府市町何以事中也凡世字主乃等汉字均可充作元字。4. 在制作名词、动词、形容词时,一定要先确立其母字。人力刀土女口宀山心(同忄)手(同扌)文水(同氵)犬(同犭)邑(同阝)工日月火玉田石疒示禾米市糸色艸衣(同衤)走言贝足身广东金雨食革门舟竹舌耳毛目瓦虫鱼鸟香骨門

---

① ［日］白鸟鸿干:《新国字论》,第 104—105 页。
② ［日］白鸟鸿干:《新国字论》,第 141 页。
③ ［日］白鸟鸿干:《新国字论》,第 141 页。
④ ［日］白鸟鸿干:《新国字论》,第 146 页。

行口几巾音乏等六十余字可立为母字。5. 一般禾类字可加入艸类字，但若是植物学上的禾、谷，或很贵重的植物，当以"禾"为偏旁。6. 赤、白、青等表示颜色的字以"色"为偏旁，不过要注意结构秩序须明了。7. 体现甘、酸、辛、苦的字可以"口"或"舌"为偏旁。8. 虎、羊、鹿、牛、豕等动物类字当以"犬"为偏旁。9. 损、益、权、利类字以"金"为偏旁①。白鸟鸿干的造字是别具一格的，要打破鱼和熊掌不可兼得的"定律"，然而鱼和熊掌可兼得的机会微乎其微，他所制作的新文字因破绽太多，到底附和者鲜有。不过白鸟鸿干的极简主张体现出实用主义在日本的流行，同时期，原敬所力推的速记字也应被视作极简主义的另一种体现。

从事新闻工作的原敬因为每天都接触文字工作，所以对文字好坏的评价建立在自身体验的基础之上。他说，就像人们所看到的那样，现在的报纸，如果不对文章中出现的汉字加注假名，有学问的人阅读起来不会感到不适，但对一般读者来说，就会出现阅读上的障碍，所以在汉字处加注假名已经成为目前报业有目共睹不得不做的事。如此一来，从事报业的人要做双倍的工作；读报的人要在汉字假名间来回比照着看，着实不便。由此，很多人建议只使用假名就好，但在假名拼写法未确立统一标准之前，完全使用假名是不现实的。于此，他指出，自从发明了速记以来，我们可以将演说以及谈话尽可能原封不动地记录下来，当然人们所听到的东西与记录下来的东西之间多少会存在一些差异。如果对这些记录下来的东西做个评判，相信大多数日本人是可以读懂的，也就是大多数的人可以轻松看懂以速记方式记录下来的文本。基于此，我们完全可以对速记文进行适当修正，如此我们就可以像欧洲人一样，把所听到的话记录下来就是一篇文章。目前为止，此类谈话速记基本以假名进行记录，很少用到汉字，这么做的时候并未发现有什么不方便。然而遗憾的是，我们当下的书写基本使用的是和汉体，也就是一定会用到汉字，但其实除了极个别的

---

① ［日］白鸟鸿干：《新国字论》，第 151—155 页。

场合,在大多数情况下,不使用汉字绝不影响人们对文章文意的理解。我们一定要相信,只有废弃了汉字,日本自己本土的思想才能真正被传达出来。像现在,即便是那些有相当功力的学者所撰写的文章,也免不了会出现不堪卒读的情况,更不要说,我们社会上还存在着一个庞大的说着日语却无法阅读日文的群体。之所以出现上述不可思议的状况,就在于出现在文章里的汉字太难理解或使用。因此可以毫不夸张地说:汉字阻碍了日本现代社会的发展。他不知道现在学校用教科书是否在使用言文一致体或谈话体进行撰写,如果可以的话,他建议应尽量使用谈话体。不过他不否认,将使用已久的汉字突然全部废除是一件不现实的事。也同样承认,在某些特殊场合,相较假名,使用汉字进行撰写的效果更好,不仅文章华丽,且文意清晰。但他坚信,为着一些特殊需求而放任汉字的继续存在,等同于视日本社会发展于不顾。他指出,依照速记文发展的情形看,避开汉字,尽可能只使用假名已获得共识,况且这样速记下来的文本,文脉清晰,意思明了,并没有不妥之处,由此说明汉字未必不能全部废去。在文字改良上,虽然他倾向于假名,但也不反对罗马字,只要日本使用表音文字就好,他最大的期盼就是从现在起人们在撰写文章时多使用假名,自觉抵制汉字,汉字使用得越少越好。他也以中国为例来说明,由于中国没有像假名这样的表音文字,所以他们在发展电信事业方面困难重重,在以何种文字撰写电文上呕心沥血,试图以数字表示汉字,虽然取得了一些成效,但因为汉字的数量过于庞大,这样的工作到底不易为。说到汉字数量的庞大,即便是中国人,学起来也不轻松,在阅读汉籍方面,相信中国人所遇到的麻烦并不见得就比日本人少。大家试想一下,那些汉籍其实和目前我们要读的书很少有联系,但出于传统社会风气,我们却要去阅读汉籍并尝试去背诵里面的文章,可能身为中国人有这么做的必要性,但日本人为何要肩负这样的责任或义务。他提醒人们注意,随着岁月的流逝,不仅文章的文体会发生变化,汉字的使用也会变,但日本人却未适应这种变化,其结果就是我们今天所撰写的文章有时候使用的是一种会让人们晕头转向的文体或含糊其词的汉字汉语。究其原因,语言具有地方性,在中国各个时代形成的新语言,贸然放入日语的语境里,产生令人无措的异样性无法避免。这就像南北风俗并不相同,以北方方言撰写的文章,让南方人去阅读,肯定有无法理解的地方;反之,以南方方言撰写的文章,让北方人去阅读,必然也存在无法领会的地方。同样,日本和中国是两个国家,语言不通,习俗不一,日本如何能适应中国那些不断在发生变化的语言。他提到他从前在中国留学的经历,亲耳听到过中国友人抱怨汉字所带来的种种不便。也就是说,中国人自己也在想办法解决文字包袱,如何能让汉字变得好用一些,否则非常不利于中国的发展。他说他的这位中国友人曾向他咨询有什么改变汉字现状的好办法,但他实在想不出解决之策。所以他庆幸日本有假名,不管大家怎么去评价假名,因为有了假名,日本人在记录谈话时确实省去了很多麻烦。因此他希望大家一定要珍惜假名,要对它进行妥善修正,使之成为更加好用的记录工具,而在修正的同时,应促使学校教育自觉减少对汉字的依赖,逐渐乃至永远放弃汉字,以帮助日本人摆脱因文字学习所遭受的重重苦难,切实消除汉字对国家发展所造成的不利影响。他举例说,目前政府机构里充斥了太多的工作人员,之所以这样,在欧美国家一个人可以完成的工作,换作日本,可能需要五个人才能完成,虽然一再有人以欧美国家为标准,提议我们应减少政府里的工作人员,但他认为办不到。之所以办不到,一是由于东西方人种在体格方面的差异,更重要的原因在于日本文字用起来非常不方便,比如撰写一篇报告往往需要花费很长时间,日本不能像欧美国家那样高效率地工作,真是一件不经济的事。他又以公司记账为例说,因为使用汉字,增加了买卖手续上的复杂度,效率难以提高。他也明白废除汉字并非能在朝夕间实现,但期待人们能立时行动起来,有意识去除对汉字的依赖。他提出的建议是,在小学阶段,尽量不向学生教习汉字,孩子们不接触汉字,也就不会产生对汉字的依赖心理。等到这些学生中的一部分人有机会进入大学以后,就像欧洲国家的知识精英学者都要学习拉丁语一样,再去学习汉字汉文,到那个阶段,他们喜欢在自己撰写的文章里使用再多的汉字也没有问题。他的意思是，在一般社会层面，若要避免因文字带来的困惑，最好的办法就是不教习汉字。他说，我们的人民只要越来越接触不到汉字，对汉字倚重的心也就会越来越淡化。他以报纸为例说，越是使用复杂汉字撰写的文章，能够读懂其文意的读者就越少，理解的人越少，其文章精神被吸收的程度就越低。他指出，报业是这样，教育也是如此，读起来越困难，记起来就越艰辛，故汉字无论从什么角度去观察都是妨碍我们社会进步的绊脚石。他说，随着日本世界地位的提高，别的国家能做到的事我们也能够做到，日本一定要警惕不能让外国人对日本产生厌烦的情绪。既然我们已经清楚意识到汉字在国家发展中造成的不利，就应该有勇气摆脱它，于此，学校教育当先行一步。① 原敬更多从文体上提出了自己的极简主张，也就是采用以假名撰写的速记文，这似是一种更加彻底的言文一致体文或谈话体文。但原敬没有加以区分，也就是日本语言有尊卑，自恃身份的人所讲出的话和庶民所讲出的话是不一样的，后者讲话的速记文自然易懂，而前者讲话的速记文，就像白鸟鸿干所指出的那样，可能会让人读起来云里雾里，因此缺乏标准的表音文字或表音文字文体，其行程到底不能远。

四、文字语言文体改革的可行方案

通过上述考察，我们知道这一时期发生的关于文字语言文体改良的讨论较 19 世纪 80 年代规模要大很多，参与人员的身份也更复杂。不像 19 世纪 80 年代，日本社会精英中的大部分人对洋学者提出的只使用表音文字的主张不以为然，而表音文字论的昙花一现也表明人们对现行文字文体的容忍。但是随着西学的不断输入，新的外来语大量涌入进来，日本语言的成分愈加复杂起来，也就是在人们经历长久岁月好不容易适应了汉字汉语的生根落户后，因新造汉语或以假名音译转写的西语的新加入，在没有确立制造新外来语标准的

---

① ［日］自治馆编辑局编纂：《国语改良异见》，第 320—325 页。

情况下,语言上的混乱现象遂不可免,这确实影响了学校教育的实施效果。现代国家发展有赖于新人才,新人才的培育有赖于学校教育,改正文字语言文体以有效推动学校教育发展至此成为共识。这是日本在甲午战争后关于文字语言文体改革的讨论愈演愈烈的社会背景。

就像白鸟鸿干所统计的那样,他口中的杂学派是主流,杂学派介于汉学与西学之间,也就是既不会全面倒向汉学,也不会全面倒向西学,跟紧西方加强现代国家建设固然重要,但自我民族精神、历史传统也不能丢弃,反映在对文字的态度上就是,决不能对汉字赶尽杀绝。洋学派和国学派虽然主张完全使用表音文字,但他们自身也明白在短时间内促成这样的改造是不现实的。于此,大家在各自妥协后于某一点上达成了共识:减少对汉字的使用,尽量采用言文一致体撰文。不依赖汉字的结果就是要大量使用表音文字,而日本于此时并没有标准语,在没有标准语的前提下,大量使用表音文字的结果又会引发新的语言混乱,且于音译转写西语也会遭遇问题,更无法确立可靠好用的言文一致体文。"国语"的概念就是在上述背景下诞生的。可以说,如果不建设可行的现代"国语"即标准语,要想实现言文一致,如痴人说梦。需要说明的是,现代"国语"所包含的语言是多元的,既有传统的和语、汉字汉语,也有西语以及新造汉语,还允许经过甄选的谈话语言加入进来。新语言的标准确立后,言文一致就是水到渠成。

由此,文字语言文体改革的方向开始明朗化。确立表音文字的拼写标准已迫在眉睫。林瓮臣就说,若要达成言文一致的目标,首先要解决目前存在的假名拼写问题。也就是,随着西方新知识以及由此诞生的新概念的不断涌现,新造以及音译语言越来越多,而这些新语言若不能依照统一标准来制作,那么因文字语言带来的不利影响将越来越大。他以西字为例说,在西方,随着现代社会的迅猛发展,新生事物越来越多,既有语言不足以标注井喷而出的新概念,以致标注不同概念的语言发音相同的现象时有发生,为了有效将这些新语言区分开来,人们开始在语言词尾上添加不同的后缀音字,这也确实成为增加新语言的有效办法,不过为了防止混乱,记住原语言即明确语源很重要。他指出,今天日本面临同样的问题,语言的发音各种各样,确立一个标准发音是我们必须要做的事情,在进行这一工作的时候,找到每个语言的语源,也就是明确这个语言由什么语言演化而来很重要,只有依照这样的统一途径,才能合理建设标准发音。他说,像现在大家不加辨识地将一个语言的各种发音以表音文字搬进书写,才导致了我们目前看到的混乱现象。于此,他建议文部省应成立辨音的博士委员会,让这些语言学者承担语音的辨识工作,并指定学校,作为全国的示范,去试用他们制作的标准语。他说,只要有了标准语,就可以通过学校教育将那些讹音语言逐渐从我们的生活中去除出去,当只剩下标准语时,将谈话记录下来就是一篇文章的愿望也就实现了。① 林瓮臣只是对如何确立表音文字的使用规范进行了阐述,他没有提及汉字汉语,其实汉字汉语的音读以及训读也存在标准读音问题。

虽然大多数人并不同意完全使用表音文字,但不论是现实还是未来,日本语言中的表音文字必然是要存在下去的,所以表音文字主张者所提出的关于如何建立使用规范的办法有借鉴作用。比如喜用罗马字的朝比奈知泉由始至终对罗马字抱着极大的兴趣,坚信罗马字是一种可行、极简的文字,是帮助日本融入世界潮流的有力工具。他说,哪怕日本最后不能以罗马字为国字,但在翻译外国人名、地名以及新概念时一定要使用罗马字。他提出的改革步骤是:1.征集音韵学家成立委员会,负责研究并确立标准的表音文字拼写法、符号以及书体等;2.征集擅长撰写文章的学者成立委员会,负责编写标准的常用文章读本,并给予出版;3.征集语言学家成立委员会,负责撰写标准的文法书以及字典,字典里出现的汉语应以原字为标准,编撰完毕后给予出版;4.设定从某一时刻起,官文书、官报以及各类申请报告均改用标准语;5.设定从某一时刻起,学校用教科书一律采用标准语,这些语言均应出自已出版的标准用字典。

---

① ［日］自治馆编辑局编纂:《国语改良异见》,第73—74 页。

另外，在汉字一时无法完全被废除前，小学校以及寻常中学校的汉字教学必须加以限制。不过有志于东洋文学、史学、哲学以及语言学的学生不在此受限范围内，且不限制高等学校对汉文课程的设置。他指出，上述各办法须以敕令的方式公布，并由文部省来组织各委员会的建立以及监督它们的工作进度。①由此可知，哪怕视罗马字为天下文字之冠的朝比奈知泉也非常清楚将汉字从日本文字中剥离出去是件很困难的事，所以他同样期待至少在小学、中学阶段对汉字教学进行限制。不规避汉字汉语的大槻修二，建议对言文一致体文章中出现的汉字做个限定，认为只要保留 1300 个左右的汉字即可。也就是，凡官书以及报纸类刊物所用汉字不得超出上述限定的汉字。他直言，将谈话转为文章用语言不是一件轻松的事，只有在大规模语言调查的基础上才能推进上述改良，否则言文一致的主张到底只能是空谈。②

除了文字，朝比奈知泉还提出了具体的标准文体试行方案。如上述，他建议由指定的学者来撰写标准的常用文章读本。就如何在社会上推广上述标准常用文章文体，他提出以下几点意见：1. 文事秘书局应使用标准的常用文章文体。从诏敕开始，只要署名为御名的御制官书应尽量以平易的文字撰写，为万民作出表率，也可让世人不能妄议。他说，从前的敕谕，多使用晦涩拗口的生僻字，但 1882 年以来颁发的军人敕谕，为了让大多数的军人能透彻理解上谕精神，基本采用了平易的文字。有鉴于此，他恳求，上意若要下达，就应该让那些初识文字的平民百姓能够读懂上谕，也就是若要推广常用文章文体，首先御制文章应使用常用文章文体。2. 学者文人在撰文立说时应使用上述标准文体。现在，一些报纸，甚至轻文学领域，像尾崎红叶、幸田露伴、山田美妙等作家已经开始使用朴实的文体撰文，他们写出的文章不仅看起来方便，其文意体会起来也很美妙。但可惜的是，这样的文体尚未走进科学以及政治领域。他坚持标准语下的言文一致体应成为写作者自觉选择使用的书写文体。其步骤

---

① ［日］自治馆编辑局编纂：《国语改良异见》，第 125—126 页。
② ［日］自治馆编辑局编纂：《国语改良异见》，第 256 页。

是：在改革初期先由指定的作家推出范文，人们效仿之，当使用言文一致体的人越来越多以后，就会形成一种文创的自由竞争局面，那些被广泛认可的好文章将成为新的范文，到了那个时候，我们才能说初步完成了对文字语言文体的改革，而在此之前，我们可以先尝试确立一个有待调整的雏形范本。① 上述改革工程是浩大的，非个人或民间团体所能完成。于此，上田万年的建议是：其第一步是至少要征集五至十人的专业学者，他们应该是高等师范学校或大学的毕业生，这些接受了大学教育的毕业生，无论是在语言学方面，还是在各国文学的领会方面，都应较其同仁高明，由这些专业人士聚在一起商讨出的日本语言改革方案，相信实施起来能事半功倍。他指出，目前日本语言学研究还很幼稚，处在初期发展阶段，能从语言学的角度去研判文字语言现状的专业人士很稀缺，所以国家应由此着手，先培养一批语言学方面的专家，然后再让这些专业人士负责去制定语言文字的的改革方案，而不是像今天这样，由一批根本不懂得语言学、空有一腔热血的人去组织、领导改革工作。②

在如何确立标准"国语"以及文体方面，三并良提出了很有意思的见解。他说，历史证明，只有通过不同时期的大文豪的作品才能感受到国文在历史中的变化，他们笔下的用语用词以及句式往往成为人们写作时的效仿范本，也就是说，如果大文豪不在文字语言文体的改良上作出表率，语言文章很难发生显著变化。比如目前的德国文学非常进步，但其文学中使用的语言文体是在马丁·路德时期形成的，也就是作为著名的宗教改革家，路德将《圣经·旧约》翻译成了德语，路德凭借自己的语言天分，创造了现行德语语言文体的雏形，而这种语言文体随着新教的广泛传播而获得传播，德国由此诞生了自己标准的语言文体，这样的语言文体在德国历史上并不存在，在路德之前，德国各地都使用各自的方言而没有标准语，即路德翻译《圣经》过程中所使用的语言文体成为德国后来标准的语言文体的雏形范本。像莱辛、歌德这样的德国大文

---

① ［日］自治馆编辑局编纂：《国语改良异见》，第 129—131 页。
② ［日］自治馆编辑局编纂：《国语改良异见》，第 240 页。

豪其实都受惠于路德的成就，他们在路德语言文体的基础上创作出了令世界瞩目的文学作品，有力促进了德国语言文章的发展。德国的例子告诉人们：一个社会，如果不出现几个风靡一时的大文豪，恐怕很难带动其文字语言文体的改变。不过，三并良也承认，大文豪的出现在百年里也不过一二人，在急需对文字语言文体进行改良的当下，还是应该先做一些企划类的准备工作，等到大文豪一旦出现，便是启动改良的大好时机。①

　　上述几位热心文字语言改良的人士中有些并非是语言学方面的专家，就像朝比奈知泉所提醒的那样，在日本，纯粹的语言学专业人士很稀缺。明治维新以来，文字语言的改良运动潮起潮落，失败的症结多因为参与其中的人士并非语言学、音韵学方面的专家，包括朝比奈知泉本人也是这样的情况。虽然他是文字工作者，凭借自己使用文字的经验提出了很多个人见解，但这些不太专业的意见不可避免地受到同辈人的嘲笑或否定。19 世纪 90 年代中期以后，在吸取前期改良教训的基础上，热心改革的人士都意识到他们可以推动社会舆论，并指出改革的大方向，但在具体改革方案，即细节的制作上还是要交由专业人士去负责。总之，甲午战争后几年的大讨论，建设标准"国语"成为共识，有了标准"国语"，才能确立以标准"国语"为基础的言文一致体文章的范本，而标准"国语"的形成又必须建立在语言调查的基础之上，故成立由语言学家组成的调查委员会是为关键的第一步，然专业调查委员会的建立有赖于政府的强力组织。

---

① ［日］自治馆编辑局编纂：《国语改良异见》，第 152 页。

第四章　日本现代国语国文的确立
与汉字汉文及汉学

19 世纪 90 年代中期以后发生的关于文字语言文体改良的大讨论对日本朝野上下的影响是巨大的。在民间层面,对于文字语言文体改良所提出的意见日趋成熟;在政府层面,对于文字语言文体改良,终于采取直面态度,政策上的推动由此展开。

第一节　明治政府对于文字语言
文体改良的推动

如前所述,对文字语言文体作出修正的重要动机之一是提高学校教育的效率。有数据表明,自日本开展学校教育以来,学龄期儿童人口一直维持在700 余万人的水平,但至 1895 年(明治二十八年),学龄期儿童的入学率仅仅超过一半而已①,也就是仍有 300 多万的儿童不去上学。弃学者人数居高不下的主要原因就是:对于农民的孩子而言,文字太难,课业过于沉重,与其花费

---

① 〔日〕日本文部省编:《学制百年史》,帝国地方行政学会 1981 年版,http://www.mext.go.jp/b_menu/hakusho/html/others/detail/1317584.htm。

大力气学习那些华而不实的教育科目,不如学会种庄稼①。由此,朝野上下已共同认识到:若能对文字语言文体作出有针对性的改良,日本学龄期儿童入学率的上升空间无疑将变得很大。

1898 年初,以推动国民教育发展为宗旨的日本帝国教育会迈出实质性一步,成立了国字改良会。翌年即 1899 年 10 月 25 日,在帝国教育会召开的大会上,设置国字改良部的提案被通过,随即出台相关规定。此后该组织连续召开会议,商讨各种改良事宜,并将每次的会议纪要发布在帝国教育会发行的公报上。同年 10 月 28 日,国字改良部召开会议,任命前岛密为部长,后藤木太、小西信八为干事;宣布国字改良部下设"假名字调查部""罗马字调查部""新字调查部""汉字精简调查部"等 4 个调查部,各设委员,有序推进各项调查工作。在其规章的第一条内,明确指出国字改良部以筹划国字国文的改良为其工作目标,而关于国字的调查则被认定应从生理、教育、国语、国文、国家等多方面进行,综合考定天下的国字状况。11 月,为整合力量,国字改良会与国字改良部合并。12 月 17 日,中井喜太郎发表题为《国字改良意见》的报告,建议将常用汉字的使用数量减至一千字以内,名词应以片假名来标记,文章当以言文一致体进行撰写②。

1900 年(明治三十三年)是日本文字语言文体改革的关键年份。1900 年 1 月 31 日,长谷川诚也(天溪)在题为《言文一致是什么》的文章中,提出了如何记录语言,如何排列语言,语言的范围是什么等三个疑问。2 月 20 日,岛村泷太郎(抱月)发表《言文一致与敬语》,指出言文一致体是伴随国字改良运动出现的一种文体,而敬语因其精致和独特的辞法,显然与普通语言乃为两途,也就是说在发展言文一致体的过程中,如何处理好敬语与俗语间的矛盾也是不容忽略的问题。3 月 10 日,内海弘藏发表《关于言文一致式的文

---

① [日]白鸟鸿干:《新国字论》,第 165—166 页。
② [日]国语调查委员会编纂:《国字国语改良论说年表》,第 30—31 页。

章》,评判言文一致体文的得失。由此表明,就像大讨论所指明的方向一般,确立言文一致体的书写文体是今后改革的目标,而组织起言文一致体文章的语言即新"国语"到底由什么语言构成将是言文一致体最终能否形成的关键或前提条件。

在上述背景下,以推动言文一致体文章发展为宗旨的言文一致会于1900年9月16日成立,随即通过以下事项:1.为推动言文一致体,在今后的文章撰写中当放弃诸如汉文体一样的文体。2.今后当从以下所列类型文章做起:1)普通往来文;2)记事、论说;3)著书、译书;4)教科书;5)公文;6)广告类文。至10月,前岛密、后藤牧太、小西信八、坪井正五郎等向帝国教育会提出开设言文一致研究会的建议。11月16日,在言文一致会召开的例会上,尾崎德太郎(红叶)就言文一致的沿革发表了讲话,井口在屋则强调在推行言文一致体文章时应注意保护学术用语的使用空间,三矢重松以《源氏物语》《枕草子》为例,试图证明言文一致体亦适用于美文的撰写,中井喜太郎称,若想将人民的思想传递给后代,必须大力推广言文一致体,井上丰太郎强调言文一致的基础在于对语言的选择。12月15日,在日本帝国教育会召开的关于言文一致议题的大会上,岛村泷太郎指出目前人们所尝试使用的言文一致体文章中存在大量文法与修辞上的错误,确立统一的文法与修辞已势在必行。白鸟库吉以中国和朝鲜为例说明,"国语"之发达与否,与其国力之消长息息相关。出席大会的横井时雄甚至提出以言文一致体来翻译《论语》。大会又决定此后贺年卡的文体可改成"新年おめでたう"和"新年おめでたう存じます"这样的简洁式样。总之,标准的新语言即新"国语"的确立是实现言文一致文体改良目标的保障。其中,新"国语"都要采用哪些语言,文字是否保留汉字,文字中的表音文字是采用假名还是罗马字,就表音文字来说,其标准发音采用何地的方言等问题都需要得到一一解决,而全方位的语言调查工作首当其冲。

其实,关于国字国文的改良筹议是同步进行的。就在同年1月2日,高桥龙雄发表《新国字论》一文，详论国字改良的方法以及顺序。1月5日，三石贱夫以《评国字改良部的假名调查》为题，批评该部发布的十余项调查大要存在不合理的地方。1月7日，岩村茂阐述国字改良的第一要务是简化汉字的笔画。1月9日，伊吕波生指出，大多数的国字改良论者只是陶醉于破坏，而无论假名也好，减少汉字使用量也好，均需经过严密调查、研究以及实践后方可给予改正，但可惜的是大家于改良总是抱着一蹴即成的简单心理。重要的举动是，在1月10日，日本帝国教育会国字改良部的会员召开例会，经商议后决定向贵、众两院议员提交国字改良请愿书。这一行动具有划时代的意义，如果不向议会提交议案，文字语言文体的改良始终只能停留在民间舆论。1月11日，梅泽精一主张国字当采用罗马字。1月14日，前岛密在教育有志者举办的新年宴会上发表演说，重提废除汉字论，并指出上层的知识分子如果能鼓起勇气采取果断措施，下层的百姓就会亦步亦趋追随而来。同席的矢野文雄也发表即兴演说，指出尽管假名目前在中国成为人们热议的对象，可惜我们的假名其实还存在这样那样的问题，让假名变成一种成熟的表音文字是目下文字工作者应做的事情。又有辻新次呼应前述两位演讲者的发言，指出文字改良与其求助于老人，不如求助于一直不断在获得修正的学校教育。1月16日，福岛某新闻记者在其撰写的社论中宣称，若要使白话与文章相接近，简略文字的数量以及笔画是必要途径。1月17日，《纪伊每日新闻》刊载文章称，汉字坚决不能废除，只应减少使用数量。1月18日，《山形自由新闻》刊载文章称，今天尚不是文字改良的实施时代，我们仍处在研究时代。1月19日，《新爱知》刊载题为《所谓国字改良论》的文章，声称目前的国字改良运动无视历史的客观发展状态，只是一种卖弄新潮的举动。1月19日，《新日本》刊载文章称，当采用英语为国语。1月20日，重野安绎在说文会上所作的演讲中指出，目前日本文字中所使用的汉字数量其实并不多，只是因为汉字字义复杂而造成难学难记现象的发生，但这绝不是我们轻言将其废除的理由。1月22日，黑泽真明主张国字当专用假名，文章撰写应遵循言文一致原则，未来的标准语当以流行于东京中产阶级及以上社会的白话为核心来给予确立①。以后的事实表明,日本标准语确实建立在东京话的基础之上。

在一片声浪中,两周后的 1900 年 1 月 26 日,日本帝国教育会会长辻新次分别向内阁、文部省诸大臣以及贵、众两院议长提交了《关于国字国语国文改良的请愿书》。同日,日本帝国教育会国字改良部向各省大臣以及贵、众两议院提交了同一请愿书。其中有"为使得国字国语国文能得到改良并给予实施,政府应尽快着手调查其改良方案"之语。其所列举的理由为:日本文字语言文章复杂多样,日本学生所担负的重荷举世无双,国字国语国文之改良是学校教育事业能否得到大力发展的关键所在,而国字国语改良的当务之急即在于尽早有效实施各项调查。该请愿书详细如下:

> 检讨我邦语言、文字、文章,无不复杂多样,难以一一甄别。就语言而言,同一意义之语词,有和语,有汉语,有和汉语,孰为精确适用之语,万难抉择。就文字而言,有假字,有汉字,假字总计有 50 许,每字均有片假字、平假字两体,平假字又有数种变体,如此,假字总实数不下 200 个,另外,同一字又有本音、辅音两音,极易混淆。至于汉字,常用汉字当在 5000 个上下,字体有楷行草三体,笔画复杂,极易生错,而每字又有汉音、吴音,甚至唐音等多种发音,若再加入原音、次音、和音等,一字之发音可多达十余种,若要一一记住它们在不同场合的不同发音,实非易事。其次汉字多歧义,其一字一训义者鲜而有之,一字有五六义,甚至数十义者举不胜举,如此多音多义之汉字,或分离,或组合,造成我言文纷繁复杂之局面,彼音,此音,甲义,乙义,一一甄别,一一契合,即便硕学老儒,亦不能运用自如。就文体而言,有和体,有战记文体,有侯文体,有汉文书下体,有洋文直译体,有言文一致体,撰文者或精于此体,却疏于彼体,当精通何体,即便如学者,亦茫然而不得知。言及我邦国语,我邦至今尚未形成统一的标准口

---

① ［日］国语调查委员会编纂:《国字国语改良论说年表》,第 31—33 页。

语,现今口语均为方言,方言依据各地发音习惯而成,又有尊卑之别,一地之方言既有数种,而此地方言又决不能适用于彼地,因地方间之差异、阶级间之差异所造成的口语混乱现象可想而知,再加上和语、汉语、和汉语的取舍问题,可谓难上加难,此乃我邦国语不能快速发展之原因所在。在欧洲,文法与语法是统一的,而在日本,此两者形同陌路,试举二三文法书即可明了,这些书在撰写时或以和体为标准,或以汉文书下体为标准,或以口语体为标准,读者不知该采用哪家说法,究其原因,乃编者不知当以何体为标准。总之,因语言复杂,造成取舍困难,因文字数量过多,以致极易犯错,因音训繁复,带来使用上的极为不便,因文体多达数种,撰文者不能一一精通之,加上又无统一的语法、文法,致使我邦言文之学习成为一件至难之事。曾有某欧洲人如此说道:日本之言文乃世界最为困难之物,我学学停停,如此反复多达十余次。又有某美国人说:日本学生乃世界负担最重之人,他们除掌握自国语、自国文外,还要熟知汉语、汉文,又要兼学英语、英文、德语、德文、法语、法文,就他们所要熟练掌握的汉语汉文而言,其难度相当于欧美人学习 5 种外语。我们这些从事学校教育的人深深体悟到其学习过程中的困难程度,常常苦心于教学方法,痛感在校学生不得不花费大量精力用于语言文字学习,而无暇学习那些更有用的知识,如此一日复一日,不仅消磨了他们的意志,也阻碍了他们身体的健康成长。

世人皆说当大力发展教育事业,当改正学制,当增加学校,当提倡体育活动,然而如果言文学习困难之局面不能得到改善,又如何去谈什么发展教育事业,改正学制,增加学校,提倡体育活动呢?

然国字国语国文之改良终非某个人或某团体之事业,当为国家之事业。如荷兰、德国等诸邦,无不将简洁易明之罗马字立为国字,学者乃至教育家又共同积极呼吁应将语言构造法与发音统一起来,政府不仅采用上述提议,还将其作为国家事业大力推广,造就了这些国家得以兴旺昌盛的前提条件。有鉴于此,戚戚于国运隆盛之我邦亦当猛省以筹划之。据以上理由,帝国教育会热望政府当速速筹立机构,以展开国字国语国文改良方法之调查。①。

这份请愿书带给日本社会的震动是极大的。其中关于欲对汉字加以改良的提议引发了汉字保留论者的猛烈反击,但不可否认的是,这份上达议会的请愿书成为日本文字语言文体改良经此上升至国家层面的标志。到 2 月,先是由加藤弘之等人向贵族院提交《关于国字国语国文改良的建议案》,其建议案中所提议设立国语调查会一项经修正后在贵族院获得通过;紧接着,由根本正等 5 人向众议院提交《关于国字国语国文改良的建议案》,其建议案中所提议设立国语调查会一项经修正后在众议院获得通过。在其后的 2 月 19 日,辻新次此前提交的《关于国字国语国文改良的请愿书》在贵族院亦被采纳②。而上述议案在上下两院的审议过程如下:

在贵族院,加藤弘之代表日本教育会在提出关于设立国语调查会议案时作了如下陈述:在前次议会(第 13 次议会)中文部省曾提议在新一年的财政预算中加入设立国语调查会一项,但可惜的是没有获得通过,如果那项预算没有被削除的话,国语调查会应该在去年就已经成立,今天我们也就不用在此关于此提案再作出决议。在本年第 14 次议会,日本文部省再次提出此议案本应是理所当然的事情,但文部省却没有在本年提出这项重要且不需花费大量经费的议案。难道仅仅因为担心经费不足就不再继续推出如此重要、事关国家前途的议题了吗?对于文部省的无作为实在无法理解。就像诸君所知道的那样,在世界上没有比日本文字文体感到更困难的文字文体了。其根本原因就在于我们吸收了与日本土语性质完全不同的中国文字,将其融入我们的语言文字中。由此,在今天的学校教育中,孩子们为此所耗费的脑力在世界各国中毫无疑问是最多的。因此,无论如何要改变这种现状,也就是如果再不对我们

---

① 　［日］井之口有一:《明治以後の漢字政策》,日本学术振兴会 1982 年版,第 23—26 页。
② 　［日］国语调查委员会编纂:《国字国语改良论说年表》,第 33—34 页。

的国字国语国文进行改良,我们的学校教育将遭遇最大的瓶颈。关于改良方案,社会上有各种各样的意见,此事虽绝非在朝夕间能确定下来,但最要紧的是要尽早启动起来。到现在,政府方面的反应明显是迟缓的,民间有志者倒是聚在一起做着各种尝试,但这样的事情绝非个人或民间团体所能为。有一种声音说设立调查会会花费很多钱,但其实并不是这样,只要今年能批准文部省去年所做的预算就足够了,这笔预算不过是一万日元而已。关于改良方案,目前有提倡假名的,有主张罗马字的,有提议制作新字的,有建议削减汉字使用量、仍与假名继续并行使用的等,在这些意见中,不能说哪一个倡议最合理。文字文体改良是一个事关国家发展的重大事业,极有必要成立调查会这样的组织对改良方案进行审慎研究,建立一个统一的改良法则。这种事情做起来虽然并不容易,但如果我们再不从现在起努力去解决目前所面临的困难,那么我们在学校教育上所积攒的问题将越来越多,以致拖累国家的发展。思及此,我们必须着手文字文体改良事宜,一日不可延宕。相信在座诸君与我有着以下相同的感受:只要了解外国文字文章状况就明白,外国的学校教育,与日本相比,不知道要容易多少。关于这一话题的文章实在很多,无须赘言。我只想恳请诸君能赞成由文部省去年提议的关于设立国语调查会的预算案,这样一个重要提案在去年以理由不充分被否决了,今年因不见文部省再次提议,无奈之余,只好由我等提出。

在众议院,由根本正代表日本帝国教育会提出关于国字国语国文改良的议案。其陈述大致如下:国字国语国文的改良是目前国家所面临的一大问题。至少从明治二年起就有主张改良的有志者,其中最著名者便是前岛密。前岛密自明治二年起就上书陈述日本的文字语言文章所呈现出的错杂纷乱、毫无规则可循的冗繁状态。如果将我国的文学放到世界文明社会里去观察一番就可发现,其确实杂乱不堪。也就是在今日的文明社会里,随着工商业的不断发展,知识的不断更新,与新知识密切关联的科技的不断进步,日本文学在其间却丝毫起不到促进作用。于此,旨在改变文字文体状况的民间组织纷纷兴起,假名的会、罗马字会便是其中的代表,当然以减少汉字使用数量乃至重新创造一种新文字为要义的主张也夹杂其间。就像我们迄今为止所看到的一般,在校学生为了能自如运用文字几乎耗费了其学校教育的大半时间,和世界其他国家相比,比如在美国,他们的学生大约在20岁左右就可以从大学毕业,而在日本,一般学生大约在30岁左右才能完成大学学业。日本的第一文字当然是假名,其次是汉字,在大学毕业前,学生们还会接触到用英语、法语甚至德语撰写的各类书籍,所以文字使用的方便与否关系着日本社会进步的快慢。针对目前如何减少汉字的使用数量这一议题,假名的会、罗马字会以及新文字主张派都提出了各自的方案或建议,因此政府有必要组织人员给予调查,将民间存在的各种关于国字国语国文改良的意见以及研究成果汇总起来加以分析判断,以形成最合理的改良方案。也就是说为了日本未来的社会进步和发展,政府应设立一个调查委员会去收集民间关于文字语言文章的各种改良提案,这样一个组织就像我们此前设立法典调查会一般重要,将有识之士的意见汇总起来加以综合考量,以推进文学乃至教育的改革。今天的日本语言文字,在书信、谈话、报纸等不同场合所呈现出的状态存在着巨大差异。从世界文明发展的角度来看,这种言文不一致的现象实在是令人难以置信。究其原因在于我们所要使用的汉字数量过于庞大,至少在4万字以上,我们有4万字的汉字要去学习,但实际使用的常用汉字不过在5000字左右。比如针对电信业的特点,尽量将电信用文字控制在3000字以内。而这种控制汉字使用数量的办法也恰好被我们的文字改良主张者所建议,也就是尽量只使用非用不可的汉字。这样的意见如果能付诸实践将给我们的撰写带来极大便利。此外,除了要减少汉字的使用数量,还应当统一同一语言的写法或读音,也就是要建立标准语。比如针对"一"字,有各种读音,有读"はじめ"的,有读"もっぱら"的等,应将其统一为一个标准读音。可以预想的是,在有标准语的基础上,又尽量少用汉字,多用假名,那我们驾驭起文字来一定轻松便捷。今日,在翻译外国语言,尤其翻译文明国家的文字语言时,若以汉字进行对译往往会感到非常吃力。比如"すてーしょん（station）"这个词，如果音译，我们写作"すてーしょん"就好，但如果要使用汉字，我们就得译作"停車場"，但还是得读成"すてーしょん"。这个例子告诉我们，使用假名翻译外来语显然要方便许多，这也是假名主义者坚持提倡采用假名的理由所在。日语里所说的"いろは"相当于外国人眼里的字母，比如俄罗斯语有 39 个字母，拉丁语有 20 个字母，希腊语有 25 个字母，等等。但在日本，除了表音的假名外，我们还有数量至少在 4 万以上的汉字，且这些汉字的结构多是复杂的。目前能指出的大致改良方向应是：第一，减少汉字的使用数量；第二，尽量多使用假名。以雇佣劳动力为例就能很好说明因文字复杂所造成的社会问题，也就是在一家外国公司只需雇佣三到四人的情况下，日本公司则至少需要雇佣十人。由此可知办事效率低下对日本的社会经济造成的负面影响是巨大的。相对而言，天宝年间，放弃传统的大福账，采用西方银行的簿记法却是我们效仿西方获得成功的好例子。又以学生为例，每个学生缩短一年的学校教育时间可节省 100 日元，假定一个学生从入学到毕业共计若能缩短五年时间，就可节省 500 日元，一人一年节省 100 日元，100 万人就能节省出几千万日元，百万学生所造成的经济浪费是这么可观，如果能节省下这笔经费用于国家建设，岂不是一件意义重大的事情！换言之，文字语言改良不仅关系着新知识的吸收快慢，还影响着日本经济的发展。近来，日本相继出版了不少语法书，但一套规则统一、趋于成熟的语法并未形成。比如针对假名词尾变化的统一法则就没有确立，没有形成，也就是日本没有像拉丁语语法那样成熟的用语法则，而这样的语法一天未确立，日本语言文字的状况就一天不得改善。基于上述理由，建议政府当尽快设立调查会，广泛调查、收集既有文字状况，为将来确立标准"国语"做好材料上的充分准备。慎重起见，我们请来了文部省的负责人，若有疑问，请他一一解答。最后期待在今天的议会上，关于设立国字国语国文改良调查会的议案能获得全场一致的通过。

作为政府代表的上田万年也作了发言，他说：关于国字国语国文改良的建议,政府是极其赞同的。就像诸位所看到的那样,早在去年第 13 次议会中文部省已经就成立国语调查会提出了议案。不幸的是,由于预算平衡问题,该议案最终被否决。今年第 14 次议会,关于本议题再次被提出,这表明政府已深刻认识到设立国语调查会的必要性,决意要启动文字语言的改良事业,而值得庆幸的是该议案已获得贵族院的谅解。有鉴于此,他期待该议案能在众议院也获得通过。

但在众议院,该议案遭到了一些议员的严重质疑。比如议员工藤行干就首先发问:今天我们已经有这样那样的会,难道改良工作不能由高等教育会(即日本帝国教育会)来承担吗?根本正的回答是:不能。因为文字语言改良是一项国家事业,有如王政一新(明治维新)一般的事业,关系着日本未来的发展前景。基于此,一般的组织无法去完成这样伟大的工作,必须要成立一个专业团队,也就是要将那些有学识、有经验的文字语言人才组织起来成立一个机构去从事上述工作。根本正说,关于这一点非常重要,并强调这样的调查会与那些诸如某某文学会一样的组织是不一样的,它应该是个超一流水平的组织。要想成功改良语言文字,非得交由一批优秀的文字语言学家去完成才行。但是听了这样答复的工藤行干却表示坚决反对,其摆出的理由是:虽说文字改良这样的事情不容易做,但目前各种各样的教育会已经很多了,完全没有必要再成立一个会。

又有议员怀疑这样的改良事业会不会在遇到像以往一样的阻力后又会停顿搁置下来,如此将造成国家经费预算上的浪费。于此,根本正解释道:这次我们将不会再轻言放弃,上述建议案的主旨是非常明确的,即目前日本文字面临的主要问题是汉字的使用数量过多,学生们在学习汉字方面花费的时间太多,影响了对新知识的吸收,这样显而易见的弊端必须要给予改正,也就是要争取多使用假名,但以假名标注的语言怎么使用以及使用到什么程度,即使用标准是什么,需要经过严密调查且研究后方能认定,而在没有形成最终方案之前我们绝不会停顿下来。就此,有议员继续质疑:谈改良也不是一天两天了,方案也提了形形种种，最终也没有一个能落到实处的。说得不好听一点，难道这次设立调查会后就一定能确立一个大家都认可的改良方案吗？国语国文这东西，要制作统一规则谈何容易，没有50乃至100年怕不能有所得。虽说改良是当下急务，但要改正千年以来自然形成的文字文体何其难！试想此前我们要改正一条法律条文，其过程是多么复杂而不易行，而我们今天谈论的又是要试图用罗马字来撰写千年来已形成一定格式的书信，其间可能会确立新的撰写格式，但我相信要让人们适应且遵循新格式进行撰写是件很困难的事。当然我们现在可以进行一番调查，以确认其付诸实践的难度，如果于事实中承认无法轻易改变人们文字语言文体的使用习惯，即便我们今天感到有对其进行改良的必要，亦是徒劳无益。据此，我个人以为设立国语调查会并非一个明智之举。于此，根本正反驳道：阁下所担心的问题确实存在，但我们并非一定要在半年或一年、两年、三年内就启动改良。我们推动改良事业的初衷在于，举目当今世界，没有哪个国家的文字语言要比日本复杂、难学，基于这样的现实，无论有多大的困难，哪怕是徐徐，我们都应尽早推进改良事业，能早一年就早一年地去改变我们文字语言文体的状况。就像我们一贯所强调的那样，汉字是日本文字的主体，但尴尬的是不能以汉字表达的语言却大量存在，而这些不能以汉字表达的语言换作以假名进行标记就不存在任何问题，那我们为什么不能首先就这部分语言进行改进呢？文字语言文体的改良虽不能在朝夕间完成，但这种改良完全可以与日本正在进行的种种社会变革同步运作，也就是改良完全可以徐徐图之，将其作为一项国家事业即刻行动起来是关键。即便从国家经济发展的角度来看，我们也不能忽略文字语言文体改良将会带来的正面影响，比如现在需要雇佣10人办公的地方，未来大概减至5人甚至3人就足够了。又有议员发问：调查会所需费用是否会逐年增长？具体的调查方法又是什么？对此做出回答的是上田万年，他说：在调查活动中，对于现行文字进行调查当然是重中之重。比如目前在初级学校教育阶段（小学教育）所使用的我们称之为"国语"的语言，从未对其进行全面调查抑或检证过。既然我们称之为"国语",这样的国语,是否能体现出言文一致的特质? 是否以现行状态不用再加以改正就可以呢? 又是否应该适当地加入一些雅言而增加文章表述的优美程度? 另外谈到言文一致,白话可以在多大程度进入初级教育、高等教育以及专业学科教育的教学中? 上述议题都将进入调查会所要进行的调查范围。说到具体的调查项目,还将涉及文法、语法的规范问题,比如国字和假名间的关系,今日流行的白话与中古语言间的关系,等等,都应是调查会的委员们必须去解决的诸问题。总之,我们要把优秀的语言学者聚集起来,共同去研讨解决上述已经设定以及将会设定的种种议题。其间,我们会不断与各地方保持紧密联系,收集一切能够收集到的材料,然后在一个共同协作的环境里去研判、制定一切我们将要做出的改革步骤以及所要达到的改革目标。这是设立国字国语国文调查委员会的宗旨。就调查方针而言,与此前政府所宣布的并无二致。继而这样的一个调查会的性质和此前成立的法典调查会是一样的,即委员并非完全由来自文部省的政府职员组成,像一直热心于改良的辻新次、前岛密等人以及其他著名的语言学者都会参与进来,然后这个调查会应隶属文部省,接受文部省的管理。如果欲问其效果,该调查会所进行的调查事业是一项国家事业,它要解决的是国家层次的问题,并非一般社会性事务,且入选委员均应是在自己专业领域有所建树的语言学专家或著名活动家,相信这样一支优秀的团队能达成我们预设的目标。如此,文部省所需发挥的作用就是征集来自全国的优秀学者,让他们充任调查会的委员。关于调查经费以及持续时间,上田万年如是说:文字语言文体的改良是一项重大的国家事业,这样的重大事业将在何时完成以及所需经费多少,实在难以预测。就以文字以例,从前就采用假名字还是罗马字,不知争论、蹉跎了多少岁月。现在就国语调查的目的而言,比如针对初级学校教育阶段,要确立文字使用的规范,即汉字应该教授多少个,是否应放弃片假名而专用平假名,初级学校教育中被采用的国语应呈现出怎样的面貌等问题,在得出最终结论前必须要进行全面而严格的调查,这样的调查工作具体会持续多久现在很难做出明确回答。我们仅以平假名为例来说明一下今后的工作情况，不论字体问题，平假名其实只有47字，在经过调查后那些变体的假名都应被废弃不用，如果我们确定采用在初级学校教育阶段、就假名而言只使用平假名这一方案后，我们要做的另一工作就是应保证教科书中所出现的假名一定是没有变体的平假名，且进一步要求培养初级学校教育师资的师范学校在使用假名方面应与上述改革措施保持同一步调，以及检定考试中所体现的假名使用规则亦要相应做出改变，等等。仅平假名一项，我们需要做的事情就如此繁多，故可以想象整个文字语言文体的改良工作将是千头万绪的，我们最终会持续多长时间或花费多少经费，在现阶段实在无法给予清楚的说明。尽管质疑声不断，设立国语调查会议案最终还是在众议院获得了通过①。由此，在文部省下设立国语调查会成为既定事实。

与此同时，日本帝国教育会关于改良方面的工作并未有过停顿。同年2月22日，其国字改良部之汉字部尚议定了以下事项：1. 收集关于减少汉字使用数量方面的材料。2. 凡固有名词均仍使用汉字。3. 形容词以及动词等场合尽量不再使用汉字。4. 简化汉字的笔画以及保留并继续使用常用汉字。在其后的3月3日，帝国教育会又召开会议，商讨成立言文一致会②。

在上述背景下，4月2日，日本文部省选定前岛密等7人充任国语调查会委员，国语调查会由此正式成立。其中，任命前岛密为委员长，文学博士上田万年、那珂通世、文学博士大槻文彦、三宅雄二郎、德富猪一郎、汤本武比古等6人为委员。4月13日，文部省追加朝比奈知泉为国语调查会委员。4月16日，文部省组织召开了第一次国语调查会会议③。

5月24日，日本帝国教育会国字改良部之新字部又有新举动，即为确立速记文字规范，发表了速记用新字，并同时发布制造新字的标准。分列以下

① ［日］自治馆编辑局编纂：《国语改良异见》，第10—16页。
② ［日］国语调查委员会编纂：《国字国语改良论说年表》，第34页。
③ ［日］国语调查委员会编纂：《国字国语改良论说年表》，第36页。

10 项：1. 能记录日本语言发音者；2. 书写速度快捷者；3. 易读者；4. 易记者；5. 能可大可小自如书写者；6. 方便于印刷者；7. 适用于打字机者；8. 字形美观者；9. 能缩写者；10. 字形字体应统一，等等。紧随其后，5 月 25 日，日本帝国教育会国字改良部之假名调查部公布以下决议。分列以下 18 项：1. 文字书写的标准；2. 片假名与平假名共同使用；3. 将对假名的字形进行改革；4. 就同一假名，若存在几种写法，当选定其中一种，其余弃之；5. 废除那些不好用的假名；6. 拗音当记在其字的右下方，例如，きゃ、ちゃ、しゅ等；7. 促声当记在其字的右方，例如，ラット、ほっす等；8. 废除"チ、""ハ、"等字符号；9. 去除诸如"メートル"中的"ー"，变成"メエトル"；10. 或在固有名词的左方画竖线，或将假名作为头字使用，或竖线、头字都不用；11. 废除用"お、オ"等进行标注的方法；12. 对浊音的标注法进行改正；13. 对一切语言的发音进行标注；14. 语词与语词之间应留出空格；15. "て、に、は"以及助动词应和其前面的语词连写在一起；16. 使用标点符号"。"和"、"；17. 言文应达成一致；18. 文章中出现的语言应尽量避免音字语，等等①。由此后形成的日本现代语的状况来看，帝国教育会国字改良部所颁布的改革方案，有些是被最终采纳的，比如第 2 项的片假名与平假名共同使用的建议，在现代日语中，片假名被用来音译外来语，与标注日本语言的平假名共同使用；有些并没有被采纳，比如第 9 项去除诸如"メートル"中的"ー"，变成"メエトル"的建议，表达长音的"ー"字符号依然在使用。

同年 8 月 21 日，日本文部省颁布小学校令施行规则，在其第一章第一节第十六条中，推出标准的平假名、片假名字体，新字音假名遣即假名的新使用规范，以及常用汉字表等，要求全国小学校统一执行上述文字规范方案。从其颁布的附表看，所载平假名、片假名字体以及个数与现行现代日本语一致，一些变体字被废除。由其颁发的新字音假名遣看，在使用假名标注语言方面进行了大步简化。比如旧假名遣中的"か、くわ"两读音统一为新假名遣的

---

① ［日］国语调查委员会编纂：《国字国语改良论说年表》，第 37—38 页。

"か"，"じ、ぢ"两读音统一为"じ"，"かう、かふ、こう"三读音统一为"こー"，"さう、さふ、ろう"三读音统一为"そー"，"なう、なふ、のう"三读音统一为"のー"，"きやう、きよう、けう"三读音统一为"きょー"，"じやう、じよう、ぜう"三读音统一为"じょー"，"りやう、りよう、れう、れふ"四读音统一为"りょー"，"あむ、あん"两读音统一为"あん"，等等。这样一系列的注音简化使得假名的使用变得简单方便起来。不过由现代日语观之，1900 年版假名遣并非最后的假名使用规范，此后又有 1946 年版，而在 1986 年再次颁布新假名遣后，至今再无新发布。再看这份 1900 年日本文部省令第十四号文书，其所载小学校教授汉字表，约收纳常用汉字 1200 字，比如"一"部首下有"一、七、三、上、下、不、丈、世、並、丁、丙"；"力"部首下有"力、功、加、助、勉、務、勝、救、勇、勞、勢、勤、劣、動"；"女"部首下有"女、如、好、妨、妻、姉、妹、始、委、娘、婦、姓、妙、嫌、妃、姿、婚"；"心"部首下有"心、必、忠、思、情、意、憂、應、惡、愛、憐、懇、忍、志、忘、忙、念、忽、急、性、怨、恐、恭、息、悔、悲、惑、愚、慈、慰、慶、憚、快、怒、恩、慣、怠、恥、惠、忌、感、惜、梯、慾"；"支"部首下有"收、政、故、教、數、改、散、敬、敵、救、放、敗"；"目"部首下有"目、直、相、真、眼、睦、眠、省"；"示"部首下有"示、神、社、祖、祝、禁、禍、福、祭、禮"；"魚"部首下仅有"魚"字；"鳥"部首下仅有"鳥"字；等等①。观察上述收入汉字表之汉字情形，有以下特点：1. 笔画少的字，像"上、下、不"等；2. 称谓方面的字，像"妻、姉、妹"等；3. 与修身相关的字，虽繁亦用，像"勤、愛、憐、懇、慈、梯、睦、禮"等；4. 必须知晓的字，像"救、忠、敬、恭、神、社、祖、祝、祭"等；5. 能不用的汉字则不用，例如尽管"魚"部字或"鳥"部字都很多，但在其项下都只有一字，这表明：此两部首下的汉字所表达的语言均可使用表音的假名文字进行表记。综上可知，罗马字不在"国字"的范畴内，"国字"依然由汉字和假名组成；平假名、片假名共同使用，且假名的个数、字体以及使用规范被统一标准化；根据保留下的汉字看，

---

① ［日］《文部省令第十四号》，《官报》第 5141 号，明治三十三年 8 月 21 日。

"东方精神"即日本本土化的中国道义精神仍将受到尊重;因汉字未被废除,可想见常用汉语将沿用,也就是新"国语"中一定包含汉字汉语,但由于汉字的使用受到限制,以假名标注的白话或俗语大量进入新"国语"将势不可挡,不过这些白话或俗语在成为"国语"前须适当雅言化,其发音也必须统筹划一,而标准语的确立需要依赖对地方语言的充分调查。在上述日本文部省令第十四号文件里这么描述"国语"的性质:"国语"当由普通的语言和日常须知的文字构成,通过这样的"国语"来培养学生阅读文章且正确表达思想的能力,促成学生在德智方面的发展①。

翌日即 8 月 22 日《官报》又刊载了小学校令改正的要点以及实施注意事项,其中就划定汉字使用范围的意义进行了阐释,大意是减少汉字的教学时间,可避免学生将学习时间过度集中在某一科目上,这既有利于学校教育中各科目的均衡发展,也有助于学生的身心健康等②。10 月 4 日,日本帝国教育会国字改良部召开临时总会,经商议后决定:在假名字体上同意此前文部省发布的方案,但关于假名遣,是否认同文部省颁布的新假名遣为假名的使用规范还要根据今后调查委员会调查的结果来裁定。不过到了 10 月 18 日,日本帝国教育会国字改良部召开临时干部会,经商议后决定:文部省颁布的字音假名遣以及汉字表虽存在一定缺陷,但在大体上于学校教育的发展非常有益,故在完善其不足的基础上支持上述方案的执行。三天后的 10 月 21 日,日本帝国教育会国字改良部临时总会通过了 18 日干部会议所做出的决议。

需要注意的是,在文部省于 8 月 21 日颁布的文部省令第十四号文件中未涉及罗马字与假名间如何相互转写的问题。至 11 月 5 日,文部省公布由文学博士上田万年、神田乃武、渡部之介、小西信八、矶田良、文学博士高楠顺次郎、汤用宽吉、芦野敬三郎、金子铨太郎、文学博士大西祝、藤冈胜二等人调查后提交的罗马字拼写法。11 月 28 日,国字改良部干事会召开,决定向帝国教育会

---

① ［日］《文部省令第十四号》,《官报》第 5141 号,明治三十三年 8 月 21 日。
② ［日］《文部省训令第十号》,《官报》第 5142 号,明治三十三年 8 月 22 日。

总会递交《作为多数意见采用的罗马字会调查所得拼写法,以及作为少数意见采用的文部省罗马字拼写法报告》。12 月 19 日,日本文部省向帝国教育会提出应将"国语汉文科"改成"国语科"的建议。12 月 20 日,国字改良部新罗马字拼写法审查委员前岛密、小西信八、后藤牧太、小山初太郎、林茂淳、泽田吾一、平井正俊等议定假名转写罗马字的规范。比如,"シ"为"si","チ"为"ti","ツ"为"tu","フ"为"hu"(现在为"fu"),"ダ"为"da","ヂ"为"di","ヅ"为"du"等①。通过上述材料可知,在转写罗马字时使用的是片假名。因平假名、片假名共同使用的意见在文部省颁布政令后已成为既成事实,故此后平假名、片假名各自承担的角色慢慢清晰起来,也就是平假名在包括公文书在内的严肃撰写中出现的频率不断提高,与此同时,片假名却逐步从严肃撰写尤其公文书中退身出来,主要承担起音译外来语尤其西语的角色来。这是日本在经历文字改良后出现的重大变化之一。

文部省将小学用汉字划定为 1200 字的举措其实迎合并贯彻实践了汉字精简派的主张。尽管如此,日本社会对于文字语言文体改良的方向依然存在与政令不符的声音。比如,从同年 10 月 20 日起,笔名为冷热道人的投稿人就文部省公布的汉字表连续发表评论,指出其所存在的问题。10 月 25 日,津田信雄以《从实际教学中论新音字假名遣与训字假名遣间的关系》为题撰文,指出无法在实际教学中实施新假名遣。显然,将几个发音简单合并为一种发音的做法对很多人而言是一种粗暴的行为。10 月 29 日,笔名为紫电的投稿人仍坚持应全废汉字。10 月 30 日,笔名为富士的投稿人以《国语改良私见》为题,同样反对继续使用汉字,驳斥井上圆了的汉字不可废论违背社会发展潮流。11 月 7 日,某家外国报纸对文部省公布的罗马字拼写法发表评论,认为以外国人的角度看,将"sh"变成"s"、"ch"变成"c"等做法,既不合理,也不好用。11 月 10 日,笔名为无缘生的投稿人以《读罗马字拼写法(调查报告)》为

---

① ［日］国语调查委员会编纂:《国字国语改良论说年表》,第 41—44 页。

题,举例说明其中存在的种种问题。11 月 13 日,笔名为谤喜的投稿人将文部省颁布的罗马字拼写法与罗马字会推出的拼写法进行比照,详论其得失。同月,笔名为零翁的投稿人以《语言界小观》为题,呼吁应尽快推出标准语。甚至有外国人直接向松田文部大臣指出,罗马字拼写法调查委员会提出的报告存在重理论而忽略实际使用效果的缺陷。同样,笔名为纵横生的投稿人以《关于罗马字的书写法》为题称,文部省公布的罗马字拼写法依照五十音图的排序而排序,却忽略了发音自身存在的规律,故当对其排序作出合理调整。12 月 3 日,主张全废汉字的紫电再次发文陈述采用罗马字的种种好处。12 月 10 日,他继续发文评价文部省版罗马字拼写法的得失,并举例建议将"し"转写成"si",而不是"ti"。12 月 15 日,高桥龙雄以《读关于新罗马字的世评》为题,指出一般国民并不承认"ヘボン"式,因此语言学家的任务是要创造出国民大众所认可的新国字。12 月 20 日,《时事新报》发表社论阐述国字与国体的关系,极力赞同国家的当务之急在于国字改良。12 月 21 日,须崎芳三郎(默堂)分别以《建议延期》和《劝告高等教育会议员》为题,批判文部省在划定汉字使用范围以及改定假名遣方面所采取的武断行为①。

　　社会上的声音尽管不同,但政府旨在推进文字语言文体改良的举措仍在有序出台。1901 年 1 月 11 日,日本帝国教育会国字改良部总会推出决议报告,认为新出台的罗马字五十音拼写法与文部省提交的调查报告内容相契合。2 月 1 日,日本帝国教育会国字改良部总会宣布,关于罗马字拼写法中的拗音、长母音、鼻音符号以及区分语词的书写法等方面的调查已经结束②。6 月 4 日,国字改良部总会在关于汉字减少调查会的决议以及理由的报告基础上,议定汉字精简的标准。具体为:1. 可以用假名表记的语言不再使用汉字,包括:(1)语言中属于日本本土发音的动词、形容词、助动词、副词、感叹词以及后置词等;(2)部分固有名词,比如义经、辨庆、富士、浅间、伦敦、巴里、牛津

---

① ［日］国语调查委员会编纂:《国字国语改良论说年表》,第41—43 页。
② ［日］国语调查委员会编纂:《国字国语改良论说年表》,第47 页。

等；（3）普通的外国语言，比如莫大小（メリヤス）、洋灯（ランプ）、洋刀（サア
ベル）、百斯笃（ベスト）等；（4）其他诸如流行（ハヤリ）、萝萄（ダイコン）、胡
萝萄（ニンジン）、百足（ムカヂ）、杜鹃（ホトトギス）等一样的语言。2. 笔画
多、不易记的汉字不用。3. 笔画虽然不是很多却容易搞错、混淆的汉字不用。
4. 使用起来比假名要方便的汉字可以保留。5. 已经有了简体的汉字一律使用
简体。7 月 1 日，国字改良部议定将长音符号"ー"改写成草书体的新字"）"。
随后，在言文一致会于 10 月 1 日召开的会议上，推出了言文一致体文的撰写
标准①。日本帝国教育会国字改良部于翌日即 10 月 2 日迅速召开例会，通过
上述撰写标准②。然而，如前述，言文一致体形成的基础在于新"国语"的确
立，什么样的语言可以进入或不应进入新"国语"将直接影响言文一致体文的
面貌。

其间，旨在影响政府改良行为的社会舆论依然涌动。1901 年 1 月 1 日，
井口丑二就面向公众发布经其改造过的平假名，并详细说明其由来、拼写法以
及实行方法等。同日，堀江秀雄以《国语的将来》为题，力陈言文一致的必要
性。1 月 20 日，新村出以《关于罗马字拼写法之改正》为题，在对文部省版罗
马字拼写法进行评述后指出有必要给予适当改正。同日，市村瓒次郎在哲学
馆同学会召开的例会上以《中学教育里汉文的价值》为题发表演讲，称种种情
况表明汉文之存续实有必要。1 月 20 日，三失重松以《关于字音新假名遣》为
题，批判文部省在推出新版字音假名遣时所抱持的草率态度。1 月 27 日，福
地源一郎也以《小学用字及字音缀字法》为题，批判文部省在字音假名遣方面
的专断行为。2 月 13 日，言文一致会向贵、众两院提交了在政府机构设立言
文一致会的请愿书。翌日，《读卖新闻》刊载了上述请愿书。2 月 15 日，在日
外国报纸针对请愿书内关于保留汉学科的建议进行了批判。2 月 17 日，帝国
教育会下属言文一致会召开演讲大会，涉谷爱、前岛密、加藤弘之、新渡户稻

① ［日］井之口有一：《明治以后の汉字政策》，第 26—27 页。
② ［日］国语调查委员会编纂：《国字国语改良论说年表》，第 50 页。

造、白鸟库吉、梅谦次郎等人出席了大会并分别发表演说。2月19日,《信浓每日新闻》却发文对上列请愿书进行了批评。2月21日,池田长太郎发文称汉文在日本已经起不到什么实际作用。3月1日,川田铁弥以《论语言的发达以及国字改良论》为题呼吁,勘定标准语乃当务之急,并阐述其理由,且痛感时至今日文省对此事所抱的摇摆不定的态度。3月2日,《山阴新闻》刊载以《国语改良的态度》为题的文章,劝诫大家在文字改良一事上应秉持谨慎的态度。3月3日,神津包明以《言文一致的现在以及将来》为题反复强调推广言文一致体文章的必要性。3月4日,汤浅吉郎则发文称可兼收各种文字之长来创造新国字。3月5日,神保小虎以《罗马字变革论》为题指出,不应破坏现行罗马字拼写法,这么做所产生的危害将极大。3月9日,言文一致会公布了言文一致体的范文。3月21日,言文一致会再次召开公开演讲大会,高田旱苗、保科孝一、大隈重信等人出席了此次大会。3月25日,后藤寅之助也撰文称,文章应以接近白话的方式进行撰写,而推广的有效方法是发布言文一致体范文。然而,3月30日,山田武太郎在《国民新闻》发文,对言文一致会发布的言文一致体范文进行了严厉批判,指出其中的种种问题。不同寻常的是,在同年3月,日本文部省颁布了高等师范学校寻常小学实施国语课的方法以及要领,以"国语"为名目的课程就此诞生。4月15日,石川仓次以《关于"う"和"を"》为题发文称,虽然"を""お"可以合二为一,但将"う"读成"お"是不可行的。4月18日,《社会新报》载文建议言文一致会应开设叙事讲坛。5月13日,著名学者西村茂树在学士会院发表题为《论言文一致》的演讲,指出在当今崇拜西洋的社会风气下,阻止言文一致体文的推广是困难的。而《读卖新闻》从5月18日起,连续刊载言文一致会公开演讲会的演讲稿,以配合言文一致体文在社会上的推广。5月19日,在涉谷爱等人的发起下,言文一致会千叶分会在梅松别庄成立,前岛密、后藤牧太、冈部精一、三失重松、中井喜太郎、井上丰太郎等人出席并发表了演讲。6月5日,锦孺子在岛根县私立教育会总会上发表演讲称,废除侯文体而采用言文一致体的决议从此在本会生效,并鼓励无论是个人还是团体都应积极推动言文一致体文的发展。同日，高桥龙雄以《国语假名遣的未来》为题发文，列举出社会上质疑新定假名遣的各种论述，警告大家在改良上不可轻举妄动。7月1日，《读卖新闻》刊载《地方官及视学官会议》一文，建议菊池文部大臣应在类似会议发言强调推动言文一致体文发展的必要性，并就实施方法展开积极征询。7月7日，堺利彦发文称言文一致体文当从写信开始做起。然而，7月14日，笔名为好紫楼的投稿人却发文对言文一致体文进行了严厉批判。但在7月15日，山田武太郎撰写的《言文一致文例》第一编出版。7月31日，《佐贺日日新闻》撰文称，在推行言文一致体文之前，当改良佐贺县的方言。8月14日，自认不能阻挡言文一致体文发展的西村茂树发文称，推广言文一致体文的前提是要首先确立标准语并出版相应辞典。8月23日，平野秀吉以《关于言文一致》为题，同样敦促政府应尽早公布标准国语及其语法。9月1日，今泉铎次郎、山田谷城、仓岛笃次郎等人在新潟市成立言文一致研究会。10月23日，田村紫蕨发文称不能仅仅为了方便就随意改变现行规则，他在指出言文一致体文所存在的种种缺陷后建议，与其推广不成熟的言文一致体文，不如推广时文。福地源一郎从10月27日起在《日出国新闻》上连续发文阐述自己对言文一致的理解，强调应是白话向文章方向雅化，而不是鼓励文章向谈话体方向发展。也就是白话只有经历了雅言化后才能进入文章。10月，自由堂出版《言文一致普通文写作方法》一书。同月，言文一致会出版《言文一致——女子普通文》一书。11月10日，言文一致会向全国各商业学校校长发出劝告文，建议此后的消息文当使用言文一致体进行撰写。11月15日，鸭脚秀克以《言文一致的现在以及将来》为题，阐述言文一致体的利弊，指出对于文字以及假名遣等的改良要顺应历史发展的需求，并呼吁今后传播思想的文章也应该使用言文一致体进行撰写，而文章语言中所出现的假名当采用平假名。12月1日，言文一致会在帝国教育会讲堂再次召开公开演讲会，三矢重松（《言文一致的前途》）、大槻文彦（《言文一致的标准语》）、井口在屋（《应大加改正思想搬运机械》）等人出席并发表了重要演说,反复强调推广言文一致体文的必要性。12 月 15 日,三失重松向言文一致会所属的调查委员会提交了言文一致文章案①。

如前述,有人大力推广言文一致体文,就有人对此发出批评的声音,尤其主张汉字不可废的人士更是对着这股改革潮流抱着焦虑的态度。比如,1901年 2 月 2 日,名为斯文学会的团体就召开了反对废除汉文科的演讲会,内田周平、西田谦藏、谷干城、井上圆了、肝付兼行等人出席并发表演讲。2 月 3 日,教育学术界,以《汉文科教育的价值》为题发表社论,欢迎文部省提出的将"汉文教育"改造成"国语化的汉文"教育这一改革方案,而不是将汉文一棒子打死。2 月 5 日,久米邦武以《国字改良论》为题发文称,汉字全废论不过是不切合实际的空谈,指出目前国语的不足之处在于缺少经济社会里应具备的各种往来用语。顾名思义,与其忙着打倒汉字,不如想办法扩增必要的语言。同日,井上圆了以《汉字的命运》为题告诫人们,汉字汉学目前已处在十分危急的状态。2 月 12 日,汉学者团体也向贵、众两院提交了保留汉学科的请愿书。2 月 13 日,《东海新闻》刊载《汉文和国文》一文,指出研究汉文是为了国文的发展。2 月 18 日,西村茂树发表《国家文运的前途》一文,指出出于国家文化发展的需求,也不能全废汉字汉学。2 月 24 日,有汉学者在报纸上发文称,坚决反对国语、汉文科合并,汉字汉文的好处有目共睹②。上述事例皆发生在一个月之内,活动如此频繁,可见汉字保留派人士对于汉字汉文不可预测的命运表现出急切的焦虑心态。

然而就像西村茂树所预测的那样,新"国语"的确立以及言文一致体文的推广已成为不可阻挡的趋势。1902 年 2 月,曾经被否决过的国语调查委员会起草的经费预算在议会再次提出后获得通过。日本文部省对国语调查委员会进行改革,先是在 2 月 8 日,解除对原国语调查会委员长前岛密、上田万一等6 名委员的调查委托。3 月 24 日,日本文部省颁布国语调查委员会制度。4

---

① 　[日]国语调查委员会编纂:《国字国语改良论说年表》,第 45—51 页。
② 　[日]国语调查委员会编纂:《国字国语改良论说年表》,第 46—47 页。

月 11 日，日本文部省颁发任命书，任命文学博士加藤弘之男爵为国语调查委员会委员长，任命嘉纳治五郎、文学博士井上哲次郎、泽柳政太郎、文学博士上田万年、文学博士三上参次、渡部董之介、文学博士高楠顺次郎、文学博士重野安绎、德富猪一郎、文学博士木村正辞、文学博士大槻文彦、前岛密等人为委员。4 月 11 日，日本文部省任命委员上田万年为国语调查委员会主事。4 月 14 日，日本文部省下设国语调查委员会事务所成立，开始处理相关事务。4 月 14 日，委员上田万年和委员大槻文彦被任命为国语调查委员会主查委员。4 月 16 日，国语调查委员会议定林泰辅、保科孝一、冈田正美、新村出、大矢透等 5 人为国语调查委员会辅助委员。4 月 30 日，内阁任命文学博士元良勇次郎、文学博士松本亦太郎、文学博士佐藤诚实等 3 人为国语调查委员会临时委员。4 月 24 日，以文部省学校卫生主事室为临时会场，召开了第一回国语调查委员会，文部大臣理学博士菊池大麓男爵到会并发表演讲①。在此之前的 2 月 12 日，日本文部省曾任命文学博士坪井九马三、理学博士神保小虎、其作元八、野口保兴、矶田良、山崎直方等 5 人为外国地名及人名拼写法的调查委员，负责调查外国地名以及人名的拼写方法，为将来编纂师范学校、中学校、高等女学校等地理、历史教科书时统一使用所涉及外国地名以及人名打下基础。7 月 4 日，国语调查委员会公布其调查方针如下：1. 关于文字，在调查假名罗马字等利弊的基础上决定采用音韵文字；2. 关于文章，在调查的基础上决定采用言文一致体；3. 调查国语的音韵结构；4. 在调查各地方言的基础上确立标准语。而目前尤为重要的是进行以下调查事项：1. 关于汉字的使用数量；2. 整理现行的各种文体；3. 整理诸如书简文一般的常用文文体；4. 国语假名遣（按：字训假名遣）；5. 字音假名遣；6. 外国语的拼写法等②。9 月 25 日，芳贺矢一被任命为国语调查委员会委员。10 月 2 日，日本帝国教育会国字改良部干部会召开会议议定，言文一致会当向第四次全国联合教育会提交相关报告。12

---

① ［日］国语调查委员会编纂：《国字国语改良论说年表》，第 52—53 页。
② ［日］国语调查委员会编纂：《国字国语改良论说年表》，第 54—55 页。

月,在日本文部省内部召开的高等教育会上,废除中学校汉文科的建议案获得通过①。汉文科的取消大大影响了此后日本社会对于汉字汉文汉学的态度,学习汉学不再是中等学校教育的内容,只成为大学里的一门学科,学习汉学的人数由此急剧下降,汉学走出日本中等及其以下学校教育的世界。一个显然的事实就是,明治时期的官僚大都能阅读汉文,甚至会以汉文进行撰文;而到了大正时期以后,具备上述汉文修养的官僚人数日趋减少,诸如赋汉诗一样的东方儒雅行为逐渐从官场交际中退出,西式风潮卷走了东方的典雅风俗。

政府坚决推行改革措施的态度并不能完全主导人们对于文字语言文体改良的议论趋势。1902 年 1 月 3 日,高桥五郎以《国字国语改良论者的轻举妄动附汉字存废的可否》为题发文强调,如果激进妄动,只会招致改良的失败。1 月 19 日,福地源一郎又以《议减少汉字》为题发文称,假名的会、罗马字会等之所以失败,究其原因在于完全采用表音文字会带来种种不便,在当今和汉字相糅的文章极为流行的状况下,我们首先应该做的是编纂只收纳 2 万到 3 万字汉字的辞典,然后规定凡公文书撰写均不可使用上述辞典外的汉字。2 月 9 日,《日出国新闻》载文称中国问题不应是反对废除汉字的理由。2 月 22 日,言文一致会发行言文一致会会刊。4 月 17 日,笔名为足立荒人的投稿人以《不如不教》为题发文驳斥汉字保留说,指出推广言文一致体文的最好办法就是从最初起就不在学校教授汉字。4 月 19 日,《报知新闻》也刊文称,推广言文一致体文已到了不得不行的地步,但在此之前,要教导学生学会正确发音。4 月 20 日,言文一致会发行《新纪元》第一号。4 月 30 日,《土阳新闻》载文称言文一致体文的推广是民众国民意识上升的结果。4 月,言文一致会向全国师范学校校长分发劝说书,希望师范学校应首先积极研究推广言文一致体文的实行办法。5 月 3 日,言文一致会发行《言文一致论集》。5 月 5 日,言文一致会发行《新文光》第一号。5 月,言文一致会征集言文一致体歌。6 月 3 日,大岛正健以《文字上的新同盟》为

---

① ［日］国语调查委员会编纂:《国字国语改良论说年表》,第56—58 页。

题发文提议,应创造和汉洋即假名、汉字、罗马字三种文字合一的混合体文字。6
月 26 日,笔名为角岭的投稿人以《关于言文一致之鄙见》为题发文称,文学上的
实用性很重要,想要让文学的实用性变得更强,就应该尽量抛弃雅言,向着言文
一致体的方向发展。6 月 28 日,《时事新报》在其社论中指出,将汉文科从中学
教育科目中去除是应该的。6 月,由法国回到日本的樋口勘次郎向《教育时论》
投去《论罗马字缀》一文,其开篇便说:"应首先消灭夹杂汉字的文章,其次削弱
假名,最后达到完全采用罗马字的理想状态。"7 月 2 日,《时事新报》载文向国语
调查会提出建议,比起语法,当首先改良字形。7 月 6 日,自称一学究生的投稿
人称文部省颁布的字音假名遣是非自然、非科学、非实用的使用规则。7 月,冈
野久胤发表《关于标准语》一文,指出应将东京、大阪两地方言永远分成两类。8
月 15 日,三宅亥四郎发表《关于字体的实验性研究》一文,以欧洲字体实验性研
究为例,建议日本也应开展字体的实验性研究。9 月 2 日,《东京日日新闻》刊
载《文字文章改良之一策》一文,提出应划定学校用文字的范围,而如果要改
良文体,也应先在公文以及常用文上下功夫。9 月 3 日,大槻文彦发表《假名
和罗马字之优劣论》一文,以速记字为例,建议常用文可采用假名,而学术类
文章的撰写应与常用文区分开来,并指出突然改变语言习惯会引起混乱,且与
欧洲人交往是否方便不应成为改良时的唯一参考标准,总之不能盲目采用罗
马字。9 月 3 日,《东海新闻》刊载《国文的改良》一文称,目前推出的言文一
致体范文在修辞上存在诸多缺陷,尚不能成为一般文章撰写的标准参考,如果
要筹划国文的改良,首先须从汉文中巧取材料,然后再采用西文章句的组织方
式。9 月 5 日,笔名为松影生的投稿人发文称,文章不是谈话,如果想要言文
一致体成为撰写一般文章的文体,必须对进入文章的谈话语言进行修辞上的
改进。9 月 15 日,龟山玄明发表《评国语调查委员会决议事项》一文,指出日
本应兼收东西文明的各自优点,创造融假名、罗马字、汉字三种文字为一体的
混合文字。10 月,桑原骘藏在《教育学术界》发表《关于汉字》一文,指出应改
善汉字汉文的教学方法,目前最要紧之处有两点:1. 向学生教授正确的汉字字

义以及笔画;2.向学生正确传授汉字与汉字的组合规则以及汉文结构方面的知识。10月,东京有多家报纸介绍增田乙四郎创造的新国字。11月15日,文部省公布外国地名人名调查报告。11月16日,《读卖新闻》刊载《关于国字改良》一文,指出对于印刷行业来说,国字改良尤为当务之急。11月16日,《读卖新闻》介绍了小森德之发明的自由假名。11月23日,小森德之表示接受社会各界对自由假名的批评。11月26日,小森德之继续回应各方对自由假名的批评。12月5日,《下野日日新闻》在其社论中指出,汉文乃高尚、伟大、精致、严谨、婉约、华丽、新鲜、活泼之文,决不能弃之。12月16日,文部省发布外国地名人名案之增补以及订正。12月17日,物集高见以《学问之难》为题发文指出,言文一致体的推广不可行。12月17日,《日本》在其社论中称,不可将汉学科从中学教育中剔除①。

1903年,社会舆论继续推动着政府的改革步伐。1月5日,高桥作卫在《教育时论》上发表《汉文奖励论》一文,针对汉文科被从中学教育中去除的现实,鼓励人们学汉文、读汉文以及写汉文。1月6日和7日,足立荒人在《读卖新闻》上连续发文称,汉文同英、德、法语一样是中等学校教育中素质教育不可缺少的一块。1月14日至16日,自称飞影的投稿人连续发文驳斥国语调查委员会公布的调查方针。1月15日,高桥龙雄在《教育时论》上发表《呈法学博士高桥作卫君》一文,驳斥此前高桥作卫发表的汉文奖励论。1月18日,足立荒人看到高桥龙雄驳斥高桥作卫的文章后,认为高桥龙雄的看法才是背道而驰,故不能不批判。1月19日,有人发文称为了活版印刷以及誊抄的方便,应采用罗马字为国字。1月21日,有人称汉文可交给专业人士去学习研究,在普通学校教育阶段没有学习汉文的必要。3月10日,堀江秀雄在《国文学》上发文称,教科书的编撰属国家事务,如果要公布普通文章文体的示范标准,最好由国文国语方面的专家学者来负责推动此事。3月11月,田冈佐代治发文称在中等学校教育

---

① ［日］国语调查委员会编纂:《国字国语改良论说年表》,第51—58页。

阶段,宁可减少欧美语言的学习时间,也要大力加强对于中国时文以及中国语言的学习。3月15日,笔名为旭东的投稿人称,通过对自己弟妹在校学习状况的观察,发现推广言文一致体文是十分有必要的。3月,千河岸贯一发文说,厌恶汉文汉学的社会风气之所以逐步形成,缘于大部分的人不懂汉学,又受到欧风流行的影响,然而汉字难记难学以及现在还要学习研究老衰国家的学问实在没必要等言谈是极为要不得的,并指出就中学校教育科目而言,汉学科具有与英语等科目不同的价值,不应废除。4月2—3日,《中央新闻》连续刊载某篇登在德国杂志上的文章。其大致内容为:日本从前,相较耳闻,更看重视觉感受。但自输入欧洲文明以来,日本开始关注文字语言文体方便与否的问题,到今天虽还没发展到要全废汉字的地步,然随着日本对文字语言文体的不断改良,相信日本人的整体智慧将获得非凡进步。4月10日,堀江秀雄在《国文学》发文表达对国语调查会在语言改良方面的期待,并对国语调查工作提出了以下几点建议:1.应有完善的制度;2.保证经费无忧;3.任用合适的委员。6月11日、12日,《横滨新闻》连续刊载上田万年在横滨市教育会总会上的发言稿,其演讲内容是论述日本语的性质,从历史角度阐述其优、缺点,指出长期以来中国语言不断流入的事实对日本语言的音韵状态产生了重大影响,而横滨就是一重要的进出入门户,教育家应充分注意到这一特殊情况等。6月23日,《日出国新闻》载文赞扬文部省颁布的逐渐减少汉字的使用数量直至全废汉字的改革方案,并呼吁中央政府的其他部委机构应响应这一举措,在公文书的撰写方面做出实际性的改革行动。同月,笔名为松岭的投稿人发文极力宣扬言文一致将给社会带来的积极影响,并提出在目前阶段至少应鼓励常用文以言文一致体来撰写。7月4日,《德岛每日新闻》载文阐述国语与国势间的关系,指出必须确立统一、标准的"国语"。7月13日,《时事新报》在其社论里指出,不能用洋字来表记固有名词,教科书尤其要杜绝这样的现象发生。8月25日,《读卖新闻》刊登《教育和方言》一文,指出虽然迄今为止的教科书在编撰时都在竭力避免使用方言,但方言的存在依然是个绕不开的问题,也就是从目前文章的状况看,除了汉字以及用汉字书写的汉语外,其他语言中存在着不少方言,故对这部分语言的使用须抱谨慎的态度。9月4日,金子喜一以《学者的文章》为题发文阐述汉文对于著书的影响,并讨论了言文一致体的结构,希望将古典文从中等学校教育的教学中去除。12月5日,铃木大拙发文批判那些主张全废汉字的所谓东洋哲学研究者,并指出在翻译外国书籍时要谨慎使用生僻的汉字汉语,尽量不要随意借用汉字来创造新汉语甚至创造新汉字。12月26日,日本文部省公布外国地名人名拼写法之增补版。12月27日、28日,石川辰之助以《责问加藤博士》为题,针对文部省颁发的、由国语调查委员会商定的假名遣,发表个人意见,指出其中存在的问题①。

　　1903年5月8日,文学博士金泽庄三郎被任命为国语调查委员会委员,同时解除了前岛密国语调查委员会委员的身份,又任命委员文学博士芳贺矢一为主查委员。8月19日,日本文部省对外公布了国语调查委员会自1902年4月起至1903年7月间起草的所有议案、审议结果以及参考资料等。9月16日,国语调查委员会为汇编调查资料集,印刷《关于调取音韵以及口语法事项》,分发给各府县,公示其调查方案,以寻求地方上的配合②。其中,调查委员会关于汉字的调查工作一直在有条不紊地进行,相继在1902年完成《汉字节减》的调查报告,在1903年完成《汉字省减案》,之后在1906年连续完成《字体调查》《假借熟字调查》《义训熟字调查》等报告,这些报告经调查委员会审议后,在1907年被送交文部大臣。需要说明的是,委员会在上述调查报告的基础上编纂了《汉字要览》一书,并出版。这部辞书所收集的汉字不仅有来自中国的原生汉字,尚包含"本邦假借字""本邦制作字"以及"本邦转用字"等日制汉字,这些汉字无疑是在中国汉字的基础上再创造出文字,它们成为日本现代语里不可或缺的一个组成部分。由此可知,在经过严密、谨慎的调查后,汉字的不可废成为定论。废除汉字的主张到底只是一种偏激意见,善加

---

① 　[日]国语调查委员会编纂:《国字国语改良论说年表》,第58—62页。
② 　[日]国语调查委员会编纂:《国字国语改良论说年表》,第60—61页。

利用汉字更符合民意，前述大讨论的基调即为此。比如，三宅雄二郎在其发表于 1895 年 4 月 20 日的《汉字的利导说》一文中就指出，废除汉字利少弊多，与其不切合实际地号召全废已传入日本逾千年的汉字，不如对汉字加以利导后继续用之。也就是尽量减轻因汉字的特性所造成的危害，同时充分利用且发挥由汉字所带来的种种益处①。

　　综上，日本明治政府对于文字语言文体的改良目标已明晰可见：确立标准国语以及建立在标准国语基础上的国文。这一改革对日本近代学校教育的进一步发展带来深远影响。随着日本国定教科书制度的制定以及实行，由教科书所体现的日本国语即现代语的面貌逐步开始呈现，其文字语言文体的发展趋于稳定。当我们翻开此后相继出版的日本各类国语辞典以及教科书后就会发现，在日本现代语即新国语中，汉字整体数量虽较改良之前大幅减少，但仍然是日本文字的主要组成部分，不过部分笔画复杂的汉字被简化，大量常用汉语继续留用，由假名表记的语言，在其注解下依然要标识出是哪个汉字的义训，音译或转译西语时使用片假名，当然在由新国语撰写而成的国文即言文一致体文中，汉字的使用数量明显受到限制，尤其小学校初级阶段用教科书，不仅汉字出现的频度大为降低，且使用更趋向于谈话体的言文一致体编写，由此表音文字即假名使用的程度大幅提升，低年级学童的阅读压力有效得到缓解，学龄儿童就学率的上升遂成为必然。

第二节　日本现代国语国文的确立与推广

一、日本现代国语国文的确立

　　国语是旧概念的一种新用，这种情况自近代以来频繁出现。国语原为一

---

① 　［日］国语调查委员会编纂：《国字国语改良论说年表》，第 25 页。

方故事的意思。在中国,以《国语》为题名的书籍甚至是中国第一部国别体史书。在日本,有国学运动,国学运动的倡导者也多喜用国语一词,旨在强调日本自身的文化特征,以求不失本心。明治维新以后,日本将国语一词注入新的含义,视其为作为近代国家参与国际社会活动时具有自国文化特征的语言。这解读的意义在于,在近代之前,日本语言,尤其文章用语中的主干并不是本土语言,而是外来的汉字汉语,步入近代,在追求国民国家的时代背景下,上述状况被打破,出于提升本土文化地位的动机,从前很多被排斥在文章用语之外的本土语言开始进入文章,甚至取代汉字汉语成为语言主干的诉求逐步获得日本社会上下的同情。这是日本新国语最后得以成立的思想基础。如前述,在政府的直接推动下,1900 年在学校教育中以"国语"为命名的教学科目被开设,且旨在组建国语调查委员会的经费预算案亦在上下议院通过,新国语的建立以及发展成为可能。

国语辞典可以说是日本为了建立国语基础或国语示范而编撰的辞书。国语辞典不断得到修正、增补的过程就是日本新国语不断发展的过程。经大槻文彦 1884 年编纂、于 1889 年 5 月出版的《言海》虽被称作日本近代国语辞典的开山之作,但由于新国语概念在 1900 年前后才最终落定,故通过对出版于 1900 年后的国语辞典的考证,更可真实了解日本新国语的发展状况。

出版于 1904 年(明治三十七年)、由林幸行编撰的《国语辞典》是笔者能够查阅到的第一部冠名国语的国语辞典,所收词条既有雅言即文章用语,又有俗语即谈话用语。文学博士南条文雄以汉文为其书作序:"人生天地间不得不群居焉,则必有语言辞章之用矣。顾言辞有古今之异,雅俗之别,或假借相混,或转讹相案,不知何以辨之。是林幸行君所著辞典一书所以不可少于今日也。……(林君)尝忧国语纷杂难解,欲网罗群书,搜辑众说,著一大辞典,拮据勉励,盖十数年始成此书。"由其凡例亦可知,该辞典所甄选词条上至"上古正语",下至上古以后时期的外国语,乃至今日所用俗语,且以五十音图排序按照词条首字发音进行排列，数量在 5 万条有余。① 于此，特列举其中一二词条以展现该部辞书所收语言的面貌。林幸行在编撰该部辞书时，将所收语言分为四类：

1. 古语中除歌、文②外在今世书写里一般不再使用即远离人们视线的语言，比如在"あ部三言"③栏内有：

あかせ：コチノヒト；あせニ同ジ（吾兄）

（译文：妻子称呼丈夫的用语或我的家人，意思与"あせ"相同，用汉字表示为"吾兄"）

あさけ：朝飯又アサメシヲ炊クニモ云、ナド（朝食）又アサアケ、ヨアケ（朝明）

（译文：早饭或烧早饭等，用汉字表示为"朝食"；又黎明，用汉字表示为"朝明"）

あえもの：アヤカリモノ；似タルモノ（肖物）

（译文：幸福的人、走运的人；相似的人，用汉字表示为"肖物"）

2. 由古至今未发生变化的语言，也就是既出现于歌、文中又被当今书写采用的语言，比如同样在"あ部三言"栏内有：

あたり：ホトリ、ソノヘン、キンヘン、ワタリ；又頃、去年ナド（邊）

（译文：附近或那一带或那一边；又时候、去年等，用汉字表示为"邊"）

あてな：其人ニ宛テシルス名（宛名）

（译文：收信人姓名，用汉字表示为"宛名"）

あへぐ：（が、ぎ；げ）大息ヅク、急シク息ヲス、呼吸ヲ急ニス（喘息）自

（译文：自动词，有"が、ぎ；げ"三种变形，大喘息或急喘或呼吸急促，用汉

---

① ［日］林幸行编撰：《国语辞典》序，修学堂 1904 年版。

② 这里的歌、文指称和歌以及旧体文。旧体文或是汉文，或是汉文直译体文，或是和汉字交混的雅言文，这类文章多用汉字汉语。

③ 三言是三言词的意思。三言词是指发音由三个假名构成的词语，比如汉语"朝日"的日语发音为"あさひ"，即为三言词。

字表示为"喘息")

3. 保持古音、只被旧体文章专用的语言,比如在"あ部四言"栏内有:

あいぜん:梵語、明王ノ一、三目六臂ニテ頂ニ獅ノ面アリ(愛染)

(译文:梵语,明王之一,三目六臂狮面,用汉字表示"愛染")

あいだつ:(た、ち;て)アイキヤウガブル(愛立)自

(译文:自动词,有"た、ち;て"三种变形,爱生,用汉字表示"愛立")

あういく:(か、き;け)後ヨリ行、人ニオクレテユク(奥行)自

(译文:自动词,有"か、き;け"三种变形,在后走即跟在人后面走,用汉字表示"奥行")

4. 音训交混的语言以及既不属于汉语、西语,亦不能进入诗歌的语言,比如在"あ部三言"栏内有:

あうむ:鳥ノ名、舶来ノ鳥ナリ;又貝ノ名(鸚鵡)

(译文:一种由国外传入的鸟的鸟名;又是一种贝的名,用汉字表示为"鸚鵡")

あゑや:六大洲ノ一(阿細亞)

(译文:亚洲,六大洲之一的,用汉字表示为"阿細亞")

あたん:琉球語カト云、草ノ名、熟地ニ産スルモノ(阿旦)

(译文:可能是琉球语,一种植物的名称,长在肥沃土地里的东西,用汉字表示为"阿旦")

あへん:罌粟ノ實;又蕾ヨリ裂シタル麻醉ノ劇藥(鴉片)(阿片)

(译文:罌粟的果实;又指由花蕾中榨取的有麻醉作用的烈药,用汉字表示为"鸦片"或"阿片")①

通过上列四类词条可知,无论是日本古语、经历过年月洗濯的由古沿用至今的语言、圈定在旧体文章里的语言,还是世界主要语言外的外来语,在用假

———————————

① 〔日〕林幸行编撰:《国语辞典》,第5—18页。

名表记的前提下，都会在其注解部分的尾部标注汉字，汉字的不可去性在这部辞典里表现得非常明显。也是在 1903 年，日本颁布国定教科书制度，自此，由国家直接组织编纂教科书并推及全国学校统一使用的教育政策在很长时间里被贯彻执行。

在上述背景下，由日本文部省指定、号称"中学国语科教科书唯一辞典"的中学用《国语辞典》于 1905 年出版便成为一件值得注意的事。笔者列举其一二事例以反映新国语的发展状态。这部辞典的结构是以国语课文为单位，每篇课文中所需学习的词语以及短语被摘出后一一给予注解。其中，中学第一学年国语课本中落合直文所著《花和虫》一文所列出语言状况如下：

> ○美（うろ）はしききれいなこと○蝴蝶（こてう）○聯想（れんそう）おもひだす○精（せい）精神の意（翻译：精神的意思）○翩々（へんぺん）ひらひらすること○目撃（もくげき）みる○抑（そもそも）發語の言葉なり、普通云へる一體又は全體と同意（翻译：承上文或句子起始的语词，相当于日语中的"一体""全体"）○唯一（ゆいつ）の滋養分（じようぶん）第一等のやしなひもの（翻译：唯一的营养成分）○襲擊（しうげき）おそひうつ○興味（きようみ）おもしろさ（翻译：兴趣）○現象（げんしよう）ありさま○造化（ぞうくわ）しぜん、天然のこと（翻译：自然、天然的东西）○妙技（めうぎ）たくみなるはたらき（翻译：绝技）○感歎（かんだん）かんしんすること○作用（さよう）はたらき○報（はう）ずる禮をすること、むくう（翻译：报答或报应）○狂態（きようたい）くるうありさま（翻译：疯狂的样子）○詩人（しじん）の口（くち）に上（のぼ）れり歌人や詩人が歌や詩につくりたるを云ふ（翻译：指歌人、诗人赋诗或作歌）○兩者（りやうしや）花と蟲のふたつなり①

其中，

汉字 2：精，抑；

汉语 13：蝴蝶、聯想、翩翩、目擊、襲擊、興味、現象、造化、妙技、感歎、作用、狂態、兩者；

汉字训读词 1：報ずる；

短语 2：唯一の滋養分、詩人の口に上れり

两字汉语固定使用在江户以来尤其明治以后成为风潮，这对日语的发展即现代语的形成造成巨大影响，同样对中国现代语的发展亦发挥过作用。比如上列汉语中，有些是汉籍和刻时被截摘出的汉语，像"目击、袭击、造化、感叹、狂态、两者"等，有些是日本人自造的汉语，像"兴味、妙技、作用"等。这些汉语，有些被中国现代语吸收，比如"目击、袭击、造化、感叹、作用"等，有些并未被采用，比如"兴味、妙技"等。而汉语外的汉字训读词也好，短语也好，其结构还是以汉字为主干。于此，笔者强调的是无论如何"运转"，新国语中的语言很多依然是围绕汉字在组合，即汉字是这部分语言的基础。当然，重要的变化不能被忽略，也就是经国语大调查后，大量被适当雅言化的俗语以及汉字汉语以外的外来语开始汇入新国语，这既是新国语的特征，也是言文一致运动的结果。最能反映这一变化的当属初版《大日本国语辞典》。

《大日本国语辞典》的编撰工作始于 1903 年，也就是国语调查委员会启动调查活动三年以后。该部辞典的编撰由著名语言学家上田万年和松井简治领衔并调动 60 余位编者共同完成，共分四卷，其第一卷于 1915 年（大正四年）10 月出版，第二卷于 1916 年 11 月出版，第三卷于 1917 年 10 月出版，第四卷于 1919 年 12 月出版，由 1900 年启动国语调查至 1919 年辞书竣工，前后约计 20 年。上田万年是新国语概念的重要提出者，在其成书于 1897 年的《为了国语》中，已明确提出确立标准语的标准：

1. 在实际讲话中使用的语言；2. 可成为文章用语的语言。① 这无疑是希

---

① ［日］上田万年：《國語のため》，富山房 1897 年版，第 40 页。

望将大量俗语雅言化后引入文章用语。而《大日本国语辞典》的编撰要贯彻以下方针：1. 揭示语言的形状、意义，即从建立标准语的角度确立每个字、词的形乃至其字、词的义；2. 汇编各种语言；3. 确立辞书体裁。细读该辞典的序言，可清楚了解其编撰意义。首先就其所收语言类别：1.《皇极记》《古事记》《万叶集》中的"古语"，比如"い"，汉字为"汝"，同"なんぢ"，见于《皇极记》《古事记》，意为"汝"①；2.《源氏物语》《枕草子》《古今和歌集》《土佐日记》《蜻蛉日记》等日记、物语中的"中古语"，比如"あまかは"，汉字为"雨皮"，意为"車·輿などの雨覆。生絹また厚き油紙にて作る。（翻译：车、轿子等防雨的篷布。用生丝或厚纸制作而成。）"，见于《蜻蛉日记》②；3.《源平盛衰记》《太平军记》及其他军记谣曲中的"近古语"，比如"いちのきど"，汉字为"一城戶"，意为"最も、外にある城門（翻译：最外面一道的城门）"，见于《源平盛衰记》《太平军记》③；4. 江户时期随笔小说类作品里的"近代语"，比如"うきよざうし"，汉字为"浮世草紙"，意为"江戶時代、當時の世態人情を寫し出だしたる小說の稱。（翻译：指称江户时期描写当时世态人情类的小说）"④；5. 报纸杂志所使用且吾等日日在使用的"现代语"，比如"おす"（他动词），汉字为"推"，意为"一、いただく。仰ぐ。二、薦め舉ぐ。推舉す。三、なぞらふ。及ぼし。類推す。四、究め考ふ。思想を及ぼしてきはむ。（翻译：其一领受、推为，其二举荐、推举，其三波及、类推，其四考究、波及思想等）"⑤；6. 汉籍、佛经以及汉籍、佛经以外书籍里的外来语，比如汉籍里的"いき"，汉字为"意氣"，意为"心もち。心立て。氣立て。いきごみ。肌あひ。氣象。"，出自

---

① ［日］上田万年、松井简治等编：《大日本国语辞典》卷一，金港堂 1915 年版，第 175 页。
② ［日］上田万年、松井简治等编：《大日本国语辞典》卷一，第 114 页。
③ ［日］上田万年、松井简治等编：《大日本国语辞典》卷一，第 244 页。
④ ［日］上田万年、松井简治等编：《大日本国语辞典》卷一，第 365 页。
⑤ ［日］上田万年、松井简治等编：《大日本国语辞典》卷一，第 557 页。本处只列举了"推す"的用法，另有"押す""壓す""捺す"，此四词发音均为"おす"，属同音不同义类词语。

《三國志》"一以意氣許知己,死亡不相負"句①;佛经里的"いちぶつじょう",汉字为"一佛乘",意为"一佛成道の教へ(翻译:唯一成佛之教法)",出自《法華經》"以一佛乘故為眾生說法"句②;由西语转译而来的语言"いちぶしゅけんこく",汉字为"一部主權國",英字为"Somi-sovereign; Imperfectly independent state",意为"聯邦國又は物上聯邦國を組織する一國にあらずして、しかも完全なる主權、殊に外交權を有せざる國家の稱。即ち、我が國に合併以前の韓國の類。半主權國。半獨立國。(翻译:不具有国联下的成员国资格,指称没有完全主权尤其外交权的国家。并入我国之前的韩国即属于此类国家。或称半主权国、半独立国。)",出自"国际法",③等等。其次,收入众多包含俚语、格言、难句(按:难懂的短语与句子)在内的熟语,并对这些熟语做出注解,故兼有熟语故事辞典之称。其三,标出所列语言以及熟语典故的出处。其四是应收尽收所列语言、语句的多种释义。④ 由此可知,《大日本国语辞典》编撰的竣工最起码具有以下几点重大意义:1. 揭开作为标准语的新国语的面貌;2. 新国语都包含了哪些语言;3. 今后辞书编撰依照五十音图音顺编列词条等。需要说明的是,上述几类语言,汉籍、佛经中的汉字汉语并未被新国语摒弃,且其他几种类型的语言中亦不乏汉字汉语,故可以理解为:那些经日本长久咀嚼、吸收后的汉字汉语,也就是已为日本人所熟悉、进入生活场景里的汉字汉语在新国语中与那些汉籍佛经中的汉字汉语被刻意区分开来加以标识,以示前者为已同化为日本语的语言。这样的国语面貌反映出亲历文字语言改革的工作者所秉持的从实情出发、集思广益、兼听则明的专业谨慎态度,即便如一直推崇罗马字的上田万年,对待汉字汉语,在主持编撰《大日本国语辞典》时也没有表现出个人的喜好,编撰者保持了最大的宽容性,被调查

---

① [日]上田万年、松井简治等编:《大日本国语辞典》卷一,第196页。
② [日]上田万年、松井简治等编:《大日本国语辞典》卷一,第247页。
③ [日]上田万年、松井简治等编:《大日本国语辞典》卷一,第247页。
④ [日]上田万年、松井简治等编:《大日本国语辞典》卷一,三上参次序,第2—3页。

语言,无论出自何处,尽量做到应收尽收,共计收入词条达22万有余,成为日本现代语辞书的奠基之作。

二、日本现代国语国文的推广状况——以小学校修身科教科书为例

日本自颁布学制以来,修身课程的授课非常灵活,多采取讲话的形式授课,也就是老师根据教学大纲以谈话的形式向学生授课。其后有些学校开始采用西籍译著为教材,比如《泰西劝善训蒙》《修身论》《童蒙教草》等都是当时流行的教材,政府多不干涉。修身课正式作为一门必修科目是1880年新教育令颁发以后的事情,而日本文部省早在颁发新教育令之前就成立了编辑局以开启小学校、中学校的教科书编纂工作,以便着手整顿教育界存在的教科书日益混乱的现象。当时身为文部省编辑局局长的西村茂树亲自执笔编撰了二卷本《小学修身训》,以为文部省向教育界提供的教科书示范,供小学校选用,因在教科书检定制度推行以前,学校用教科书由各学校自己决定。通过这部出版于1880年(明治十三年)的修身教科书,可一窥当该时期小学校用教科书的语言文体状况。

在其凡例中有"修身学之书,生徒宜熟读暗记。因其意味深远,多有幼年生徒不能理会之语。然只要不忘时时记诵之,随着年岁渐长,其中深意慢慢可领悟于心,而后将一生受用"①之句,可知这一时期的修身教科书类似于中国经类书的摘抄集,因寓意深奥,但求学习者熟读暗记,不求其立时感悟。故《小学修身训》中有很多摘自中国经类书籍的章句。比如卷上学问篇中有如下章句:

○天ノ命ヲ性ト謂ヒ。性ニ率フヲ道ト謂ヒ,道ヲ修ムルヲ教ト謂ヒ。《中庸》

(原文:天命之谓性,率性之谓道,修道之谓教。)

---

① [日]西村茂树:《小学修身训》凡例,《日本教科书大全 近代编》卷二,《修身》(二),讲谈社1962年版,第7页。

○玉琢カザレバ器ヲ成サズ。人學バザレバ道ヲ知ラズ。《禮記》

（原文：玉不琢，不成器。人不学，不知道。）

○吾嘗テ終日食ハズ終夜寝ネズシテ以テ思ヘドモ益ナシ。學ブニ如カザルナリ。《論語》

（原文：吾尝终日不食，终夜不寝，以思，无益，不如学也。）

○人ノ道アルヤ。飽食暖衣逸居シテ教ナキトキハ禽獣ニ近シ。聖人之ヲ憂フルコトアリテ，契ヲシテ司徒タラシメ。教ユルニ人倫ヲ以テス。父子親アリ。君臣義アリ。夫婦別アリ。長幼序アリ。朋友信アリ。《孟子》

（原文：人之有道也，饱食暖衣逸居而无教，则近于禽兽。圣人有忧之，使契为司徒，教以人伦，父子有亲，君臣有义，夫妇有别，长幼有序，朋友有信。）

○君子ノ學ハ必ス日ニ新ナリ。日ニ新ナルハ日ニ進ムナリ。日ニ進マザル者ハ。必ス日ニ退ク。未タ進マズシテ退カザル者ハアラズ。《二程集》

（原文：君子之学必日新，日新者日进也。不日新者必日退，未有不进而不退者。）①

又卷上《修德篇》中有如下章句：

○天子ヨリ庶人ニ至ルマデ。壹是ニ皆身ヲ修ムルヲ以テ本ト為ス。《大學》

（原文：自天子以至于庶人，壹是皆以修身为本。）

○君子ハ本ヲ務ム。本立テ道生ス。孝弟ハ其レ仁ヲ為スノ本與。《論語》

（原文：君子务本，本立而道生。孝弟也者，其为仁之本与。）

○仁者ハ射ルガ如シ。射ル者ハ己レヲ正フシテ後ニ發ツ。發ツテ中ラザレバ。己レニ勝ツ者ヲ怨ミズ。諸レヲ己レニ反求スルノミ。《孟子》

（原文：仁者如射，射者正己而后发。发而不中，不怨胜己者，反求诸己而

---

① ［日］西村茂树：《小学修身训》，《日本教科书大全 近代编》卷二，《修身》（二），第8—9页。

已矣。)

○一粥一飯。當ニ來處ノ易カラザルコトヲ思フベシ。半絲半縷。恒ニ物力ノ維艱キコトヲ念ヘ。《朱子家》

(原文:一粥一饭,当思来处不易;半丝半缕,恒念物力维艰。)

○清閒貞静。節ヲ守リテ整齊。己レヲ行フニ恥アリ。動静法アリ。是ヲ婦德ト謂フ。辭ヲ擇ンデ說キ。惡語ヲ道ハズ。時アリテ然ル後ニ言ヒ。人ニ厭ハレズ。是ヲ婦言ト謂フ。《曹大家女誡》

(原文:清闲贞静,守节整齐,行己有耻,动静有法,是谓妇德。择辞而说,不道恶语,时然后言,不厌于人,是谓妇言。)

除来自中国古典书籍的章句外,尚有摘自由西籍翻译过来的伦理学类书籍的条目,此类书籍中较为流行的有《劝善训蒙》《西国立志编》等。编译《西国立志编》的中村正直在其序言中如是说:"余译是书,客有过而问者。曰:子何不译兵书。余曰:子谓兵强则国赖以治安乎?且谓西国之强由于兵乎?是大不然。夫西国之强,由于人民笃行天道,由于人民有自主之权,由于政宽法公。"[1]由此可知,当时洋学者们认为推动社会对西方近代精神的认可有助于日本人建立起对西方社会的美好印象。而且从《西国立志编》的内容看,译者所选译的对象在道德养成方面丝毫不与东方价值观相冲突。比如《小学修身训》卷上《学问篇》中有如下条目:

○オハ天ヨリ受クル者ナレドモ。是ヲ成全スルハ自修ノ功ニ頼ルコトナレバ。天オヲ恃マズシテ。人カヲ盡スベキコトナリ。《西國立志編》

(译文:才虽受之天,然成才者终赖于自修,天非恃才,只是竭尽全力为之而已。)

○善書ヲ讀ムトキハ。人タル者ノ職分ヲ勵マシ。不善ノ書ヲ讀ム

---

[1] [日]中村正直:《西国立志编第一编》序,《敬宇文集》卷上,高桥金十郎1880年版,第1页。

トキハ。人ノ志氣ヲ損耗シ。人ヲ懦弱ニナシテ。是非善惡ヲ分別スル
ノ精神ヲ錯亂セシム。故ニ不善ノ書ヲ讀ム者ハ。自其身ヲ害フト謂フ
ベシ。《勸善訓蒙》

（译文：读好书，可以让人守本分。读不好的书，不仅会消磨人的志
气，使人变得懦弱，还会错乱人分别是非善恶的能力，可谓自害其身。）①

除了外来的东西方伦理观念，日本自身积累的关于修身方面的说教也被
收纳进来，该书中的很多条目就摘自像《大和俗训》《家道训》等这样在日本很
流行的伦理书籍，展现出国学不容忽视的姿态。比如其卷上《学问篇》中有如
下第目：

○世の人多く藝を好みて學問を好まず。藝は譬へば木の枝葉な
り。學問は譬へば木の根本なり。根本を務めずして枝葉を務め。本を
棄てて末に專なるは僻事なり。道學なければ。藝は多くしても根本立
たず。君子とすべからず。又技藝なければ。事に通せずして其德の助
なし。野人と謂ふべし。《大和俗訓》

（译文：世人多好艺不好学问。如果把艺比喻成树的枝叶，学问就好
像是树的主干。不抓主干只捡枝叶的行为就是本末倒置。不学道，艺再
多，人之根本不能立，故君子不为。又，若无任何技艺，不通世事，于人立
德处亦无助，是谓野人。）②

比如其卷上道德篇里有如下条目：

○我身朝夕飲食の俸養は輕くして。身をば勞動すべし。奢りて酒
食の美を好み。懈りて身を安逸にすべからず。奢らず怠らず。此の如
くすれば。第一德を養ひ。次に身を養ひ。次に財を養ひ。三の益あ

---

① ［日］西村茂树：《小学修身训》，《日本教科书大全　近代编》卷二，《修身》（二），第9—10页。
② ［日］西村茂树：《小学修身训》，《日本教科书大全　近代编》卷二，《修身》（二），第9页。

り。《家道训》

　　(译文:我们不要过于在意每日饮食,当尽量劳己身,切忌让自身松懈下来沉迷于安逸,不奢靡,不懒怠。这么做的好处有三点:第一可立德,第二可养身,第三可蓄财。)①

　　这两个条目虽出自日本自撰的伦理书,但其宣扬的君子在立德以及勤劳节俭的观念基本契合了儒家思想。

　　《小学修身训》卷上分《学问》《生业》《立志》《修德》等四篇、共计 118 条目。其中,学问篇 18 条目中,来自汉籍者 8 条,来自西籍者 8 条,来自日籍者 2 条;生业篇 18 条目中,来自汉籍者 2 条,来自西籍者 11 条,来自日籍者 5 条;立志篇 25 条目中,来自汉籍者 11 条,来自西籍者 13 条,来自日籍者 1 条;修德篇 57 条目中,来自汉籍者 24 条,来自西籍者 26 条,来自日籍者 7 条。综上,来自汉籍者共计 45 条,占比约 38%;来自西籍者 58 条,占比约 49%;来自日籍者 15 条,占比不到 13%。上述选文结构呈现出以下局面:从前汉学或儒学占据大半天下的局面至此大为改观,被西学后来者居上,与西学堪堪形成抗衡之局面,而日本本土之国学虽依然不显,但就如历史中的场面一样,牢牢固守一方天地。《小学修身训》的编写者西村茂树,是一位对洋学抱有好感的汉学者,在编写该书时的官方身份是日本文部省教科书编辑局局长,故他的选择可以代表正统学术精英以及官方对于学术思想的态度。如果从文字语言文体的角度进行观察,汉字汉语被大量使用,甚至有些汉字汉语或意味深远,或艰涩难懂,就此,编撰者在序言中明确表示这些汉字汉语乃至文意对小学阶段的学生来说过于深奥,但并不要求他们在现学习阶段能透彻理解,只须牢牢记在心中即可,随着个人阅历的日益丰富,自然会慢慢体会、参透其间的深远含义,由此一生受益。这表明中国式的树人理念在这一时期仍焕发着生机。就文体而言,凡来自汉籍的条目,采用的是传统的汉文直译体,也就是对汉文进行解

_____

① [日]西村茂树:《小学修身训》,《日本教科书大全　近代编》卷二,《修身》(二),第 19 页。

读的一种文体,且涉及假名处用片假名;凡来自西籍的条目,是一种介于汉文直译体与汉和体之间的一种文体,更接近汉文直译体,表现出对西方伦理学的尊重,且涉及假名处也用片假名;而来自日籍的条目,因其出处原书针对的读者对象是识字者,而非超然于俗世的知识分子,故采用的是汉和体,这种文体由于符合口语的表达顺序,易于理解,不似汉籍条目那样须通过长久的潜移默化方能有所领悟,不过以笔者上列两条日籍条目的内容看,其间的说教更像是儒家经论的白话版,当然也包含着日本人自身对于人生的理解和顿悟,尤要注意的是,日籍条目涉及假名处用的是平假名。也就是说,至此时,汉文直译体即对汉文进行"書き下し"(训读或解读)时涉及假名用片假名、汉和体文或假名文中所用假名采用平假名的"旧习"依然不改。

　　教科书的编撰精神发生重大变化是在 1890 年(明治二十三年)。当年 10 月颁布的教育敕语成为此后日本对学校教育的教育目标进行调整的参照基准。教育敕语的核心精神在于强调:对于天皇和国家的忠诚,对于先祖和亲人的孝敬,国家神道是国家主义思想的支撑,天皇和臣民间的关系是支配与服从的关系,当然也是一种大家庭内部的亲和关系。总之,国民道德的实质是追奉将封建伦理和近代伦理有机融合为一体的具有普遍意义的国家主义。这一时期修身教科书代表作是末松谦澄编著的《高等小学修身训》。笔者试举一二例以展现该当时期教科书的语言文体面貌。

　　首先,该修身教科书不再采用摘编形式,而是直接列出主题进行编写,再辅以人物故事进行实例解说。比如卷一第一节之"孝行",其文如下:

　　　　凡そ世にあるもの、貴きも賤きも、誰か父母の生ざる人あらんや、されば父母は我身の本なれば、本をば忘るべからず、父母の恩は山よりも高く海よりも深し、如何にして忘るべき、まず胎内にありしより母を苦しめ、生れ出でで後は、父母ともに畫夜艱難辛苦して抱きそだて、少しの病ありても、神にいのり醫をもとめ、唯息災にして、成長するを待つより外の願あることなし、其子やや成長すれば、師を選び、藝を習はせ、よき人になれかしと思ひ、世にも立ちまじはる程になれば、或は悪き友に誘はれ、或は不慮の難にあはんかと、いまだ目に見えざる事までも、たえず心苦しく思ひ、一生のいとなみ、すべて子のためにせざることはなし、是等の厚恩たとひ報いつくさずとも、責て孝行を盡すべきなり、其孝行と云ふも、人々自から貧富貴賤の不同あるべければ、必しも父母の衣食を結構にせよと言ふにはあらず、第一に心得べきはいかほど父母の身を養ふとも、其心を安ぜずしては、大なる不孝なり。

译文：凡世间之人，不论贵贱，任谁都是父母生养，故父母于我乃身之本，本不可忘。父母之恩比山高，比海深，如何能忘母亲十月怀胎之苦，至出生后，父母含辛茹苦不分昼夜抚育我。但凡有些小病，都要向神祈祷，为我求医，唯盼降福消灾，平安成长。等稍稍长成，又开始为我四方求师，令我习艺，以期成为有用的人。及初出茅庐，或怕我被损友带坏，或担心我遭遇什么不测，凡此种种，无不日日牵肠挂肚，一生之惦念尽系于孩子。这样的恩情怎么去回报都不为过，也就是要责无旁贷地对父母尽孝。所谓孝行，人与人虽然在贫富贵贱上不尽相同，但讲到尽孝，并非仅止于让父母衣食无忧，如果不是发自内心行孝，即便在赡养父母，但却让父母时怀不安，是谓大不孝。①

又有"公益 附青木昆陽"一文，详列如下：

凡そ學を修め業を習ふものは、智を磨き徳を養ひ、進んで公益を廣むることを心懸くべし、青木昆陽の如きは能く此意にかなへる人と云ふべし、昆陽は武藏の人なり、少くして學を好み、和漢の書籍のみならず、蘭學をも修めけり、後世洋學の開けたるは此人の力多きに居れ利り、其傾、罪人の島流しせらるる者は、諸島に穀物少なくして、餓死するもの少なからず、昆陽深く之を悲みけるが、世に薩摩芋と稱するもの

---

① ［日］末松謙澄：《高等小學修身訓》卷 1,《日本教科書大全近代編》卷 2, 修身（二），第 403 頁。

は、其傾まで、未だ國中に廣まり居らざりしも、元來地味のよからざる
畠にも能く生じ、穀物にかへて甚だ利益あるものなれば、昆陽思ふやう、之を諸島に植ゑしめば、流罪人の餓死を救ふに屈強の品なるべし、夫のみならず、廣く國中に植ゑしめば、庶民の公益之に過ぎたることはあらじとて、幕府に請ひ、其種子を薩摩より求め、試に幕府の藥苑に植ゑしに、能く繁殖せしかば、假名交り文にて番薯考と云ふ書一卷を著はし、其植付けの法より、食用の法まで、詳に記載せしに、彫刻し、種子をも併せて諸島及び諸州に賜ひ、植付けしめたり、是れより數年ならずして大に各地に廣がり、上下ともに其利を蒙り、今に至て益々盛なり、是れ實に昆陽の賜ものと云ふべし、

译文:凡修学习业,在增智立德,继而志在广公益。像青木昆阳就是一位能贯彻上述志向的人物。昆阳乃武藏人,少小即好学,不仅喜读和汉书籍,尚钻研兰学,后世洋学得以开启,多有赖此人之力。其时,流放离岛的犯人,因诸岛谷物不长,饿死者不在少,昆阳深以为悲。今日被称作"萨摩芋"的食物,当时在国内并未广泛种植,但因此种植物在并不富饶的土地上也能很好生长,昆阳遂发想若取代谷物种植此等易繁殖植物,其收益显见更大,若将其种植在诸岛上,岂不是可以成为一种能拯救那些时刻处于饿死状态的犯人的食物。若进一步在国内推广种植,岂不是一项有益于庶民的公益事业。之后昆阳请求幕府向萨摩藩要来"萨摩芋"种子,并在幕府的药园开展试种,在积累了许多种植经验后,用和汉字交混体撰成一卷题名为《番薯考》的书,从种植法到食用法,详细列说,并给予出版,连同种子一同发往诸岛以及诸州。经此推广,不到数年,"萨摩芋"已在全国各地被广为种植,上下得其利,至今已成蔚然之势。此实拜昆阳所赐。①

---

① ［日］末松谦澄:《高等小學修身訓》卷1,《日本教科書大全近代編》卷2,修身(二),第414—415页。

由上述两例可知:1,作为东方传统美德的孝行依然受到重视,但不再以中国经籍条目的方式呈现,而是以谈话的形式融汇贯通且简明扼要地给予解说。2,个人修身固然重要,但要兼具"公益"精神。通过"公益"一节,我们可以观察到编著者欲力证东西方精神存在共同处的用心。①

依据笔者统计,《高等小学修身训》卷一的结构如下:第一节是"孝行",第二、三节讲述的是关于孝行的人物故事;第四节是"兄弟谊",第五、六节讲述的是关于兄弟间如何相处的人物故事;第七节是"朋友相交"以及附加的人物故事;第八节是"尊敬长辈";第九节是"前田利家家训";第十节是"不要耻笑别人的过错"以及附加的人物故事;第十一节是"不要讥讽他人";第十二节是"陋习"以及附加的人物故事;第十三节是"忍怒";第十四节是"不能推卸责任";第十五节是"旧恩"以及附加的人物故事;第十六节是"承诺"以及附加的人物故事;第十七节是"节俭"以及附加的人物故事;第十八节是"养生"以及附加的人物故事;第十九节是"博爱";第二十节是关于博爱的人物故事;第二十一节是"学问"以及附加的人物故事;第二十二节是"公益"以及附加的人物故事;第二十三节是关于勤勉的人物故事;第二十四节是"勇气"以及附加的人物故事;第二十五节是关于忠义的人物故事。

经综合观察后可知:汉文直译体不再出现,文体采用和汉体中的语文体,也就是用语偏向雅言,故用语多为汉字汉语或汉字训读语,以假名表记的语词不多见。其伦理观念不再强调出处,即将汉籍、西籍、日籍中的伦理观念融为一体呈现,但有些条目明显遵循东方伦理价值观,比如第一节之"孝行",第四节之"兄弟谊",第七节之"朋友相交",第八节之"尊敬长辈",第十七节之"节俭",第二十一节之"学问",第二十五节之忠义等等,均为日本长期以来的传统价值观念,且多出自中国经籍;但有些认识是并不分东西区域的世界共有的价值观,比如第第二十二节之"公益",第二十三节之"勤勉",第二十四节之

---

① [日]末松谦澄:《高等小學修身訓》卷1,《日本教科书大全近代编》卷2,修身(二),第417—418页。

"勇气"等等;而像第十九节之"博爱"这样的观念,则体现出西方近代的公民精神,表明日本社会对西方近代价值观的持续吸收。最体现教育敕语精神的是关于忠义、忠君思想的宣扬,而基于忠义、忠君思想的国家主义的提倡以及国家主义下的日本自我独立意识的上扬在该书中被编撰者呈现出来,比如人物故事中出现的人物均是出现在日本历史中的或活在当下的人,没有外国人,与此形成鲜明对照的是:在西村茂树编译的那本《小学修身训》里所出现的不多的几个人物故事讲述的均是中国历史人物。这一表率人物选择上所出现的变化在某种程度上反映出日本社会风气的变化,尤要注意的是这种变化出现在甲午战争前,它深刻影响了日本从此以后的对外发展方向。

如前所述,文字语言文体的重大变化出现在 1900 年以后,而 1903 年教科书国定制度的颁布加速了上述变化,且新国语国文通过国定教科书得以在日本全国学校推广。这一时期的修身教科书,一方面要强调国民对天皇、国家的忠诚,对祖先、亲人的孝敬,另一方面又要培养国民近代西方所宣扬的公民意识,即对自由、平等、人权的追求和尊重。也就是国定教科书的编纂方针在于把握上述两种精神培养的平衡,如果过于强调西方的公民意识,忽略忠孝道德的内容则会受到严厉批判,反之亦然。由井上哲次郎编著、于 1908 年(明治四十一年)出版的中学用《新编修身教科书》是展现国定教科书国语国文面貌的一个好范本,该教科书是在其编著的 1902 年版中学用《修身教科书》的基础上改编而成。

检视一下井上哲次郎 1902 年版中学用《修身教科书》可知,其采用的文体是汉和体中的语文体,也就是更倾向于汉文体。比如"择友"章节的原文如下:

> 人は、父母教師の保護と教育とに由ちて、人と成ると雖も、切磋琢磨して、智を開き德を修むるは、朋友の力に由ること少からず。然れども此の利益あると共に、德性を傷け品行を汚して、一生を誤ることも、亦朋友に由ること多し。されば朋友は、最も慎みて選擇せざるべからず。

朋友の良否を辨ずるは、甚だ難し、其の外貌を以てすべからず、其の辯口を以てすべからず、又一朝の義理を以てすべからず。一朝の義理は、尋常の人も、猶能くすべし、又奸佞の人にも、外貌清らかにして、口辯あるもの多し。然れども左の孔子の訓言に由りて、之を鑒別せば、則ち大過なかるべし。

孔子曰はく、益者三友、損者三友、直を友とし、諒を友とし、多聞を友とするは益なる。便辟を友とし、善柔を友とし、便佞を友とするは損なり。

译文：每个人都是在父母庇护以及老师的教导下成长起来的。然若欲切磋琢磨以开智立德，必要借助朋友之力。朋友间虽有此共同利益，但德性受损，品行有亏，以至一生被耽误，也多由朋友起。故交友前，必要慎重选择。

辨朋友之良否甚难。仅观其外貌不行，仅观其言谈不行，仅观其一时半刻之处事态度不行。一时半刻之处事，寻常之人也可以做得很好，奸佞之人，外貌清正之人，能说会道之人，亦可做得很好。即如下记孔子训言，交友不加甄别，将铸大错。

孔子曰：益者三友，损者三友。友直，友谅，友多闻，益矣。友便辟，友善柔，友便佞，损矣。①

这一事例表明：在 1900 年小学、中学已经开设国语科的前提下，教科书编著者依然会大量使用汉字汉语，并不回避笔画复杂、意思难解的汉字汉语，比如像"睿智、禮讓、胸襟、奸佞、壅塞、切磋、琢磨、鑒别"这样的汉字汉语，就与尽量多使用雅言化的俗语以及采用言文一致体撰文的文字语言文体改良目标尚不契合。在价值观取向上，编著者仍然重视"交友"，在列举人物故事时精挑的是中国古代历史人物，在引用名言时甄选的是《论语》中的章句，表现出编著者井上哲次郎对于修身科教育目标的态度。这样一位在自己编著的修身教科

---

① ［日］井上哲次郎编：《修身教科書》中学 1 年级用，第 41—42 页。

书中大量运用汉字汉语甚至汉文的著名洋学者在面向公众时却宣称："若要想日本文学获得真正的独立,唯有废弃汉字;若要想日本的近代国民教育发达起来,唯有废弃汉字;若要想国家获得文明进步,唯有废弃汉字;若要想新思想得以传播,以促使我国民奋发,唯有废弃汉字。"①也就是说,明治时代知识分子的思想倾向是很难严格定位的,他们在不同的场合会表现出不同的倾向。就像井上哲次郎,他在鼓励人们尽量少用汉字汉语并采用谈话体撰写文章的同时,自己在撰文时却不自觉地会使用汉字汉语并采用汉和体中的语文体,这可能是汉学修养使然,也是一种表现自己个人素养的自觉行为吧。

不过井上哲次郎1908年版中学用《新编修身教科书》则表现出国定教科书所要展示的国语国文面貌。该版第1学年用课本之第十五课亦是讲述如何交友,但题名变为《对待朋友的心得》。其文如下:

　　文中子が「君子ハ先ヅ擇ンデ後ニ交リ、小人ハ先ヅ交ツテ後ニ擇ブ、故ニ君子ハ尤スクナク、小人ハ怨多シ」と云つて居るが、實に其の通りで、朋友は交る前に先づ擇ばなければばんらぬ。虛言をなし、教師に反抗し粗暴なる言動をなし、贅澤に傾き、流行を迫ひ、怠惰に流れ、誘惑に陷るなどは、元を尋ぬれば、惡友の感化に因る場合が多い。それ故に、朋友の選擇は最も意を用ひなければなあぬ。如何なる者は益友で、如何なる者が惡友であるかは、諸子が少しく考へられたならば分る事であらう思ふが、……

　　惡友と交れば、何時となく其の惡風に化せらるものである。それは丁度細菌のやうに暗黑面を經て傳染して行くものである。それで惡友を避けて交らぬやうにするのが一番好い。之に反して、自分より優れた學友と交ると云ふと、職らず知らず其の感化を受けて、身の爲になるやうな事がある。それでさう云ふ學友は眞に益友である。朋友とし

---

① ［日］自治馆编辑局编纂:《國語改良異見》,第398页。

ては是非益友を選ばんければならぬ。

　既に益友を選んだ以上は、信義を以て交らなければならぬ。信義とは、互に信じあひ、誠心をつくして、偽のないのを云ふ。それ故に、朋友の間は、悪い事があれば忠告しあひ、善い事があれば共に喜び、互に深切をつくす様にしければならぬ。學科の如きも、分らぬ處は互に質ねあひ、共々に進んで行くべきものである。若しも試驗の成績を爭ふ為に、朋友の失敗を祈る様な事があるとすれば、それは度量の狭い人であるのみならず、第一朋友の道に背いて居るものである。

　けれども、いくら朋友に深切であれと云つても、不正不義な事をしてまでも助けよと云ふ意味ではない。學生の中に往往之を誤解して居る者があると見えて、或は試驗の際に、私に朋友に教へてやつたり、或は親を欺いて、病氣などと稱して金を取り寄せ、これを以て朋友を救つてやつたりする様な者がある。是は心得違ひである。朋友の交は、飽くまで正義正道に依らけれなならぬ。若し是が為に絶交しなけばれならぬ様な場合が起つても、それは先方が悪いのであるから、巳むを得ない事である。……

　益者三友、損者三友、直ヲ友トシ、諒ヲ友トシ、多聞ヲ友トスルハ益ナリ、便辟ヲ友トシ、善柔ヲ友トシ、便佞ヲ友トスルハ損ナリ。（論語）

　子貢友ヲ問フ、子ノ曰ク忠告シテ善ク之ヲ導ビク、不可ナレバ則チ止ム、自ヲ辱シメラルコト無シ。（論語）

　友情は生命に於ける最大福祉の一なり。一切所有物は、之を失ふことあるも、善良なる朋友は、尚ほ存すべきものなければなり。（苏格拉底）

　智者と交る者は智者となる。（ 所罗门王 ）①

---

① ［日］井上哲次郎編：《新編修身教科書》中学 1 年级用，東京金港堂 1908 年，第 70—76 页。

译文:文中子说:"君子先择而后交,小人先交而后择。故君子寡尤,小人多怨。"如其所说,在交朋友之前,一定要先做选择。是否不说大话,是否不反抗老师,是否言行举止不粗暴等等,而喜欢浪费,喜欢赶时髦,懒惰松懈,不能拒绝诱惑等等坏毛病的养成,究其原因,多半是受到恶友的影响。由此,选择谁作为朋友是一件非常重要的事。什么样的人是益友,什么样的人是恶友,是诸子必须要搞清楚的事。……

如果交到恶友,不知何时就会受其恶习影响。这就像感染细菌一样,所以最好的办法就是避免交到恶友。与之相反,要尽量去结交那些比自己优秀的学友,在不知不觉中就能受到他们的榜样影响,也会力争让自己成为他们一样的人。这样的学友才是真正的益友。若说交友,一定要结交益友。

既然结交的是益友,就要以信义对待朋友。所谓信义,就是相互信任,彼此有诚意,不虚伪。由此,朋友之间,如果有不好的事,要相互告知;如果有好事,要共同庆贺,要相互关照体贴。像是学习,有不懂的地方,要相互帮助,共同进步。若为了取得考试的优秀成绩,去祈祷朋友的失败,这样的行为不仅显得自己是个心胸狭隘的人,而且违背了交友之道。

不过,关心朋友,不是意味着为了帮助朋友甚至不惜到做不义之事的地步。学生中往往有这样认识不清的人存在,比如在考试期间,偷偷告诉朋友答案;或是欺瞒亲人,称病要钱以救助朋友等等,这些做法都是错误的。朋友相交必须符合道义。如果因不答应对方的无理要求而引起绝交情况的发生,其错在对方。……

益者三友,损者三友。友直,友谅,友多闻,益矣。友便辟,友善柔,友便佞,损矣。《论语》

子贡问友。子曰:忠告而善道之,不可则止,毋自辱焉。《论语》

友情是生命中不可或缺的福祉。任何东西都可以失去,唯有善良的朋友一定要留住。《苏格拉底》

与智者相交,将成为智者。《所罗门王》①

经与 1902 年版比较,我们会发现:最大的变化就是撰写文体采用的是汉和体中的谈话体,以契合言文一致的改革要求,故说教更浅显易懂且生动活泼;其次汉字汉语的使用明显减少,且尽量使用常用汉字汉语,避开生僻字语,甚至为减轻汉字压力,不忌讳反复使用同一汉字汉语,而不是像从前那样为避免用语重复而刻意使用近义字词;所甄选名言不但有出自中国经籍的条目,尚有出自西籍的条目等,表现出编著者欲融东西文化精神为一体的动机。

国定修身教科书正在起着统一日本学生精神价值取向的作用。也就是日本政府欲通过修身课程,努力使得每位在校生最终成长为效忠天皇、国家且品行端正的国民。从文字语言文体改良角度而言,国定教科书制度的推行为日本新国语国文的实践提供了平台,即新国语国文的的改善不断在进行,而国定教科书则为及时推广或推进新修正抑或新增内容提供了保障。如此,标准语言的建立,趋文言一致体文的流行,使得人们之间的沟通变得更加通畅,学校教育迅猛发展,此又为日本社会的新貌。不过需要注意的是,尽管批评声不断,在经过严密的国语大调查后,汉字汉语还是顺应社会需求被保留下来,虽然在基础教育阶段,其使用程度受到限制,但在国语大辞典中,却保持了原貌,当然大量包括西语在内、除汉籍佛经以外的外来语也进入国语辞典,且经过雅言化的俗语即本土语言亦汇入国语的海洋,也就是经过改良的文字语言,作为国语名目诞生的现代语为撰写各种新旧学科文章提供了丰足的语言保障。用田口惠的话来说就是:尽量吸收中国、印度、波斯乃至土耳其等国语言中对日本来讲非常有益的语言,将它们收容进国语中为日本人所用,以它们来替换日本语言中那些不合理或冗繁的语言,并让它们在国文书写中得到尽情自由的发挥,且这种集众长为一体的语言,不仅要让我们自己受益,将来还可以推广及那些贡献过自己语言的诸如中国、印度等一样的亚洲国家,当然亚洲以外国

---

① [日]井上哲次郎编:《新编修身教科書》中学 1 年级用,東京金港堂 1908 年,第 70—76 页。

家的人若喜欢也可以使用起来。相信阅读着用这种混合着各国语言的语言撰写而成的文章的外国人因能找到来自母国的语言而会对日本书籍产生亲切感,进而可能去主动学习日本语言,这将促进日本与世界各国的彼此往来。①

也就是,在启动文字语言文体大改革后,日本在吸收外来语言方面反而心态更加开放,那么在汉字汉语最终未被摒弃的状况下,汉学在日本的地位又经历了怎样的变化。

第三节　汉字汉文汉学在日本

"山樱惹人醉,纵使心痴留不住,待到花散后,亦可归我身。"②社会变革后带给知识分子的精神失落大概就是这种"托心于花月"的心境抑或境界被现代化以来的重欲主义抑或功利主义所打碎,"地上一寸"③的信仰在消失。不过仍有一批要保住汉字、坚守汉文的人,他们是那些"地上一寸"的实践以及加护者,在狂澜之下吸收西方现代文化之余给自己留下了一块精神家园,在夏目漱石的眼里,这是一群"高等游民",游离于现实的物欲世界之外,专注自我精神气质的提升,以期在适当时机给被"腐蚀"的社会重新注入精神养分。

就像德富猪一郎所说的那样,拟古也就是模仿中国是明治以前甚至明治以后大部分日本知识分子在做的事情,比如一代文豪荻生徂徕一生的过半精力都消耗在对李于鳞、王元美等撰写的古文的袭用上,而中井竹山的《逸史》则显而易见是对《左传》笔调的模仿,哪怕是赖山阳的《日本外史》,虽然是一部张扬了日本精神的史书,但其模仿《史记》的痕迹却昭然可见。不过日本文

---

① ［日］自治馆编辑局编纂:《國語改良異見》,第351页。
② ［日］西行:《山家集》,引自藤田正胜:《日本文化关键词》,新星出版社2019年版,第10页。
③ 从身体中浮起来的意思。也就是从欲望中解脱出来的意思。

学在开拓自我独立精神方面也并非一无成就,比如新井白石的《藩翰谱》和《读史余论》、大宰春台的《经济录》、熊泽蕃山的《集义和书》、贝原益轩的《养生训》、室鸠巢的《骏台杂话》等,并不屈就于所谓文字文体,皆为传神达意之作,足可称为日本文学史上的骄傲①。德富猪一郎的讲话很好反映了近代西学在严重影响日本之前日本人对于学问的态度,但能迅速提升国力的西学到底在明治以后开始逐步深刻影响到日本的社会。

早在 1767 年(明治十年),著名洋学者西周就指出:"今日所谓学术多系于从欧洲输入,自然非前日之汉学可比。唯模仿踏袭之日甚短,融会贯通则实不可企及。然唯事模仿不求一贯之理,或行一事而无哲学上之见解,不过勇猛之技也。临事失之生疏,虽西方之学术亦难免成为无用之长物。然今若欲矫模仿之弊,如何是好? 依余所见唯有如下之道而已。其一重实验,其二深究学问之渊源。重实验不言自明,只不应只重欧洲之事,应审本邦之利害得失,通本邦及亚细亚东方之历史人情风俗,尤其重自己之经历体验。若非如此,所学之学问恐难切事实。其二即论题所论之深究学问渊源,固然若为时事之所要,难免今日仍有应急需取捷径之事。然既从事学问,理应不拘一时一事,穷极各学科之深远之理,虽无用之事为明理故仍应彻底明了之。积特别之众理,归一贯之元理,所谓如江海浸膏泽之润,达左右逢其源之地。……两相持,他国之学术者始可供自身自国之用。"②西周对于西学的肯定是有深远意义的。当时人们对于西学的认识多从实学或科学角度去理解,并不认可其在哲学即人生态度或人生经验上的说教,但西周却从形而上的学问角度对其进行了肯定,认为西学关于人生的教诲就像汉学一样具有可借鉴性,只要咀嚼透彻、理性吸收,亦能为日本所用。这意味着,西周从形而上的角度把西学放在了与汉学相

---

① [日]自治馆编辑局编纂:《国语改良异见》,第 17 页。
② [日]家永三郎著,靳丛林、陈泓、张福贵、刘珊译:《外来文化摄取史论》,第 338—339 页。转引自西周:《学问是为了加深渊源》,《西周哲学著作集》,岩波书店 1933 年版,第 278—282 页。

同的地位高度上。而西周的上述讲话揭示明治以后汉学西学之争在日本正在
成为一种社会现象。也就是日本人对于西方自然科学的兴趣正扩展为对于西
方文化的兴趣。

比如，汉学者西村茂树如是说："今日亚洲学术以治一国为主，不知广推
于四海。故其论狭隘，流于固陋，君臣之分过严，贵贱之别甚大，硁硁于小节细
义，不知立惊天动地之伟功。于区区之一国内，互责其过失，或互隐其过失。
故人之才智日蹙，闻见日隘，或迂阔，或骄傲，毕生所见，尚不能出门户，此乃亚
洲学术之弊。又亚洲人之性，好古恶新，改国政日复古，论道理称尚古，制兵器
亦模拟古制，立制度亦依古律。凡天地之气运，逐年而开，绝无今非昔比之理。
然国人之情拘拘然而崇古非今。故闻见日趋污下，知识越发衰绌。又亚洲人
之性，崇虚文而不论实用，以为长袍宽带胜于短衣窄袖，以为虚位空爵胜于实
富真盛，故人才多流于迂疏，不适实用。此乃亚洲人性情之偏僻也。又如见识
之事，凡人之功业，较之智略之深浅，目光之大小更为重要。亚洲人之目光短
浅，政体立论，皆不能出一国之内。日本于地球之中甚小，如大象面前之蝼蚁。
于此区区小国之内，互抱敌仇之心，一雄一雌相排击，却自以为得计。其识见
之卑，目光之浅，实如管中窥天，蜗牛角上争雄。若欲扬国威于海外，须去如此
固陋狭隘之识见，洞察五洲之大，知日本乃全地球之一隅，解国内之怨隙，期意
于远大。不取小神后、丰公、秦皇、汉武之业而师古代英雄亚历山大、凯撒、彼
得、拿破仑之功业。如是俄美之大，英法之强可至矣。"①通过对东方传统文化
的否定在获得自我反省机会的同时又提供了人们学习西方的合理性理由。即
吸取西方文化是革新日本社会、求得成长发展、刺激日本向上的一个契机。田
口卯吉曾在其题为《西洋与日本》的文章中就指出："西洋今日之开化，并非今
日之人之发明，皆为数百年来遗传、积蓄之产物。今日西洋人是在模仿，我日
本人也在模仿，这有何可卑？若曰'学西洋即可卑，守日本则为日本男儿'，此

---

① 　[日]家永三郎著，靳丛林、陈泓、张福贵、刘珊译：《外来文化摄取史论》，第293页。转
引自西村茂树：《长短说》，《泊翁丛书》辑2，日本弘道会1909年版。

言则大谬！吾人今日学物理学、心理学、经济学及其他诸种学科，并非学西洋科学，乃是学习宇宙之真理。吾人希望吾邦设立立宪政体，亦非因西洋流行此政体而欲立之，此政体乃适合人民固有天性之物，何以不立？吾人今日欲用铁道、汽船及其他万般机械，非因西洋用之而吾人亦欲用之，此乃为吾辈平民之便利，何以不用？所以，倘若吾邦固有事物中有便利于民者，又何须废？吾人的目的不是把我国西方化，而是提升我们的幸福感。"①显然，无论是岛田三郎，还是田口卯吉，其讲话要旨均在于劝服人们消除对西学的偏见，在汉学已不能帮扶日本走出困境、提升自己的事实下，应顺应世界潮流引入西学，并为我所用，大有识时务者为俊杰之意。

在此风气下，汉学中最为看重的史学研究法也在西化。著名史学家重野安绎在明治十二年如是说："西洋史类……布局剪裁与日、汉史颇异，略述于此，以供参考。其体也，依年月而编。事之本末必记于其下，文中要旨，多加论述，以启发读者，通常编年体与纪事体兼而有之。若出名人，则附略传，故亦有纪传体。编史之首，必记人种、地理、风俗等，先记国土人情，以备参照，实乃最切实之法。……本邦应异于汉土唯记事之法，以详述事之始末，使当今之事跃于纸上，其体诚可取也。"②于此，西村茂树亦说："东洋之学术不及西洋，其原因很多。然其主要者有二。一为不得学问研究之法；二为不设专门科学而研之。所谓不得学问研究之法，可归结于自古以来东洋学问的三弊。其一，专据书籍之弊，其二，专用演绎法之弊；其三，无法比较之弊。因此，自古西洋之学问亦须以西洋考究法学之，诸科皆须用专门之讲究法。"③著史体例的逐步西

---

① ［日］家永三郎著，靳丛林、陈泓、张福贵、刘珊译：《外来文化摄取史论》，第 298 页。转引自田口卯吉：《西洋与日本》，《鼎轩田口卯吉全集》卷二，東京大島秀雄 1927—1929 年版，第 520—323 页。

② ［日］家永三郎著，靳丛林、陈泓、张福贵、刘珊译：《外来文化摄取史论》，第 147 页。转引自重野安绎：《论国史编纂的方法》，《东京学士会院杂志》册 8，丸屋善七 1879 年版。

③ ［日］家永三郎著，靳丛林、陈泓、张福贵、刘珊译：《外来文化摄取史论》，第 257 页。转引自西村茂树：《询问东京学会会友》，《泊翁丛书》第 2 辑，博文馆 1912 年版。

化是日本明治时期学术史上的一大重要变化。众所周知,经史是汉学的基干,西方哲学观念的引入动摇了人们对于中国经学的尊崇心态,而西方史学方法的导入则破坏了由中国史学思想构建的史观以及方法,上述变化带来的学术震荡可谓直抵人心。不过需要说明的是,明治前后的日本社会对于西方的态度是复杂隐晦的,最初见到西方现代器物乃至异域风俗时所产生的惊奇感使得人们在面对西学是否优秀这一问题上很难做出冷静理智的判断,有仰视西方的人,就有固守传统东方文化、对西方文化不屑一顾的人,也就是推崇西方文化的洋学者与依据儒家经典思考人生、社会的汉学家在气质上其实是一样的,而如何保留自己现有的优点,再以所谓先进西学来改造自己的不足之处是大部分人可以接受的应对之策。也就是,无论要做出何种改变,不失去自我是底线。即如福泽谕吉所说:"面对外国,欲守日本,须使自主独立风气充满全国,使国中人民无贵贱上下之别,皆以国事为己任,智者、愚者、盲者、目聪者各尽其能。"①也就是说以洋学者自居的福泽谕吉所推崇的"西洋主义目的"实际上是要"保全我日本国的独立"。② 于是,无论出自何种立场,基于国家急于现代化的现实发展需要,从西学中汲取营养变成大势所趋,此间情理其实一如当初汲取汉学营养一样,亦是人心所向。既然无论是旧时的汉学,还是今夕的西学,都属于日本人有意愿去主动吸收的文化营养,那么经汉学改造而发展至今的社会,在遇到需要用西学继续对自己现行状态进行改造的现实性选择时要完全否定从前改造社会的有效工具——汉学吗? 在对此问题做出解答时,人们的选择是不一的。

　　比如井上哲次郎,他是很鼓励日本当以西洋主义来加速改造自身的,所以他希望迅速改善日本文字语言文体的现行状况以符合现代化发展的需要,而简化文字语言文体的重要途径就是尽量减轻汉字汉语的在文字语言中的分

---

　　① 〔日〕家永三郎著,靳丛林、陈泓、张福贵、刘珊译:《外来文化摄取史论》,第 241 页。转引自福泽谕吉:《劝学篇》,《福泽全集》卷二,东京时事新报社 1898 年版。
　　② 〔日〕家永三郎著,靳丛林、陈泓、张福贵、刘珊译:《外来文化摄取史论》,第 242 页。

量,甚至不惜舍去汉字汉语。但即便如此,他也不否认汉字确实存在一些长处。他说:第一,汉字就像图书里所呈现的那样,可视性很强,比如"日、月、山、川、舟、車、島、魚"等汉字,都是能够形象地表现出所指称事物的记录符号。也就是说,作为象形文字,汉字多能通过自己的字形,比如以上下或左右的结合来形象传达其所要表达的意义。我们来看"木"这个字,它很形象地展示出了一根木头的样子,所以人们很容易理解"木"这个符号表达的是"树木"的意思;然后我们把两个"木"字并列组合在一起,形成一个"林"字,就形象地表达出许多树木在一起的意思,也就意味着一片林子;为了表达树木更多更繁盛的意思,就在"林"字上方再加一个"木"字,形成一个"森"字,同样形象地表达出更多树木在一起的意思,很好呈现出一片森林的场景。再来看"水"字,这个符号已经非常好地表现出水的形象,而为了表示水多到已经汪洋成海的意思,只要把三个"水"字叠加在一起,形成一个"淼"字,就能形象地展现出上面那个的场景。我们再来看看与"日"字相关的字,如果想说明太阳还没有升起,只要把"日"字放在"木"下,形成一个"杳"字即可;如果要说明太阳已渐渐升起,正好被树木挡住,只要把"日"穿插在"木"中,形成一个"東"字即可;如果想说明太阳升起后又要慢慢回落,就把"日"置于"木"上方,形成一个"杲"字即可等,这些字一见之下,就能将它们很容易地区分开来,又因为其形象生动,也很容易分别记住它们所要表达的意思。又比如"醜"字表达出人喝醉酒的样子就像鬼一样的意思,"困"字以"木"被包围在一个封闭的圈子里来表达受困的状态,又像"怒、忘、忠、好、妖、妙"等字,均是望字便可生义的象形字。很久以前,中国人就将汉字分为六书,不过论汉字的起源,到底是一种象形文字,所以很多字都是一望之下便大概能知其意,这是汉字不可否认的好地方。第二,汉字的发音带着一股遒劲的浑厚气势,不像日语的发音相对来说比较冗慢柔弱,如果我们完全去掉汉字,句子乃至文章的读音就会陷入一种软而无力的状态,比如像"激烈""肃飒""霹雳"这样的汉语都是急促音,这种发音在日本俗语里很少见,而句子中只有加入了急促音,整个语调才会显得比较有力而不失均衡感,这又是汉字在日语中所能起到的作用之一。第三,如果对汉字加以选择地使用,只会让我们变得比较方便。比如用"タヒ"这么简洁的假名就很好,非要使用"棘鬣鱼",反而不便;但像"カンガヘル",如果换之以"考る",又"オモンミル"换之以"惟る",不仅意思分明,其行文也会变得更紧凑,更方便读者阅读,这是灵活运用汉字所能带给我们的好处。①

但他更担心的是:使用汉字,不免要受到汉学的支配或影响,而如果日本人永远都要受着汉学支配的话,自身的国学将无法获得独立,这毫无疑问将阻碍日本通往世界文明的道路。也就是说,如果日本人一如既往地使用汉字,在撰写文章时不免要受到汉文文体的限制,有志于学术的人只得将自己毕生精力投入到中国古籍的学习中,而这种学习对于近代知识的开发毕竟没有多少收益,想想我们的学者把大量时间花费在这些对知识开发没有多少收益的书籍上,却对那些对近代知识开发相当有成效的西方书籍的学习和研究不屑一顾,对此现象他深表遗憾。② 由此可知,他遗憾的是人们对于汉字汉语汉学所怀有的依赖心理,这种依赖使得日本人在做任何事情的时候都要以中国人的行事标准为自己的行事标准,其结果就是如果不摆脱这种依赖,则无法对西学敞开胸怀,而若不怀抱西学,日本的现代化发展将无从做起。故汉字固然有其优点,但因其造成的弊端远远超过了它所带来的好处,日本当有壮士断腕之气魄。换言之,在社会进步、国力提升上,当旧工具之汉学不再有效后,应毫不犹豫地采用新工具之西学。

在谈到汉学与日本传统文化间的关系时,原敬如是说:汉字是舶来品,由外国传入日本。后来,被翻译成汉文的佛经也传入日本,由于日本对于中国的制度文物抱着极为崇敬的态度,或派员前往中国或通过朝鲜,尽可能汲取一切能接触到的汉籍佛典,此后随着汉籍佛经在日本的流传,儒家思想以及佛教在世间逐渐传播流行开来,这又促成汉字汉文的盛行。这样一来,日本虽也有了

---

① ［日］自治馆编辑局编纂:《国语改良异见》,第391—393页。
② ［日］自治馆编辑局编纂:《国语改良异见》,第396页。

自己的文字，但由于汉字的流行以及学问即为汉学这一认识的深入人心，假名以及假名文被人们，尤其学富五车的人自觉性节制使用，这反过来又促进了儒学、佛教在日本社会的进一步发展。也就是说支撑政治制度的学术依据是儒家学说以及佛教教义，这种社会现实为汉字在日本的通行提供了最大的便利。① 实际上，明治以后兴起的西学热确实在某种程度上导致汉学地位的下降，但历史的惯性作用使得人们并不会轻易放弃自己已运用自如或熟能生巧的东西，故不仅在立志维新的明治初期发生了汉学热，甚至在甲午战争后出于对急速西化浪潮的一种抵制，汉学热再次汹然而起。其理由除前文所述外，尚在于：1.语言尤其俗语会伴随岁月的流逝发生变化，是故今天的人不理解从前时代的语言，但汉字却是不同的，它不会随着读音（按：对于汉字的训读）的改变而改变其自身指称的含义，即不论读音怎么发生变化，包含在汉字中的原字义却是不变的，由此用汉字撰写的文章即便经历悠久岁月，后世的人依然可以轻松地解读它们，这种特征是表音文字所无法拥有的。也正是由于汉字所具有的这种特征，重野安绎在编写《日本编年史》时仍坚持使用了汉文体。2.知识并非仅来自于现代，很多知识和经验由历史积累而来，日本在记述自身历史时主要使用的文字是汉字，故即便为了阅读且传承自身历史，日本人也有必要继续学习汉字汉文。② 明治时期是一个思想日益呈现多元化状态的时期，新旧思潮此消彼长，其目的是要找寻出一条能令日本尽早跻身世界舞台的道路，至19世纪90年代末，虽然被视作保守派的汉学家们痛陈汉字汉学不可弃的种种理由，但热衷以西学改造、补充自我不足的社会风气已然形成，人们普遍认为废弃汉字固然会带来不可想象的社会混乱，但就一般社会交往，确实无须拘泥于汉字汉语汉学的勤学，尤其在学校教育中的初级阶段，除了常用汉字汉语，不应再苛求学生们掌握过多的汉字汉语以至汉文体、汉和体中的语文体的写作技能，而汉学者所担心的历史文化事情交由术有专攻的汉学者尽心维护

① ［日］自治馆编辑局编纂：《国语改良异见》，第318页。
② ［日］自治馆编辑局编纂：《国语改良异见》，第187—188页。

即可。比如鉴于日本古籍大多以汉文体抑或汉和体中的语文体撰成，有学者建议完全可以组织汉学者逐步将其翻译成现行日用文体即言文一致体文，以供不解汉文或汉字掌握数量不多的人去阅读，这样一来，既解决了令大多数人摆脱汉字枷锁的问题，又能保证与自身的历史传统不分离。①

　　不过将汉学局限在某个圈层里的做法到底给世人提示了社会上下皆重西学的印象。小松绿于明治二十九年在其发表的文章中就指出："方今有一书生自海外归，未及开口，时人谓之曰：请看帝国今日之大进步。以物质界观之，铁路驰骋全土，其首尾不期相通联；电线纵横八洲，其手足瞬时相应。制造业勃勃而兴，通商之事骎骎而进……书生若拨门端言外国之长以警世，时人乃怫然，视为卖国之贼。忠君之敌，无处不遭排斥。……夫日本现今之开明进步若与昨日比可谓一大进步，比之于世界文化则稚嫩粗鲁之至无以复加。时人首赞铁道电信，于轿舆时代，此实乃妄想也。……时人动辄言高楼大厦，比之中国、朝鲜之低榭细梁或可称高，然环顾欧美天地可知我大厦高楼莫如彼之僻村陬邑之家宅。……时人更论及知识界之发达。比之农只知耕，商只辨数，工锻刀士用刀，外物一概不知之封建时代，则文运消长固呈霄壤万里之别。然比之于疆畔田夫能读字、机杼女工亦解文之欧美文明，则不可同日而语。……苟虚心平气目击耳闻欧美之真状者，不得不心服彼之文运隆盛及知识界之灿烂开发。……由是观之，于物质界、于知识界，今日日本之实力不得不让碧眼族一步、二步或数步，此乃竭力掩饰终究枉然之事实。时人若刻骨铭心牢记这般事实，迭次颠沛而不忘，更箴规、刻苦、奋兴、激励自己，须臾不怠，日本实力岂只与欧美列肩？应凌驾其上至其盟主矣。苟不然，轻举妄动，不改旧辙，而又图社稷隆盛，真乃居累卵之危而计泰山之安，为朝露之行思传世之功，未旋踵祸已至矣。"②由此可知，小松绿面对"于物质界、于知识界，今日日本之实力不得

---

　　①　［日］自治馆编辑局编纂：《国语改良异见》，第190页。

　　②　［日］家永三郎著，靳丛林、陈泓、张福贵、刘珊译：《外来文化摄取史论》，第340页。转引自小松绿：《日本的真价》，《世界之日本》第2号，明治二十九年八月。

不让碧眼族一步、二步或数步"的事实，警醒世人不应只满足现有的社会进步，与欧美比肩甚至凌驾其上为其盟主才是日本的发展目标，而达成这一远大目标的途径是对西方的更加热情的学习，于此际，昔日的仰望对象——中国已然跳出其视野，遂不知汉学为何物！

于此，永井荷风不无遗憾地说："明治是破坏的时代，破旧态之美，以一夜之间的粗制滥造品取而代之……江户时代色彩多么丰富，秩序多么井然，比今日欧洲最强国仍有不少优长之处，毫不逊色于史家所赞的路易十四时代的伟大。"而多次强调向传统文化复归的谷崎润一郎也如此兴叹："感情上我喜欢东方主义。东方人无限偏爱东方主义本无可非议。但如果不努力保存它，守护它的独特文化，那么最终东方将成为西方的精神殖民地。然而如何使今日的百般社会组织与我们的旧传统调和呢？我的疑问也就在这里。"① 可见，当日本社会日益向着西方现代化方向在发展时，旧风俗的遗失又成为新的社会问题，这又是汉学思潮再次兴起的动机。于是乎汉学与西学之间的平衡该如何去把握变成一个现实问题。以法学博士金子坚太郎的话来说，在强国富民的急切需求下，汉学与西学渐成对立之势，维护汉学被认为是发展西学的一种阻碍，故非去汉学不足以兴西学，而非去汉字不足以去汉学，但若无汉字汉学修养，在汲取西方文化时定会受到限制。比如"表决"译词的制造，如不依助汉字，很难译出如此具有表现力的词语。② 事实上，日本自开国以来，在做出各种选择之前进行了各种得失计算的考量，徘徊犹豫处往往以两害相较取其轻之方式加以决断，这体现出日本在面临近代欧美压迫所生出的种种焦虑以及为减缓压迫所采取的主动的或不得已而为之的举措，其中包括不惜以破坏自己风俗为代价的行为，这并非日本独有的现象，它是亚洲乃至其他受到胁迫地域所共有的现象。日本文化虽深刻受到中国的影响，但在长期自我养成的过程中形成了自己的本土精神，其间包含着汉学、佛学、神道等诸多文化元素，

---

① ［日］谷崎润一郎：《饶舌录》，改造社 1929 年版。
② ［日］自治馆编辑局编纂：《国语改良异见》，第 368—369 页。

而这种融众学为一体的文化精神以武士道的面目现世。武士道无疑是日本出世抑或入世者的精神支柱，以武士自居的人在世人的眼中乃为醉心于汉学之玄学、佛学之净土的高洁之士。言下之意，若去汉学，世间高洁之士自此是否也要随风飘去不再来。既然汉学不可弃，可否有与西学共存的途径？

在调和汉学、西学方面，杉浦重刚给出了一个提案："西方学问之精神在于理学，而其精神处又全在于数学，故理学中视不能运用数学者为不完全之学科。比之日本往昔之学问，二者自有云泥霄壤之差……军舰枪炮等百般制造工业皆理学之应用之成果，所谓文明之利益莫不出自于此。与西方交往以来受益、受害皆此理学之应用，至于其他则不令人十分信服。……取长补短乃万人赞同之事，余亦深信长己之长、补己之短之必要。所谓长己之长、补己之短，即增长我所最长之处以减少我短处之程度。……若我一无长处，则我已是将来无望者也。故余主张在取西方之长、补我之短的同时，有必要长己之长、补己之短。……采彼之长而不损己之长极其必要。"①森鸥外也指出："新日本是东方文化与西方文化相汇聚而卷起旋涡之国。有立足于东方文化的学者，也有立足于西方文化的学者。双方都是单足而立。……这种单足学者的意见是偏颇的。因其偏颇，所以若付诸实施就将出错。……于是时代寻求双足的学者，要求脚踏东西方文化的学者。真正稳健的观点将出自这些人。这些人是现代必需的调和要素。"②由此，消除汉学西学间之对立、相互取长补短以便双足而立似可成为把握汉学西学间平衡的有效办法，这又是日本在明治后期提出"东方精神、西方技艺"口号的动机或基础。

日本第一所具有现代性的大学是成立于1877年的东京大学，这所大学乃整合多所近代性学校而成。成立当初即设立法学部、理学部、文学部以及医学

____

① ［日］家永三郎著，靳丛林、陈泓、张福贵、刘珊译：《外来文化摄取史论》，第351页。转引自杉浦重刚：《日本学问的方针》，《日本人》辑1，大阪曼骏堂1889年版。
② ［日］家永三郎著，靳丛林、陈泓、张福贵、刘珊译：《外来文化摄取史论》，第351页。转引自森鹏外：《鼎轩先生》，岩波书店1939年版，第434—437页。

部。其中，文学部下设第一史学、哲学及政治学科，第二和汉文学科。1881
年，经改革，文学部下设三学科，分别是：第一哲学科，第二政治学及理财学科，
第三和汉学科。1882 年，文学部加设古典讲习科，但该讲习科的招生在 1885
年被中止。同年，文学部下设三学科演变为：第一哲学科，第二和文学科，第三
汉文学科。翌年的 1886 年，文学部加设博言学科。1887 年，文学部改称为文
科大学，增设史学科、英文学科、德文学科等三学科后变为七学科，分别是：第
一哲学科、第二和文学科、第三汉文学科、第四史学科、第五博言学科、第六英
文学科、第七德文学科。1888 年，原先由内阁修史局主持的修史事业交由文
科大学管理。1889 年，增设国史科，文科大学下设七学科变为八学科，其中和
文学科改称为国文学科，汉文学科改称为汉学科。1890 年，增设法文学科，文
科大学下设八学科变为九学科。1895 年，在文科大学下增设史料编纂所。
1900 年，文科大学下之博言学科改称为言语学科。1904 年，文科大学下九学
科统合为三学科，分别是：哲学科、史学科、文学科。1910 年，其三学科细分为
19 个专业，分别是：第一哲学科之哲学、支那哲学、印度哲学、心理学、伦理学、
宗教学、美学、教育学、社会学等 9 专业；第二史学科之国史学、东洋史学、西洋
史学等 3 专业；第三文学科之国文学、支那文学、梵文学、英吉利文学、德文学、
法文学、言语学等 7 专业。综上，从东京大学人文部下设学科的改革历程可略
知汉学在日本地位的变化：由和汉文学科统合在一起的时代发展至和文学科、
汉文学科分离的时代，再发展至汉学科与国文学科、英文学科、德文学科并驾
齐驱的时代，又发展至国文学、支那文学、梵文学、英吉利文学、德文学、法文学
齐头并进的时代，即汉学一家独大的局面彻底被改变，仅仅作为世界主要文学
科中的一科目继续存在。其间，史学科从和汉学科中分离出来，其后史学科又
分出国史学、东洋史学、西洋史学等三学科，这又是亚洲学问迈向现代化过程
中的重要变化之一。

而透过朝比奈知泉对于汉字的态度，我们多少能感受到当时日本人对于
汉字汉文汉学的态度。如前所述，朝比奈知泉是一位罗马字主张者，他这样谈

及文字改革的重要时机。他说,曾有欧洲人不无惋惜地说,日本没有乘着中日甲午战争的胜利,一举改用罗马字是件令人遗憾的事,那个时候日本刚刚战胜了中国,一举将来自中国的东西,比如汉字排除掉岂不是轻而易举的事? 于此,他认为那时日本在条约改正的国际交涉事务中刚刚有所起色,并不是大幅整改现行文字的最佳时期。但此后几年,随着条约改正事务的大步进展,日本在国际上的地位不断提升,且伴随新条约的实施,欧洲人在日本的自由居住权获得保障,日本与国外的交通、贸易日趋繁盛,与列国间的竞争也越加激烈,总之在奋进的大道上,日本放弃了飞脚、轿子,改用了电报、汽车,即在器物的现代化上有了长足进步,这样的进步为改正思想打下了坚实的物质基础,故此时(按:即 1900 年)正是乘着条约改正事务的东风一举改造传播思想的现行文字的最好时机。① 由朝比奈知泉的谈话可知,甲午战争以及 1900 年前后是日本近代史上两个重要历史时期,伴随着中国的战败以及日本在国际间地位的改善,汉学在日本掉下神坛、不再引领风骚已是无可挽回的事实,汉学被分割成"支那哲学"、"东洋史学"、"支那文学"。

---

① ［日］自治馆编辑局编纂:《国语改良异见》,第 123—124 页。

余　　论

具有现代意义的"国语"一词奠基于日本明治晚期。顾名思义,乃一民族国家统一之语言。中国并非没有统一之语言进而文字,自秦朝以来,中国实现中央集权下的大一统政治管理,应对大一统政治的需求,文字需要给予统一,更要建立能通行四方的语言,所以我们中国便有了书写统一的文字,又将可以行之四方的语言称为"官话"。若此,凡受教育者,必要习此书写统一之文字,亦必要练此能为四方所理解之"官话",否则只能囿于一方天地而不能驰骋天下。通过中国的文化经验可知,凡书写统一之文字、可通行域内不受阻之语言乃大一统社会应当具备的必要工具。

中国邻国之日本,本无文字,只有土语。在与中国大陆交通后输入了中国文字,且以之为日本文字。然完全用外国文字表达本土语言,实在是一件非常困难的事,在日本,遂有借用汉字偏旁标注土语的表音文字的发明,这便是假名字。假名字作为表音文字起初并不被正式书写所采用,它的使用价值更多体现在速记或日本人的日常起居,尤其贵族女性撰文的层面上,但纯正的汉字汉文修养到底不能为大多受教育者熟练掌握,因此假名字或多或少也慢慢渗透进男性撰文,甚至正式场合的书写中,这种状况在武家获得政权后便体现得更明显。这样一来,日本的书写呈现出其五花八门、眼花缭乱的特征来,即根据撰文者的汉字汉文修养,其撰写的文章或接近汉文,或偏离汉文,而若要草就一篇纯正的汉文,非"鸿儒"不能为。故大多文章或接近汉文,或偏离汉文,所谓接近抑或偏离汉文,不过是看撰文者将多少程度的日本土语带进了文章,文章里的土语成份多了自然就会偏离汉文,反之,就是接近。需要注意的是,土语即便被带入文章,很多场合也不是以假名出现,而是借用了汉字,也就是在日本人撰写的文章里,有些看着是汉字的字并不是作为汉字在使用的,它们仅是标注土语、起到表音作用的文字而已。其结果就是,一篇文章,这样借汉字表音的情况越多,越偏离汉文,若要摆放在中国人眼前,真正要丈二和尚摸不着头脑;与此相反,如果是一篇中国人能读懂、继而能受到中国人赞许的文章,那肯定是好文章,由此可知汉学在日本之地位曾经有多高大。不过,在明治维新以前的日本,受过教育的群体中,也有不愿被汉字汉文束缚的男性,他们将土语带进文章里时,直接使用假名而非汉字,这些破除惯例的人,到了明治维新以后因民族国家意识的抬头而被称为具有独立精神的人,他们使用的书写文体被称为汉和体抑或两文体,其历史背景是随着江户时期以来庶民社会的迅猛发展,这种夹杂着假名的汉和体被越来越多的日本人所接受。总之,日本在进入明治时期以前,其书写的文字文体是纷繁而不统一的,凌驾于一切方言的通用语言亦未确立。为此,对常人而言,阅读和撰文绝非易事。

明治维新的最初含义并不是指日本迈出了西方现代化发展的第一步。明治维新的重要意义在于它打破了日本的封建社会状态,开始实施大一统政治,即废藩置县以推行中央集权制,中国人称之为郡县制。如前所述,大一统政治需要统一的文字以及可通行四方的语言,进入大一统政治状态下的日本也不例外,也就是说,不论早晚,日本书写文字的统一、通用语言的建设都将是其必行之道。而通过本书,笔者就日本统一之文字文体——国语国文的建设过程作了深度探究。

笔者首先对日本"国字"的建设过程进行了考察。通过明治维新,日本建立了中央集权制下的大一统政权。在大政奉还给明治天皇后的 4 年即 1871年,日本果断实施了废藩置县的政治体制改革,这一变革导致日本内战的爆发,直至 1877 年,随着内战的结束,因废藩置县引发的社会动荡才趋于稳定。需要强调的是,明治维新并不是一场阶级革命,而是日本武士阶级内部对现行政治体制发起的一场强制性变革运动,反对者被打压下去,拥护或附和者被吸收进新政府参与新政管理,这就是为什么废藩置县虽遭到了日本国内反对派势力的反抗却又很快被平定的重要原因。这一时期,日本处于激烈变动时期,新政府不断颁布各种新政令,而为获取最大民心,就面向民众的各种官文书应以何种文字文体撰写,开始有人上书,建议以通俗易懂的假名文字取代复杂难解的汉字,只不过此类建议在日本未推广国民教育之前并不能引起当政者的重视。

所谓国民教育就是一种志在使得全民接受教育的由国家组织的教育行为。现代化社会所标榜的民主政治、科学开发均需借助国民教育的力量,故凡欲实施现代化建设的国家,必要推行国民教育。于日本,随着国民教育的实施以及展开,关于文字文体的形式开始受到各方学者的关注。面对突然增多的受教育者,如何使得他们在短时间内成长为能够读、写自由且符合日本新体制下社会发展要求的可用人才? 一部分学者以及在政官员根据自己的成长经历深刻意识到,要熟练掌握汉字以及汉文或"汉和文",非短时间所能办到,简化文字进而采用更加易于掌握的文体即进行文字文体改良是推进国民教育过程中必须要实施的改革。需要注意的是,这一时期虽然有主张文字文体改良的改革者出现,但在他们的倡议里尚未出现类似建设"国语"这样统一语言文字的诉求,他们只是强烈意识到现有文字文体过于繁复,于初学的蒙童非常不利,如果不给予改正,必然会影响国民教育所欲达成的预期目标。

任何一项改革,在其初期都存在盲目性。19 世纪 80 年代,在日本,为减轻就学者的学习负担,鼓动文字文体改良的民间呼声虽此起彼伏,但这些舆论多聚焦在文章里的汉字使用状况,激进者声称当以假名字或罗马字彻底取代汉字,温和者则倾向于减少使用汉字数量的改革意见,即限制汉字在日常书写、尤其面向大众的官方政令里的使用数量。为了能够获得最大范围的认可,这一时期的改革者依据各自的立场,纷纷成立诸如学会一般的团体,向世人展示其改革理由以及目标。其中较为著名者就有"假名的会"和"罗马字会"。顾名思义,"假名的会"是要以假名文字取代汉字,以真正实现日本文字之独立,也正是从这时起,具有文字独立精神意义的"国字"一说开始进入人们的视线,以何种文字为"国字"遂成为文字改良者关注的焦点。与"假名的会"不同,"罗马字会"旗下的的会员,大多是洋学者,一心期盼日本能早日加入欧美国家行列,与他们齐头并进发展,而要实现这一远大目标,首当其冲要做的便是废除汉字,且一步到位以罗马字取而代之,在文字上达成与欧美国家的统一。但19世纪是民族国家意识烈火烹油的时期,以新输入的外国事物取代本土存在已久的东西,既不符合固守历史传统的人士的价值观,亦不讨好民族主义情绪浓厚的国学者,罗马字会的主张注定要被圈在一个有限的范围内。

　　上述两派主张显然突破了一般知识大众对于文字改良的接受程度。这一时期,新教育体制下的受教育者尚未成人,经教育而长成者自启蒙起无不于汉字日日耳闻目染,若鼓动他们冒然抛弃无日不用的汉字,无疑等同于令其自断臂膀,故此等新主张所描绘的前景再炫目璀璨,对他们而言也不过是空中楼阁,太过脱离现实。加上,上述两派的改良目标完全朝着两个方向发展,这种目标上的不统一使得他们自身之间就在彼此耗损改革的力量。因此虽在初期阶段有风起云涌之势,比如罗马字会的会员曾高达数万人,但其烈焰不过在燃烧几年后便奄奄一息,呈衰竭之态。于是,我们看到这样一种情景:无论是"假名的会",还是"罗马字会",在整个80年代,他们的呼声因得不到有效的社会回应,为了挽回颓势,他们中的部分成员,不惜奔走于上述两种主张之间,既拥护"假名的会",又支持"罗马字会",以期说服两派人员联合起来,壮大力量后,首先去打倒汉字,再筹谋确立何种文字为"国字"。上述现象反映出日本这一时期的思潮是极为不稳定的,虽然汉学等同于学问的时代已成为历史,但汉学、洋学、国学(和学)在学问中的分配比例在人们的意识中是不清晰的,搞清楚到底孰轻孰重是此后很长时期各阶级日本人士均须反复琢磨的文化精神问题,它决定着个人的努力目标,更决定着日本的发展方向。

需要强调的是,像"假名的会"、"罗马字会"这样主张激进的文字改良团体虽在上述时期没有取得令人瞩目的进展,但日本的文字状态还是出现了不容忽视的变化。只要与明治时期以前的书写相对照,就能轻易发现:假名开始堂而皇之、不再畏畏缩缩羞于露面地出现在正式的官方文书中。也就是说,以汉字注音的做法逐渐被放弃,撰文者不再避讳使用假名,汉字、假名并驾齐驱的状态被世人接受。另一个变化就是,随着汉字限用论这一温和文字改良主张的悄然而起,在近代国民教育的逐步开展中,这一主张正在被付诸实践,那就是政府鼓励小学校在实施小学初级教育阶段的授课时多使用表音的假名文字,尽量将汉字的学习放入小学的中高级教育阶段,以图提升学童的学习兴趣并保证学龄期儿童的就学率。

总之,在大一统政治初步形成的80年代,确立"国字"以统一文字使用规范是日本顺应现代化社会发展需求的一种行为,然围绕"国字"的形态为何,争论不休,其主要表现为:是继续保留汉学的传承工具——汉字,还是启用本国的表音文字——假名或欧洲的表音文字——罗马字?不过,我们清楚看到,无论怎样相互辩论,若完全以其中一种文字为"国字",显然脱离现实而不可为,结果有识者据此指出,以何种方式将上述三种文字杂糅并用或将成为日本"国字"发展的方向。

如果说19世纪80年代是日本文字文体改良的舆论唤起或铺垫时代,那么到了90年代,尤其在中日甲午战争以后,其文字文体的改良已到了箭在弦上不得不发的地步。其社会背景就是,随着1889年西方近代立宪政治的推行,继而于1895年在中日战争中的取胜,日本在发展西方现代化方面进入加速状态,与之相匹配,简易而统一的文字文体的确立已刻不容缓。

如上述,日本在确立"国字"一事上意见并不统一。除了"国字"问题,因为长期使用汉字并尊崇汉学,在日文书写中尚存在着大量汉语。需要注意的是,日本在吸收中国语言文字的过程中,并未完全照搬,而是做了日式处理,即其在汉籍和刻的过程中,开始将汉文表述里并不固定使用的双字词、四字词给予固定使用,形成大量的日式汉语,这虽然方便了日本人对于汉字、辞的利用,但却毫无疑问是对中国自古以来单字即为辞状态的一种破坏,这一使用法不仅深刻影响了日本现代语的发展,也对中国现代语的发展产生重大影响。因为日文里大量存在着汉语,故在文字文体改良的过程中,自然会涉及到如何处理这些汉语的问题,也就是说,对于某一事物的标注或记录,同时存在汉字、以汉字为结构成份的汉语、以假名配合汉字而成立的汉字训读语、以假名为结构成份的日本土语等几种类型的语言时,应该选择使用哪个? 由此,不仅是"国字",具有近代意义的"国语"概念亦被提起。与"国字"一样,"国语"的提出同样是在追求统一用语的过程中自然发生的社会现象,且自问世起,它便与"言文一致"运动绑定在了一起。

顾名思义,所谓"言文一致"就是谈话与文字表述能达成一致,而在书写应向着简明易懂方向发展的社会需求下,"言文一致"的改革目标显然是指书写应朝着接近谈话的方向改良。这就意味着谈话中的口语,即以表音文字假名为结构成份的日本土语应取代汉字汉语,进入书写。因此,所谓新"国语"应是一个被重新整合过的语言库。也就是"国语"的建设过程其实是在确认哪些语言可以进入这个新语言库的过程。将来建成的新国语毫无疑问是为发展现代化社会服务的,但为避免遭到文化反噬,在发展现代化社会的同时又不能与自身的传统社会完全割裂,故在确立进入新国语语库的择语标准方面须慎之又慎。90 年代后半期越演越烈的大讨论实质就是围绕究竟以何为"国字"、现代"国语"的建设标准又是什么等议题的辩论。具体而言,汉字要不要保留,如果采用表音文字是使用假名还是罗马字,汉字不保留的情况下汉语(按:以假名标注汉语)要不要保留,汉字在不能废弃的情况下要保留到什么程度,除了汉语外的其他国家的语言要不要吸收,谈话中的口语在进入新国语语库之前需要进行怎样的统一处理,汉字训读语中的假名遣要不要统一规范,等等问题都是讨论的焦点。文章是由语言编织而成,现代国语不建成,"言文一致"的改良目标到底无法达成。

　　文字语言文体既然要朝着"言文一致"的方向改革，谈话中的口语势必要进入书写，这就带来了一个亟待解决的问题，即缺乏"官话"的日本必须尽早以某地方言为基础建立起语言的发音标准来，日本书写之所以繁杂混乱的重要原因之一就在于由表音文字记录的语言因各地方言的不同而表现出一词多种拼写的现象。比如京都人读着东京人撰写的参杂着假名语言（按：用假名标注的语言）的汉和体文章，可能会时不时遇到一些似是而非的语句而无法透彻理解其文意，大都市之间尚存在这样的交流障碍，方音更甚的偏远地区与都市间在假名语言上的隔阂程度必然要进一步，而偏远地区与偏远地区间在假名语言上的隔阂程度想必更加显著。因此，日本若要实现"言文一致"，首在统一包括假名语言在内的所有语言的发音，即尽快建设日本的"官话"，并给予大力推广，只有"官话"下的语言进入书写才能真正实现读、写的简化，达成"言文一致"。假设发音未统一的语言、尤其假名语言大量进入书写，不但起不到简化读写的作用，反而会带来更大的阅读混乱。故在统一的标准语未被建成前，为避免误读或歧义现象的发生，仍有必要保持汉字汉语一定程度的使用比例。

　　现代"国语"这一概念是日本著名语言学家上田万年提出的。上田最初的理想是日本文字应逐步罗马字化，但通过长期的切身体验后，他明白此条道路行不通。而发生在 90 年代的大讨论也表明：就像"国字"不能完全由假名或罗马字充当一样，现代"国语"语库里的语言也不会纯粹由日本土语组成，汉字汉语显然不能取消，但在国民教育阶段、尤其初级阶段应只教授并使用常用汉字汉语；假名作为本土自产的表音文字比外来的表音文字罗马字更适合标注日语；谈话中的土语在进入现代"国语"语库前必须接受调查且被改造成符合标准语规范的语言；像吸收汉语一样可以吸收任何能丰富未来日语语库的外国语言，可借助假名音译，或如从前借助汉字意译一样来造出新的汉语，等等意见正在被主流民意所逐步认可。

对于日本这样在历史上大量吸收了外来语言的国家而言,现代"国语"无疑要体现出尊重本土语言这一特征,即日本作为一个主权国家在近代性民族国家意识下必须树立起自我的独立精神,日本人称之为"爱国心"。到了19世纪,对欲追随西方发展现代化的国家而言,"爱国心"的养成是其凝聚民心增强国力或壮大国势的必要手段。而"爱国心"能否养成,在于国民教育能否有效开展;国民教育的实施能否收到预期成效,又在于文字语言文体能否简化到普通民众可以坦然接受的程度。鉴于此,谈话中的语言,乃至谈话体进入书写迟早成为必然选择。受历史发展的影响,与日本历史传统骨肉相连的汉字汉语固然不能给予剔除,但降低其影响、与此相应去扩大本土语言使用空间的改革势在必行。也就是现代"国语"所要体现的"爱国心"在于:在不能完全放弃汉字汉语的前提下,哪些土语可以进入新"国语"语库,且进入的标准是什么? 当然,现代"国语"是促进现代化建设的工具,这意味着它不仅要满足"爱国心"培育的需求,还要为引进西方科学乃至政治、哲学即西学而服务,这便牵扯出除汉字汉语外的其他国家语言也应被吸纳进新"国语"语库的现实问题来,且其进入的标准是什么? 上述问题的答案必须建立在慎密、详实的社会调查基础之上。说到语言的社会调查,在政府组织全面大调查之前,个人性质的学术调查其实已经在主张文字语言文体改良的学者间展开,他们的努力为后来的正式大调查提供了方法以及方向。比如最初的调查就是从首都东京地区开始的,以东京方言为基础建设标准语的建议最后被采纳,即今天我们眼中的日本现代语的发音是以"东京话"为基础的。标准语的建成非常重要,它促进了新国语辞典的编纂工作,靠着国语辞典在学校教育以及民间社会的广泛使用,标准语在日本社会上下迅速得到推广。

新"国语"既然不能放弃汉字汉语,就要直面如何使用汉字汉语的问题。在谈到不能放弃汉字汉语的理由时,日本学者经常会拿出"忠孝"一词进行说明,即忠孝精神是立国之本,在日本民众已将"忠孝"二字与忠孝精神切实结合在了一起的历史前提下,如果弃汉字不用,改用假名语言(按:以假名标注

"忠孝"这一汉语的发音）或以意义不精确的土语代之，如何能有效唤发出日本人的忠孝精神。不过，对于如何使用汉字汉语，自学制发布以来，明治政府并非没有作为，仅从其数次颁发的汉字教学大纲来看便知其一直做着尝试性的调整。根据日本最新颁发的基础教育教学大纲可知，其常用汉字数量被限定在1500字，但在1872年日本实施近代国民教育的时刻，其小学教育阶段的汉字教学任务被界定在3000字。常用汉字3000字其实也是文字改良者最初所设想的汉字削减方案中的理想数据，由此可知，在汉学地位仍不失牢固的明治初期，将常用汉字设定在3000字已是底线，若再继续削减，将影响受教育者的阅读能力。然而，随着国民教育的展开，越来越多的人意识到，小学生在掌握汉字方面所花费的功夫过多，这严重妨碍了他们在西学、尤其科学知识方面的学习，也就是当他们初通汉字后，他们已经要面临毕业即将离开学校了，这就意味着对大多数只接受小学教育的日本人来说，他们在校接受教育期间，除掌握一些汉字获得了基础性阅读能力外，在实学方面的知识积累并不充分，以如此才智走进社会的人显然与发展现代化社会所期许的"近代性国民"间有着不小差距。况且，由于汉字难学难记，产生畏难情绪的在校学生不断增加，其中不乏退学者。

改正的方策是调整汉字的学习计划，尽量减轻在校生在汉字学习方面的负担，试图增加他们在学习有用知识方面的时间。具体的方法是文部省指令各小学尽量在一、二年级的初级教育阶段，多使用假名语言占比高的课文，这样能有效减轻初学者的学习难度，以保证学龄期儿童不轻易放弃学业，但3000字的小学汉字学习目标并没有被改正。在现代"国语"尚未建成前，市面流行的书籍、刊物在用字用语上虽然五花八门，但严谨的读物到底以3000字汉字为常用汉字，这一惯例不被打破，3000字的学习目标很难发生改变。对于大多数的撰文者来说，凡涉及思想文化即形而上方面的表述，非汉字汉语不能精确完成。哪怕那些洋学者，口中说着要简化文字语言文体，但在撰文时还是会不自觉地使用汉字汉语。风气如此。

　　在近代中日关系史上,中日甲午战争是一分水岭。战后日本,其社会风气大变,追从、利用西学力压以汉学自持的中国成为主流意识,由学习并掌握西学所生出的心理优势开始逾越驻守在汉字汉文世界里的汉学家所释放出的文化气势,效仿西方带来的好处是显而易见的,它让日本国富兵强到可以战胜中国,且有望成为世界列强中的一员。汉学在日本的地位继续在衰落,学习西方,已经从最初西学中的科学部分,逐步扩展到西方近代政治下的各种管理制度乃至哲学思想,即一切能帮助日本迅速提升国力的东西都值得去学。在此学习过程中,凡有利于学习的东西当推广;反之,凡不利于学习的东西就应给予及时改正甚至打倒。以翻译近代西籍为例,在现有汉字汉语中找不到精准的译语是翻译家经常遇到的苦恼,利用汉字再造汉语来对译西语固然是个办法,但在西籍翻译需求比较有限的前提下尚能克服忍耐,然随着学习西方力度的加大、西籍翻译量的大幅增加,造词对译大大影响翻译速度,显然跟不上社会需求,以假名音译西语成为翻译家顺应时势的选择,由此产生的大量语言由于出自不同的翻译家之手又带来了新的语言问题。在此背景下,文字语言文体的改良迎来了重大契机。也就是,包括汉字汉语、汉字训读语、假名语言中的土语以及外来语在内的所有种类的语言均存在有待重新整顿的问题。

　　需要说明的是,建设新"国语"的目的是为了建设新"国文",即实现"言文一致"。最先尝试"言文一致"即用谈话体撰文的是小报,也就是小报为了吸引略通文墨的读者往往采用以谈话体写成的记事,内容也多为庶民阶层所感兴趣的话题,这导致小报在某一时期是一种上不了台面的读物。不过就像文字语言非常复杂一样,日本的书写文体也很多样,自明治维新以来,至少存在以下几种文体:1,满篇皆为汉字的汉文体;2,夹杂片假名的汉文直译体;3,汉字、平假名或片假名并用的汉和体以及方便读者阅读的两文体;4,假名文体,等等。在上述文体中,汉文体因越来越不适应日本社会的发展呈急剧衰退状态,仅局限于依然尊崇汉学的老派人士或汉学家在使用;汉文直译体作为官方文书的样板体,在文字语言文体未获得重大改革之前维持着其固有的历史地位;几种文体中,使用率在不断提升的是汉字假名并用的两文体,这种文体被报纸杂志等刊物广泛利用,深受初识文墨的阅读者的喜爱;而假名文体,因其冗长而阅读不方便,除了推崇假名的改良派学者以实验的方式在尝试性使用外,在小学一、二年级教育阶段用的教科书中也会被使用,但文章都很短小,故其实际使用率非常低。稍带需要补充的是罗马字文体,这种文体被推崇罗马字的洋学者仅作为一种实验加以实践过,但不具有真正的文体"生命",也就是几乎未出现在任何一种形式的撰写中。另外需要说明的是,被庶民喜爱的两文体其实是汉和体的简化体,即在进一步减少汉字汉语使用量的同时,将假名换做更易辨识的平假名(按:依照历史传统,在严肃的场合中,多用片假名),并在汉字旁边标注表音的假名。减少汉字汉语的使用意味着大量使用土语,保留下的汉字以人们习以为常的常用字居多,故这样一种文体,虽然还达不到后来"言文一致"运动所要实现的目标,但因其简明易懂,还是被面向大众的读物,尤其小学校初级教育阶段的读本所利用,在提升日本识字率方面贡献不小,可谓此后"言文一致"运动滋生的温床。依照矢野文雄的话来说,对于汉字识字率高的人来说,可以将其视为一种汉字减少了的汉和体,而对于汉字识字率低的人来说,则可以将其视为一种假名文体,并且这些汉字掌握不多的人,完全可以借助这种文体达成逐渐提升汉字识字能力的目的,可谓一举两得,方便人人。从矢野文雄的言谈里我们可以知道,两文体的地位之所以不断在提高,实在是因为它符合了近代日本社会发展的需要。因此,就像"国字"、现代"国语"亟需建设一般,"言文一致"体文,也就是现代"国文"的建设也是必须的,但其必须以现代"国语"为基础。

有数据表明,甲午战争时期,日本特殊阶层、即户籍中"士"占据着日本总人口5%的比例,大部分的民众中,文盲者居高不下,国民教育虽然已推行了20余年,但就学率仍不能有效保证,接受过学校教育的人也以小学毕业生、甚至寻常小学毕业生居多,而日本需要更多能参与到现代化建设的"国民"。最显而易见的是,若要让那部分接受过学校教育的民众迅速成长起来,成为现代

化建设的主力,为其准备的启蒙或明智的读物就不能深奥难解。如前所述,各
种改良派学者做了种种尝试,有一点是肯定的,直接使用发音文字文体,虽然
能让初涉文字读物的人体验到阅读的快乐,但汉字汉语在形而上表述方面的
不可取代性却决定着这种简单的快乐只能满足初识文墨者,并不利于社会精
神层面的提升,无论这种精神是偏汉学,还是偏西学,哪怕是偏向国学的。其
实,在现代"国语"乃至"国文"最终成形之前,两文体在整个文字语言文体的
改革过程中一直起着试验田的作用,两文体最初由小报、启蒙读物的平台逐步
走进更高级的读物,比如受到小报发行量日益增长的刺激,大报开始自降身
份,也陆续给两文体记事留出版面来。但标准现代"国语"和"国文"的形成到
底不能依靠两文体的这种市场性演变,它必须建立在大规模科学调查以及专
业建设的基础之上,而能进行这项巨大工程的团体只能是政府组织下的机构。
成立新机构需要足够的理由和经费,因此,此前各种关于文字语言文体的改良
倡议以及试验性举措都是必要的,有些意见虽然是昙花一现或过眼云烟,但失
败是成功之母,在失败中那些持有激进主张的人不得不尊重历史以及现实、重
回理智,90年代后半期越演越烈的大讨论说明日本社会呈现出多元化色彩,
汉学固然不再具有神坛地位,但再把西学贸贸然捧上神坛地位的做法遭到很
多精英的抵抗,这其中不仅是固守汉学的汉学家,那些深陷民族国家意识或是
抱有海外扩张野心的人也清醒认识到学问绝对不能被西学所独占。如此,汉
学、西学、国学三者并驾齐驱的状态,无论个人认可与否,都将成为现实,且从
日本的各项社会改革中,我们均看到了上述现象的存在。文字语言文体改革
亦在其中,也就是文字语言文体的改革也要在平衡汉学、西学、国学如何共存
的状况下进行,允许多元,允许失败,允许回头,允许争论,不冒进,不固守,不
轻易割舍,在不断调整中找出适中的改革良方,等待契机,给予执行。

1900年,日本的文字语言文体真正迎来了改革契机。其社会背景是日本
在长期投入的条约改正方面终于取得突破性成果,与当时的世界霸主英国达
成了多项条约改正协议,自黑船来航以来西方列强加诸在身的不平等条项开

始剥落,这意味着在殖民帝国主义时代日本摆脱了被殖民的危险且有条件加入殖民者的一方,而实际上通过甲午战争日本在海外已经取得了第一块殖民地。这一发展趋势逼迫日本在文化交流中起着决定性作用的文字语言文体必须做出实质性改变。这年的 1 月,日本帝国教育会会长辻新次向内阁、文部省以及其他各省大臣、贵众两院议长提交关于"国字国语国文改良"的请愿书。同日,日本帝国教育会国字改良部也向各省大臣以及贵众两院提交了同一内容的请愿书。其中说到:日本文语言文章复杂多样,在校学生所负重荷举世无双,国字国语国文之改良是教育事业能否得到改善即在于文字语言文体能否得到有效改革的根本之处,而当务之急是尽早开展语言调查。同年 2 月 6 日,根本正等 5 人向众议院提交《关于国字国语国文改良的建议案》,几天后,这一提案在众议院获得通过。2 月 16 日,高等教育会会长加藤弘之等向贵族院提交《关于国字国语国文改良的建议案》,2 月 21 日,该议案在贵族院亦获得通过。这表明文字语言文体的改良工作进入国家财政预算,在固定财政经费支持下的改革不再轻易会半途而废。翌日,帝国教育会国字改良部汉字部即议定以下事项:1,收集关于汉字精简方面的材料。2,凡固有名词均使用汉字。3,形容词以及动词尽量不使用汉字。4,简化汉字并保留常用汉字。至 4 月 2 日,文部省选定前岛密等 7 人为国语调查委员会委员,任命前岛密为委员长,文学博士上田万年、那珂通世、文学博士大槻文彦、三宅雄二郎、德富猪一郎、汤本武比古等 6 人为委员。4 月 16 日,文部省召开第一次国语调查委员会会议。随着政府组织下的调查活动的展开,日本文字语言文体的改良步伐在加快。

《大日本国语辞典》的编撰标志着现代"国语"的即将建成,这项编撰工作始于国语调查委员会启动调查活动三年后的 1903 年,由著名语言学家上田万年和松井简治负责主持。该辞典共分四卷,相继于 1915 年(大正四年)、1916年、1917 年、1919 年出版,《大日本国语辞典》编撰工程的竣工标志着现代"国语"语库的初步建成,此后该辞典经历多次修改增补,即是对日本现代语言语库的不断修正与增补。到 1921 年,在文部省的监督下,陆续公布《当用汉字表》(后改为《常用汉字表》)、《假名遣改正案》、《字体整理》等,对文字语言的使用规范作出明确的统一规定。资料表明,在文部省 1922 年颁布的《当用汉字表》内,将常用汉字设定在 1962 字,其中有 154 字是简体字,并规定在小学教育阶段,需完成 881 字的学习,而在学制颁布的当初,这一数据是 3000 字,在国语调查委员会启动工作的 1900 年,这一数据是 1200 字,汉字的精简程度如斯。《当用汉字表》即《常用汉字表》在此后岁月一直被调整,比如,在 1971 年(昭和四十六年)颁布的《常用汉字表》里,常用汉字被限定在 1850 字;在 1981 年,常用汉字被限定在 1945 字;但在最近一次、即 2010 年(平成二十二年)颁布的《常用汉字表》里,常用汉字被限定在 2136 字,这揭示出在现代“国语”里常用汉字数量基本被控制在 2000 字上下。《常用汉字表》的官方不时公布对日本社会产生重大影响,报纸、杂志以及相关出版单位首先做出反应,于 1923 年 7 月成立汉字整理期成会,积极贯彻以及推动将汉字使用量控制在《常用汉字表》的政府指导方案,至 1925 年,报业对外宣布,已将汉字使用数量由从前的 6000 字左右成功精简至 2000 字左右①。

于此,文字语言的使用终于获得了统一,有了标准,以之为基础的现代“国文”逐渐树立起行文标准。那就是:依据学校教育程度高低,在现代“国语”语库中选择符合其教育程度水平的文字语言进行撰文。由此我们看到:在小学低年级的教科书中,其课文中所出现的语言少汉字,但随着学年的递升,汉字出现的频率呈上升状态。若从文体角度观察就是:“言文一致”呈现出灵活多变的面相,其行文偏向谈话体还是雅文体,依据其服务的读者处于何种程度的教育水平。有意思的是,越是趋向历史文化哲学思想方面的学术性书籍,其汉字使用的频率越高,在经历了西方现代化发展的日本,汉字的不可取代性依然是无法改变的现实。

---

① ［日］井之口有一:《明治以後の漢字政策》,第 2—3 页。

　　总之，为实现现代化、尽快追上欧美国家的发展步伐，明治时期的日本最终对自己的文字语言文体进行了现代化改革。透过这场改革，我们看到汉学、西学、国学在日本社会中的流动状态：此消彼长中，既不能完全赶杀某一方，也不会再独尊哪一方，三者各自承担着一方职责。也就是，西学在发展西方现代化方面确实起到无可比拟的作用，但汉学在传承历史精神以及从东方角度促进社会现代化方面有其不可替代的价值，而国学则在民族国家意识蔓延全球的时代背景下发挥着建筑独立国家形象的作用。其中，汉学在汉字文化圈所拥有的历史以及现实地位，确定着已经踏上殖民之路、欲将其经济乃至政治势力推向中国大陆的日本不可能放弃汉学，即它既是日本历史的重要塑造者，又是实现海外殖民的重要工具。在经历过因发展西方现代化而掀起的一波又一波的大浪淘沙后，汉字汉语汉文留在了日本的社会里，这既是历史的作用，也是现实抑或野心的选择。无论如何，自隋唐以来源源不断输入日本的汉学彻底融入了日本人的骨血，它是日本人所自觉尊奉的精神价值观的基础，国强民富固然重要，但精神涣散的民心将摧毁立国的根本。于是，在反复社会实践后，明治晚期的日本提出"东方精神，西方技艺"的行为标准。对日本而言，"东方精神"不是纯汉学的，它应是汉学与国学的结合体。如此，汉学自有其一隅之地，它与世界上主要地区的学问一样作为专门学科研究被放入了大学或学术性研究机构，承载汉学的工具——汉字汉文遂长留不去，尽管其很多时候是以现代面目示人的。历史的不可切割性体现在现实中就是汉学在日本社会的影响随处可见，比如名人的颂德碑、道路开通等等工程记事的纪念碑，依然会使用汉文体撰写，而使用汉和体或"言文一致"体撰写碑文是昭和时期以后的事情，于战后在仙台竖立的鲁迅纪念碑碑文就是用汉和体或现代"国文"体写成的。另外，哪怕是一些英文学作家，也喜欢模仿汉学家取汉字雅号，像逍遥、四迷、红叶、芦花、露伴、欧外等等雅号都是附庸汉学传统风雅的结果①。

---

　　①　［日］实藤惠秀：《近代日中交涉史話》，第 140—141 页。

当然,滚滚流入日本的西学带给日本语言的变化是不容置疑的,为汲取西学,日本不仅再造汉语输入西方概念或西语,之后更是通过假名音译西语,西语也成为现代"国语"语库中不可或缺的语言,在一系列调查、研究以及认证下,片假名被指定为音译西语用假名。

日本文字语言文体的现代化改革无疑影响了其周边国家,其中就有中国。也就是,日本在建设现代"国语"过程中对汉字汉语所进行的改造反过来又影响了中国现代语的发展。比如,中国现代语吸收了词语以双字来表现的构词方法,这打破了中国单字成词的历史传统;在西籍和译过程中,日本翻译家曾自创汉语来对译西语,这样新造的汉语后来就有不少被亦在吸收西学的中国所采纳。像"科学"这个新汉语,最初中国以"格物"对译"science",但日译语言为"科学",因着留日学生西籍和译书籍的再汉译行为,"科学"一词输入中国,结果对译"science"的"格物"与"科学"两词在中国持续并用了一段时间,在统一用语的过程中,最终中国弃"格物",选用了"科学"。

由上述事例表明,因人员彼此交往带来的文化变化是显著的。1902 年夏,吴汝纶因学术考察访日,在日本停留 4 个月。吴汝纶乃曾门四子之一,又是保定莲池书院掌门,受管学大臣张百熙之邀,欲出任京师大学堂的总教习,但他要求在出任前须考察一番日本的学校教育状况。吴汝纶结束对日本的考察回国后,其弟子将其在日本期间日本新闻界的相关报道收集翻译后出版,是为《东游丛录》①。关于文字语言,在《东游丛录》里有如下记载,即在土屋弘给吴汝纶的信函内有"阁下来日视察我国普通教育状况,请允许我简单概述之。工业速成带来用具之便利,而教育以文字为利器,欲使文字简易,莫过于五十音图。我国普通教育以五十音图为始端,以五十音图可写尽宇宙间万般事物,而其字不过仅为五十个,即便幼童,亦可在短时间内熟记之。以此进行初级教育,其进步之神速有目共睹;至中等教育阶段,可适当加入汉文、欧语学

---

① [日]实藤惠秀:《近代日中交涉史話》,第 236—237 页。

习；至中等以上教育，方可进行百中居一式教育，而以百中居一式教育实施于普通大众，则无法达到速成教育之目的。故以简单之器，引导大众，即便乡里不学之子弟亦能有所学。足下若欲速奏其效，采本邦之五十音图不失为善策。"等内容。在吴汝纶与高岛张辅间的谈话里，吴汝纶曾问：就西洋学问，中国应该吸收哪些东西？高岛张辅答：第一是医学，第二是兵学，第三是理化学，第四是矿学，第五是机械学①。而日本东京府中学校校长胜浦鞆雄在与吴汝纶会面时曾如是说："如果中国创造省笔字，中国的普通教育必然能快速前进"，并建议"应以新制省笔字 49 音母、15 喉音同于小学，至中学再开始贵国必须掌握的四万五千汉字的教授。"②此省笔字 49 音母、15 喉音乃王照于辛丑年间所创，后又更新为 50 音母、20 喉音，著《重刊官话合声字母序例及关系论说》。在探讨大学创办的经验时，吴汝纶曾问及日本大学教科书的使用情况，日方官员如是回答：日本大学里的教科书，大多时候都是讲义，学生如果非要购买书籍，也只是买一些欧洲原版杂志，而那些杂志也多是刊载着欧美各大学的讲义。吴汝纶又问：大学里的讲义多为洋文，为什么不将这些原文讲义翻译成本国文字，那样使用起来岂不是更方便？日方官员回答：利用原版讲义的好处在于，对学生而言，像教科书最终大多是要丢弃的，使用原版讲义，比翻译后再利用所花费的成本要低很多，另外西学中充满很多新原理新概念，阅读原版更能知其要领，且西学在日新月异地发展，阅读原版，可随时跟上欧洲步伐③。以上种种交流均在说服中国要想强国，必要发展西方现代化，而发展西方现代化，必要建立西方近代学科，而建立以及学习西方学科，必要及早对文字语言进行现代化改革。

　　现代语言是文章语言与谈话语言相结合后的语言。在中国，虽有"官话"，但"官话"中的语言并不能随意进入书写，在谈话语言是否可以进入书写

---

① ［日］实藤惠秀：《近代日中交涉史话》，第 238 页。
② ［日］实藤惠秀：《近代日中交涉史话》，第 240 页。
③ ［日］实藤惠秀：《近代日中交涉史话》，第 249—250 页。

一事上,中国人徘徊踌躇不已。伊泽修二在与吴汝纶会面时曾如是建议:现代"国语"的建设关系到爱国心的培养,即若想培养其国民的爱国心,必要依靠标准统一的现代语言。若没有标准的现代语言,大家共同往来便不易,共同往来不易,团体活动便不易,由此造成的社会危害将不轻。因为搞民权,走民主制,首在能否开民智,只有简化文字语言,普及国民教育,才能有效推动团体活动。日本已经经历了这样一个发展过程,今天光绪新政后的中国也将走上这条道路,而中国在经历日本曾走过的发展历程时有必要借鉴日本的经验,其中有些经验可照搬,有些地方可根据自身的情况重新设计。但以中国今日之局势看,建设并推广现代语言为当务之急。伊泽氏甚至提议完全可以通过朝廷颁布晓谕的手段强制推行那些必要进行的改革①。

　　而在朝廷推行文字语言文体改革之前,中国的留日学生们不自觉地走上了中国语言的现代化道路。1900年,由留日学生组织的日文书籍汉译团体在东京成立,是为译书汇编社,每月发行《译书汇编》杂志。创刊号上即载有汉译的政治学、国法泛论、政治学提纲、社会行政法论、万法精理、近世政治史、近时外交史、十九世纪欧洲政治史论、民约论、权力竞争论等介绍西方近代政治哲学状况的日文文章。就文章撰写者的国籍而论,四位是日本人,三位是法国人,两位是德国人,一位是美国人,也就是,除了日本籍作者的文章外,其他文章都是由不同国家的西语翻译成日语的文章,再进行汉译,便为两重翻译,故在学习西学过程中,吸收由日本人新造的表达西方近代概念的汉语成为可能。除发行杂志外,该社尚出版单本译著,仅在1901年,就出版有《波兰衰亡战史》、《国家学原理》、《国法学》、《各国国民公私权考》等介绍近代西方的书籍。此外,该社还发行《游学译编》杂志,成立教科书译辑社,组织翻译了不少日本中学校用教科书,为中国近代学校教育体制的实施提供了诸多参考资料。译书汇编社开创了翻译出版外文书籍的先河。此后,同类性质的出版社如雨

---

① 　[日]实藤惠秀:《近代日中交涉史話》,第241—242页。

后春笋般涌现,如与梁启超有关联的广智书局、湖南留学生组织的湖南编译社、福建留学生组织的闽学会,翻译出版了上百种中学教科书的会文学社(出版《普通百科全书》)等等都是此间翘楚。根据 1904 年《东方杂志》所刊登的广告可知,当年由商务印书馆出版的汉译日本书籍就有 105 种,其中日本图书 40 种,西籍日译图书 27 种,这 27 种西籍日译图书里,只有 3 种译自西洋原版,而从西书日译图书翻译过来的至少有 11 种①。这样一来,明治以后在日本流行的日本现代语开始在中国大量流行。

在现代化的进程上,中国人的犹豫不前是显而易见的。如果说甲午战争是动摇中国人心的第一波冲击波,那么八国联军侵华就是第二波冲击波,而发生在中国土地上的日俄战争便是第三波冲击波,第一波后的政治效应是戊戌变法,第二波后的政治效应是光绪新政,第三波后的政治效应就是以废科举为开端的系列宪政建设的启动。其中近代学校教育体制的实施有效推动了中国现代语言、文体的发展。白话进入书写之后形成的白话文在知识界引发轩然大波,支持白话文与否演变成了对于现代化的态度之争、国家前途之争,就像当初日本围绕"言文一致"的争论。毫无疑问,今日回顾历史,在现代化的道路上中国确实走出了自己的特色,但在文字语言文体的现代化上确实与他国殊途同归,即以"简明易行"为要。经历白话文运动之后,我们像日本一样也有了自己的"国语"、"国文",在由"国语"撰写而成的"国文"里穿插着诸如"人权"、"代表"、"表决"、"工会"、"凝固"、"火线"、"演绎"、"索引"等等一般的日造汉语,也同样强调人人须保持一颗"爱国心"。

透过文字语言文体的改革历程,日本有识之士不再认为现代学问就是西学,文化是可以多元且共存的,至少在日本,汉学、西学、国学各司其职。也就是,他们明白,提升国力,参与世界竞争,必要输入且推广西学;树立民族国家意识,必要扶持国学;但传承历史精神,必要在一定程度上继续尊重汉学,而从

①　[日]实藤惠秀:《近代日中交涉史話》,第 294—297 页。

前两者的立场出发,简化书写,推动"言文一致"体文运动是保障目标实现的前提,不过若要从后者的角度出发,必须给予汉字汉语汉文的生存空间。尽管在这一共识达成之前,从个人到团体,非彼即此的激进主张层出不穷,积极参与日本现代化进程的人士无不对日本的文字改良事业满怀热情,而早期欲将日本文字导向假名化或罗马字化的激进文字改革论者也是日本欲导入西方近代文明的最初的一批洋学者,但是正如本书所揭示的一般,这些洋学者在极力反对汉字汉文的时候,却忘记他们自身乃在汉字汉文的环境中长成,即他们在接受洋学之前所具有的修养均受自汉学的哺育,而有意思的是,这些欲将汉字从日本语言表述中驱除出去的主张之所以未被日本社会所接受,也正是因为与他们有相同教育背景的日本知识分子中的大部分,无论是改奉洋学者,还是坚守汉学者,均不否认汉字汉文在日本社会中所存在的不可取代性的一面。细查之,即便如激进改革论者,其主张并非一成不变,左右徘徊者不在少数。因此,这是个激荡的时代,每个人均承受着来自社会状况变动所造成的震荡,然后做出自己的反应,个人如此,社会如此,国家如此,乃至反馈至文化。明治日本做出了自己的选择,这种选择造就出日本近代的成业,上述成业影响了19 世纪末至 20 世纪中叶的中国、亚洲、乃至世界的格局,即如本书所讨论的话题——日本文字文体的改良运动,它深刻影响了中国语言的现代化。

参考文献

日文文献：

福泽英之助编：《初级读本》，出版者不明，1873 年版。

福泽渝吉：《第一文字之教》，福泽氏 1873 年版。

西周：《洋字を以て國語を書するの論》，《明六杂志》第 1 号，1874 年 4 月。

山本尹中：《小学读本字引》，书肆六书房出版 1874 年版。

文部省编：《日本教育史略》，文部省 1877 年版。

中村正直：《敬宇文集》上卷，高桥金十郎出版会社 1880 年版。

外山正一、矢田部良吉、井上哲次郎：《新体诗抄》，丸屋善七 1882 年版。

矢田部良吉：《羅馬字早学び》，罗马字会 1885 年版。

日下部三之介：《小学读本》卷一，金港堂 1886 年版。

物集高见：《言文一致》，平尾谛藏 1886 年版。

矢野文雄：《日本文体文字新论》，东京报知社 1886 年版。

青木港三郎编纂：《普通读本字引》，集英堂 1887 年版。

井田秀生：《国民课本 卷四》，长岛为一郎 1987 年版。

佐藤宽：《日本语学新论》，文明馆 1891 年版。

菅沼岩藏：《文字文章改良论》，嵩山房 1895 年版。

上田万年：《国语论》，金港堂 1895 年版。

上田万年：《国語のため》，富山房 1897 年版。

福泽渝吉：《福泽全集》卷 2，时事新报社 1898 年版。

白鸟鸿干：《新国字论》，白鸟鸿干 1898 年版。

前岛密：《国字国文改良建议书》，非卖品，日本国立国会图书馆馆藏 1899 年版。

自治馆编辑局编纂：《国语改良异见》，自治馆 1900 年版。

井上圆了述：《汉字不可废论》，哲学馆 1900 年版。

原敬:《汉字减少论》,大阪每日新闻 1900 年版。

言文一致研究会编:《言文一致》,吉冈书店 1901 年版。

井上哲次郎编:《修身教科书》中学 1 年级用,金港堂 1902 年版。

国语调查委员会编纂:《国字国语改良论说年表》,日本书籍株式会社 1904 年版。

林幸行编撰:《国语辞典》,修学堂 1904 年版。

近藤正一编:《中学国语辞典. 第 1 学年》,大学馆 1905 年版。

国语调查委员会编:《汉字要覧》,国定教科书共同贩売所 1908 年版。

井上哲次郎编:《新编修身教科书》中学 1 年级用,金港堂 1908 年版。

荻生徂徕:《译文荃蹄》,须原屋书店 1908 年版。

安达常正编:《漢字の研究》,六合馆 1909 年版。

桥南渔郎:《大学学生溯源》,日报社 1910 年版。

後藤朝太郎:《教育上より见たる明治の汉字》,宝文馆 1912 年版。

日下部重太郎:《国语百谈》,丁未出版社 1915 年版。

上田万年、松井简治等编:《大日本国语辞典》卷一,金港堂书籍 1915 年版。

前岛义教:《十大诏勅谨解》,科外教育丛书刊行会 1918 年版。

山下芳太郎:《国字改良论》,仮名文字协会 1920 年版。

谷崎润一郎:《饶舌录》,改造社 1929 年版。

西村先生传记编纂会编:《泊翁西村茂树传》卷上,日本弘道会 1933 年版。

安藤正次:《国語国字の問題》,河出书房 1947 年版。

大久保利谦等编:《史料による日本の步み,4:近代编》,吉川弘文馆 1951 年版。

海后宗臣等编:《日本教科书大系 近代编》卷二,讲谈社 1962 年版。

日本文部省编:《学制百年史》,帝国地方行政学会 1981 年版。

朝仓治彦、稲村彻元编:《明治世相编年辞典》,东京堂 1997 年版。

近代日中关系史年表编辑委员会编纂:《近代日中关系史年表》,岩波书店 2006 年版。

李汉燮编:《近代汉语研究文献目录》,东京堂 2010 年版。

中文文献:

(清)黄遵宪:《日本国志》,上海古籍出版社 2001 年版。

李无未等:《日本汉语教科书汇刊(江户明治编)总目提要》,中华书局 2015 年版。

[日]家永三郎著,靳丛林、陈泓、张福贵、刘珊译:《外来文化摄取史论》,大象出版社 2017 年版。

日文著述:

杉本つとむ:《近代日本语》,纪伊国书店 1966 年版。

实藤惠秀:《近代日中交涉史话》,春秋社 1973 年版。

竹内好、桥川文三编:《近代日本と中国》,朝日新闻社 1974 年版。

铃木修次:《日本漢語と中国—漢字文化圈の近代化》,中央公论社 1981 年版。

山本武利:《近代日本の新聞読者層》,法政大学出版局 1981 年版。

井之口有一:《明治以後の漢字政策》,日本学术振兴会 1982 年版。

安藤彦太郎:《中国語と近代日本》,岩波书店 1988 年版。

杉本つとむ:《近代日本語の成立と発展》,八坂书房 1998 年版。

陈立卫:《和製漢語の形成とその展開》,汲古书院 2001 年版。

冲森卓也:《日本の漢字:1600の歴史》,ベレ出版 2011 年版。

安田敏郎:《漢字廃止の思想史》,平凡社 2016 年版。

荒川清秀:《日中漢語の生成と交流・受容 漢語語基の意味と造語力》,白帝社 2018 年版。

中文著述:

王力:《汉语史稿》,中华书局 1980 年版。

[意]马西尼著,黄河清译:《现代汉语词汇的形成:十九世纪汉语外来词研究》,汉语大词典出版社 1997 年版。

史有为:《汉语外来词》,商务印书馆 2000 年版。

冯天瑜:《新语探源——中西日文化互动与近代汉字术语生成》,中华书局 2004 年版。

[美]康拉德・托特曼著,王毅译:《日本史》,上海人民出版社 2008 年版。

[美]詹姆斯・L.麦克莱恩著,王翔等译:《日本史》,海南出版社 2009 年版。

沈国威:《近代中日词汇交流研究:汉字新词的创制、容受与共享》,中华书局 2010 年版。

[日]井上清著,闫伯纬译:《日本历史》,陕西人民出版社 2011 年版。

[日]内藤湖南:《日本历史与日本文化》,商务印书馆 2015 年版。

[日]土屋礼子著,杨珍珍译:《大众报纸的起源——明治时期的小报研究》,北京大学出版社 2015 年版。

(南宋)朱熹著,(南宋)张洪、齐熙编,李孝国・董立平译注:《朱子读书法》,天津社会科学出版社 2016 年版。

[美]傅佛果著,陶德民、何英莺译:《内藤湖南:政治与汉学(1866—1934)》,江苏人民出版社 2016 年版。

[日]狭间直树著,张雯译:《日本早期亚洲主义》,北京大学出版社 2017 年版。

沈国威:《汉语近代二字词研究——语言接触与汉语的近代演化》,华东师范大学出版社 2019 年版。

沈国威:《一名之立 旬月踯躅:严复译词研究》,社会科学文献出版社 2019 年版。

[日]藤田正胜著,李濯凡译:《日本文化关键词》,新星出版社 2019 年版。

[日]笹原宏之著,丁曼译:《日本的汉字》,新星出版社 2019 年版。

沈国威:《新语往来:中日近代语言交涉史》,社会科学文献出版社 2020 年版。

后　　记

　　本书的写作缘起于教育部长江学者特聘教授、中国人民大学历史学院黄兴涛院长主持的教育部人文社会科学重大项目"清代中西、中日文化关系史研究——以语言的交流互动为中心"（项目编号08JJD770090）。作为项目子课题"中日文化关系史研究"的负责人，我开始了中外关系史背景下的语言交流史研究，具体为分析和探讨汉字汉文在明治时期日本的处境问题。

　　作为一名有十年日本留学经历的历史研究工作者，对于汉字在今天日本的作用是有清晰认知和亲身体验的。最好的例证就是我第一次踏上日本国土的汉字感受。我第一次到日本是降落在日本东京的成田机场，相信每个首次进入国外陌生环境的人，对语言上的差异可能会导致的沟通不流畅，多少会感到惴惴不安，不过在成田机场看到汉字满目皆是的那刻，我的情绪忽然就安定下来，虽然耳边不时飘着我无法理解的日语，但顺着用汉字书写的道路指示牌，我知道自己不会迷路。这种因汉字带来的安全感，每位到访过日本的中国人应该都能体会到。

　　众所周知，在汉字文化圈内，日本使用汉字的熟练程度比不上朝鲜，甚至比不上越南，但在现代化发展逐步推广全球的过程中，反倒是越南乃至朝鲜放弃了汉字，改用发音文字，而一直磕磕绊绊使用着汉字的日本却保留了汉字的使用空间。这是一个令人感到惊讶的历史性选择，对于日本为何会做出这样选择，从前只是感到好奇，在接手上述研究课题后，我有了揭开谜底的机会。

有意思的发现是，随着史料阅读的不断深入，从语言这扇窗口，我依然看到的是日本在现代化发展道路上的各种徘徊不定以至决然选择。就汉字而言，有力主弃用者，为了能发动最广大的民众参与到事关国家存亡的现代化建设中来；有宣誓捍卫者，旨在传承、维系事关人心会否动摇的传统历史精神；在上述两种道路中选择了中间道路的人妥协性地主张减少汉字的使用数量，等等，而能够付诸实践的日本政府则要预设将来，不能让为了解决既有问题的办法在实施后又产生出新的难以解决的问题。总之，透过对汉字汉语汉文在日本处境的观察，笔者力图展现出明治时期日本社会极为多元的复杂面相：在取舍间，得到了什么，却又失掉了什么。虽然明治末年日本喊出了"东方精神，西方技艺"的口号，但其间分寸到底不好拿捏，初步现代化后的日本随即便抵制不住由海外侵略将可攫取的"果实"的诱惑。

不管出于何种动机，日本给汉字保留了生存空间，也因为汉字活跃于日常起居中，今天跑去奈良京都旅行的日本人尚能从容解读古遗址处留下的汉字，且因汉字而起的葛藤在中日两国民众间怎么也割不断，这份牵扯或能在未来将今日陷入泥沼的中日关系解救出来。

谨以本书献给所有支持、帮助我的家人、同道！

曹　雯

2021 年 3 月 26 日于中关村

责任编辑：赵圣涛
封面设计：胡欣欣
责任校对：吕　飞

图书在版编目（CIP）数据

汉字汉文在日本：明治时期日本文字语言文体改良研究/曹雯 著. —北京：
　人民出版社,2021.10
ISBN 978－7－01－023461－8

Ⅰ.①汉…　Ⅱ.①曹…　Ⅲ.①日语-汉字-研究②日语-文字改革-研究-
　明治时代　Ⅳ.①H362

中国版本图书馆 CIP 数据核字（2021）第 098119 号

汉字汉文在日本
HANZI HANWEN ZAI RIBEN
——明治时期日本文字语言文体改良研究

曹　雯　著

人民出版社 出版发行
（100706　北京市东城区隆福寺街 99 号）

北京中科印刷有限公司印刷　新华书店经销

2021 年 10 月第 1 版　2021 年 10 月北京第 1 次印刷
开本:710 毫米×1000 毫米 1/16　印张:24
字数:450 千字

ISBN 978－7－01－023461－8　定价:79.00 元

邮购地址 100706　北京市东城区隆福寺街 99 号
人民东方图书销售中心　电话（010）65250042　65289539